武器輸出三原則

森本正崇

武器輸出三原則

学術選書
65
外為法

信山社

はしがき

　「武器輸出三原則を知っていますか」と問われれば多くの人は「知っている」と回答するだろう。新聞紙上などでも「武器輸出三原則」の語は度々紙面を飾り、「武器輸出三原則」をめぐり巷間様々な議論が行われていることもよく知られている。他方「武器輸出三原則とは何か」と聞かれて答えられる者はどのくらいいるだろうか。最大公約数的な回答は「日本は武器輸出三原則によって武器を輸出していない」といったところであろうか。しかし、「武器輸出三原則によって武器を輸出していない」とはどのような意味なのだろうか。なぜ武器輸出三原則によって武器の輸出をしないことになるのだろうか。最初の質問に「知っている」と回答し、次の質問に答えられないとすると最初の「知っている」とは何を「知っている」ことになるのだろう。多少詳しい者であれば「武器輸出三原則では武器の輸出は『慎む』ことになっており、『慎む』ことで実質的に輸出をしていない」とでも言うかもしれない。しかしそうであるとすると単に自粛を呼びかけているだけなのだろうか。もう少し強い効力がありそうな気がするし、世の中ももっと強制力があるように扱っているように思える。武器輸出三原則をめぐるこれまでの議論を見直してみるとこうした疑問に答えているものは極めて少なく、「武器輸出三原則によって武器を輸出していない」ことがまるで議論の前提であるかのように扱われていることも多い。我々は武器輸出三原則の何を知っているのだろうか。どのような法的な枠組みで「武器輸出三原則によって武器を輸出していない」ことが担保されるのかを理解しておくことは武器輸出三原則を議論する上での最低限の前提である。

　日本では武器は外国為替及び外国貿易法（以下、外為法という。）に基づき輸出に当たっては許可が必要と規定されている。武器輸出三原則とは外為法に基づく輸出許可申請があった際の許可基準として使われている外為法の運用方針である。武器輸出三原則は政府が国会において表明した方針であるので、法そのものではない。政府が表明した外為法の運用方針であるという武器輸出三原則の位置付けを踏まえれば、武器輸出三原則を議論する最も基本的な出発点は行政府である政府が武器輸出三原則をどのように位置付けた上で運用し、それに対して立法府である国会においてどのような議論が行われてきたかという点にある。本書は国会における議論を中心に武器輸出三原則をめぐるこれま

の議論を整理しようとする試みである。国会における議論を可能な限り忠実に再現するため、単に政府側の見解を羅列するのではなく、質問者の見解も合わせて紹介するように務めた。そのことによって立法府（国会議員）が武器輸出三原則をどのように見ていたのかも明らかにしたいと考えている。また、外為法の運用方針であるという武器輸出三原則の位置付けを踏まえれば、上位規範である外為法や憲法に対する理解なくして武器輸出三原則を理解することはできない。さらに武器輸出の法的位置付けのみならず政治的側面も重要であり、武器輸出の国際政治上の位置付けについても視野に入れて検討する必要がある。

　武器輸出三原則の「擁護」と「見直し」をめぐっては様々な議論があるが、これまでの議論は法的又は政治的にどのような根拠に基づく議論であるかにつき整理されていないことが多い。その一つの理由は議論の前提となる武器輸出三原則そのものの位置付けや憲法との関係、国際政治上の意義などについての整理が必ずしも十分とは言えないからではないと考える。ただ単に「道義的に重要なのでこれまでどおり尊重すべき」とか「国際的な流れに取り残されるので見直すべき」と一方的に意見を表明するだけで終わっており、議論がすれ違っているきらいがある。本書は武器輸出三原則の「見直し」にも「擁護」にも与せず、まずはこれまでの議論を整理することから始めその法的・政治的妥当性につき検証し、「武器輸出三原則とは何か」を明らかにする。このため閣僚や政府当局者、国会議員をはじめとして様々な論者の個々の見解が法的又は政治的にどのように位置付けられるかについて整理することを通して、武器輸出三原則をめぐるこれまでの議論を検討する。

　以上のような問題意識に基づき、本書は次のように構成される。第1章では武器輸出三原則の法的な位置付け及び運用の現状につき整理する。武器輸出三原則の位置付けや運用を理解せずに「あるべき姿」を論じることは机上の空論の誹りを免れない。すなわち「武器輸出三原則を論ずる」と言っても実際に存在しないような「原則」をいくら論じてもそれは議論ではない。武器輸出三原則は政府が表明したものである以上、まずは政府がどのような位置付けのものとして武器輸出三原則を規定し、現実に政府によってどのように運用されていることを知ることが議論の出発点になると考える。本書があえて武器輸出三原則の意義よりも先に内容や位置付けを検討するのはそのためである。その際には、武器輸出三原則を理解するために重要な概念である武器と汎用品の区別や、武器輸出三原則の例外といった考え方も整理する。

第2章では武器輸出三原則と憲法との関係につき整理する。憲法9条に支えられた、あるいは指示された武器輸出三原則という議論は多い。そうした文脈からは武器輸出は禁止すべきではないのかという疑問が呈され、武器輸出を禁止することが憲法上の要請だとされる。憲法9条からは明示的な武器輸出に対する規範を見出しがたいものの、自明のことであるかのように議論されることも多い。他方で武器輸出三原則が経済活動の自由などの基本的人権を制約する規制としての性格から、憲法が武器輸出三原則の運用に対して制約的に働く側面もある。そうした憲法との関係を整理することから武器輸出三原則の意義や運用の妥当性も検証されよう。驚くべきことに過去の議論において憲法が武器輸出三原則を制約する規範として働く側面が検討された形跡は管見の限りではない。

　第3章では武器輸出三原則の成立過程を振り返る。特に佐藤榮作総理大臣の武器輸出三原則表明から三木武夫内閣の政府統一見解に至る経緯を振り返ることにより、日本の武器輸出管理政策の変遷につき検討する。しばしば三木内閣が武器輸出三原則を強化したと言われる。しかしながら政府統一見解で表明される内容は政府統一見解以前に既に出揃っており、政府統一見解はその確認に過ぎないということを国会における質疑を通じて明らかにする。同時に外為法の解釈から生成してきた武器輸出三原則という位置付けを改めて確認する。

　第4章では戦後の政府の武器輸出に対する姿勢を検証する。法的には外為法の運用方針であるはずの武器輸出三原則が、憲法解釈という説をはじめとして多くの人に武器輸出禁止の規範として考えられてきた。こうした武器輸出三原則の「拡大解釈」を許容する政治的な背景を検討する。具体的には武器輸出三原則が生まれ、強化されていく政治的背景を戦後直後から1980年頃までの国会質疑を通じて検証する。さらにこうした「拡大解釈」を可能にするための思考枠組みについても検証する。

　第5章では武器輸出の国際政治的な位置付けについて検討する。憲法9条は武器輸出について明示的な指示をしていないことは、必ずしも武器輸出を規制してはいけないことを意味するものではない。政策的に必要なものであれば憲法の範囲内で法律によって規制対象とすることが可能である。そこで本章では武器輸出は果たして禁止されるべきものなのか、という論点を法的にではなく政治的に検討する。特に国際法上、及び国際政治的にも「全ての武器輸出が禁止されるべき」という規範が成立することが妥当なのかという論点も検討する。

第6章では武器輸出三原則見直し論を「見直し」てみたい。第5章までの検討の上に立ち、武器輸出三原則見直し論が指摘する見直すべき点について果たして見直す必要があるものなのかという点を中心に再検証したいと考える。その上でこれまでの武器輸出管理をめぐる議論に欠けていたものは何であるのかも合わせて明らかにする。

　本書によって少しでも多くの読者が武器輸出三原則について正しく理解し、武器輸出管理に関して法的にも政治的にも耐えうるより建設的な議論が展開されていくことを祈念している。

　本書では数多くの発言を引用している。内容的には重複するような質問や答弁も多く、まとめて紹介した方が読者も理解しやすいと思われる。しかし、あえて直接引用を多くしている理由は筆者の解釈を可能な限り付加せずに「生の声」を素材としたいと考えるからである。特に国会における質疑では質問者側も引用することによって一体何を議論していたのかが分かる場合も多い。多少なりとも議論の臨場感が味わえればと考えている。また、類似の質問が多くあるということはそれだけ国会で議論の対象となっていたということの証左であり、反対に全く質疑が引用されていない分野は国会で議論の対象とはなっていないということでもある。こうした引用を通じて国会における武器輸出管理の議論において必ずしも重要な論点に多くの時間を割いていないことも明らかにすることができよう。引用に当たっては国会会議録の表記をそのまま引用しており、必ずしも平仄が合っていない箇所もある。なお、国会質疑における国会議員や政府関係者の発言は発言当時の肩書を付けており、その他公聴会等における有識者の発言や、論文等からの引用における敬称は全て「氏」に統一している。国会における発言では発言者の氏名、肩書と並んで発言した場面（衆議院・参議院、会議名）、日付を付してある。例えば第1章冒頭の発言では（白川進通商産業省輸出課長　衆・科学技術委員会　1986.4.15）となっているが、これは白川進通商産業省輸出課長（発言当時の肩書）が衆議院・科学技術委員会で1986年4月15日に発言した内容であることを示している。また、国会議員の発言には発言時に所属していた政党名を括弧書きで付してある。一部の政党名は次頁の略称を用いている。なお、発言者の中には外為法を所掌する通商産業省（現経済産業省）を通産省と略称で呼称していることがしばしば見られるが、通産省という名称は人口に膾炙していると考え、本書ではそのまま引用している。また外為法は1998年に改正されるまでは外国為替及び外国貿易管

理法という名称であった。厳密には1998年を境に法律の名称が異なっているが、一貫して「外為法」と呼称されるため、旧名による答弁は特に修正することなく使用している。

　〈正式名称：略称〉

　自由民主党：自民党
　日本社会党：社会党
　日本共産党：共産党
　社会民主党：社民党

〈目　次〉

はしがき

◇第１章◇　武器輸出三原則の位置付け……………………………………1

　第１節　武器輸出三原則の内容 (1)

　第２節　武器輸出三原則の運用 (9)

　　(1)　武器と汎用品 (10) ／(2)　武器技術と汎用技術 (15) ／(3)　武器輸出三原則上の武器 (16) ／(4)　武器輸出三原則上の「輸出」――「慎む」必要がないとき (25) ／(5)　武器輸出三原則の例外 (30) ／(6)　武器輸出三原則の例外化と外為法 (57) ／(7)　武器輸出三原則の例外化の効果 (59) ／(8)　武器輸出三原則の例外化と国際約束 (61) ／(9)　武器輸出三原則の例外化と第三国移転 (61) ／(10)　武器輸出三原則の例外化と汎用技術 (67) ／(11)　ま と め (69)

　第３節　武器輸出三原則の意義 (70)

　　(1)　武器輸出三原則の意義とは (70) ／(2)　憲法上の意義 (71) ／(3)　国際政治上の意義 (73) ／(4)　武器輸出三原則に対する批判 (73)

◇第２章◇　武器輸出三原則と憲法……………………………………77

　第１節　憲法９条との関係 (77)

　　(1)　政府の立場 (78) ／(2)　自衛権・自衛隊と武器輸出三原則 (82) ／(3)　憲法と武器の生産・保有・輸出 (86) ／(4)　憲法の「域外適用」――他国の非武装を目指すのか (95)

　第２節　憲法前文との関係 (97)

　第３節　憲法論か政策論か (99)

　第４節　「憲法の精神」(101)

　　(1)　武器輸出三原則と「憲法の精神」(101) ／(2)　「憲法の精神」の際限ない広がり――「憲法精神主義」(110)

　第５節　輸出行為の憲法上の位置付け (114)

　　(1)　判例の立場――営業の自由・輸出の自由と日工展判決 (114) ／(2)　政府の立場 (118) ／(3)　1987年外為法改正 (118) ／(4)　学説

xi

目　次

　　　　　の評価（133）／(5)　輸出の自由と武器輸出三原則（140）

（補論）村山総理大臣・社会党の自衛隊合憲論
　　　　　──「空気」が支配する政策（141）

第6節　「憲法の精神」と基本的人権（145）

　　　　(1)　武器輸出三原則と私人の権利制約（145）／(2)　学問の自由との関係──東京大学のロケット輸出（147）

第7節　他の法律による規定（164）

　　　　(1)　宇宙開発事業団法と宇宙基本法（165）／(2)　原子力基本法（166）／(3)　関　税　法（170）／(4)　武器等製造法（170）

第8節　武器輸出に関する国会決議──立法府の立法軽視（178）

　　　　(1)　武器輸出禁止決議か（179）／(2)　国会決議は国是か（181）／
　　　　(3)　武器輸出三原則の例外化は国会決議の「無視」か（182）／
　　　　(4)　国会決議の意図・解釈（185）／(5)　国会決議の扱い（190）／
　　　　(6)　国会における法の軽視──行政万能と立法軽視（193）

第9節　外為法と武器輸出三原則（197）

　　　　(1)　外為法と武器輸出（197）／(2)　武器輸出の許可権限（198）／
　　　　(3)　武器輸出三原則の例外化の法的な意義（200）

第10節　憲法と整合性のある武器輸出三原則（202）

　　　　(1)　基本的人権との調和（202）／(2)　許可制度における武器輸出三原則の位置付け（203）／(3)　外為法が欠落した武器輸出三原則──憲法軽視（205）／(4)　武器輸出三原則の解釈（208）／(5)　武器輸出禁止法の合憲性（210）

◇第3章◇　武器輸出三原則の成立過程……………………………213

第1節　佐藤榮作総理大臣の武器輸出三原則表明（214）

第2節　武器輸出三原則の要素（217）

　　　　(1)　武器輸出三原則の対象（217）／(2)　国際紛争助長防止（219）
　　　　／(3)　武器輸出三原則の位置付け（221）／(4)　武器輸出三原則上の武器（223）／(5)　武器輸出三原則の対象地域以外の場合──外為法の精神に基づき判断（233）

第3節　武器輸出を「慎む」（239）

第4節　武器製造設備（242）

第5節　政府統一見解（243）

　　　　　　　　　　　　　　　　　　　　　　　　　　　目　次

　　（補論）韓国向け武器輸出の可否
　　　　　　――武器輸出三原則対象地域以外への武器輸出（245）

◇第4章◇　　国内政治と武器輸出 …………………………………251

　第1節　武器輸出の歴史（251）
　第2節　武器輸出に対する政府の姿勢（256）
　　　(1)　昭和20年代（1945～1954）の議論（258）／(2)　昭和30年代（1955～1964）の議論（268）／(3)　昭和40年代（1965～1974）の議論（276）／(4)　昭和50年代（1975～1984）の議論（288）
　第3節　武器輸出三原則の光と影（295）
　　　(1)　防衛産業の肥大化防止（295）／(2)　軍事大国化防止・紛争巻き込まれ防止（297）／(3)　「盾」になる側面――武器輸出三原則の隠れた「意義」（299）／(4)　「委縮効果」――自粛を求める「空気」（302）／(5)　超法規的行政指導――憲法精神主義の本質（304）

◇第5章◇　　国際政治と武器輸出 …………………………………309

　第1節　国際社会における武器の保有や輸出の位置付け（310）
　　　(1)　大量破壊兵器と通常兵器（310）／(2)　自衛権と武器の保有・輸出の合法性（310）／(3)　国連軍備登録制度（314）／(4)　武器貿易条約（ATT）（318）／(5)　軍縮義務（319）／(6)　武器の位置付け（319）／(7)　武器が必要な場面（322）
　（補論）ODA大綱（325）
　第2節　日本の独自性（329）
　　　(1)　日本の「道義性」（329）／(2)　日本の交渉力強化（332）／(3)　日本の「模範性」（335）／(4)　日本の「負の道義性」（337）／(5)　日本の「高い評価」とは（344）／(6)　他国の非武装を目指す「道義性」（346）
　第3節　武器の範囲（348）
　　　(1)　武器の範囲は狭いか（348）／(2)　武器の範囲は広いか（350）／(3)　攻撃的な武器と防御的な武器（351）／(4)　対人地雷除去機材をめぐる議論（352）／(5)　武器とは何か（356）／(6)　武器輸出管理の要諦（360）

xiii

第4節　国際法・国際政治と武器輸出三原則（361）

◇第6章◇　武器輸出三原則見直し論 …………………………………… 362

　第1節　自民党、経団連の見直し論（362）
　第2節　「見直し論」の検討（364）
　第3節　共同研究・共同開発（367）
　第4節　防衛費・防衛産業（369）
　第5節　経済性と安全保障上の利益（372）
　第6節　武器輸出をしない安全保障上の利益（373）
　第7節　武器輸出による安全保障上の利害得失（375）
　第8節　日本の安全保障と武器輸出（379）

◇終章◇　武器輸出三原則とは何か ……………………………………… 382

　あとがき（385）

目　次

◆ 資　料　編 (389)

〔資料〕1　対米武器技術供与についての内閣官房長官談話 (389)
〔資料〕2　「日本国の自衛隊とアメリカ合衆国軍隊との間における後方支援、物品又は役務の相互の提供に関する日本国政府とアメリカ合衆国政府との間の協定」の署名について (390)
〔資料〕3　「人道的な対人地雷除去活動に係る支援と武器輸出三原則等に関する基本的考え方」について (391)
〔資料〕4　「平成十三年九月十一日のアメリカ合衆国において発生したテロリストによる攻撃等に対応して行われる国際連合憲章の目的達成のための諸外国の活動に対して我が国が実施する措置及び関連する国際連合決議等に基づく人道的措置に関する特別措置法案」と武器輸出三原則等との関係についての内閣官房長官談話 (392)
〔資料〕5　「イラクにおける人道復興支援活動及び安全確保支援活動の実施に関する特別措置法案」と武器輸出三原則等との関係について (394)
〔資料〕6　「弾道ミサイル防衛用能力向上型迎撃ミサイルに関する日米共同開発」に関する内閣官房長官談話 (396)
〔資料〕7　政府開発援助によるテロ・海賊行為等の取締り・防止のためのインドネシア共和国に対する支援と武器輸出三原則等との関係についての内閣官房長官談話 (398)
〔資料〕8　ソマリア沖・アデン湾における自衛隊法第82条に基づく海上における警備行動等及び「海賊行為の処罰及び海賊行為への対処に関する法律案」に基づく海賊対処行動等と武器輸出三原則等との関係についての内閣官房長官談話 (400)

武器輸出三原則

第1章
◆ 武器輸出三原則の位置付け ◆

> 昭和51年2月に出された武器輸出に関する政府の統一見解、武器輸出三原則については、武器のみならず武器技術についてもこれを踏まえて私どもは対応しておるわけでございますが、これ自身は今申し上げました外為法に基づきます輸出貿易管理令、外国為替管理令の運用方針でございまして、共産圏、国連決議、国際紛争当事国等々に対しては武器の輸出を認めない、それ以外の国に対しては武器の輸出を慎むという趣旨でございます（白川進通商産業省輸出課長　衆・科学技術委員会　1986.4.15）[1]

◆ 第1節　武器輸出三原則の内容 ◆

　武器輸出三原則とは何か。そのことを議論する前提として日本の武器輸出を規制する日本の法体系を検討することからはじめたい。

　日本では武器の輸出は外国為替及び外国貿易法（以下「外為法」という。）で規制されている。外為法第48条第1項では輸出許可対象を政令で定めるとしており、同条を受けて政令（輸出貿易管理令第1条及び別表第1）では武器や武器に利用することができる民生品を輸出許可対象として規定している。別表第1の1の項では「(1)銃砲若しくはこれに用いる銃砲弾」をはじめとして以下(16)まで輸出許可の対象となる武器が列挙されている。2の項以下は原子力関係、生物・化学兵器関係、ミサイル関係、通常兵器関係に用いることができる民生品が列挙されている。したがって、輸出貿易管理令別表第1の1の項に当てはまるもの（以下、「該当する」という。）が輸出許可の対象となる武器である（外為法上の武器）。輸出貿易管理令別表第1に列挙されている武器や武器に利用することができる民生品は日本も参加している国際輸出管理レジームと呼ばれる国際的な紳士協定に基づく枠組みで検討し、合意されたものが規定されている[2]。1の項は国際輸出管理レジームの一つであるワッセナー・アレンジメン

---

[1]　第104回国会衆議院科学技術委員会議録第8号8頁。

第1章　武器輸出三原則の位置付け

トにおいて規制に合意されたものを中心に規定している（この他に論理的には核兵器などの大量破壊兵器そのものも1の項で規制されていると考えられる）。

◆ 外為法（抄）

> 第48条：　国際的な平和及び安全の維持を妨げることとなると認められるものとして政令で定める特定の地域を仕向地とする特定の種類の貨物の輸出をしようとする者は、政令で定めるところにより、経済産業大臣の許可を受けなければならない。

◆ 輸出貿易管理令（抄）

> 第1条：　外国為替及び外国貿易法第48条第1項に規定する政令で定める特定の地域を仕向地とする特定の種類の貨物の輸出は、別表第1中欄に掲げる貨物の同表下欄に掲げる地域を仕向地とする輸出とする。

別表第1

1	(1)銃砲若しくはこれに用いる銃砲弾（発光又は発煙のために用いるものを含む。）若しくはこれらの附属品又はこれらの部分品 (2)爆発物（銃砲弾を除く。）若しくはこれを投下し、若しくは発射する装置若しくはこれらの附属品又はこれらの部分品 (3)火薬類（爆発物を除く。）又は軍用燃料 (4)火薬又は爆薬の安定剤 (5)指向性エネルギー兵器又はその部分品 (6)運動エネルギー兵器（銃砲を除く。）若しくはその発射体又はこれらの部分品 (7)軍用車両若しくはその附属品若しくは軍用仮設橋又はこれらの部分品 (8)軍用船舶若しくはその船体若しくは附属品又はこれらの部分品 (9)軍用航空機若しくはその附属品又はこれらの部分品 (10)防潜網若しくは魚雷防御網又は磁気機雷掃海用の浮揚性電らん (11)装甲板、軍用ヘルメット若しくは防弾衣又はこれらの部分品 (12)軍用探照灯又はその制御装置 (13)軍用の細菌製剤、化学製剤若しくは放射性製剤又はこれらの散布、防護、浄化、探知若しくは識別のための装置若しくはその部分品 (13の2)軍用の細菌製剤、化学製剤又は放射性製剤の浄化のために特に配合した化学物質の混合物 (14)軍用の化学製剤の探知若しくは識別のための生体高分子若しくはその製造に用いる細胞株又は軍用の化学製剤の浄化若しくは分解のための生体触媒若しくはその製造に必要な遺伝情報を含んでいるベクター、ウイルス若しくは細胞株 (15)軍用火薬類の製造設備若しくは試験装置又はこれらの部分品 (16)兵器の製造用に特に設計した装置若しくは試験装置又はこれらの部分品若しくは附属品
2～16	（略）

(2)　田上博通・森本正崇『輸出管理論』、信山社、2008、21～23、74～76頁。

外為法の規定からも明らかなように外為法や輸出貿易管理令に武器の輸出は禁止される、または自粛すべきだといった規範は定められていない。したがって、「憲法とそれから輸出貿易管理令の定めによって、精神に基づいていわゆる武器の輸出は慎まなければならないという趣旨のことが決められております」や「輸出貿易管理令の別表には武器の部品が禁止項目の中に明確に記載されております」といった指摘がある（立木洋議員（共産党）　参・外務委員会1996.5.16)[3]が、少なくとも外為法や輸出貿易管理令に関しては当てはまらない（憲法に関しては第2章参照）。輸出貿易管理令の別表第1に定められている貨物は、2の項以下で多くの民生品も対象となっていることからも明らかなように許可対象と位置付けられているだけで、輸出禁止の対象ではない。したがって、ミサイルにも利用可能な民生品が「輸出貿易管理令で規定をされて、原則として禁輸である」（宮地正介議員（公明党）　衆・大蔵委員会　1991.3.13)[4]という指摘も許可を取得しない限りは輸出してはいけないという点では「禁輸」だが、許可を得ることができないという意味での「禁輸」であれば間違いである。許可を取得しない限り行為が禁止される（この場合は輸出）のは許可制度に共通の要素である（第2章第10節(2)参照）。

　武器輸出三原則とは、1967年、佐藤栄作総理大臣が輸出貿易管理令の運用方針として表明したものであり、①共産圏諸国向けの場合、②国連決議により武器等の輸出が禁止されている場合、③国際紛争の当事国又はそのおそれのある国向けの場合、には武器の輸出を認めない（すなわち輸出許可をしない）というものである。

◆ 佐藤榮作総理大臣による武器輸出三原則の表明
　（衆・決算委員会　1967.4.21)[5]

> 輸出貿易管理令で特に制限をして、こういう場合は送ってはならぬという場合があります。それはいま申し上げましたように、戦争をしている国、あるいはまた共産国向けの場合、あるいは国連決議により武器等の輸出の禁止がされている国向けの場合、それとただいま国際紛争中の当事国またはそのおそれのある国向け、こういうのは輸出してはならない。

　過去の国会での議論では「国際紛争中の当事国」（以下、紛争当事国という。）

---

(3)　第136回国会参議院外務委員会会議録第11号19頁。
(4)　第120回国会衆議院大蔵委員会会議録第11号10頁。
(5)　第55回国会衆議院決算委員会会議録第5号10頁。

第 1 章　武器輸出三原則の位置付け

の認定が議論となっている。まず、紛争当事国とは何かという点について、次のようなやりとりがある。

○　国際紛争当事国という定義はありますか（坂井弘一議員（公明党）　衆・予算委員会　1982.6.25)[6]

これに対して政府は、

○　輸出承認（筆者注：当時は許可制ではなく承認制であった。第 2 章第 5 節(3)参照。）の申請がございましたその時点におきまして、国際情勢に照らしまして、それぞれのそのときの諸情勢を見て、外務省とも協議をいたしまして、ケース・バイ・ケースで判断をしてまいる（福川伸次通商産業省貿易局長　衆・予算委員会　1982.6.25)[7]

と回答している。つまり紛争当事国はケース・バイ・ケースということになる。さらに続けて、

○　武器輸出三原則に関していいますならば、憲法の平和主義の精神にのっとりまして、武器の輸出によって国際紛争等を助長することを回避することを目的としたものであるということは、先生御高承のとおりでございまして、このような政策の意図に照らして考えれば、やや敷衍して申し上げますれば、国際紛争という言葉は、その抗争の形態といたしまして武力の行使を伴ういわゆる武力紛争というふうに解していいのではないか（福川伸次通商産業省貿易局長　衆・予算委員会　1982.6.25)[8]

と指摘し、武力の行使を伴う武力紛争を国際紛争ととらえているので、単なる関係悪化や経済関係の断絶といったことでは紛争当事国とはいわないとしている。その上で具体的にはフォークランド紛争当時のイギリスやアルゼンチンが紛争当事国に該当すると判断している（福川伸次通商産業省貿易局長　衆・予算委員会　1982.6.25)[9]。他にもベトナム戦争当時にベトナム戦争の参戦国が紛争当事国に該当するという答弁もある（吉光久通商産業省重工業局長　衆・商工委員会　1969.7.8)[10]。

紛争当事国かどうかの判断は「国際情勢に照らし」て「ケース・バイ・ケー

---

[6]　第 96 回国会衆議院予算委員会議録第 22 号 27 頁。
[7]　同上。
[8]　同上。
[9]　同上。
[10]　第 61 回国会衆議院商工委員会議録第 40 号 7 頁。

スで判断」するとは言うものの、その判断は輸出管理当局である経済産業省（旧通商産業省）だけでなく「外務省とも協議」して行うという。この点について通商産業省はしばしば外務省と協議をすることを強調し、紛争当事国であるかどうか自らの判断を留保しているとも受け取れる答弁があった。

○　紛争当事国であるかどうかの認定につきましては、常に外務省と緊密な連絡を保ちながら当事国であるかないかの認定を行っております（吉光久通商産業省重工業局長　衆・商工委員会　1969.7.8）[11]

しかしながら、外為法上は経済産業大臣の許可を取得することが必要であると規定するだけなので、許可の判断は経済産業大臣の専権である。したがって、「外務省とも協議」をする法的な義務はないが必要に応じて「国際情勢」について知見を有する外務省の見解も照会した上で最終的に経済産業大臣が判断する仕組みとなっている。この点につき河本敏夫通商産業大臣や三木武夫総理大臣は次のように答弁している。

○　（紛争当事国や）紛争のおそれのある国とは何ぞやということになりますと、それは世界情勢の変化によりまして刻々、変わっていくと思うのです。これは通産省が、しからば、この紛争当事国あるいはまた、おそれのある国はどこかということを最終段階で決めることになりますけれども、これを決めるにつきましては、外務省などの御意見等を十分聞きまして、国際情勢を十分分析いたしまして、万遺漏ないようにその国をそれぞれ決定をしたい（括弧内筆者追加）（河本敏夫通商産業大臣　衆・予算委員会　1976.2.6）[12]
○　そのときの国際情勢、個々の国の置かれている立場、そういうものを勘案して、個々の案件ごとに政府の判断を示す（三木武夫総理大臣　衆・予算委員会　1976.2.6）[13]

ただし、あくまでも最終判断は経済産業大臣の専権であり、換言すると経済産業大臣の責任で判断しなければならない。韓国は紛争の当事国またはその当事国になるおそれのある国に該当するのではないかと問われ、河本敏夫通商産業大臣は、

○　外務大臣等の意見も聞きましてきめたいと思います（河本敏夫通商産業大臣　衆・予算委員会　1974.12.19）[14]

---

(11)　同上。
(12)　第77回国会衆議院予算委員会議録第9号4頁。
(13)　同上。

第 1 章　武器輸出三原則の位置付け

と答弁したところ、続けて宮澤喜一外務大臣から

○ （武器輸出）三原則の最後の「紛争当事国あるいは紛争当事国となるおそれのある国」というのは、貿管令（筆者注：輸出貿易管理令のこと）の主管大臣が有権的に行政の上でおきめになることであると思います（括弧内筆者追加）（宮澤喜一外務大臣の答弁　衆・予算委員会　1974.12.19）[15]

と述べ、外務大臣は紛争当事国を判断する立場にはないことを明確にしている。外為法第48条はかつての通商産業大臣、現在の経済産業大臣が主管していることから、法制度上は当然のことである。

さらに、1976年に三木武夫内閣が政府統一見解をまとめ、①武器輸出三原則対象地域については、武器の輸出を認めない、②武器輸出三原則対象地域以外の地域については、憲法及び外為法の精神に則り、武器の輸出を慎むものとする、③武器製造関連設備の輸出については武器に準じて取り扱うものとする、とした。①は佐藤榮作総理大臣が表明した武器輸出三原則を繰り返したものである。重要な意義をもつのは②であり、「武器の輸出を慎む」とした結果、原則として武器の輸出は許可をしないことから、武器の輸出が原則として禁止されていると解されている。

◆三木内閣政府統一見解（衆・予算委員会　1976.2.27）[16]

> 「武器」の輸出については、平和国家としてのわが国の立場から、それによって国際紛争等を助長することを回避するため、政府としては、従来から慎重に対処しており、今後とも、次の方針により処理するものとし、その輸出を促進することはしない。
> ① 武器輸出三原則対象地域については、武器の輸出を認めない
> ② 武器輸出三原則対象地域以外の地域については、憲法及び外為法の精神に則り、武器の輸出を慎むものとする
> ③ 武器製造関連設備の輸出については武器に準じて取り扱うものとする

厳密には佐藤総理大臣が表明した武器輸出三原則に三木内閣の政府統一見解を合わせて「武器輸出三原則等」と言うが、特に断りのない限り本書では三木内閣の政府統一見解も合わせて「武器輸出三原則」と呼ぶことにする。なぜなら、本統一見解後、「武器輸出三原則」として議論の俎上に上がる内容は多く

---

[14]　第74回国会衆議院予算委員会議録第2号11頁。
[15]　同上。
[16]　第77回国会衆議院予算委員会議録第18号17頁。

第1節　武器輸出三原則の内容

の場合三木内閣政府統一見解の②の部分であるからである。

　ここで「慎む」については次のような答弁がある（「慎む」についての詳しい検討は本章第2節(4)参照）。

○　「慎む」ということは、やはり原則としてはだめだということ（田中六助通商産業大臣　衆・予算委員会　1981.2.14）[17]
○　「慎む」とは原則として認めないというふうな態度であるということでございますが、これは、慎重に対処するという政府の消極的な姿勢を示すということを大臣がその前の国会でも申しておりまして（筆者注：上記田中六助通商産業大臣の発言をさす）、そのことを述べた（中澤忠義通商産業省貿易局長　参・予算委員会　1982.4.3）[18]

　したがって、武器輸出三原則によって武器輸出を「慎む」結果、武器の輸出を「原則として」許可しない運用がなされ、武器の輸出が「原則として」禁止されているというものであり、外為法や武器輸出三原則は武器の輸出を全面的に禁止している（一切輸出を許可しない）ものではない。したがって次の指摘が誤りであることは言うまでもない。

○　武器の輸出を禁止している法律を持っている世界で唯一の国である。この武器の輸出を禁止する法律があるということは、他人の生き血を吸って生きないという非常に高いモラルを持った国民である（菅波茂氏　衆・憲法調査会安全保障及び国際協力等に関する調査小委員会　2003.5.8）[19]

日本は「武器の輸出を禁止している法律」を持っていない。仮に「武器輸出を禁止している法律」があることが「非常に高いモラルを持った国民」である条件であるとすれば日本国民は該当しない。元々、「禁止」していないものが「解禁」されるはずもなく、日本の武器輸出「解禁」といった議論は（政治的な印象操作を目的としているのでなければ）正確な表現とは言い難い。

　以上をまとめると日本において武器輸出に関する法規制は次のようになる。まず外為法第48条第1項を受けて輸出貿易管理令第1条及び別表第1の1の項で輸出許可対象となる「武器」が列挙されており、これらに該当するものが許可対象となる武器（外為法上の武器）となる。武器輸出三原則はこの武器輸出を許可すべきかどうかの判断基準であり、「武器の輸出を慎む」ことにより、

---

(17)　第94回国会衆議院予算委員会議録第8号30頁。
(18)　第96回国会参議院予算委員会議録第19号19頁。
(19)　第156回国会衆議院憲法調査会安全保障及び国際協力等に関する調査小委員会議録第4号2頁。

第1章　武器輸出三原則の位置付け

原則として武器の輸出は許可をしないこととなった。なお、外為法には「輸出」に関する定義規定がないものの、関税法で定義されている「輸出」と同義と考えられてきた（畠山襄通商産業省貿易局長　衆・商工委員会　1987.8.21）[20]。関税法は、第2条第2項において、「輸出」を「内国貨物を外国に向けて送り出すこと」と定義している。したがって、日本国内から国外に向けて「送り出す」行為が全て「輸出」に該当する。日本から物を売って海外に送り、代金を受け取るといった通常の貿易取引以外にも、日本から物を国外に送り出す行為は全て外為法上の「輸出」と考えられる。国会質疑でも海外での展示会の出品のために国外に「持ち出す」ことが外為法上の「輸出」に当たるという答弁がある（今村昇通商産業省貿易振興局長　衆・商工委員会　1967.5.17）[21]。

外為法においては貨物の輸出と並んで技術の提供も規制対象となっている。技術の提供も貨物の輸出と同様に、外為法で許可対象を政令で定めるとしており（外為法第25条）、同法を受けて外国為替令別表に許可対象となる技術が定められている。外国為替令別表の構造は輸出貿易管理令別表第1とパラレルになっており、外国為替令別表の1の項に許可対象となる武器技術が規定されている。武器技術の提供に当たっても武器輸出三原則が適用される。河本敏夫通商産業大臣は武器の「生産技術の輸出問題（ママ）」は「武器輸出三原則に照らして処理すべきものだと思います」と答弁している（1976.6.10　衆・決算委員会）[22]。したがって、武器輸出三原則は輸出貿易管理令の運用方針だけでなく、技術の提供を規定する外国為替令の運用方針でもあり、両者を包含して外為法の運用方針ということができる。なお、佐藤正久議員（自民党）は「海外での学会やシンポジウムで防衛技術などを発表する際には、武器の輸出に抵触するか否かの審査機関も明確ではない」（2007.12.20　参・外交防衛委員会）[23]と批判する。しかしながら、審査機関（許可権者）は経済産業省（経済産業大臣）であることは外為法上明確である。こうした指摘は武器輸出が許可されない（上記事例では武器技術の提供が許可されない）ことを批判する意図があるのかもしれないが、許可を受けられないことと審査機関が明確でないこととは無関係である。ちなみに、自らが発表する内容が武器技術に当たるかどうかの判断は

---

(20)　第109回国会衆議院商工委員会議録第3号17頁。
(21)　第55回国会衆議院商工委員会議録第8号6頁。
(22)　第77回国会衆議院決算委員会議録第10号13頁。
(23)　第168回国会参議院外交防衛委員会議録第14号20頁。

提供者（発表者）自身が第一義的には判断することになる。これは輸出者が輸出する貨物に輸出許可が必要であるかを判断する責任があることと同義であり、外為法実務上確立されたものとなっている。

武器輸出三原則の法的な位置付けを図示すると図1のようになる。

図1：武器輸出三原則の法的位置付け

外為法
輸出貿易管理令・外国為替令
武器輸出三原則

出典：筆者作成

武器輸出三原則は上位規範である外為法、輸出貿易管理令・外国為替令の運用方針として利用されるものである。

第2節　武器輸出三原則の運用

　武器輸出三原則は実際の輸出管理実務においてはどのように適用されているのであろうか。憲法上や国際政治上の意義や位置付けを議論する前提として現状を把握しておくことは有益であると思われる。本来外為法の運用方針である武器輸出三原則の実際の運用に関する十分な知識なくして武器輸出三原則の議論を進めることや、誤解に基づいて議論を進めることは議論を土台から掘り崩すことになる。こうした武器輸出三原則の運用に対する誤った認識に基づく議論は武器輸出三原則の「擁護」であれ「見直し」であれ机上の空論とのそしりを免れない。武器輸出三原則について独自の解釈をまるで現在の運用であるかのように示されることもある。例えば、①（武器輸出三原則にもとづけば）「米国に対する輸出は『民生用にも使える』汎用品として武器とはみなされず、米国の非同盟国・敵対国に対しては『軍事に転用できる』汎用品として輸出が禁止される」、②「外国の兵器に（日本の民生用）部品が使用されることは武器輸出三原則に抵触する」、③「輸出先での軍事利用を禁じるとともに、少なくとも軍用に使用されるとわかった段階で輸出を禁じるのが、武器輸出三原則の本来の考え方にもとづいた判断となる」といった見解がある（括弧内筆者追加）[24]。

---

[24] 平澤歩「兵器開発・生産における日米の補完的一体化」p.112、115、121『前衛』2007.5。

第 1 章　武器輸出三原則の位置付け

これらの見解はいずれも武器輸出三原則に対する誤った理解である。以下で武器輸出三原則の運用について整理しながら、上記のような議論のどこが現在の武器輸出三原則の運用と異なるのかについて検証したい。

(1)　武器と汎用品

　まず武器と汎用品の区別からはじめたい。外為法上の武器は輸出貿易管理令別表第1の1の項に列挙されていた。完成品が武器であることは当然であるが、それぞれの部品は武器であろうか。1の項では多くの品目で「部分品」も規制対象として列挙されている。それでは同項に列挙されている品目にも使えれば、他の民生品にも使われているようなパーツや材料の場合、それは武器というのであろうか。このような民生用途にも軍事用途にも利用可能なものを汎用品という。例えば、炭素繊維であればテニスラケットやゴルフクラブに用いられているが、他方でロケット（ミサイル）の構造材などにも利用される。つまり炭素繊維そのものは武器ではないが、軍事用途、すなわち武器の一部として利用することも可能である。こうした炭素繊維のようなものが汎用品である。「汎用」とは英語の"dual-use"を訳したものであり、文字通りの意味は「（軍事用途と民生用途と）両方に使える」という意味である。そのため、「（軍民）両用品」という言い方や、英語そのままで「デュアル・ユース（品）」という言い方がされる場合もあるがいずれも意味は同じである。こうした汎用品は外為法上武器ではない。逆にいえば外為法において武器とは武器としての用途しかないものである（より厳密には武器として利用することを意図して設計・開発したものである）。これを（軍事）専用品ともいう。したがって、先ほどの例で言えば、単なる原料としての炭素繊維は汎用品であるが、ミサイル専用の部分品として加工されたものであれば武器（の一部）となる。

　こうした整理を過去の国会における政府の見解を振り返りながら確認してみたい。武器と汎用品の区別は従来から一貫しており、鈴木善幸総理大臣も次のように答弁している。

○　従来から汎用品につきましては、武器輸出三原則上の武器に該当しないという方針を一貫してとってきているところであります（参・本会議　1982.1.28）[25]

さらに、この点は1993年の政府統一見解でも表明されており、

---

[25]　第96回国会参議院会議録第4号69頁。

第2節　武器輸出三原則の運用

○　いわゆる汎用品は、武器輸出三原則における武器には該当しない（河野洋平官房長官（政府統一見解）参・予算委員会　1993.3.11）[26]

と少なくとも概念上は明確にされている。

　次に具体的な事例において議論となった例をいくつか検討してみたい。まずレーダーに関してであるが、レーダーにも軍事用のレーダーから漁船などに装備されているレーダーまで様々である。こうした点につき、

○　一般的に申しますと、レーダーは汎用的な目的を持っておりまして、従来から武器としては解釈いたしておりません。ただし、その中で追尾用のレーダーという特殊なもので、射撃装置と連動しうるというような場合には、武器として扱う（岸田文武通商産業省貿易局長　衆・決算委員会　1976.6.10）[27]

と整理しており、汎用品と専用品を区別して扱っている。武器に当たるレーダーは武器に装備するために特殊な加工を施されたものに限られる。たとえ軍艦に漁船用のレーダー（汎用品）を搭載していても、そのレーダーは武器には当たらない（ただし搭載のために何らかの特殊な加工を施せば武器に当たることになろう）。次は工作機械の例である。

○　話題になっておりますあの機械は別に武器を製造する機械ではございませんで、いわゆるNC装置のついた汎用の工作機械でございまして、スクリューも削りますけれどもまた商船のスクリューも削る、また発電機のタービンの羽根なども削れるような機械でございますので、これは汎用の機械でございまして、いわゆる武器輸出三原則に言います武器製造関連設備ではない（児玉幸治通商産業省機械情報産業局長　衆・商工委員会　1987.8.21）[28]

「話題になっておりますあの機械」とは日本企業が旧ソ連に輸出した工作機械であり、この工作機械を外為法に違反して許可を取得せずに輸出し、そのためにソ連潜水艦のスクリューの加工精度が向上した、という批判が米国から寄せられていた。当時、日米間の政治的な問題となっただけでなく、最終的には当該工作機械の輸出に関連して刑事事件にもなった。しかしながら、当該工作機械はたとえ潜水艦のスクリューを削るとしても、他の目的に使われる民生用途の工作機械と同じものである以上、「武器製造関連設備」には該当しないとい

---

[26]　第126回国会参議院予算委員会会議録第4号23頁。
[27]　第77回国会衆議院決算委員会会議録第10号12頁。
[28]　第109回国会衆議院商工委員会会議録第3号23頁。

第1章　武器輸出三原則の位置付け

う答弁である。もちろん潜水艦のスクリュー加工専用の工作機械であれば「武器製造関連設備」に該当する。

　(軍事) 専用品であるか、汎用品であるかは武器であるかを判断する重要な分岐点である。専用品であるかどうかは基本的には用途に民生用途があるかどうか（より厳密には軍事用途としての設計があるか）が判断の基準であり、輸出先によって変わるものではない。民生用途があるもの（先ほどの炭素繊維のような汎用品）であれば輸出先とは関係なく汎用品とされ、専用品とは考えられない。他方で、完成した武器（例えば戦車や戦闘機）でなくてもその専用品（例えば戦車専用の部品や戦闘機専用の部品、炭素繊維を利用したミサイル専用の部品）であれば、それ自体に武器としての能力（例えば殺傷能力）がなくても武器（の部分品）として扱われる。これはこうした専用品（と市場で入手できる汎用品）を集めることによって武器を組み立てることができることから完成した武器だけを規制しても無意味と考えられるからである。例えば、武器の部品に民生品と共通部品を利用していれば（例えば戦車の部品に自動車の部品を利用しているような場合）、当該部品は専用品ではない。このように武器であるかどうかはそのモノの性質によって判断されることから、武器である（専用品である）と判断されれば輸出先のいかんを問わず武器の輸出である。後述する武器輸出三原則の例外化の嚆矢となった米国に対する武器技術の供与（対米武器技術供与）における武器輸出三原則の例外化に際し、政府は「武器そのものの対米輸出については従来通り、武器輸出三原則等により対処する」としており、この整理は現在でも変わっていない（後藤田正晴官房長官（武器輸出に関する政府統一見解）　衆・予算委員会　1983.3.8)[29]。したがって、米国に対する輸出は汎用品として武器とは見なさず、米国以外の国に対しては武器となるような運用は行われていない。あくまでも輸出するモノの性質によって決まる。さらに、汎用品は武器ではないので武器輸出三原則を適用することは定義上あり得ない。

　このように汎用品に武器輸出三原則は適用されない。武器輸出三原則の対象は「武器」であり、「武器」ではないと判断されるものに武器輸出三原則は適用されない。他方で武器に利用される汎用品も武器輸出三原則を適用すべきではないか、という論点もありうる。しかしこれはあくまでも別個の政策論であり現在の武器輸出三原則の運用ではない（武器輸出三原則を汎用品の輸出に拡大

---

[29]　第98回国会衆議院予算委員会議録第18号2頁。

第2節　武器輸出三原則の運用

することに伴う論点は第5章第3節(1)参照)。

　以上の整理を踏まえて久間章生防衛大臣が指摘した次の二つの例を考えてみたい。第一の指摘は、電気製品等に使われている日本製の民生品の性能がよかったとしても武器に組み込まれるならば武器輸出三原則上、輸出ができないという（参・外交防衛委員会　2006.11.30)[30]。これまでの説明から明らかなように民生品であれば武器輸出三原則は適用されないので「武器輸出三原則のために輸出できない」とは言えない（ただし、軍事用途であることだけが理由で輸出許可申請が不許可にされているとすれば武器輸出三原則とは別の問題であり、第2章第10節(1)参照）。

　第二は米国の化学防護服の生地が日本製だったという。元々スキー用の生地としてドイツに輸出されたものがドイツで化学防護服に加工されていたという（衆・安全保障委員会　2007.5.15)[31]。この例において、確かに化学防護服は武器に該当し得る（具体的には化学防護服が1の項(13)「軍用の細菌製剤、化学製剤若しくは放射性製剤又はこれらの散布、防護、浄化、探知若しくは識別のための装置若しくはその部分品」に該当するか、汎用品であるかどうかの確認が必要である）。しかしながら化学防護服の生地がスキーウエアの生地と同一のものであれば汎用品であると整理されるので、少なくとも生地は化学防護服に加工するためにドイツに輸出したとしても武器輸出三原則が適用されるものではない。なお、輸出管理の観点から興味深い点は久間大臣の指摘の通りであるとすれば、「スキー用」として輸出した生地が化学防護服に加工されていることになるので、輸出者は用途を偽っている（又は騙されている）可能性があることである。軍事用途にも民生用途にも使える汎用品の輸出管理においては用途の確認が重要な要素を占めている。それは汎用品の定義からも明らかなように同一の製品が軍事用途にも民生用途にも使えるからであり、もし「化学防護服用」だと説明したら輸出許可が取れないと思って「スキー用」と説明したのだとすれば輸出管理上は憂慮すべきことと言える。

　反対に武器になりうる例としてはインドネシアに供与する巡視艇があげられる。供与する巡視艇は一般の船舶とは異なり「乗務員を保護するために防弾装置を施してある」ため、「武器輸出三原則等の武器に当たり得ると判断されることになった」という（麻生太郎外務大臣　参・外交防衛委員会　2006.6.13)[32]

---

[30]　第165回国会参議院外交防衛委員会会議録第6号12頁。
[31]　第166回国会衆議院安全保障委員会会議録第9号4頁。

13

第1章　武器輸出三原則の位置付け

（巻末資料7）。

　外為法上の武器に該当しなければ（すなわち輸出貿易管理令別表第1の1の項に規定するものではなければ）武器輸出三原則の適用はない。典型的には汎用品が1の項に当たらないものとして挙げられるが、完成品でも1の項に列挙されていなければそれを軍隊が使っても武器とは考えられない。例えば、対人地雷除去機材は1の項に該当しないものとして扱われている。したがって、対人地雷除去機材の輸出に当たって武器輸出三原則が適用されることはない（第5章第3節(4)参照）。汎用品は武器ではないので、たとえ武器の一部として使われることが分かっていたとしても、当該製品が汎用品であれば武器輸出三原則は適用されない。例えば、他国と民間航空機の共同開発をした場合に、民間航空機用に開発されたものが軍事用に転用された場合について、政府は「あくまでも民間用に開発したものでありまして、それがたまたま転用されるという場合がございましても、これは武器輸出三原則等との関係でいけば問題のないことかと思っております」（杉山弘通商産業省機械情報産業局長　衆・商工委員会1986.3.25）と答弁している[33]。もちろん軍事用に転用するにあたって何か加工を施せばまさに「専用品」となるが、そのまま民間航空機に使われているものと同じものを軍用航空機に利用しても武器ではないので武器輸出三原則は適用されない。同様の議論として戦車つけるエアコンという例がある。

○　戦車につけるエアコンという例でございますが、もしそれが戦車専用のものということでできておりますれば戦車の部品ということになりますので、ココム対象といいますか武器に該当すると思いますし、それから汎用のものをたまたま取りつけておったということでありますれば、たとえ戦車に取りつけられても武器には該当しない（畠山襄通商産業省貿易局長　衆・商工委員会　1987.8.21）[34]

これらはあくまでも「仮定の議論」であったが実際にこうした区別が重要な意味を持った例として早期警戒管制機に使われる部品があった。

○　我が国企業は、従来から、ボーイング社に対し、民生用航空機の部品として、胴体部分などを納入してきております。我が国企業がボーイング社に確認したところでは、今後ボーイング767型機が早期警戒管制機用に用いられることとなり、我が国企業がそのような早期警戒管制機用にボーイング767型機の部品を納入す

---

(32)　第164回国会参議院外交防衛委員会会議録第22号7頁。
(33)　第104回国会衆議院商工委員会議録第6号5頁。
(34)　第109回国会衆議院商工委員会議録第3号35頁。

14

ることになる場合であっても、当該部品は、その仕様において民生用航空機のための部品と何ら変わりがないものであるとのことであります。
　　したがって、以上の限りにおいては、我が国企業のボーイング社への早期警戒管制機用に用いられる部品の納入も、いわゆる汎用品の輸出であり、武器輸出三原則等に照らし、問題はない（河野洋平官房長官（政府統一見解）　参・予算委員会　1993.3.11)[35]

日本の早期警戒管制機はボーイング767型機を基にして製造されている。したがって、ボーイング767型機と同じ部品である限りはたとえ用途が早期警戒管制機用であったとしても武器には該当しない、という整理になる。先ほどの汎用品は武器ではないという政府統一見解はまさに本件を議論するための前提として提示されていたものである。具体的には日本企業が従来からボーイング767型機の部品を製造していた。その部品を米国に輸出してボーイング767型機が製造されていたが、その一部が早期警戒管制機用に使われた場合、当該部品が米国への「武器輸出」になるか、という問いに対する政府統一見解である。つまり同じものが用途によって武器になったりならなかったりすることはない。汎用品は武器と区別されている。

(2)　武器技術と汎用技術

　技術についても武器技術と汎用技術が区別されるのは武器と汎用品との区別と同様である。政府は次のように整理する。

○　武器というのは、武器として特有の性能を発揮し得るために、その耐久性でございますとか精度だとか、そういった面におきまして民生用のものとは違った特殊な性能が必要とされる、そういうことで、実際にその製造等に当たりましては、専らそのために用いられる技術、そういうものを武器技術といたしまして、武器技術あるいは武器輸出三原則等の対象にしておるわけでございます（植松敏通商産業省貿易局為替金融課長　衆・外務委員会　1984.3.2)[36]
○　当該技術が専ら武器の設計、製造、使用にかかわる技術と客観的に判断できるかどうかというのがその判断の基準でございます（村岡茂生通商産業省貿易局長　衆・予算委員会　1985.2.19)[37]

武器技術とは「専ら」武器「のために用いられる技術」である、すなわち専用技術であるということが示されている。具体的には「専ら武器の設計、製造、

---

[35]　第126回国会参議院予算委員会会議録第4号23頁。
[36]　第101回国会衆議院外務委員会会議録第3号8頁。
[37]　第102回国会衆議院予算委員会会議録第13号9頁。

第 1 章　武器輸出三原則の位置付け

使用にかかわる技術と客観的に判断できるかどうか」が基準だという。そして汎用技術、すなわち武器以外の用途にも使用される技術は武器専用技術ではない。

○　汎用技術は、仮にそれが軍用に供される場合でありましても、武器以外の汎用品を製造することに用いられる技術につきましては、それは汎用性があるということで外為令（筆者注：外国為替令のこと）上に言う武器技術の専用技術であるというふうには考えない（中澤忠義通商産業省貿易局長　衆・予算委員会　1982.2.8）[38]

さらに「専ら武器の設計、製造、使用にかかわる技術」ではない以上、汎用品同様に汎用技術も用途が武器であったとしても武器技術とはならない。したがって武器輸出三原則の対象とはならない。

○　汎用性のある技術につきましては、それが仮にたまたま軍用に用いられるこということが分かったものでありましても、その用途によりまして判断するのではなく、その技術の性格、すなわち、もっぱら軍事に使われるかどうかという性格に即して判断する（中澤忠義通商産業省貿易局長　衆・予算委員会　1982.2.8）[39]

繰り返しになるが、軍事用途にも使うことができる汎用品を輸出する場合で用途が武器だったとしても武器輸出三原則の適用対象ではない。そのため多くの輸出者がこの定義でしのぎを削る。なぜなら、「武器」に該当すれば武器輸出三原則により輸出が許可されない（だから輸出できない）と考えるため、何とかして（どんな屁理屈をつけてでも）「武器」に該当しないように努力するのである。しかし、「『武器』は全て武器輸出三原則の対象であり一切輸出できない」という「常識」は以下に述べるように誤りである。

(3)　武器輸出三原則上の武器

武器と汎用品の区別により外為法上の武器と分類されれば（輸出貿易管理令別表第1の1の項に該当すれば）、輸出に当たっては輸出許可が必要であることは言うまでもない（もちろん汎用品であっても輸出貿易管理令別表第1の2～16の項に該当すれば許可が必要であるが、武器輸出三原則が適用される可能性は皆無であるのでここでは議論の対象からは外れる）。しかし、外為法上の武器に当たれば全てが武器輸出三原則の適用対象となるわけではない。外為法上の武器であったとしても武器輸出三原則上の武器でない場合がある。武器輸出三原則上の武

---

(38)　第96回国会衆議院予算委員会議録第7号22頁。

(39)　同上。

器の定義とは次のとおりである。

◆ 武器輸出三原則上の武器

> 「軍隊が使用するものであって、直接戦闘の用に供されるもの」をいい、具体的には輸出貿易管理令別表第1の1の項に掲げるもののうちこの定義に相当するものが「武器」である。

出典：三木内閣政府統一見解（1976.2.27）を筆者一部修正[40]

　上記定義のように輸出貿易管理令別表第1の1の項（外為法上の武器）に該当するもののうち、「軍隊が使用するものであって、直接戦闘の用に供されるもの」ではないものは武器輸出三原則の対象とはならない。つまり外為法上の武器であっても武器輸出三原則上の武器ではない。「軍隊が使用するものであって、直接戦闘の用に供されるもの」であるかどうかの判断は「当該貨物の形状、属性等から、軍隊が使用するものであって直接戦闘の用に供されるものと客観的に判断できるものを規制対象とする」（鈴木善幸総理大臣　参・本会議 1982.1.28）[41]としている。ここでも実際の用途は考慮の対象とはなっていない。たとえ実際の用途が軍事用途であったとしても上記定義に該当しなければ武器輸出三原則上の武器には当たらない。あくまでも「形状、属性等」から「軍隊が使用するものであって、直接戦闘の用に供されるもの」であるかどうかを判断している。したがって「当事者が軍用に使うと思っていようが、あるいは逆に軍用ではないと認識して売ろうが」、「武器の定義に該当いたします場合は、武器になり、武器ではないということであれば、当事者の意向にかかわらず武器ではない」（村岡茂生通商産業省貿易局長　参・決算委員会　1985.5.17）[42]とし、実際の用途に対する当事者の意図は関係ない。現在でも経済産業省は武器輸出三原則における武器について「軍隊が使用するもの」とは「現に軍隊において使用されるという意味ではなく、貨物の形状、属性等から、専ら軍隊において使用される仕様であると客観的に判断されるものを意味します」と解説している[43]。

　武器輸出三原則にいう武器には当たらないものの例として具体的には猟銃等

---

[40]　第77回国会衆議院予算委員会議録第18号17頁。
[41]　第96回国会参議院会議録第4号69頁。
[42]　第102回国会参議院決算委員会議録第7号23頁。
[43]　経済産業省「安全保障貿易管理　Q&A」
　　（http://www.meti.go.jp/policy/anpo/hp/qanda01.html）（最終訪問日：2010年12月13日）。

第1章　武器輸出三原則の位置付け

が該当するとされる。猟銃は輸出貿易管理令別表第1の1の項(1)「鉄砲若しくはこれに用いる銃砲弾」に該当するが、武器輸出三原則上の武器とは見なされていないため、「原則として」輸出を許可しないという武器輸出三原則の適用対象にはならず輸出許可申請も比較的許可されやすい。例えば、猟銃などに関しては次のような答弁がある。

○　猟銃あるいはレジャー用の銃、スポーツ用の銃、こういったものが輸出できる銃でございます（傍点筆者）（栗原昭平通商産業省機械情報産業局長　参・予算委員会　1981.4.2)[44]

ここで言う「輸出できる」とは武器輸出三原則上の武器には当たらないため、輸出許可が比較的取得しやすいという意味であり、外為法上ほかの銃が輸出できないということではない。猟銃も殺傷に使えるものの武器輸出三原則上の武器との差異については、

○　いわゆる小銃、それからそれ以外の民生用の銃というものの差は、たとえば小銃というものは全自動であるという定義でもって仕分けをしておりまして、それ以外のもの、散弾銃でありますとか、あるいは手動でありますとか、そういったものは猟銃あるいはスポーツ銃という仕分けで区分をいたしておりまして、小銃の方はこれは武器として押さえる、そうでないものは承認するという形で仕分けをいたしているわけでございます（栗原昭平通商産業省機械情報産業局長　参・予算委員会　1981.4.2)[45]

とあくまでも「形状、属性等」から判断していると説明する。

　　これまで武器と言えば軍隊が使うものという前提であったため猟銃等のごく稀な場合にのみ適用されてきたカテゴリーだが、今後テロ対策用資機材のように軍隊ではなく警察や港湾施設、病院、研究機関などで第一義的に使用されることが予想される資機材はこのカテゴリーに分類できる可能性がある。例えば、テロ対策用に開発された生物剤検知器は輸出貿易管理令別表第1の1の項(13)「軍用の細菌製剤…の…探知…のための装置」に該当する可能性がある。他方で、こうした検知器の開発意図がテロリストが散布した炭疽菌等の生物剤を探知するために開発されたもので警察や病院等による使用が想定されているとした場合、「軍隊が使用するもの」や「直接戦闘の用に供されるもの」に該当し

---

[44]　第64回国会参議院予算委員会会議録第20号9頁。
[45]　同上。

第 2 節　武器輸出三原則の運用

ない可能性は十分に考えられる。もちろん個別の開発意図やスペック等を慎重に審査した上で判断されるので一概には言えないが、少なくとも「軍用の細菌製剤…の…探知…のための装置」に該当すれば自動的に武器輸出三原則が適用されるというものではない。武器輸出三原則の適用に当たっては武器輸出三原則上の武器に該当するかどうかの判断が必要である[46]。反対に防衛省・自衛隊が使用しているものは全て武器ということにもならない。

○　防衛庁で装備してあります装備品は、いわゆるミサイル等のたぐいから被服等に至るまで、それから食糧品に至るまで防衛庁で使っているわけでございまして、防衛庁が使っておりますからすべて武器だということは必ずしも言えない（木下博生防衛庁装備局長　参・予算委員会　1984.4.4）[47]

①　US 1 をめぐる議論　自衛隊が使用する武器でありながら武器輸出三原則上の武器ではないと整理され、国会でも議論の対象となったものにUS 1 とC 1 がある。US 1 は飛行艇であり、C 1 は輸送機であり、いずれも自衛隊が使用するために開発されたものである。以下ではその整理につき検討してみたい。

はじめに、US 1 に関しては「軍隊が使用するものという第一の条件には該当する」としながらも海難救助艇という目的から「直接戦闘の用に供するものではないのではないか」と整理している（堺司通商産業省機械情報産業局航空機武器課長　衆・内閣委員会　1975.12.11）[48]。具体的にはUS 1 は対潜哨戒飛行艇のPS 1 を「海難救助を目的」に改造したもので、PS 1 が装備していた「対潜装置」や「ソノブイ」「魚雷、対潜爆弾、ロケット弾等のランチャー、発射装置」を取り払って「担架、救命艇あるいは医薬品等の搭載もできるように改造」した。そのため「直接戦闘の用に供するものとは考えておりません」と結論付けられる（江口裕通防衛庁装備局長　衆・内閣委員会　1975.12.11）[49]。輸出に関してもまだ三木内閣の政府統一見解前の答弁であり、現在と一概に比較することはできないが、「かりに当該哨戒艇が武器に類するものを一切装備しない、もっぱら海難救助の用に供せられるということであれば、また、そういう

---
[46]　森本正崇「テロ対策資機材と武器輸出三原則──テロ対策資機材は本当に輸出できないのか」『RISTEX CT Newsletter 第 12 号』、（独）科学技術振興機構　社会技術研究開発センター、2010.3、8、9 頁。
[47]　第 101 回国会参議院予算委員会会議録第 17 号 23 頁。
[48]　第 76 回国会衆議院内閣委員会会議録第 9 号 45 頁。
[49]　第 76 回国会衆議院内閣委員会会議録第 9 号 46 頁。

第 1 章　武器輸出三原則の位置付け

ことが機体構造上からもはっきり確認されるということであれば、そのときのあれにもよりますけれども、私どもとしては輸出を認めて差し支えないのではなかろうか、かように考えています」（赤澤璋一通商産業省重工業局長　参・商工委員会　1970.3.12）[50]と言う。

ただし、よく似ている次のような指摘には注意が必要である。

○　武器を装備した、いわゆる対潜哨戒機のままで輸出される場合には、いわゆる武器輸出に該当するものと考えられるのですが、武器を取りはずして、海難救助機として輸出されるような場合は、武器輸出とはならないものと考えられます（有田喜一防衛庁長官　参・本会議　1969.4.18）[51]

武器輸出三原則上の武器に該当しなければ自動的に武器輸出に当たらないわけではない。猟銃のように武器輸出三原則上の武器には当たらなくても外為法上の武器に該当する（輸出貿易管理令別表第1の1の項に該当する）ものであれば外為法上は武器輸出であり、許可が必要である。次の議論のすれ違いも同様である。

○　US1の輸出は武器輸出とならないかどうか（近江巳記夫議員（公明党）　衆・商工委員会　1975.12.12）[52]

近江議員の武器輸出かという質問に対して、河本敏夫通商産業大臣は次のように答弁した。

○　武器の定義でありますけれども、これは軍隊が使うものである、しかも軍隊が直接戦闘に使うものである（中略）。飛行艇はそれには該当いたしませんので、武器とは考えておりません（衆・商工委員会　1975.12.12）[53]

河本通商産業大臣の答弁はUS1が武器輸出三原則上の武器ではないと答弁しているに過ぎず、武器輸出ではないとは一言も答弁していない。これらの指摘は当時も現在も武器輸出三原則の適用が国会における議論の中心であり続け、外為法上の武器に該当するかについて議論がほとんど行われていないことを指摘できる。本来外為法上は輸出貿易管理令別表第1の1の項(9)にある「軍用航空機」に当たるか否かが議論の出発点となるはずなのである。

---

(50)　第63回国会参議院商工委員会会議録第4号13頁。
(51)　第61回国会参議院会議録第19号496頁。
(52)　第76回国会衆議院商工委員会会議録第8号33頁。
(53)　同上。

②Ｃ１をめぐる議論　　自衛隊の輸送機であるＣ１もＵＳ１同様に武器輸出三原則上の武器ではないと整理されている（河本敏夫通商産業大臣　衆・予算委員会　1976.2.27）[54]。また河本通商産業大臣は「自衛隊でも使ってはおりますけれども、汎用性が非常に高いということのために通産省では武器ではない、こういう考え方でございます」とした上で、「ただ、しかしこれを輸出する場合には、武器とみられる軍用機としての懸念のある特有の設計がありましたならば、十分チェックをいたしまして配慮するつもりでございます」とする（河本敏夫通商産業大臣　衆・予算委員会　1976.2.27）[55]。一方で「汎用性が非常に高い」ので武器輸出三原則上の武器ではないとしつつ、「武器とみられる軍用機としての懸念のある特有の設計」の有無、すなわち武器専用技術があれば十分に「チェック」するという。武器専用技術の有無はＣ１が外為法上の武器であるかどうかの判断基準となるものである。自衛隊向けに開発されたＣ１に武器専用技術が一切ないということは現実的には考えられないものの、もし武器専用技術が一切ないものであればそもそも外為法上の武器にすら該当しないことになる。また、武器輸出三原則上の武器ではなく、外為法上の武器（技術）である（「武器とみられる軍用機としての懸念のある特有の設計」がある）場合は猟銃等と同じカテゴリーとなるはずであるが、「配慮するつもり」という「配慮」の具体的な内容は不明である。

　Ｃ１がなぜ武器輸出三原則上の武器に当たらないのかについて、以下でもう少し詳しく検討してみたい。

○　Ｃ１という航空機の構造、性能、設計等をしさいに検討いたしておるわけでございますが、この構造は、一般の民間の通常エアラインにおいて使われております航空機の構造と物それ自体の特性といたしまして基本的に何ら変わるところがございません。貨物の輸送それから物体の輸送、こういう構造でございまして、私どもはこれ自体の性能から判断いたしまして、いわゆる爆弾倉を増設するとかあるいは火器を搭載するとか、そういった構造には全くなっておりませんので、これはそういう軍用ということではございませんで、汎用性のあるという点に着目をいたしまして、私どもはこれを武器ではないという考え方で取り扱えるというふうに考えておるわけでございます（熊谷善二通商産業省機械情報産業局長　衆・予算委員会　1976.2.4）[56]

---

[54]　第77回国会衆議院予算委員会議録第18号18頁。
[55]　第77回国会衆議院予算委員会議録第18号14頁。
[56]　第77回国会衆議院予算委員会議録第7号6頁。

航空機の構造が民間航空機と同じであることがまず指摘される。次いでUS1と同様に火器を搭載する構造になっていないことが判断基準として挙げられている。前者は民生品と同じ設計思想であることとも言い換えられよう。ただC1が「汎用性のある」としてまるで汎用品であるかのような説明もある。しかし、当然ながらC1は自衛隊が使用する以上特殊な仕様になっており、その点につき批判が向けられる。C1は一般的な民間航空機とは違い胴体が開き、そこから人員や貨物の積み下ろしができるようになっている。その点につき、安宅常彦議員（社会党）は、

○　落下傘部隊ががあんとおりるような装置とか、この人たちを積みこむためには、前の方がぱっくりあくようになっておるでしょう（衆・予算委員会　1976.2.27）[57]

と指摘する。これに対して政府は、

○　落下傘部隊というふうにおっしゃいますけれども、これは、アメリカあたりで民間に使っておりますのは、たとえば災害が発生したり、それから森林に火災が発生する、そういう場合には救助隊員とかそれから消防隊員とかそういう者が出かけていきまして、そこから飛びおりるわけですね。それから同時に、救助用の物資を落下傘でおろしたり、あるいは消火用の物資をおろしたりする、そういうことのために民間で使われておるわけです（河本敏夫通商産業大臣　衆・予算委員会　1976.2.27）[58]

と答弁する。航空機の構造が民間航空機と同じとはいえ、この場合の「民間」航空機とは災害救助隊や消防隊が災害用に使うような航空機も含めて「民間」用だと整理していることが分かる。換言すると軍隊以外の者が使用している場合も「民間」と整理していることになる。この整理に従えば、例えば、警察用で使用している実例があればこれも「民間」となり得る（第3章第2節(4)⑤参照）。しかしC1はUS1と同様に武器の定義がいう「軍隊が使用するもの」という部分には当てはまる。したがって全体を整合的に解釈すれば、たとえ「軍隊が使用するもの」であっても、「構造、性能、設計等」が災害救助隊や消防隊など軍隊ではない組織が利用するものと同じようなものであれば武器輸出三原則上の武器とは考えない、ということになろう。武器輸出三原則上の武器の定義にしたがえば「軍隊が使用するもの」であるものの「直接戦闘の用に供す

---

[57]　第77回国会衆議院予算委員会議録第18号14頁。
[58]　第77回国会衆議院予算委員会議録第18号15頁。

第 2 節　武器輸出三原則の運用

るもの」とは言えないという整理になる。

　もし C1 に民生用の実績があればそもそも外為法上の武器ですらなく、汎用品になる可能性が高いことは武器と汎用品の区別で検討したとおりである。したがって C1 が「汎用性のある」ものと言っても実際には汎用品ではない。あくまでも外為法上の武器である。C1 の民生用の実績を問われたのに対して、政府は「全く似た性能の飛行機がアメリカにございまして、アメリカではこれを十数機いま使っておるという例がございます」と答弁している（河本敏夫通商産業大臣　衆・予算委員会　1976.2.27）[59]。「全く似た性能」という以上、C1 そのものではない。また「全く似た性能」のものが民生用途で利用されているからこそ武器輸出三原則上は武器とは考えないと整理されたと言える。したがって「C1 につきましては、現在日本におきまして自衛隊に納めます物だけでございまして、民間では使っておりません」とするものの、「胴体後部を開く方式の同型のものにつきましては世界各国でこれが飛んでおる」ので武器輸出三原則上の武器ではないと整理する（熊谷善二通商産業省機械情報産業局長　衆・予算委員会　1976.2.27）[60]。落下傘部隊が降下できるような胴体後部が開く構造だけでなく、他の構造上の特徴についても議論されている。安宅常彦議員（社会党）は「単なる輸送機と違って床もずっと厚いんだ」（衆・予算委員会 1976.2.27）[61]と指摘する。そのため、同議員は「一般の民間の航空機と同じような仕様に全部作りかえるならば、これはいいと思う」（衆・予算委員会 1976.2.27）[62]という。しかし、これに対して政府は

○　構造的には爆撃機にも、戦闘機にも改造できない、こういう構造になっておりまして、なるほど床が重い物を積めるようにはなっておりますけれども、それはこの普通の貨物機と比べますと、別に特にこれががんじょうであるとか、そういうことはないのです。でありますから、この前申し上げましたが、アメリカあたりでも災害用にこれを使っておるとか、民間でずいぶん使っておるわけですね。しかし、先ほども申し上げましたように、誤解があるといけませんので、武器と見られる軍用機としての懸念のある特有の設計がありましたならば、それを十分チェックいたしまして、これは簡単に取り外しができますから、誤解のないようにいたしまして、輸出の許可を与える場合には、そういう処理をしたい（河本敏夫通商産業大臣　衆・予算委員会　1976.2.27）[63]

---

[59]　第 77 回国会衆議院予算委員会議録第 18 号 18 頁。
[60]　同上。
[61]　第 77 回国会衆議院予算委員会議録第 18 号 14 頁。
[62]　同上。

第1章　武器輸出三原則の位置付け

床の厚さに関しても胴体が開くことと同じ整理がなされている。すなわちあくまでも民間で同様の航空機が存在する以上、武器輸出三原則上の武器には当たらないと整理される。他方で、「武器と見られる軍用機としての懸念のある特有の設計」があれば「これは簡単に取り外しができます」ので「輸出の許可を与える場合には、そういう処理をしたい」という。「軍用機としての」「特有の設計」は繰り返しになるが外為法上の武器技術に該当する技術であり、Ｃ１は武器輸出三原則上の武器ではないので外為法上の武器輸出として猟銃と同じ分類になる。しかし、「懸念のある特有の設計」があれば取り外すことを許可にあたっての条件とすることを示唆している。何が「懸念のある特有の設計」であるのか不明であるが、当該武器技術は武器輸出三原則上の武器技術には該当しないにもかかわらず、「懸念のある」技術であるということになる。もし、「懸念のある」技術が「軍隊が使用するものであって、直接戦闘の用に供されるもの」という武器輸出三原則上の武器に関する専用技術であれば、Ｃ１は武器輸出三原則上の武器と整理されるはずであるからである。反対に「軍用機としての」「特有の設計」を全て取り除けばもはや軍用機ではないので外為法上の武器にすら当てはまらない。

　こうした整理を反映して、河本敏夫通商産業大臣はＣ１を輸出する場合には「軍用といいますか、一部装備を変更いたしまして行いたい」とし、再度「Ｃ１はそのままの形では輸出承認の対象にはなりませんね」（正木良明議員（公明党））と質問されたのに対して、「そのとおりでございます」（河本敏夫通商産業大臣）と答弁している（衆・予算委員会　1976.2.27）[64]。

　なお、Ｃ１をめぐる議論で幾度も出てくる1976年2月27日の質疑とは三木武夫内閣が政府統一見解を発表したまさにその日であり、当時議論の対象となっていたものが何であるのかを知ることができる。つまり三木内閣において政府統一見解が表明された前後において議論の対象となっていたものは、武器輸出三原則上の武器ではないＣ１の輸出の是非をめぐって議論が行われていたのである。

　その後、Ｃ１はイラン・イラク戦争中のイランから非公式な購入の打診があったという（小此木彦三郎通商産業大臣　参・商工委員会　1984.4.12）[65]。この

───────
(63)　同上。
(64)　第77回国会衆議院予算委員会議録第18号18頁。
(65)　第101回国会参議院商工委員会議録第5号22頁。

24

際もＣ１が武器輸出三原則上の武器ではないという整理を改めて表明する。

○　政府の考え方は、火器を搭載するような構造になっているものではない、したがって、直接戦闘の用に供されるものではないということで武器ではない（杉山弘通商産業省貿易局長　参・商工委員会　1984.4.12）[66]

　したがってＣ１の輸出に武器輸出三原則は適用されないことになる。たとえイランが「紛争当事国」であったとしても武器輸出三原則を適用して輸出を認めない、とはならない。もちろん武器輸出三原則上の武器ではないので武器輸出を「慎む」対象でもない。他方で、武器輸出三原則上の武器でなかったら無条件に輸出を認めるわけではない。武器輸出三原則上の武器でないとはいえ、外為法上の武器に当たるのであれば輸出許可が必要であり、その際に審査が行われることは言うまでもない。この点は武器輸出三原則以外にはどのような武器輸出の判断基準があるのかという論点となるのであり、武器輸出三原則そのものとは区別しなければならない（第３章第２節(5)参照）。

(4)　武器輸出三原則上の「輸出」──「慎む」必要がないとき

　武器輸出三原則に該当する武器であっても全ての場合において武器輸出三原則が適用されるわけではない。たとえ武器輸出三原則に該当する武器を輸出する場合であったとしても、武器輸出三原則が規定する「輸出」ではないと考えられる場合、武器輸出三原則が適用されることはない。すなわち武器輸出三原則上の武器ではない場合と同様に「原則として」輸出を許可しない運用の対象とはならない。

　既述のように外為法において「輸出」とは日本から国外に送り出すこととされており、持ち帰るものや自己使用目的のもの、修理目的やサンプル品など用途や形態に関わりなく、日本から国外に持ち出す行為が全て「輸出」とされる。他方、武器輸出三原則における「輸出」について定義はないものの、輸出の目的あるいは態様等によって武器輸出三原則の趣旨を損なわないものがあると考えられている。武器輸出三原則の趣旨から輸出を許可して差し支えのないもの（武器輸出三原則の表現に従えば「慎む」必要がないと認められるもの）は「『慎む』の例外」（又は武器輸出三原則にいう「輸出」に当たらない）として輸出が認められるのである。

　上記の整理を武器輸出三原則（三木内閣政府統一見解）の文言に従って改め

---

[66]　同上。

第 1 章　武器輸出三原則の位置付け

て確認してみたい。まず「武器輸出三原則対象地域については、武器の輸出を認めないこと」とされている一方で、「武器輸出三原則対象地域以外の地域については、憲法及び外為法の精神に則り、武器の輸出を慎むもの」とされている。「慎む」は「認めない」という意味ではない。あくまでも慎重に対処すると言っているだけであり、文言上武器輸出が許される余地を残している。三木内閣政府統一見解を発表した同日の質疑で河本敏夫通商産業大臣は、

○ 「認めない」ということは、言葉の通り認めないということであります。「慎む」という言葉は、慎重にする、こういう意味でございます（衆・予算委員会　1976.2.27）[67]

そこで正木良明議員（公明党）から「慎む」場合には輸出を認める可能性があるのかと次のように質問する。

○ 三原則対象地域以外については、武器輸出については慎重には対処するけれども承認を与えることあり得べし、こういうことですか（衆・予算委員会　1976.2.27）[68]

これに対して河本通商産業大臣は

○ そのとおりであります（衆・予算委員会　1976.2.27）[69]

と明確に答弁した。ただし、三木武夫総理大臣は

○ 「慎むものとする。」ということで政府の消極的な態度を表現してあるわけでございます（衆・予算委員会　1976.2.27）[70]

と「慎む」を「政府の消極的な態度」であると説明した。もっとも当初は具体的に「慎む」に当たらない場合というものをあまり想定していなかった模様であり、

○ 政府方針にいいます武器輸出というものは、わが国において使用するために輸入したものであって、不用品があった場合の返品、いわゆるクレーム処理のための輸出という場合と、きわめて限られた場合以外は認めておりません（花岡宗助通商産業省貿易局長　衆・決算委員会　1980.4.25）[71]

---

[67] 第 77 回国会衆議院予算委員会議録第 18 号 17 頁。
[68] 同上。
[69] 同上。
[70] 同上。

第 2 節　武器輸出三原則の運用

と自衛隊が使用する武器の返品の場合以外は認めていないとしている。しかし、当初はそれ以外は全て認めないという方針であったというよりも具体的な事例を想定できなかったようでもあり、

○　「慎む」という、これは非常にむずかしい表現ですね。慎まないときもあるのですか。つまり、「慎む」ということは、例外もあるということですか（大内啓伍議員（民社党）　衆・予算委員会　1981.2.14）[72]

この質問は河本通商産業大臣の答弁を踏まえれば全く当然のことを質問しているだけなのだが、田中六助通商産業大臣は、

○　「慎む」ということは、やはり原則としてはだめだということ（衆・予算委員会　1981.2.14）[73]

「原則としてはだめ」なのだから「例外もある」と認めているに等しいが、具体的にどのような例があるかは当時は想定されていなかったようである。なぜなら上記答弁の前に田中通商産業大臣は「『慎む』という言葉は疑問点のまま」であると告白し、大内議員から「通産大臣はこの『慎む』ということについて必ずしもはっきりした認識を持っておられない」と指摘されている（衆・予算委員会　1981.2.14）[74]。

　その後自衛隊が国連平和維持活動（PKO）に参加する際に携行する武器については次のようなやりとりがある。

○　この協力隊（筆者注：PKO のこと）が小型武器を携行できるということになって外国の地域へ派遣されるわけですが、この限度では武器の輸出に当たるということになるわけですね（山口那津男議員（公明党）　衆・国際連合平和協力に関する特別委員会　1990.10.29）[75]

と質問したのに対して、

○　武器の輸出に当たります（武藤嘉文通商産業大臣　衆・国際連合平和協力に関する特別委員会　1990.10.29）[76]

---

(71)　第 91 回国会衆議院決算委員会議録第 18 号 8 頁。
(72)　第 94 回国会衆議院予算委員会議録第 8 号 30 頁。
(73)　同上。前掲注(17)。
(74)　同上。
(75)　第 119 回国会衆議院国際連合平和協力に関する特別委員会議録第 5 号 27 頁。
(76)　同上。

第 1 章　武器輸出三原則の位置付け

と答弁し、続けて

○　あくまでも国際平和の確立、それから国際紛争を助長しない、こういうふうに平和協力隊の任務があると私どもは承知しておりますので、そういう面においては例外的に私は許可をする（武藤嘉文通商産業大臣　衆・国際連合平和協力に関する特別委員会　1990.10.29）[77]

と述べた。PKO に参加する際に携行する武器について現在では次節で検討する武器輸出三原則の例外とされているが、この質疑は PKO に関する武器輸出三原則の例外化の前年に行われたものであり、質疑の時点では武器輸出三原則の例外とはされていない。したがって、武藤嘉文通商産業大臣が「例外的に私は許可をする」枠組みは「慎む」に当たらない場合として整理をするほかない。したがって、本質疑を見れば「慎む」に当たらない場合の一つの例を見ることができる。つまり「国際平和の確立」や「国際紛争を助長しない」ものであれば、「慎む」場合には当たらないと整理できるのである。

　この他に湾岸戦争時に報道関係者や医療関係者が現地に「輸出」した（持参した）防毒マスクは現地で万全の管理がされ、かつ帰国時に持ち帰ること等が前提として輸出が許可された（佐藤信二通商産業大臣　参・予算委員会　1997.3.25）[78]。また、自衛隊が使用するために輸入した武器の返品だけでなく、修理のための輸出も同様の扱いであり、「外国から購入された武器につきまして、これを修繕するとか、あるいは不備がございまして、欠陥がございまして、それを返還するといったような場合も（中略）武器輸出三原則で禁止（ママ）されておる武器の輸出には当たらない」（鹿島幾三郎通商産業省貿易局輸出課長　衆・決算委員会　1991.5.15）[79]とされる。さらに、日本のみが使用する「武器の生産の過程におきまして、部品などが加工、組み立てのために一時的に他国に輸出される、仮にそうなったといたしましても、最終的に我が国に積み戻される、こういうようなケースにつきましては、その武器の生産のみにその部品等が使われるわけでございますので、国際紛争等を助長することを回避するという、武器輸出三原則等のよって立つ平和国家としての基本理念は確保される」とする（大道正夫通商産業省貿易局輸出課長　衆・安全保障委員会　1996.2.23）[80]。

---

[77]　同上。
[78]　第 140 回国会参議院予算委員会会議録第 15 号 11 頁。
[79]　第 120 回国会衆議院決算委員会会議録第 6 号 47 頁。
[80]　第 136 回国会衆議院安全保障委員会会議録第 3 号 6 頁。

第 2 節　武器輸出三原則の運用

この他にも自衛隊が手狭な国内の演習場ではできない訓練などを米国で行うことがある。こうした派米訓練などを行う際、戦車等の装備品を米国に輸出して訓練を行うが、この際の輸出許可申請はこの枠組みで許可される。さらに自衛隊の装備品の試験目的の輸出も（外為法における「武器輸出」には該当するものの）武器輸出三原則にいう「輸出」には含まれないと考えられる。また、スカイマーシャル制度で拳銃を携帯して国際線に搭乗する警察官も外為法上は「武器輸出」にあたる。この場合、警察官の携帯する拳銃は外為法上の武器であるものの、前節で検討したように武器輸出三原則上の武器ではないという整理も可能であるし、仮に拳銃が武器輸出三原則上の武器であると整理される場合には武器輸出三原則上の輸出には当たらないという整理も可能であろう。さらに、警察が武器を携行した特殊急襲部隊（SAT 部隊）をテロ対策等で海外に派遣する場合に武器輸出三原則との関係を問われた際、伊佐山建志通商産業省貿易局長は「輸出の目的、態様等によってはこの三原則の趣旨を損なわないものとして輸出を許可した事例はございます」（参・外務委員会　1997.5.13）と湾岸戦争時の防毒マスクと同じ論理構成を説明し、質問があった事例も同様の枠組みで判断するということを示唆した[81]。前原誠司議員（民主党）は武器輸出三原則を疑問視する一環として「あげくの果てには、海外で自衛隊が訓練するときにもこれは武器輸出に当たるんじゃないかという議論が国会の中であったという話」（衆・安全保障委員会　2007.3.29）[82]と「武器輸出」に当たるはずはないという前提で指摘しているが、前原議員の指摘する「海外で自衛隊が訓練する」ために武器を海外に送ることも外為法上は「武器輸出」であり、おそらく前原議員の指摘は武器輸出三原則上の「武器輸出」ではないということである。したがって、自衛隊が海外で訓練する場合にも輸出許可が必要であることは既述のとおりである。

　久間章生防衛大臣の次の指摘も同様に解される。久間防衛大臣は湾岸戦争後、新聞記者を湾岸地域に同行する際防毒マスクを持参することになったのだが、防毒マスクが「武器」だということになり輸出ができずに困ったという。そこで「持っていったものを持って帰るということで、(中略)それを輸出じゃないという形で整理した」（傍点筆者）（衆・安全保障委員会　2007.5.15）と指摘する[83]。既述のとおり久間防衛大臣の指摘する「輸出じゃない」とは武器輸出三

---

[81]　第 140 回国会参議院外務委員会会議録第 11 号 29 頁。

[82]　第 166 回国会衆議院安全保障委員会議録第 5 号 18 頁。

第 1 章　武器輸出三原則の位置付け

原則上の「輸出」ではないと整理することによって、「慎む」には当たらない場合として輸出許可申請を許可したということである。たとえ「持っていったものを持って帰る」としても外為法上は輸出であり、また防毒マスクは輸出貿易管理令別表第 1 の 1 の項に該当する（⒀「軍用の細菌製剤、化学製剤若しくは放射性製剤又はこれらの散布、防護、浄化、探知若しくは識別のための装置若しくはその部分品」）ものであるため、輸出許可は必要である。これらの議論も国会において外為法の「輸出」についての議論ではなく、その運用方針に過ぎない武器輸出三原則の「輸出」に議論の焦点が当たっていることを示している。

武器輸出三原則上の「武器」と「輸出」は外為法上の「武器」と「輸出」と定義が異なるため、議論が錯綜しがちであるものの、あくまでも法的な基盤は外為法にあることからまずは外為法上の武器に当たるのか、輸出に当たるのか、を整理した上で武器輸出三原則の議論をすべきであるが、国会での議論を見る限りこの点ははなはだ心許ない。

⑸　武器輸出三原則の例外

最後に明示的に武器輸出三原則によらないとされる場合がある。いわゆる武器輸出三原則の例外と呼ばれる措置である。武器輸出三原則の例外とされると当該輸出は武器輸出三原則の適用対象から外れる。1983 年に中曽根康弘内閣が対米武器技術供与を対象に初めて武器輸出三原則の例外とした。その後、主に自衛隊関連の輸出（海外派遣など）で例外化措置が講じられている。

◆　主な武器輸出三原則の例外化対象

```
・対米武器技術供与（1983）○※
・国連平和維持活動（PKO）（1991）△
・日米物品役務相互提供協定（ACSA）（1996）○※
・人道的な対人地雷除去活動（1997）○※
・自衛隊による在外邦人輸送（1998）△
・中国遺棄化学兵器処理事業（2000）○
・テロ特措法関連（2001）○※[84]
・イラク特措法関連（2003）○※[85]
・弾道ミサイル防衛（BMD）（2004）○※
```

---

(83)　第 166 回国会衆議院安全保障委員会議録第 9 号 4 頁。
(84)　テロ特措法の正式名称は「平成十三年九月十一日のアメリカ合衆国において発生したテロリストによる攻撃等に対応して行われる国際連合憲章の目的達成のための諸外国の活動に対して我が国が実施する措置及び関連する国際連合決議等に基づく人道的措置に関する特別措置法」。

・インドネシアへの巡視艇供与（2006）○※
・ソマリア沖海賊対処（2009）○※

【凡例】○：官房長官談話　△：関係省庁了解。　※印の官房長官談話は巻末資料集に掲載

　このように武器輸出三原則の例外化は官房長官談話で行われることが多いが関係省庁了解のケースもある。
　これまでの武器輸出三原則の例外化のうち、国会でも多くの議論があった対米武器技術供与及び日米物品役務相互提供協定（ACSA）、人道的な対人地雷除去活動に関する例外化の過程とその整理について検討してみたい。

①　対米武器技術供与
ⅰ　対米武器技術供与に関する閣議了解と政府統一見解
ア　対米武器技術供与に関する閣議了解（1983.1.14）

　対米武器技術供与の例外化は武器輸出三原則の例外化の嚆矢となったものであり国会でも他の例外化案件と比べて最も多くの質疑が行われている。そのためこの過程を検討することにより例外措置の基本的な考え方の多くを理解することができる。そこでまずは前提として対米武器技術供与にあたっての過程を振り返る。本件は1981年に米国政府から日米間の防衛分野における技術の相互交流の要請があり、1983年1月に米国の要請に応じて相互交流の一環として米国に武器技術を供与する道を開くこととし、その供与に当たっては武器輸出三原則によらないこととするとの政府の決定が行われたものである（巻末資料1）[86]。それまで日本は米国側から一方的に武器技術の供与を受けてきたが、日本の技術力も向上してきており今後は相互に技術交流したいというのが米国側からの要望であったという（和田裕防衛庁装備局長　参・予算委員会　1982.3.13）[87]。日本政府としては、防衛分野における米国との技術の相互交流を図ることが、日米安全保障体制の効果的運用を確保する上できわめて重要となっていると判断し、米国に対し武器技術を供与することとした。米国に対する武器技術の供与

---

[85]　イラク特措法の正式名称は「イラクにおける人道復興支援活動及び安全確保支援活動の実施に関する特別措置法」。
[86]　外務省『わが外交の近況（1983年版）』、大蔵省印刷局、1983、133頁。
[87]　第96回国会参議院予算委員会会議録第7号4頁。

第1章　武器輸出三原則の位置付け

に当たっては国際紛争等の助長を回避するという平和国家としての基本理念を確保しつつ行うこととしている（谷川和穂防衛庁長官　参・安全保障特別委員会　1983.3.2）[88]。

　米国に対する武器技術の供与がなぜ「国際紛争等の助長を回避する」という基本理念に反しないのか。この点についてまず政府は対米武器技術供与に当たっては日米相互防衛援助協定（以下MDA協定という。）が適用になることを挙げる。その上でMDA協定第1条第1項において「いかなる援助の供与及び使用も、国際連合憲章と矛盾するものであってはならない」と規定してあることに着目する。すなわち、「供与された技術というものを国連憲章と矛盾するような形で使用してはならない、すなわち自衛目的以外のために使ってはならないということも当然MDA協定に基づくアメリカが負う義務」（栗山尚一外務省条約局長）となっている。さらに、米国から米国以外の第三国への移転についても日本政府の事前同意が条件となっている（MDA協定第1条）。こうした要素から武器輸出三原則のよって立つ平和国家としての基本理念には反しないものであると整理する（谷川和穂防衛庁長官　参・内閣委員会　1983.3.22、栗山尚一外務省条約局長　衆・外務委員会　1983.5.18）[89]。

◆日米相互防衛援助協定（MDA協定）（抄）

> 第1条
> 1　各政府は、経済の安定が国際の平和及び安全保障に欠くことができないという原則と矛盾しない限り、他方の政府に対し、及びこの協定の両署名政府が各場合に合意するその他の政府に対し、援助を供与する政府が承認することがある装備、資材、役務その他の援助を、両署名国政府の間で行うべき細目取極に従って、使用に供するものとする。いずれか一方の政府が承認することがあるいかなる援助の供与及び使用も、国際連合憲章と矛盾するものであってはならない。

　このように対米武器技術供与を認めた理由として国連憲章に矛盾しない使用と第三国移転の事前同意が挙げられている。また、既述のとおり国連憲章に矛盾しない使用として具体的には自衛目的以外のために使用しないことが示されている。

　「国際紛争等の助長を回避する」武器技術の提供に限定されるのであれば「慎む」に当たらない場合として整理とすることでも米国に対する武器技術の

---

[88]　第98回国会参議院安全保障特別委員会会議録第2号2頁。
[89]　第98回国会参議院内閣委員会会議録第3号4頁。第98回国会衆議院外務委員会会議録第9号19頁。

供与は可能と思えるがあえて例外とした点につき政府は「三原則のたてまえでまいりますと一般的には慎む、それから紛争当事国に対しては行わない、こういうことがございますので、こういうものでは円滑に行うことができないというふうに判断いたしまして、本件に限って三原則の例外扱いとする」(栗山尚一外務省条約局長　衆・予算委員会　1983.2.8)[90]こととしたと説明する。つまり米国が紛争当事国となれば「慎む」ではなく「認めない」対象国となり、それでは対米武器技術供与を「円滑に行うことができない」と判断したからだという。実際ベトナム戦争当時は米国も紛争当事国に該当すると考えられていたことは既述のとおりである。

　なぜ米国に対して武器技術を供与することが「日米安全保障体制の効果的運用を確保する上できわめて重要」であると考えられるのか、日本側にとってのメリットは何かという点について、政府は「米国の防衛力の向上に資することによって日米安保体制の効果的な運用を図ることが重要である」(北村汎外務省北米局長　衆・内閣委員会　1984.3.1)[91]という。つまり同盟国である米国の防衛力の向上が日本の安全保障上も有益であると判断したと考えられる。こうした認識は政府だけでなく与党や一部野党にも認識されており、山内一郎議員（自民党）は、

○　同盟関係にある両国が防衛技術に関する相互交流を図ることは、これまでわが国が米国から防衛技術の提供を受けていたことからすれば当然のことであり、また、このような対米協力を行い、日米安保体制の効果的運用を確保することは、わが国の平和と安全を守るゆえんであると思います（参・本会議　1983.1.28)[92]

と「日本の平和と安全を守る」ために必要だと主張する。木島則夫議員（民社党）は、

○　わが国がその安全保障の重要な部分を米国に依存し、かつ、これまでアメリカから多くの防衛技術の提供を受けながらも、アメリカに対しては技術の提供を拒んできたという不自然な状態を是正するという意味で、民社党は今回の決定を基本的に評価いたします（参・本会議　1983.1.29)[93]

と指摘し対米武器技術供与を評価している。

---

(90)　第98回国会衆議院予算委員会議録第7号32頁。
(91)　第101回国会衆議院内閣委員会議録第2号29頁。
(92)　第98回国会参議院会議録第3号29頁。
(93)　第98回国会参議院会議録第4号47頁。

第1章　武器輸出三原則の位置付け

イ　武器輸出に関する政府統一見解（1983.3.8）

　米国に対する武器技術供与を武器輸出三原則の例外としたことに関して、米国向けの武器輸出は依然として武器輸出三原則の対象であることが再確認されたものが1983年3月8日に示された武器輸出に関する政府統一見解である。

◆ 武器輸出に関する政府統一見解（後藤田正晴官房長官談話）[94]

> 　対米武器技術供与に関する今回の政府の決定は、日米安全保障条約及び関連取り決めの枠組みのもとで、米国に対してのみ、かつ、武器技術（その供与を実効あらしめるため必要な物品であって、武器に該当するものを含みます。）に限り、供与する道を開いたものであり、武器そのものの対米輸出については従来どおり、武器輸出三原則等により対処することとしたものである。
> 　中曽根内閣としては、これまで再三にわたり武器の共同生産を行う意図のないことを国会で答弁していることからも明らかなとおり、武器そのものの輸出についての従来からの方針に何ら修正を加える考えはありません

　こうして対米武器技術供与と武器輸出三原則の関係を整理したうえで、日米両国政府の間で対米武器技術供与の交換公文が交わされた（1983年11月8日）。

　以上の経緯を踏まえた上で個々の論点につきさらに検討していきたい。

ii　MDA協定との関係

　まずはMDA協定第1条のどこが武器技術の供与を示しているのかが問われた。政府はMDA協定では「政府が承認することがある装備、資材、役務その他の援助」を提供することができる。武器技術の供与はこの中の「役務」に該当すると答弁している（栗山尚一外務省条約局長　衆・予算委員会 1983.3.2）[95]。外為法上も武器技術と含め技術の提供は役務取引の一つとして扱われている（外為法第25条）。これに対して、大出俊議員（社会党）はMDA協定第1条は「装備・資材」と役務以外の要素も規定していることを挙げて、

○　MDAからすれば、1条からすれば、役務まで含めまして、武器技術、武器輸出、いずれもできる、論理的には（衆・予算委員会　1983.3.8）[96]

と問うている。つまり役務以外のものもMDA協定上は米国に提供できるのではないか、と問うている。これに対して政府は、

---

(94)　第98回国会衆議院予算委員会議録第18号2頁。
(95)　第98回国会衆議院予算委員会議録第15号11頁。
(96)　第98回国会衆議院予算委員会議録第18号8頁。

○　協定のたてまえとしては、理論的にはそういうことはできる（栗山尚一外務省条約局長　衆・予算委員会　1983.3.8)[97]

と文言上当然の回答をする一方で、続けて

○　「両書名政府の間で行うべき細目取極に従って、」と書いてございますから、細目取り決めに合意するかどうかということは、これは別途、施策の問題として別問題でございます（栗山尚一外務省条約局長　衆・予算委員会　1983.3.8)[98]

と指摘する。この答弁はMDA協定上は細目取り決めがなければ提供できない、という点を指摘しているに過ぎない。すなわち米国に武器技術や武器を供与することはMDA協定上可能である、ただし武器を供与するための細目取り決めに合意するかどうか（政策判断）は別問題であると言っているにすぎない。MDA協定がなければ武器や武器技術の供与ができない、という国内法上の制約はない。国内法的には外為法の許可を取得すれば武器輸出（や武器技術の提供）は可能であるし、政府間の合意が輸出許可の必須条件とは外為法上は規定されていない。いずれにせよ外為法上は許可を取得すれば武器も輸出できる仕組みになっているので武器を供与するための細目取り決めの有無と外為法上、許可が取得できるかどうかは法的には別の論点である。

ⅲ　MDA協定と武器輸出三原則

そこで次にMDA協定と武器輸出三原則の扱いについてさらに検討してみたい。楢崎弥之助議員（社会民主連合）も武器技術だけでなく武器もMDA協定上、対米供与が可能であることを確認する（衆・予算委員会第二分科会1983.3.4)[99]。これに対して政府はMDA協定「1条1項のいまの枠内でやり得ることであると思います」（栗山尚一外務省条約局長　衆・予算委員会第二分科会　1983.3.4)[100]と回答している。次いで、楢崎議員はそれではなぜ武器を供与していないのかについて次のように確認している。

○　政策上の問題としてそこでコントロールしておるわけですね。それは武器禁輸三原則というものがあるから、それとの絡みにおいて判断をその都度していく、

---

(97)　同上。
(98)　同上。
(99)　第98回国会衆議院予算委員会第二分科会議録第1号32頁。
(100)　同上。

第 1 章　武器輸出三原則の位置付け

こういうことなんですね（衆・予算委員会第二分科会　1983.3.4）[101]

安倍晋太郎外務大臣は政策判断であることを認めた（衆・予算委員会第二分科会　1983.3.4）[102]。さらに、政府は

○　武器につきましても、外為法48条に基づきまして通産大臣の輸出の承認を受けることになっております。承認申請が参りますと、これにつきましては武器輸出三原則、政府統一方針に照らして現在のところ処理してきたわけでございます（植松敏通商産業省貿易局為替金融課長　衆・予算委員会第二分科会　1983.3.4）[103]

と答弁し、米国も武器輸出三原則の対象として扱う、したがって「慎む」対象である、と整理する（植松敏通商産業省貿易局為替金融課長　衆・予算委員会第二分科会　1983.3.4）[104]。「慎む」対象であるから「慎む」必要がない場合には輸出が許可されることは既述のとおりであり、

○　今のところ武器輸出の要請がないから、要請があった場合にはその段階で政策的に検討する、そして、もしイエスであれば、通産大臣も国の政策に基づいて、アメリカであろうと武器は輸出する、こういう関係になるんじゃないですか（楢崎弥之助議員（社会民主連合）　衆・予算委員会第二分科会　1983.3.4）[105]

と楢崎議員が質問したのに対して

○　御指摘のとおりでございます（植松敏通商産業省貿易局為替金融課長　衆・予算委員会第二分科会　1983.3.4）[106]

と楢崎議員の指摘を肯定する。これまで検討してきた武器輸出三原則の運用から見れば当然の整理である。こうした「政策的に検討」するにあたってMDA協定上の細目取り決めの有無は許可申請を審査する際の考慮対象にはなるであろうが、必須の条件ではない。MDA協定とは独立して外為法上の考慮が行われる。換言すれば仮にこうした細目取り決めがなくても、米国以外の諸国であればMDA協定がなくても外為法上「慎む」に当たらない場合として許可できる場合があることは既述のとおりである。逆に論理的にはMDA協定上の

---

(101)　同上。
(102)　同上。
(103)　同上。
(104)　第98回国会衆議院予算委員会第二分科会議録第1号33頁。
(105)　同上。
(106)　同上。

第 2 節　武器輸出三原則の運用

細目取り決めがあっても外為法上輸出を不許可とすることがあり得ることになる（iv参照）。このように MDA 協定の議論と外為法の議論を区別することが重要である。また法的に可能かどうかの議論と政策的に妥当かという議論を混同してはならない。

　したがって、対米武器技術供与に関する閣議了解以前に米国に対して武器技術の供与をしてこなかった理由は法的な制約によるものではない。それまで日本の武器技術水準が低く米国からの要望がなかったからだ、と政府は説明する（木下博生防衛庁装備局長　衆・予算委員会　1983.3.2）[107]。大出俊議員（社会党）は米国に技術供与をしてこなかったのは武器輸出三原則によって縛られていたからではないかと質問するが、これに対して政府は「必ずしもそういうふうに考えたわけではございません」とそうした見解を否定した上で、「アメリカ側から要請が出てきたという実態を踏まえまして、これと、政府が従来からとってきておりました政策との問題をいかように調整するかということが新しい問題として出てまいった」ものだという（栗山尚一外務省条約局長）（衆・予算委員会　1983.3.2）[108]。

　つまり日米二国間関係で米国に対して技術供与をすべきかという政策的な論点と、国内法的に技術供与ができるかという論点の差異である。日米二国間関係で米国に武器技術を供与することが必要だという政策判断に対して、そうした政策判断が法的に可能か、という外為法上の判断が別途なされるものである。政策判断がされる以前に一般論として法的判断を下していた（つまり全面的に武器技術の提供を禁止した）ことはない、ということである。これは輸出管理一般に共通の判断枠組みであり、個別の輸出案件に対してその許可の是非を検討するものであり、本件に即して言えば、まず対米武器技術供与の必要性に対する政策判断があり、その法的可能性につき外為法で判断する。外為法上は「慎む」に当たらない整理も可能であるが、米国が紛争当事国になると武器輸出三原則上「紛争当事国に対しては行わない、こういうことがございますので、こういうものでは円滑に行うことができないというふうに判断いたしまして、本件に限って三原則の例外扱いとする」ことにしたものである。なお法的に不可能であると判断されれば法改正をするほかに武器技術供与を可能にする方法はない。

[107]　第 98 回国会衆議院予算委員会議録第 15 号 12 頁。
[108]　同上。

第 1 章　武器輸出三原則の位置付け

iv　武器技術供与の枠組み

次に具体的な武器技術供与の仕組みを見ていきたい。武器技術供与に当たっては、まず米国からの要請を受け、それを関係省庁で協議をし、日本政府が供与の可否を自主的に判断するという（鎌田吉郎防衛庁装備局長　衆・安全保障特別委員会　1986.10.22）[109]。関係省庁の協議機関として日米双方に武器技術共同委員会（以下、JMTC という。）が設置され、日本側は防衛庁、外務省、通商産業省の代表者で構成される（北村汎外務省北米局長　衆・内閣委員会　1984.3.1）[110]。そしてこの JMTC で米国に供与する武器技術を識別することになる（北村汎外務省北米局長　衆・外務委員会　1984.3.2）[111]。

そこで JMTC の機能と外為法上の通商産業大臣の輸出許可との関係が問題となる。市川正一議員（共産党）は、

○　我が国の現行法では武器輸出の可否の権限は通産大臣にあるはずでありますが、この JMTC で合意したものの輸出の可否もやはり通産大臣が判断をなさると思いますが、そうですか（参・商工委員会　1984.4.17）[112]

と確認する。これに対して政府は

○　武器技術の輸出（ママ）の問題につきましては、外国為替及び外国貿易管理法によりまして通産大臣が仰せのとおり許可をいたします（杉山弘通商産業省貿易局長　参・商工委員会　1984.4.17）[113]

と答弁する。外為法上当然である。JMTC は外為法とは別個に存在しているのであり、法的には JMTC の判断に通商産業大臣が拘束されることはない。JMTC はあくまでも協議の場であり、識別が法的拘束力を持つものではない（加藤良三外務省北米局安全保障課長　参・商工委員会　1984.4.17）[114]。しかし、JMTC には通商産業省の代表者も参加しているので、JMTC での合意は通商産業大臣が認めたことと同様の効果があるのではないかと問われている（市川正一議員（共産党）参・商工委員会　1984.4.17）[115]。これに対して政府は次のよ

---

(109)　第 107 回国会衆議院安全保障特別委員会議録第 2 号 15 頁。
(110)　第 101 回国会衆議院内閣委員会議録第 2 号 18 頁。
(111)　第 101 回国会衆議院外務委員会議録第 3 号 7 頁。
(112)　第 101 回国会参議院商工委員会会議録第 6 号 22 頁。
(113)　同上。
(114)　第 101 回国会参議院商工委員会会議録第 6 号 23 頁。
(115)　同上。

第 2 節　武器輸出三原則の運用

うに整理する。

○　武器技術共同委員会で三省庁の代表が集まりまして、日本側がアメリカ側に供与することが安保体制の効果的な運用に資するかどうかという観点から今外務省から御答弁がありましたように識別をいたすわけでございますが、それだけで武器技術の輸出が可能になるわけではございませんで、申し上げるまでもございませんが、先ほど御答弁いたしましたように、外国為替及び外国貿易管理法によりまして通産大臣が許可をいたしまして初めて対米武器技術の供与が可能になる（杉山弘通商産業省貿易局長　参・商工委員会　1984.4.17）[116]

　この答弁から明らかなことは JMTC で行うとされる識別とは米国に対する武器技術の供与が「安保体制の効果的な運用に資するかどうか」を判断する枠組みだということになる。対米武器技術供与に当たって「米国の防衛力の向上に資することによって日米安保体制の効果的な運用を図ることが重要である」と判断した以上、単に「米国の防衛力の向上に資する」だけではなく、それが日米「安保体制の効果的な運用に資する」ものでなければ供与は無意味である。したがって識別とは武器技術を供与すべきであるかどうかを政策的に判断する枠組みと言える。

　しかしながら政策的に供与すべきであるかという判断と、法的に供与できるかという枠組みは別個の論点である。法的にはあくまでも外為法上、通商産業大臣の許可が必要になる。

　したがって論理的には政策的な判断と法的な判断が異なることがあり得る。ただ実務上は JMTC に通商産業省が加わっていることから政策的な判断と法的な判断が食い違うということはあまり想定されないであろう。この点を通商産業省は、

○　武器技術共同委員会での識別というものはそれ自身通産大臣の許可の権限を拘束するものではないということは申し上げているとおりでございまして、通産大臣もまた別の立場から判断をすることは当然あり得ると思いますが、ただ、実際問題といたしましては通産大臣の意を受けました通産省の代表者がこの武器技術共同委員会にも出席をいたしておりますから、そこで十分通産省としての立場を述べて識別に当たる（杉山弘通商産業省貿易局長　参・商工委員会　1984.4.17）[117]
○　私どももこの委員会のメンバーの一人でございますから、そこでの議論を十分踏まえて運用するということになりますので、実際上としてはほぼ通産大臣はこ

---

[116]　同上。
[117]　同上。

第1章　武器輸出三原則の位置付け

の委員会で識別されたものについて許可を与える（杉山弘通商産業省貿易局長　参・商工委員会　1984.4.17）[118]

と整理している。こうした答弁に対して質問をしていた市川正一議員（共産党）は「論理的につじつまが合わぬ」と批判するが論理的な整合性は取れている。また同議員は「今の法体系をなし崩し的に変えていくものである」とも批判するが法体系は全く変わっていない以上、こうした指摘も当たらない（参・商工委員会　1984.4.17）[119]。

　さらに、米国に供与する技術が武器技術であるかどうかを判断するのはあくまでも外為法の世界であり、JMTCは武器技術である場合にその供与の是非を「安保条約の効果的な運用」という観点から判断することになる。通商産業省は、「武器技術とは何であるかという判断は、確かに私どもが専管的に判断をすべき問題でございます」とした上で、「武器技術であればそれを何でも対米供与するというわけではございませんで、安保条約の効果的な運用に資するかどうかということが一つの大きな基準としてかかってくる」という。こうした判断をする枠組みがJMTCだという（杉山弘通商産業省貿易局長　衆・予算委員会第六分科会　1984.3.12）[120]。したがって、JMTCは歯止めとして機能するものであり、米国から要請があった場合には何でも提供するものではないと繰り返し答弁している。

○　アメリカから要請があった技術のすべてについて供与を認めるということでございません。具体的な事例に則しまして、我が国自身がその時点において国際情勢とかその他いろんな諸般の事情を考慮に入れまして政府が自主的に判断をいたしまして、そして先ほどおっしゃいましたように、日米安保体制の効果的な運用を確保する上で重要と認められるものについてのみ行う（北村汎外務省北米局長　参・外務委員会　1984.4.6）[121]

　このようにJMTCをめぐる議論も法的な制約と政策的な判断を区別して議論することが重要である。

---

[118]　同上。
[119]　同上。
[120]　第101回国会衆議院予算委員会第六分科会議録第2号45頁。
[121]　第101回国会参議院外務委員会議録第4号16頁。

v　米国への武器輸出

　既に武器輸出に関する政府統一見解を表明した官房長官談話でみたとおり「武器そのものの対米輸出については従来どおり、武器輸出三原則等により対処する」としている。ただし、武器技術の供与に当たって「その供与を実効あらしめるため必要な物品であって、武器に該当するものを含」むとしており、「その限りにおいて、これに該当するような武器は武器技術と同様に対米供与の道が開かれておる」（栗山尚一外務省北米局長　衆・外務委員会　1985.4.17）[122]こととした。ここで「その供与を実効あらしめるため必要な物品」とはどこまでを指すのかが問われる。日米共同研究開発の成果としてアイデアや技術資料は想定されるが、それに加えて山中貞則通商産業大臣は「技術の終結点としてはある意味の試作品まではいかなければならぬ」と指摘し、試作品までが想定されているという（衆・予算委員会　1983.2.8）[123]。山中通商産業大臣の答弁は官房長官談話が発表される前の答弁であるがこの答弁が先例となり、以降米国への武器輸出は「試作品まで」との質疑がいくつも出てくる。さらに官房長官談話にあるように「武器の共同生産を行う意図のない」ことが確認される。

　なお、試作品は外為法上は武器（貨物）であり武器技術ではない。したがって、次のような指摘は外為法上は不正確である。

○　武器技術の供与を実効あらしめるため必要な物品というものは武器技術の一部としてアメリカに対しまして輸出可能でございます（藤井宏昭外務省北米局長　参・予算委員会　1986.3.11）[124]

「武器技術の供与を実効あらしめるため必要な物品」は外為法上は武器輸出であり、武器技術の提供ではない。しかし、米国との間で結ばれた武器技術の供与に関する取り決めでは、「『武器技術』というのは『附属書に定義する技術』であるけれども、この『武器技術の供与を実効あらしめるため必要な物品であって『武器』に該当するものを含む』こういうことになっている」として、こうした「武器」を「武器技術」に含めているという（小和田恆外務省条約局長　衆・予算委員会　1986.2.20）[125]。この表現に従えば上記の政府の答弁も間違いではない。ただ、ここでもMDA協定の議論か外為法の議論かを峻別する

---

(122)　第102回国会衆議院外務委員会議録第7号20頁。
(123)　第98回国会衆議院予算委員会議録第7号34頁。
(124)　第104回国会参議院外務委員会議録第7号5頁。
(125)　第104回国会衆議院予算委員会議録第13号4頁。

第 1 章　武器輸出三原則の位置付け

必要性を指摘することができる。

　既に iii で検討したように米国への武器輸出は武器輸出三原則が適用され「慎む」対象である。「慎む」に当たるかどうかは個別の事案ごとに判断することになる。そこで次の指摘を考えてみたい。

○　武器輸出三原則は遵守すべきであり、その精神は私たちは守らなければいけない。そういう意味で武器の共同開発はできない。今まで研究者同士のすり合わせの段階ではいわゆる試作品まででとまっているわけなんですね。試作品が一つの歯どめであった。この歯どめを外してはいけませんよということなんです。それは絶対にありませんな（井上一成議員（社会党）　衆・予算委員会　1986.2.20）[126]

これに対して政府は

○　武器技術の対米輸出につきましては、武器技術の交換公文の枠組みの中で許されるわけでございまして、と申しますことは、技術の輸出に伴う必然的な物体、物、これが技術の輸出ということの関連でどうしても必要な場合にはこれは許されるということでございまして、武器そのものの輸出は許されていない（藤井宏昭外務省北米局長　衆・予算委員会　1986.2.20）[127]

と交換公文の説明を繰り返すだけであった。井上議員は「試作品が一つの歯どめ」と言うが、あくまでも官房長官談話で政策的に設定されているものであり、それ以上のもの（いわゆる武器そのもの）の輸出の可否は iii で指摘したように別途検討する必要があるだけで外為法上は禁止されているものではない。

　したがって、結論としては対米武器技術供与の射程は技術供与であるので米国への武器輸出は武器技術供与に伴うものを除き、武器輸出三原則の原則に立ち返って検討される。そして武器輸出三原則の原則とは武器輸出を全面的に禁止することではなく、あくまでも「慎む」というものであり、「原則として」輸出を許可しないという運用である。

vi　米国以外に対する武器技術供与

　v では米国に対する武器輸出を検討した。対米武器技術供与は米国向けの武器技術の提供がその射程であったので、米国向けの武器輸出はその射程外であり武器輸出三原則の原則に戻る。同様に米国以外に対する武器技術の供与も射

---

(126)　同上。
(127)　同上。

程外であり武器輸出三原則の原則に戻る。すなわち原則としては「慎む」こととなる。したがって、政府は「一般に武器輸出三原則の範囲の問題といたしまして、武器技術の供与というものも一般的には行わない、あるいは慎むということが政府の方針として既に決定している」とし、米国以外の国に対する提供に関しても「政府が述べておる政策が妥当する」と整理する（小和田恒外務省条約局長　衆・予算委員会　1986.11.6）[128]。

　そこで日米以外の第三国も入って共同研究開発が可能であるかどうかにつき神崎武法議員（公明党）が質問したところ（衆・予算委員会　1986.2.18）[129]、政府は第三国との間では「武器輸出三原則に従って処理する」とした上で、

○　武器技術の供与ということが第三国に対して行われうるかということとの関連におきましての共同研究開発のご質問であるとすれば、それは武器技術供与が第三国に行い得ないという意味において、その限りにおいてそれは不可能である（小和田恒外務省条約局長　衆・予算委員会　1986.2.18）[130]

と「武器技術供与が第三国に行い得ない」と答弁している。しかしこれまでの議論からも明らかなように法的に不可能であると解することはできない。「行い得ない」と政府が判断している点につきさらに、

○　武器技術の輸出という観点からとらえましたときに、特定の武器技術が米国に行く場合と、米国以外の第三国に行く場合とでは、おのずからわが国の立場が異なってくる。つまり、米国の場合におきましては、武器技術の供与に関する取り決めがございますので、その取り決めに従って処理をすることになる。それ以外の第三国につきましては、そういう取り決めがございませんので、武器輸出三原則に立ち戻って、その原則に従って行うこととなる結果、武器技術の輸出を伴うような形での協力ということは原則としてあり得ない（傍点筆者）（小和田恒外務省条約局長　衆・予算委員会　1986.2.18）[131]

と説明しており、「原則として」という留保が付けられている。「原則として」ということが武器輸出三原則に即して言えば「慎む」ということになり、「慎む」に当たる場合でないと整理されれば武器技術の供与は可能である。また「武器技術の供与に関する取り決め」がなければ提供できないということでは

---

[128]　第107回国会衆議院予算委員会議録第5号6頁。
[129]　第104回国会衆議院予算委員会議録第11号19頁。
[130]　同上。
[131]　同上。

なく、逆に「武器技術の供与に関する取り決め」があれば無条件に提供が可能になるわけではないことはⅲで検討したとおりである。武器輸出三原則の文言に即して言えば「慎む」必要のない輸出が米国に限定されるという解釈は外為法上導かれないし、同様に米国対象であれば全て「慎む」必要がないという解釈にもならない。

繰り返しになるが、こうした「取り決め」の有無と武器輸出をリンクさせる議論はあくまでも外交上の政策論であり外為法の解釈論ではない。一連の答弁が外為法を所管する通商産業省（現、経済産業省）ではなく外務省当局者による答弁であることも外交政策論であり、法解釈ではないことを示すものである。

ⅶ　共同開発

以上の検討を踏まえた上で武器の共同開発に関する一般論を整理したい。先述の井上一成議員（社会党）の指摘では武器輸出三原則の精神を守るという意味で「武器の共同開発はできない」と主張している。あくまでも官房長官談話では「中曽根内閣としては、これまで再三にわたり武器の共同生産を行う意図のない」ことを表明しているとしているだけであり、武器の共同生産を行う「意図」が「中曽根内閣」としてはないと二重に条件付けをしている。少なくとも外為法や武器輸出三原則に「武器の共同開発はできない」と規定している箇所はない。したがって、ここまでの検討からも明らかなように、

○　一般的に武器に関する共同開発というものを禁止は政府はしていない（藤井宏昭外務省北米局長　衆・予算委員会　1986.2.20）[132]。

政府は「武器の共同研究開発につきましては、それに伴って、武器の輸出または武器技術の提供が行われるということになりますならば、その部分につきまして、個々のケースに即し、武器輸出三原則、政府方針に基づいて対処することとなります」（小和田恒外務省条約局長の答弁　参・予算委員会　1986.3.11）[133]と説明する。

そこで米国との共同開発と米国以外との国との共同開発についてどのように整理されるかを検討してみたい。まず米国との共同開発は「武器技術供与そのものの問題として米国との間において今後の取り決めのもとで可能性はあり得

---

[132]　第104回国会衆議院予算委員会議録第13号3頁。
[133]　第104回国会参議院予算委員会会議録第7号5頁。

る」という（小和田恆外務省条約局長　衆・予算委員会　1986.2.20)[134]。続けて「技術供与の中身としてどういうものがあるかということになりますと、技術供与を伴うような共同開発、開発のための共同研究というようなものは、理論的に申しますと、これは技術供与を伴う限りにおいて供与取り決めの対象になる」とする一方で、「武器の共同生産ということになりますと、これは従来から政府としてそれをやる意思はない」と武器の共同開発の可能性を肯定し共同生産を否定する（小和田恆外務省条約局長　衆・予算委員会　1986.2.20)[135]。繰り返しになるが「意思はない」ことは法的に不可能であることを意味するわけではない。あくまでも政策論だということである。

次に米国以外の国との共同開発については、次の質疑を見たい。

○　いまアメリカとNATO諸国の間において共同研究開発あるいは共同生産まで踏み込んでおる。そこに日本が参加をする、仲間入りをする、そういうことはあり得ない、こういうことでしょうか（坂井弘一議員（公明党）　衆・予算委員会　1983.2.19)[136]
○　今回の武器技術供与の趣旨から見まして、そういうことはあり得ない（傍点筆者）（安倍晋太郎外務大臣　衆・予算委員会　1983.2.19)[137]

と答弁している。「対米」武器技術供与の枠組みで米国以外に供与することはないという全くのすれ違いの問答になっている。米国以外の第三国に武器技術を提供する場合には武器輸出三原則が適用されるのであるから、「慎む」場合に当たるかどうかの検討をすることになるはずである。ところが、1985年前後にはまだ「慎む」に当たるかどうか、というカテゴリーについてほとんど想定されていなかったようで、こうした検討の必要性を指摘した答弁はない。例えば、

○　我が国の場合は、武器輸出三原則、技術も含めまして三原則がございますので、第三国、NATO諸国も含めまして第三国に我が国の技術が渡るというような結果になる、あるいはそういうことを前提としたような形での三者一緒になった研究というものは、これはまあ武器輸出三原則の趣旨に照らしましてできないであろう（栗山尚一外務省北米局長　参・外務委員会　1985.4.9)[138]

---

[134]　第104回国会衆議院予算委員会議録第13号4頁。
[135]　第104回国会衆議院予算委員会議録第13号5頁。
[136]　第98回国会衆議院予算委員会議録第10号15頁。
[137]　同上。
[138]　第102回国会参議院外務委員会会議録第6号12頁。

第 1 章　武器輸出三原則の位置付け

○　米国以外の第三国との関係におきましては、従来どおり武器輸出三原則等が堅持されるわけでございます。このことを踏まえまして、あえて全くの一般論として、我が国から米国以外の第三国への武器技術の供与を伴うような共同研究開発に我が国が参加することは武器輸出三原則等のもとにおいてはない（岡本行夫外務省北米局安全保障課長　衆・安全保障特別委員会　1986.4.9)[139]

といった答弁があるが、「武器輸出三原則の趣旨に照らしましてできない」「武器輸出三原則等のもとにおいてはない」とはどういうことであろうか。武器輸出三原則は三原則の対象地域（共産圏や国連武器禁輸国、紛争当事国）のみが「認めない」として、輸出禁止の対象であり、それ以外は「慎む」だけである。したがって、こうした答弁はこの当時には「慎む」は全て禁止であると解していた可能性を示唆するものである（法的に「慎む」を全面的な輸出禁止と解することが可能か、妥当かという点については第 2 章第 4 節、第 9 節、第 10 節参照）。「SDI（戦略防衛構想）研究が仮に日本、米国以外の第三国を含む多国間の共同研究を伴うものであれば、武器輸出三原則に照らし我が国は参加できないと私は解しますが、政府の明確なる見解をお示しいただきたい」（括弧内筆者追加）との坂井弘一議員（公明党）の質問に対して、中曽根康弘総理大臣は「現段階において仮定の上に立って議論することは差し控えたい」とのみ答弁している（衆・本会議　1985.4.11)[140]。当時としては穏当なところであったのであろう。次の答弁も同様である。

○　アメリカとの間におきましては御承知の対米武器技術供与の取り決めがございますので、その規定に従って日本政府としては判断をすることになるであろう、理論的に言えばそういうものに乗っかる形で協力ということはあり得るだろう、他方それ以外の国との関係におきましてはそういう取り決めがございません。取り決めがございませんので、我が国の武器輸出三原則等の原則に従って処理されることになるわけでございますから、したがって、そういう形での共同の開発というようなことは考えられないであろう（小和田恆外務省条約局長　参・外務委員会　1985.4.9)[141]

本答弁は先ほどのivでの整理と基本的に同じ構造にある。「対米武器技術供与の取り決めがございますので、……理論的に言えばそういうものに乗っかる形で協力ということはあり得るだろう」と言うが、今回は対米武器技術供与に関

---

(139)　第 104 回国会衆議院安全保障特別委員会議録第 4 号 22 頁。
(140)　第 102 回国会衆議院会議録第 20 号 721、722 頁。
(141)　第 102 回国会参議院外務委員会会議録第 6 号 28 頁。

して武器輸出三原則の例外としたために武器輸出三原則が適用されないと整理されたものであり、取り決めがあれば自動的に武器輸出三原則の適用対象から外れるものではない。さらにたとえ武器輸出三原則の例外として適用対象から外されても、依然として外為法上の許可対象であることは変わらない。法的な規制は全く変わらないのである。したがって許可が必要であることは変わらない。許可申請を判断する際の基準が武器輸出三原則ではない、という違いである。米国以外の国への武器技術供与についても「取り決めがございませんので、我が国の武器輸出三原則等の原則に従って処理されることになる」ことは事実関係としては正しいが、法的な因果関係を説明しているものではない。取り決めがあってもなお原則としては武器輸出三原則の適用対象となる。だからこそ対米武器技術供与では武器輸出三原則の例外という措置が対米武器技術供与の取り決めとは別途なされたのである。さらに、武器輸出三原則の適用があったからといって武器技術が全面的に提供できなくなるものではない。「したがって、そういう形での共同の開発というようなことは考えられないであろう」という「そういう形」とは単に取り決めがない以上、取り決めに基づいた共同開発はないという以上の意味はない。

つまり1985年当時には「慎む」に当たらない場合についての検討が精緻化されておらず、一律に禁止と解していた可能性があること、他方で二国間の協定が武器輸出三原則の例外の条件であるかのように考えられていた可能性があることを指摘できよう。後者はあくまでも政策的な考慮であり、前者は法的に問題のある整理であった可能性がある。

○　武器技術の協力につきましては日米間でだけ行われる、これは御承知のとおりでございます。その他の国との間では、日本の場合は武器輸出三原則によってこれは行わないということでございます（中略）日米以外のその他の諸国が入ったいわゆる武器あるいは武器技術共同研究というものは行えないというのが国の基本的な立場でございます（安倍晋太郎外務大臣　衆・安全保障特別委員会　1985.4.8）[142]

このような答弁が不正確であることは言うまでもない。米国以外の国と武器技術の供与を「武器輸出三原則によってこれは行わない」とは武器輸出三原則上どこにも規定されていない。法的には冒頭の「一般的に武器に関する共同開発というものを禁止は政府はしていない」以上の規制はない。もちろん法的に

---

[142]　第102回国会衆議院安全保障特別委員会議録第4号23頁。

禁止されていないとはいえ政策的に実施すべきであるかどうかは別問題であることは言うまでもない（この当時の武器輸出三原則の「拡大解釈」については第4章第2節(4)参照）。

ⅷ 民間企業との関係

ⅱではMDA協定がなければ供与できない、という議論は外為法とは無関係の政策的なものであるという検討をしたが、ここでは反対にMDA協定があれば供与しなければならないのか、という論点を検討する。具体的には識別で「安保体制の効果的な運用に資する」と判断されたとしても、当該武器技術の所有者が民間企業であった場合、日本政府はどうするのか、という論点である。

技術提供の可否を判断する者は基本的には技術の提供者であるので、提供者が同意しないものが供与されるということはない（杉山弘通商産業省貿易局長　衆・予算委員会第六分科会　1984.3.12)[143]。したがって、民間企業が保有する武器技術であれば当該民間企業の同意が提供の前提となる（北村汎外務省北米局長　衆・内閣委員会　1984.3.1)[144]。質問主意書でも明確に「民間企業に対しその保有する技術の対米供与を義務付けることは考えていない」と回答している[145]。さらに、大出俊議員（社会党）は行政指導といった形で「間接的強要」をすることに危惧を表明しているが、これに対して政府は「決してそういうような行政指導によってどうこうするというようなことはございません」（北村汎外務省北米局長）と明確に否定する（衆・予算委員会　1984.2.16)[146]。こうした行政指導に対する危惧は繰り返し表明されている。矢山有作議員（社会党）も武器技術の提供を「拒否した企業に対して政府が政治的な力を行使するということは絶対ありませんね」と念を押したのに対して、政府は「当該企業が供与すべきだという観点から国が行政指導をする、そういったようなことは一切いたすつもりはございません」（渡辺修通商産業省機械情報産業局航空機武器課長）ときっぱりと否定する（衆・予算委員会第二分科会　1984.3.12)[147]。さらに「無形の圧力」までは懸念されており、山田英介議員（公明党）は「政府側は

---

[143]　第101回国会衆議院予算委員会第六分科会議録第2号46頁。
[144]　第101回国会衆議院内閣委員会議録第2号30頁。
[145]　答弁書第一号、内閣参質98第1号（1983.1.25）。
[146]　第101回国会衆議院予算委員会議録第5号8頁。
[147]　第101回国会衆議院予算委員会第二分科会議録第2号27頁。

行政指導などで民間が有する汎用技術をアメリカへ移転するよう、そういうような行政指導はしない、こういうふうにおっしゃっているわけでございますけれども、行政指導までいかない、何といいますか水面下といえば非常に語弊があるかもしれませんが、行政指導という形を取る以前の段階で、有形無形の汎用技術、先端技術を持っている民間企業に政府が圧力をかけるというか影響力を行使するというか、そういうようなお考えが実はあるのではないか、そういう懸念を払拭できない」（衆・内閣委員会　1984.3.27）[148]と懸念を表明する。これに対しても政府は「民間企業の技術の供与につきましては、国としてこれに行政指導を行うといったようなことをいたすつもりはございません」（渡辺修通商産業省機械情報産業局航空機武器課長　衆・内閣委員会　1984.3.27）[149]と否定する。法的根拠なく行政指導はできないので政府としては当然の立場であるが、こうした懸念表明はかつては法的根拠のない行政指導の可能性があったことの反映であるのかもしれない。他方でこの当時対米武器技術供与では行政指導に対して否定的な立場を取る野党側が政府に対して武器輸出の自粛を促すような面ではむしろ積極的に行政指導を求めていることもあり、質疑時においては行政指導全てが必ずしも否定的に捉えられているわけではないことは留意しておく必要があろう（第4章第3節(5)参照）。

②　日米物品役務相互提供協定（ACSA）　日米物品役務相互提供協定（以下 ACSA という。）は自衛隊と米軍との間で、いずれか一方が物品又は役務の提供を要請した場合には、他方はその物品又は役務を提供できることを基本原則としており、共同訓練、国連平和維持活動及び人道的な国際救援活動において適用されるものである[150]。「物品又は役務」には武器の部品の提供や修理等も対象に含まれるため、武器輸出や武器技術の提供が起こり得る。そのため1996 年 4 月 15 日に官房長官談話が発表され武器輸出三原則の例外とされた（巻末資料 2）。

政府は ACSA には「日米安全保障条約の円滑かつ効果的な運用及び国際連合を中心とする国際平和のための努力に積極的に寄与する」という意義があり、そのため武器輸出三原則によらないこととしたと説明する（棗山信也通商産業

---

(148)　第 101 回国会衆議院内閣委員会議録第 3 号 9 頁。
(149)　同上。
(150)　防衛庁『防衛白書』、平成 9 年版、大蔵省印刷局、1997、207 頁。

省貿易局輸出課長　参・外務委員会　1996.6.12)[151]。対米武器技術供与の際の判断枠組みと同様に ACSA「に基づいて提供されました物品及び役務の使用については、本協定上、国連憲章と両立するものでなければならないこととなっており、また、受領者以外の第三者への移転は提供者側の同意なしでは禁じられております。これらによって、国際紛争などを助長することを回避するという武器輸出三原則などのよって立つ平和国家としての基本理念は確保されていると考えます」と説明する（橋本龍太郎総理大臣　参・本会議　1996.6.5)[152]。すなわち国連憲章との両立や第三国移転の事前同意により「国際紛争などを助長することを回避するという」武器輸出三原則の基本理念が確保されると考えられている。さらに政府は上記に加えて「ACSA に基づくいろいろな武器部品の提供は日米共同訓練とか国連平和維持活動等の実施のために必要なものでございまして、これらはそれぞれ防衛庁設置法や国際平和協力法のそういう根拠に基づいたものでございます」（荒井寿光防衛庁装備局長　参・内閣委員会　1996.6.6)[153]とも付言している。

当時は自社さ連立政権の時代であり ACSA に関する武器輸出三原則の例外化は社民党からも支持されている。社民党は ACSA の例外化を次のように評価する。

○　（武器輸出三原則に）よらないが三原則の精神を守るということでございまして、政府のこれまでの基本姿勢は貫かれている（括弧内筆者追加）（川橋幸子議員（社民党）参・外務委員会　1996.6.12)[154]

1998 年に ACSA は改正され、共同訓練、国連平和維持活動及び人道的な国際救援活動に加えて周辺事態に対応するための活動に必要な物品又は役務についても提供できることとなった[155]。

ACSA によって米国へ物品や役務を提供する場合が周辺事態にも拡大されたが、武器輸出三原則の例外に関する基本的な考え方は変わっていない。高村正彦外務大臣は「本協定に基づき提供された物品、役務の使用は国連憲章と両立するものでなくてはならないこと、及び提供当事国政府の書面による事前の

---

[151] 第 136 回国会参議院外務委員会会議録第 15 号 3 頁。
[152] 第 136 回国会参議院会議録第 23 号 7 頁。
[153] 第 136 回国会参議院内閣委員会会議録第 9 号 10 頁。
[154] 第 136 回国会参議院外務委員会会議録第 15 号 18 頁。
[155] 防衛庁『防衛白書』、平成 11 年版、大蔵省印刷局、1999、226 頁。

同意なく第三者へ移転してはならないことが規定されていることから、国際紛争等を助長することを回避するという武器輸出三原則のよって立つ基本理念は確保されている」と整理する（参・本会議　1999.4.28）[156]。

　対米武器技術供与や ACSA に見られるように国連憲章との両立や日米安保体制の効果的な運用といった理由が考えられる場合であれば武器輸出三原則の例外とされる可能性があることが分かる。日米安保体制の効果的な運用とは日本の防衛にも資するものである必要があるとも解される。さらに第三国移転には日本政府の事前同意を要求し、「武器輸出三原則のよって立つ基本理念を確保」している。

　③　**対人地雷除去活動**　　多くの場合、武器輸出三原則の例外化は武器輸出三原則を高く評価する側からは「なし崩し」といった批判の対象となる。ところが対人地雷除去活動は、武器輸出が「できない」ことが批判された例である。以下でその過程を振り返ってみたい。

　対人地雷禁止条約（正式名称は「対人地雷の使用、貯蔵、生産及び移譲の禁止並びに廃棄に関する条約」）は、基本的に対人地雷の使用、貯蔵、生産、移譲等を全面的に禁止し、貯蔵地雷の 4 年以内の廃棄、埋設地雷の 10 年以内の除去等を義務付けるとともに、地雷除去、犠牲者支援についての国際協力・援助等を規定している条約で、日本も 1998 年に締結した。ちなみに日本は 2003 年に保有する対人地雷の廃棄を完了している[157]。

　対人地雷が武器であることは言うまでもないが、対人地雷を除去する機材も武器に該当した。そこで対人地雷問題への取組をさらに強化するための措置の一つとして、1997 年 12 月 2 日に官房長官談話が出され、人道的な地雷除去活動に必要な機材等の輸出については、一定の条件の下でこれに武器輸出三原則等を適用しないこととする旨の決定を行った[158]。

　小渕恵三総理大臣は対人地雷禁止に積極的であり、対人地雷禁止条約の締結や履行のための国内法（「対人地雷の製造の禁止及び所持の規制等に関する法律」）の成立に尽力した[159]。対人地雷禁止条約に関連して小渕総理大臣は武器輸出

---

[156]　第 145 回国会参議院会議録第 17 号 9 頁。
[157]　外務省軍縮不拡散・科学部編『日本の軍縮・不拡散外交（第四版）』、太陽美術、2008、108、109 頁。
[158]　外務省軍縮不拡散・科学部編『日本の軍縮・不拡散外交（第四版）』110 頁。
[159]　外務省軍縮不拡散・科学部編『日本の軍縮・不拡散外交（第四版）』109 頁。

第1章　武器輸出三原則の位置付け

三原則について次のように指摘している。

○　（対人）地雷禁止条約に伴いまして地雷を撤去するための器具を日本の中で発明、発見、いろいろ工夫しまして輸出することにつきましても、武器の能力を低減させることから武器輸出三原則に違反するということで、従来はこれを禁止しておった（括弧内筆者追加）（小渕恵三総理大臣　参・日米防衛協力のための指針に関する特別委員会　1999.5.10）[160]

「武器輸出三原則に違反するということで、従来はこれを禁止しておった」との指摘は正確には「武器輸出三原則上の『武器』に該当するということで、従来は輸出を『慎む』こととしていた」である。ただ、武器輸出三原則に該当すれば「慎む」対象となるので（さらに紛争当事国であれば「認めない」こととなり）、地雷除去が必要な地域への援助（外為法上は輸出）に問題が生じるのではないかとされ、武器輸出三原則と対人地雷除去機材の輸出に関して国会では盛んに問題視された。例えば石崎岳議員（自民党）は「武器輸出三原則との兼ね合いで、その撤去技術の輸出あるいは撤去機器の輸出というものができないという状態であると聞いております。今これだけ国際世論が沸き上がり、あるいは全面禁止条約が検討されている段階で、そういう協力もできないことが非常に問題である」と批判する（衆・外務委員会　1997.4.22）[161]。また、平田健二議員（新進党）は「日本は地雷を探査する技術が世界的にも非常に優れておるということで今開発がなされておるようでございます」とした上で、「これは平和的に使うわけですから、むしろそういったものは武器輸出三原則から外してやはり海外へ持っていけるというような指導を通産省としてもぜひしていただきたい」と発言している（参・商工委員会　1997.3.17）[162]。村井仁議員（新進党）は「武器というのは、必ず人を殺傷するというふうに決めつけてしまうのもなかなか難しい問題」だと指摘し、地雷探知装置などは「逆に平和を維持する手段にも十分になり得るだろう」という（衆・安全保障委員会　1997.3.18）[163]。例示は地雷探知装置であるが議論は武器一般に展開しており、地雷探知装置のように武器によっては「平和を維持する手段」になり得ることを指摘している。

---

[160]　第145回国会参議院日米防衛協力のための指針に関する特別委員会会議録第3号14頁。

[161]　第140回国会衆議院外務委員会会議録第11号4頁。

[162]　第140回国会参議院商工委員会会議録第4号8頁。なお、平田議員が求める「指導」とはいかなる形態のものであるのか、興味深い。

[163]　第140回国会衆議院安全保障委員会会議録第4号12頁。

第 2 節　武器輸出三原則の運用

　その後、具体的な対人地雷除去プロジェクトに伴い武器輸出三原則が「障害」となっていることが批判の対象となる。保坂展人議員（社民党）はカンボジアにおいて「地雷原の開拓ということにいろいろと民間の方のアイデアが発揮されているようです。パワーショベルの先の方をつけかえて、灌木を根こそぎもぎ取る。そして平たんになったところに、今度は油圧式回転刃ですか、グルグル回しながら、これが回っていくと地雷に当たるとぽんぽん破裂をする」ような機械で地雷除去を試みようとしている。こうした活動を同議員は「平和の輸出」と称している（衆・外務委員会　1997.4.22）[164]。奥山茂彦議員（自民党）は「紛争当事国がみずから地雷除去を積極的にやりたいという事態になったとしても、現実問題除去する機器がその国にもないわけであります。こういう場合に、もし我が国がそういう地雷除去の機器を当事国から要請されたときに、無償提供あるいはまた輸出等、こういうことができるのか」と疑問を呈する（衆・安全保障委員会　1997.5.20）[165]。

　これに対して政府は当初は従来の武器輸出三原則の整理を繰り返し説明する。平野博文議員（無所属）が地雷除去に関する技術開発を日本国内ですることと武器輸出三原則との関係を問うたのに対し、政府は「国内で武器に関連する、あるいは地雷除去に関連する技術開発をされることにつきまして、輸出に関して何ら制約はございません」と答弁する（棠山信也通商産業省貿易局輸出課長）（衆・外務委員会　1997.4.22）[166]。国内で技術開発をしている限りは輸出が生起していないので武器輸出三原則の問題が起きないという当然の答弁であるが、この答弁は対人地雷除去に関連する技術に限らず武器一般で妥当する。すなわち国内で武器を開発することが武器輸出三原則との関係で問題になることはない（ただし武器等製造法上の問題はあり得る。また、国内でも武器技術の提供は起こり得るのでその限りにおいて武器輸出三原則は適用され得る）。

　次に武器輸出三原則の判断の手順について、政府はまず武器に当たるかどうかを判断し、汎用品であると判断されれば武器輸出三原則の対象とはならないとした上で、「仮に武器に該当する、地雷除去専用のものであるというような場合には、武器（輸出）三原則等に基づいて慎重に対処するということになりますけれども、その場合でありましても、当該輸出の目的あるいはその態様等

---

[164]　第 140 回国会衆議院外務委員会議録第 11 号 23 頁。
[165]　第 140 回国会衆議院安全保障委員会議録第 8 号 5 頁。
[166]　第 140 回国会衆議院外務委員会議録第 11 号 25 頁。

第1章　武器輸出三原則の位置付け

によりましては、三原則の趣旨を損なわないものとして輸出を許可した例はございます」と答弁する（榮山信也通商産業省貿易局輸出課長　衆・安全保障委員会　1997.5.20)[167]。ここでは既述の「慎む」に当たらない例として輸出が認められる場合があることを示唆している。この答弁では具体例として湾岸戦争時の防毒マスクが挙げられている[168]。

さらに地雷探知や地雷除去の技術の武器性をどのように判定するのか、という質問に対しては「個別具体的に検討する必要があるものでございますから、一概に断定的なことは申せない」と答弁する（川島裕外務省総合外交政策局長　参・外務委員会　1997.5.15)[169]。この点も「当該技術が専ら武器の設計、製造、使用にかかわる技術と客観的に判断できるかどうか」が基準だとする従来の武器技術と汎用技術の区別を踏襲している。さらに武器輸出三原則上の武器技術に当たるかどうかについて「当該技術が軍隊が使用するものであって直接戦闘の用に供されるものの設計、製造または使用にかかわるものであるか、あるいは地雷探知・除去以外の汎用用途を有するものであるか等を勘案して判断する」としており、基本的な判断枠組みを説明している（川島裕外務省総合外交政策局長答弁　参・外務委員会　1997.5.15)[170]。

上記の政府答弁を受けて須藤良太郎議員（自民党）は「平和目的で使うものをやるわけですから、その辺ひとつしっかり協議して、できるように御努力をいただきたい」と要望する（参・外務委員会　1997.5.15)[171]。何が「平和目的」であるかという論点はあるが、「平和目的」ならば輸出を許可してもよいということであれば対人地雷除去機材に限定されることはないであろう。

次に政府は具体的な機材の武器性について上記の整理に基づいて整理する。先ほどの保坂展人議員（社民党）が指摘したパワーショベルを改造したものについて、「もともとはパワーショベルで民間の汎用的なものでございますから自由に輸出ができる」とする。そこで改造部分が「武器に当たる改造になるかどうか」を審査したところ、改造部分も含めて汎用的なものであると判断した。そのため、「武器には当たらない」と判断し輸出許可不要であるとしたという（榮山信也通商産業省貿易局輸出課長　衆・外務委員会　1997.4.22)[172]。武器輸出

---

(167)　第140回国会衆議院安全保障委員会議録第8号5頁。
(168)　同上。
(169)　第140回国会参議院外務委員会会議録第12号3頁。
(170)　同上。
(171)　第140回国会参議院外務委員会会議録第12号4頁。

第 2 節　武器輸出三原則の運用

三原則に忠実な思考枠組によって判断が下されている。

　また仮に武器輸出三原則上の武器に当たるとしても「輸出の目的あるいはその態様等」から武器輸出三原則の趣旨を損なわないと判断されれば、「慎む」に当たらない場合として許可をされる。島聡議員（新進党）は「私どものような平和国家日本が武器探知技術を輸出する。これは内乱にも適用できるわけですから、国内的には地雷探知技術というのは相手の武器を無力化する広義の武器とみなされるという考え方もあるかもしれません。武器輸出三原則の精神、これは平和国家としての我が国の立場から、武器輸出によって国際紛争を助長することを回避する、こういうことでございますので、そうであれば、地雷探知機や探知技術を輸出することは、平和国家としての我が国の立場から大いに必要があると私は思います」として、地雷探知機材を「積極的に輸出すべきである」と主張する（衆・外務委員会　1997.4.22）[173]。さらに平野博文議員（無所属）は「地雷撤去専門の機材ということであれば適用除外という判断にならないのか」質問するが、政府は「武器（輸出）三原則の従来の考え方は国際紛争を助長することを回避するということでございまして、地雷除去装置といえども軍事的に利用される可能性のあるものでございますので、繰り返しになりますけれども、その場合の輸出の目的、態様等を十分適切に考慮してまいりたい」（括弧内筆者追加）（榮山信也通商産業省貿易局輸出課長）と答弁している（衆・外務委員会　1997.4.22）[174]。つまり地雷除去機材そのものは「相手の武器を無力化する」（島聡議員）ものであり、「軍事的に利用される可能性のあるもの」であることから輸出管理は必要なものであると政府は言っているのである。

　武器輸出であるから自動的に輸出できないという整理自体が間違っているのであり、「慎む」に当たらなければ輸出はできることは繰り返し政府側は答弁している。しかし小渕総理大臣も輸出を「禁止しておった」と発言するように国会では輸出できないことが前提として議論されている。

　対人地雷禁止条約をめぐる動きの中で政府は武器輸出三原則の例外とする方向に向かっていくが、その際にも「我が国から現実に輸出されることがあり得る関連機材等として、具体的にいかなるものがあるのかという点につきましては、現時点でまだ確定的なことを申し上げられる段階にはございません。政府

---

[172]　第 140 回国会衆議院外務委員会議録第 11 号 23、24 頁。
[173]　第 140 回国会衆議院外務委員会議録第 11 号 12、13 頁。
[174]　第 140 回国会衆議院外務委員会議録第 11 号 26 頁。

第1章　武器輸出三原則の位置付け

といたしましては、今後有用な機材などがまた開発され得るということも念頭に置きながら、現在検討を行っているところでございます」と述べ、具体的な輸出案件がなくても武器輸出三原則の例外とすることを表明している（加藤良三外務省総合外交政策局長　衆・外務委員会　1997.11.28)[175]。

　こうした中で1997年12月2日に官房長官談話が出された（巻末資料3)。

　官房長官談話によって人道的な対人地雷除去活動に必要な場合は武器輸出三原則の例外とされ、「武器に該当するものであっても、人道的な対人地雷除去活動に用いられる地雷探知器や地雷処理のための資機材であって、この官房長官談話に示された人道的な対人地雷除去活動のみに使用されること、また我が国政府の事前同意なく第三者に移転しないことが国際約束で担保されているという条件を満たしているものについては輸出を許可」することとなった（松井英生経済産業省貿易経済協力局貿易管理部長　参・外交防衛委員会　2002.3.19)[176]。対米武器技術供与と同様に「慎む」に当たらない場合との大きな違いは輸出先が紛争当事国である場合にも輸出が認められる（もちろん無条件にではない）点にある。また、「このほか、道路の空洞探査等の民生・産業用にも使われ、武器輸出三原則上の武器に当たらない探知器や灌木除去機につきましても、我が国から輸出され、現地の対人地雷除去活動に用いられていると聞いております」と述べており、対人地雷除去機材のうち武器に該当するものはその一部に過ぎないことが分かる（松井英生経済産業省貿易経済協力局貿易管理部長　参・外交防衛委員会　2002.3.19)[177]。したがって、武器輸出三原則の例外となっていないと「対人地雷除去活動に支障をきたす」ことになったかどうかは必ずしも定かではない。むしろ積極的に対人地雷除去活動を推進するために例外扱いにしたとも言えるのである。

　そうした観点からか小渕恵三総理大臣は例外化に向けてイニシアティブを発揮し、「私、通産省にお話しましして、武器輸出三原則からこれを外していただいております」と述べるとともに（参・外交・防衛委員会　1998.9.29)[178]、「地雷を除去するための器具を輸出することも武器輸出三原則にかかわるのではないか、従来はそういうことでございましたが、これはそうしたものは当然

---

(175)　第141回国会衆議院外務委員会会議録第5号8頁。
(176)　第154回国会参議院外交防衛委員会会議録第2号28頁。
(177)　第154回国会参議院外交防衛委員会会議録第2号29頁。
(178)　第143回国会参議院外交・防衛委員会会議録第6号5頁。

平和のために必要なことでありますから許されることになりました」と自賛している（参・予算委員会　1999.3.1）[179]。そのため、地雷を探査する機器の製造には日本には非常に高い能力があるとして、「ODA（政府開発援助）のお金も活用させていただくことによって」地雷の探知や除去に努力していくという（括弧内筆者追加）（小渕恵三総理大臣　衆・外務委員会　1998.5.28）[180]。小渕総理大臣の発言を受けて山中燁子議員（改革クラブ）は「これは日本のいい顔ですから、ぜひ進めていただきたい」と評価している（衆・外務委員会　1998.5.28）[181]。その後、政府は地雷原の灌木を除去するための灌木除去機を供与するために無償資金協力を実施した（飯村豊外務省経済協力局長　参・外交・防衛委員会　2000.3.28）[182]。しかし、それでさえも批判の対象となり田英夫議員（社民党）は武器輸出三原則の例外とされる以前には「通産省の武器輸出三原則をクリアしなくちゃいかぬ」といった「大変な苦労があった」という。それが「ようやく無償供与で四台というところにこぎつけた」と指摘し、「歯がゆくて仕方がない」と政府を批判する（参・外交・防衛委員会　2000.3.28）[183]。政府も含め国会での議論は対人地雷の除去を進めることが国際貢献になるという見方で一致している。しかし一方で対人地雷除去機材や技術が外為法上、武器輸出三原則上の武器であったという事実は変わらない。それは対人地雷除去機材などが「軍事的に利用される可能性のあるもの」であるという性格によるものである。したがって、これらの議論は武器輸出三原則の目から整理すると武器技術の開発や武器の輸出であっても、場合によっては推進すべき場合もあるということを端的に示している。「国際紛争等を助長することを回避する」という武器輸出三原則の目的を踏まえれば、武器輸出三原則の基本原則である「慎む」べきではない場合があるのではないか、という論点を提示していた（対人地雷除去機材をめぐるその後の議論については第5章第3節参照）。

(6)　武器輸出三原則の例外化と外為法

　武器輸出三原則の例外化とはあくまでも外為法上の運用方針の変更に過ぎないため、外為法の改正が必要になるものではない。外為法の適用の際、すなわち輸出許可申請の審査の際、「運用基準の内容を主管の大臣が処理をする」だ

---

[179]　第145回国会参議院予算委員会会議録第7号12頁。
[180]　第142回国会衆議院外務委員会会議録第15号7頁。
[181]　同上。
[182]　第147回国会参議院外交・防衛委員会会議録第7号6頁。
[183]　同上。

けである（小和田恆外務省条約局長　参・予算委員会　1984.3.21）[184]。そのため輸出許可が必要な武器（外為法上の武器）や武器技術に変化はない。あくまでも許可申請の際に許可するかどうかを判断する基準が変わるにすぎない。したがって、次の指摘も外為法や武器輸出三原則に対する法的な理解として不正確なものである。

○　我が国は武器の輸出を一貫して禁止してきたわけであります。武器の輸出を禁止するということは武器技術の輸出も禁止するということですから、武器技術の輸出というのは法的にはできないのじゃないですか。アメリカに武器技術を輸出する話し合いがついたことによって法律が改正されたということを、私が勉強不足で知らないのでしょうか、それができるように法改正になったのですか。大体、法的にはできないのでしょう（八木昇議員（社会党）　衆・科学技術委員会　1986.4.15）[185]

そもそも「我が国は武器の輸出を一貫して禁止してきた」のではない。あくまでも許可を要求してきたのである。だから「武器技術の輸出というのは法的には」できる。政府側は法規制を説明して次のように答弁している。

○　武器技術の供与につきましては、外国為替及び外国貿易管理法第25条を踏まえた外国為替管理令18条、さらにそれに基づきます通商産業省令9条によって、武器の技術を外国に供与する場合には通商産業大臣の許可が必要という法制に相なっております（白川進通商産業省貿易局輸出課長　衆・科学技術委員会　1986.4.15）[186]

このように許可制であるというだけである。むしろ「一貫して」許可や承認の対象としてきた。続く次の答弁がこれらの整理を全てまとめた説明となっている。

○　昭和51年（1976年）2月に出された武器輸出に関する政府の統一見解、武器輸出三原則については、武器のみならず武器技術についてもこれを踏まえて私どもは対応しておるわけでございますが、これ自身は今申し上げました外為法に基づきます輸出貿易管理令、外国為替管理令の運用方針でございまして、共産圏、国連決議、国際紛争当事国等々に対しては武器の輸出を認めない、それ以外の国に対しては武器の輸出を慎むという趣旨でございます。したがいまして、武器輸出三原則及び政府の統一見解と申しますものは、こういった法律の運用にかかわる

---

[184]　第101回国会参議院予算委員会会議録第8号24頁。
[185]　第104回国会衆議院科学技術委員会議録第8号8頁。
[186]　同上。

第2節　武器輸出三原則の運用

政府の重要な政策でございますので、アメリカに向けて武器技術供与の道を開くことに関連いたしまして法律改正といったような手だては必要ではございません(括弧内筆者追加)(白川進通商産業省貿易局輸出課長　衆・科学技術委員会1986.4.15)[187]

(7)　武器輸出三原則の例外化の効果

武器輸出三原則の例外となるとどのような効果が生まれるのか。その最大の効果は輸出先（技術の提供先）が紛争当事国になったとしても武器輸出三原則上の制約（認めない）の対象とはならないという点にある。対米武器技術供与ではこの点が明確に意識されていた。

○　アメリカが将来仮に紛争当事国になりましても何ら制限を受けず武器技術の供与はできる、こういうことなんでしょうか（矢野絢也議員（公明党）　衆・予算委員会1983.2.4)[188]

と質問されたことに対して、

○　それは、そのとおりであります（中曽根康弘総理大臣　衆・予算委員会　1983.2.4）

と明確に答弁している。したがって、武器技術であれば米国が「紛争当事国になった場合といえども、武器技術に関しては、アメリカに対して供与する場合もあり得る」(安倍晋太郎外務大臣　参・予算委員会　1983.3.9) ことになる[189]。なお、紛争当事国に該当するとしても外為法上、全ての輸出が禁止されるわけではないというだけで、全ての輸出が自動的に許可されるわけではない。なお、対米武器技術供与の例外化はあくまでも武器技術の供与が対象なので武器は米国向けであっても武器輸出三原則の対象となる。すなわち米国が紛争当事国となれば武器輸出は「認めない」（安倍晋太郎外務大臣　衆・決算委員会1983.5.19)[190]。米国向けの武器輸出で武器輸出三原則の例外とされるのはその後の日米物品役務相互提供協定（ACSA）や弾道ミサイル防衛（BMD）などによる例外化措置がとられて以降であり、これらの例外化はそれぞれの例外化措置で規定された限定された場合にのみ武器輸出三原則の例外とされるに過ぎず、一般論としては依然として米国向けの武器輸出には武器輸出三原則が適用され

---

(187)　同上。前掲注(1)。
(188)　第98回国会衆議院予算委員会会議録第4号10頁。
(189)　第98回国会参議院予算委員会会議録第2号11頁。
(190)　第98回国会衆議院決算委員会会議録第6号5頁。

第1章　武器輸出三原則の位置付け

ることになる。

　また、武器輸出三原則の「例外化」によって輸出許可そのものが不要になると誤解している論者もいる。例えば、「テロ特措法とイラク特措法に基づく自衛隊派遣の時には、輸出手続きが免除されるように三原則が運用されている」[191]といった指摘があるがそれは間違いである。あくまでも外為法の運用方針として武器輸出三原則の適用を外す措置であり、外為法の適用除外ではない。法律の適用除外を行政府の行為である官房長官談話で行うことが認められるはずもない。したがって、武器輸出三原則の例外化措置が行われたからといって自動的に輸出ができるわけではなく、ケース・バイ・ケースで判断されることになり、当然不許可となる事態も考えられる。上記のように「輸出手続きが免除される」というのは誤解であり、実務上は自衛隊関連の武器輸出では輸出のたびに許可を取得する必要がない「包括許可」を取得できるようになっているだけであり、輸出許可が不要になっているわけではない。

　武器輸出三原則の例外化とは武器輸出三原則を適用しないのであるから、例外化された案件が武器輸出三原則に「抵触」するということは論理的にあり得ない。論理的には当たり前のことであるが国会では繰り返しこうした形で武器輸出三原則の例外化に対する批判が行われている。

○ 米国に対する武器技術供与は、武器輸出三原則及び国会決議に明らかに違反（多田省吾議員（公明党）　参・本会議　1983.1.29）[192]
○ ACSAは、武器輸出三原則に違反（矢田部理議員（新社会党）　参・外務委員会　1996.6.13）[193]
○ （ACSAは）武器輸出三原則や輸出貿易管理令に違反するものまで対米軍事提供を認め、武器輸出三原則を一層空洞化した（括弧内筆者追加）（寺前巌議員（共産党）衆・外務委員会　1996.5.31）[194]
○ （日本政府が）インドネシア政府に対して巡視艇三隻をODAとして供与することを決めました。武器輸出三原則にも反しています（括弧内筆者追加）（福島みずほ議員（社民党）　参・予算委員会　2006.6.15）[195]

これらの指摘は法的に不正確な理解に基づいており、全く的外れな批判となっている。しかしながら、国会では20年以上も同様の批判が繰り返されている。

---

(191)　風間實「武器輸出3原則の行方は」『世界週報』2004.10.26、39頁。
(192)　第98回国会参議院会議録第4号36頁。
(193)　第136回国会参議院外務委員会会議録第16号15頁。
(194)　第136回国会衆議院外務委員会会議録第11号13頁。
(195)　第164回国会参議院予算委員会会議録第18号22頁。

第 2 節　武器輸出三原則の運用

(8)　武器輸出三原則の例外化と国際約束

　武器輸出三原則は日本独自の政策であることから、その例外化も日本政府が単独で判断して決めている。したがって、「国際的なレジームで何か扱いが決まった」とか「条約等あるいは国際的取決めに基づいて直接その要請によって」武器輸出三原則の例外化措置がとられるということではない（押田努経済産業省貿易経済協力局貿易管理部長　参・外交防衛委員会　2006.6.13）[196]。したがって、「日本は武器輸出三原則を守っている数少ない国」（日笠勝之議員（公明党）　衆・予算委員会　1991.3.27）[197]という指摘は「数少ない」ではなく「唯一」となる。それは武器輸出三原則が特殊だからという意味ではなく、あくまでも国内政策であるからである。

(9)　武器輸出三原則の例外化と第三国移転

　武器輸出三原則の例外化によって外国に輸出された武器が、さらに別の第三国に移転されることは十分に考えられる。例えば赤嶺政賢議員（共産党）はテロ特措法[198]に基づき自衛隊が給油活動に従事し、自衛艦から給油を受けた米軍艦船がオーストラリアや英国、ドイツ等の艦船に給油しているとの報道に対して、「政府は、テロ特措法の閣議決定の際に出した官房長官談話の中で、法案の下で行われる武器等の輸出については、武器輸出三原則等によらないこととするとしながらも、その条件として、当該武器などが我が国政府の事前同意なく第三者に移転されないことを担保することを挙げた。もし乗員らの証言（筆者注：報道での自衛官の証言）が事実とするならば、武器輸出三原則や官房長官談話にも反することになる」（衆・国際テロリズムの防止及び我が国の協力支援活動等に関する特別委員会　2002.3.29）[199]と事前同意がないことを批判している。なお、これに対して政府は「米艦艇に対して給油した油が第三国に移転されていることはない」と事実関係を否定している（中谷元防衛庁長官　衆・国際テロリズムの防止及び我が国の協力支援活動等に関する特別委員会　2002.3.29）[200]。

　対米武器技術供与に当たっても政府は「大きいシステムの中の別な部分に関してNATO諸国と米国との間で協力関係がありましょうとも、日本とアメリ

---

[196]　第164回国会参議院外交防衛委員会会議録第22号8頁。
[197]　第120回国会衆議院予算委員会会議録第24号22頁。
[198]　テロ特措法の正式名称は前掲注(84)参照。
[199]　第154回国会衆議院国際テロリズムの防止及び我が国の協力支援活動等に関する特別委員会議録第2号11頁。
[200]　同上。

カとの協力関係が、その特定の武器技術の供与に関連して、二国間で行われるということは、協定の建前上は、理論的な問題としてはそういうことはあり得る」(小和田恒外務省条約局長　衆・安全保障特別委員会　1985.4.8)[201]と日本が米国に提供した武器技術が米国からさらに第三国に移転される可能性を認識していた。具体的には米国を中心とする多国間の協力関係の中で、日米間で供与された武器技術が米国からNATO諸国に供与される可能性を認識していた。これは日本からの直接の武器技術供与ではない。そこで「そういう武器技術が今度は全体の構想の中でNATO諸国に対して移転されるとか、そういう問題になってまいりますと、これはまた別途の問題として、武器技術供与の取り決めの中に別途の規定がある」(小和田恒外務省条約局長　衆・安全保障特別委員会 1985.4.8)[202]としていた。「別途の規定」とは対米武器技術供与ではMDA協定を引用する形で第三国移転に当たっては政府の事前同意が必要となることである。政府が対米武器技術供与で「国際紛争等の助長を回避する」という武器輸出三原則の基本理念は維持されると整理した要素の一つとしても、第三国移転に当たり政府の事前同意が必要となることが挙げられた。以降の例外化措置でも第三国移転に当たって政府の事前同意が例外化措置の一つの条件となっていることも多い。ACSAをめぐる議論でも佐藤茂樹議員（新進党）は米軍に武器の部品等を供与する可能性があることから提供した部品が第三国に移転される可能性につき質問したところ、政府はACSAは基本的には貸与するもので返してもらうことが基本となるとしつつ、例外的に第三者に移転されることがあり得るとして、その場合も日本政府から「事前に同意を得て」行うこととしている（荒井寿光防衛庁装備局長　衆・安全保障委員会　1996.5.31)[203]。対人地雷除去機材の輸出も同様であり、「目的以外に使用された場合とか、あるいは他国で別の技術に使われるような輸出があった、技術が使われた場合には困る」という指摘（伊藤茂議員（社民党））に対して、「他の目的に使われたらどうなるのかというような懸念が当然出てくる」とこうした懸念を認めた上で、「人道的な対人地雷除去活動のみに使用されるという前提で相手国と合意する」ことにより担保するとしている（町村信孝外務政務次官）（衆・外務委員会 1998.9.25)[204]。また、対人地雷除去機材を第三者に移転する場合は政府の事前

---

(201)　第102回国会衆議院安全保障特別委員会議録第4号27頁。
(202)　同上。
(203)　第136回国会衆議院安全保障委員会議録第8号15頁。

第2節　武器輸出三原則の運用

同意が必要になる。

　第三国移転の際には日本政府の事前同意を得ることを前提として武器輸出三原則の例外とされた案件において、輸出許可と第三国移転の際の日本政府による事前同意との関係は次のように説明される。次の答弁は武器輸出三原則の例外となった弾道ミサイル防衛（BMD）に関する米国向け武器輸出について、具体的な輸出案件が発生した場合の判断枠組みについて説明している（巻末資料6）。

○　まず、当該案件に係る武器の輸出の可否につきまして、我が国の安全保障や日米安全保障体制の効果的な運用に資するものであるかどうか、また、国際紛争等の助長を回避するという平和国家としての基本理念を損なわないものであるのかどうかというような点につきまして厳格に判断する必要がある
○　さらに、輸出先の相手国との間で、その国が第三国に当該部品を輸出したり目的外に使用したりする場合には、事前に我が国の同意を得ることを国際約束により義務づけるなど、所要の措置を講ずる
○　輸出許可申請が具体的になされた場合には、これらの条件が満たされるということを前提といたしまして、厳格な審査を行い、外為法に基づきまして経済産業大臣が個別に許可する（柴生田敦夫経済産業省貿易経済協力局貿易管理部長　衆・安全保障委員会　2005.3.25）[205]

このように第三国移転に当たり日本政府の事前同意を得ることが国際約束により義務付けられていることが許可の判断に当たり要件の一つとなっている。

　こうした第三国移転に当たっての事前同意について次のような批判がある。

○　三原則の例外として米国に輸出される部品の第三国輸出を三原則にのっとって検討するとはこっけい以外の何物でもなく、正に、へ理屈の極みとしか言いようがありません。頭隠してしり隠さずのこのような詭弁が出てくるのは、第三国輸出が三原則に抵触するおそれがあるからでしょう（喜納昌吉議員（民主党）　参・本会議　2005.7.22）[206]

　はじめに確認しておくべきことは、外為法と武器輸出三原則の適用、または例外化の適用（武器輸出三原則を適用しない判断）は輸出時になされる。外為法は武器輸出時に許可を要求しているのであるから当然の帰結である。輸出先の国に対して第三国移転の場合には日本政府の事前同意を得ることを義務付ける

---

(204)　第143回国会衆議院外務委員会議録第5号21頁。
(205)　第162回国会衆議院安全保障委員会議録第4号10頁。
(206)　第162回国会参議院会議録第32号10頁。

第 1 章　武器輸出三原則の位置付け

ことが輸出許可に当たっての条件であったとしても、輸出後、輸出先の国が第三国に移転したいとして日本政府に事前同意を求めてきた際の判断は、そもそも外為法の範囲外であり外為法が適用されることはない。したがって当然武器輸出三原則が適用されることもない。なぜなら第三国移転は日本からの輸出ではないため外為法の適用対象ではない（もし外為法が適用されると整理すれば日本の国内法を日本国外で適用することになるいわゆる域外適用であり国際法上の大きな論点となろう）。確かに第三国移転の際の事前同意の存在が武器輸出三原則の例外とする一つの理由となっているが、事前同意はあくまでも輸出先である国と日本政府との二国間の合意が根拠となる。したがって政府が第三国移転の可否を判断する際に武器輸出三原則そのものは適用されない。輸出先の国に対して第三国移転に際して事前同意を得ることを外為法上の義務として課しているのではないことから、輸出先の国が日本政府の事前同意を得ずに第三国移転した場合にも政府間の約束違反の問題であり、外為法違反が問題になることはない。したがって喜納議員が指摘する「第三国輸出が三原則に抵触する」ことは法的にあり得ない。

こうした差異が対米武器技術供与の際には明確に意識されていたようで、政府は「MDA 協定の中には歯止めがかかっておりまして、第三国移転というものについては供与国の、すなわちこの場合は日本でございますが、日本国の事前の同意を得なければならないことがはっきりと書かれております。それを受けまして今回の取り決めができたわけであります」（北村汎外務省北米局長　衆・内閣委員会　1984.3.1）[207]と答弁しており、第三国移転に関する制限は外為法に由来するものではなく MDA 協定に由来することを明確にしている。したがって、日本政府の事前同意が求められた際の同意につき政府は「政府間の約束の問題になるかと思いますので、直接日本の国内法の問題ではなかろうと思います」（杉山弘通商産業省貿易局長　参・商工委員会　1984.4.17）と答弁し、外為法の問題ではないことを明確にしている[208]。

したがって、事前同意に当たり一般論な基準としては次の中曽根康弘総理大臣のような見解となる。

○　日本のいままでの政策に違反しない、そういうような場合には、それはイエス

---

(207)　第 101 回国会衆議院内閣委員会会議録第 2 号 31 頁。
(208)　第 101 回国会参議院商工委員会会議録第 6 号 23 頁。

64

第 2 節　武器輸出三原則の運用

ということもあります。しかし、違反する、わが方の政策と背馳する、そういう場合にはノーということもある（中曽根康弘総理大臣　衆・予算委員会　1983.2.19）[209]

　対米武器技術供与をめぐり国会では武器輸出三原則上、第三国移転に同意することはできないのではないか、という質問が繰り返された。そうした文脈の延長線上に先述の喜納議員の指摘も整理することができる。少なくとも武器輸出三原則が適用されない事前同意に当たって、武器輸出三原則が適用されて第三国移転に同意しないということは論理的にあり得ない。井上和久議員（公明党）は、

○　我が国は、アメリカ以外の第三国への開発技術の移転は事前の同意が必要であるということになっておるわけでありますが、日本の武器輸出の三原則から見るならば、こういうときに当事者国の同意というか、常にノーと言い続けることになろうと私は思う（衆・内閣委員会　1988.5.17）[210]

と指摘したのに対して政府は、

○　個々の具体的事例に則しまして、当該技術を日本からアメリカに供与した趣旨、これは日米安保体制の効果的運用というそもそもの趣旨、それからまた、あくまでも我が国として、平和国家として守っていかなければならない武器輸出三原則等がございますものですから、それらを総合勘案いたしまして、さらにアメリカからの要請の背景ですとかそれぞれの事情ですとかいうあたりも勘案して慎重に検討しなければいけない（村田成二通商産業省貿易局輸出課長　衆・内閣委員会　1988.5.17）[211]

と答弁する。また、神崎武法議員（公明党）は、

○　武器輸出三原則の立場からいいますと、第三国への武器輸出は禁止されておるということになると、理論上は、我が国として仮に事前の同意を求めてきた場合にも同意することはできない、（中略）こういうふうに理論的には解釈されると思いますが、いかがでしょうか（衆・外務委員会　1988.3.9）[212]

と指摘するが、「武器輸出三原則の立場」が必ずしも武器輸出を禁止していない上、第三国への武器輸出に武器輸出三原則が適用されないことから、「理論

---

[209]　第 98 回国会衆議院予算委員会議録第 10 号 14 頁。
[210]　第 112 回国会衆議院内閣委員会議録第 12 号 21 頁。
[211]　第 112 回国会衆議院内閣委員会議録第 12 号 22 頁。
[212]　第 112 回国会衆議院外務委員会議録第 1 号 14 頁。

第 1 章　武器輸出三原則の位置付け

上は」は二重に誤解がある。これに対して政府は、

○　三原則の対象地域以外の地域に対して武器技術を輸出するということは、いかなる場合でも我が国の武器輸出（三）原則のもとで禁止されているという形にはなっておりません。対米武器技術供与取り決めの中に、第三国に技術が輸出されるときは日本国の事前の同意が必要とされているということになっているわけでございますけれども、その同意を求められましたときは、我が国は諸般の事情を考慮した上で回答する、それはイエスもあればノーもある（括弧内筆者追加）（斉藤邦彦外務省条約局長　衆・外務委員会　1988.3.9）[213]

と答弁している。同様に貝沼次郎議員（公明党）も、

○　武器輸出三原則の立場から一般的に、一般論的に理論的帰結として、いろいろな約束がありますけれども、一般的な理論的帰結として同意を、第三国に輸出してもよろしいですかとアメリカから同意を求められたときには、一般論ですよ、一般論の理論的帰結としては常にノー、できません、こう答えるのが私は正しいと思います（衆・予算委員会　1988.2.29）[214]

と指摘する。もちろん「理論的帰結」が「常にノー」ということはない。武器輸出三原則との関係で「理論的帰結」が「常にノー」となる場合は、共産圏や国連武器禁輸国、紛争当事国に対する日本からの武器輸出だけであり、繰り返しになるが第三国移転であればたとえ第三国が紛争当事国であっても、武器輸出三原則の適用によって「常にノー」となるわけではない。そのため政府は、

○　諸般の事情を勘案しますから、したがいまして、イエスもあればノーもある（宇野宗佑外務大臣　衆・予算委員会　1988.2.29）[215]
○　いかなる場合でもノーと言わなければならないという解釈は出てこない（斉藤邦彦外務省条約局長　衆・予算委員会　1988.2.29）[216]

と答弁する。

○　私が聞いているのは、理論的帰結を聞いている、純理論的なことを聞いておる（貝沼次郎議員（公明党）　衆・予算委員会　1988.2.29）[217]
○　申し訳ございませんが、私も純理論的に御答弁したつもりでございます（斉藤邦彦外務省条約局長の答弁　衆・予算委員会　1988.2.29）[218]

---

(213)　同上。
(214)　第 112 回国会衆議院予算委員会議録第 15 号 6 頁。
(215)　同上。
(216)　同上。
(217)　同上。

「理論的帰結」は政府の見解のとおりであるが、貝沼議員が「理論的帰結」を求めるという背景として理論上はできないはずだが、別の理由（政治的な圧力や「現実的」な判断であろうか）で政府は見解を変えられる、または変えても仕方がないという判断が質問者にあるとすれば法治国家としては非常に恐ろしいことである。

以上の検討を踏まえた上で次の大野功統防衛庁長官の発言を検討してみたい。ミサイル防衛のために米国に輸出した武器が第三国に移転されることはあり得るのか、という質問に対するものである。

○　アメリカへ提供された武器の第三国移転につきましては、やはり事前に日本の同意を取り付ける、このことをはっきりさせておきたいし、仮に実際に現実的にそういう問題が起こってアメリカから要請があった場合には武器輸出三原則の精神にのっとり慎重に検討することになろう（傍点筆者）（大野功統防衛庁長官　参・外交防衛委員会　2005.7.14）[219]

その上で結論として「場合によっちゃそこに第三国供与ということがあり得る可能性がある」と答弁した。武器輸出三原則そのものが適用されることはないので「武器輸出三原則の精神」と表明したのであろう。いずれにせよ、第三国移転の可否をいずれに判断しようとそれは武器輸出三原則そのものの論点ではない。したがって、繰り返しになるが第三国移転を可と判断することが武器輸出三原則に「抵触」することは論理的にあり得ない。

⑽　武器輸出三原則の例外化と汎用技術

武器輸出三原則の例外の対象は武器（及び武器技術）であることは言うまでもない。したがって、汎用技術は武器輸出三原則の例外の対象外である。

そのため対米武器技術供与の際におけるJMTCでの検討対象も武器技術の対米供与に限定される（栗山尚一外務省北米局長　参・外務委員会　1985.4.9）[220]。汎用技術は政府が介入せず「明確に汎用であるというものにつきましては、これはその技術を保有しておる民間企業とアメリカ側とのいわば自主的な、自由な商業ベースの話し合いに従って両者間の話し合いが整えば供与が行われる」ことになる（栗山尚一外務省北米局長　参・外務委員会　1985.6.20）[221]。もちろ

---

(218)　同上。
(219)　第162回国会参議院外交防衛委員会会議録第19号4頁。
(220)　第102回国会参議院外務委員会会議録第6号15頁。
(221)　第102回国会参議院外務委員会会議録第18号14頁。

第 1 章　武器輸出三原則の位置付け

ん外為法上の許可が必要であれば取得する必要があるが、武器技術ではない汎用技術の提供に武器輸出三原則が適用されることがないことは既述のとおりである。したがって政府は対米武器技術供与の「交換公文の取り交わしによりまして、汎用技術の対米供与の問題につきまして何ら新しい道が開かれたということではない」(杉山弘通商産業省貿易局長　衆・予算委員会第六分科会　1984.3.12)[222]と整理している。これに対して矢山有作議員(社会党)は「防衛分野における技術、つまり汎用技術だといったらいいと思うのですが、それをアメリカが供与を要請しても、日本には武器技術三原則というものがある、そういうことを盾にして日本の民間企業はなかなか技術供与には応じてくれない、まして、いわんや純粋に軍事に利用するんだということになれば、それをたてりにして拒否される、そこでそういうような状態をなくするためにこの交換公文を作ったというのが真相じゃないのですか」(衆・予算委員会第二分科会1984.3.12)[223]と質問する。政府は「武器技術でない汎用技術は、防衛分野における技術であろうとも、これは今委員がおっしゃいましたように、過去、現在ずっと自由であるわけでございますから、この取り決めの対象ではない」とした上で、「仮に民間の会社が特定の技術を持っておる場合、それは武器技術であろうと－汎用技術の場合は何の制限もないわけですけれども、民間の会社が提供を拒めばそういう提供は絶対に行われない」とする(北村汎外務省北米局長　衆・予算委員会第二分科会　1984.3.12)[224](こうした指摘の背景として第 4 章第 3 節(4)参照)。

　武器輸出三原則の趣旨からも汎用技術が対象外であるということは当然の整理であるのだが、その結果次のような指摘に対しては全く無力であることを露呈する。

○　日本が進んでいるところの技術というのは、恐らく大部分が民間で使われている、いわば汎用技術じゃないかと思うんですが、そういう技術をアメリカの国防省が直接あるいは民間を通じて協力してもらいたいということを言ってきたときに、政府はそれに対してとめることができますか(関嘉彦議員(民社党)　参・外務委員会　1985.4.25)[225]

---

(222)　第 101 回国会衆議院予算委員会第六分科会議録第 2 号 43 頁。
(223)　第 101 回国会衆議院予算委員会第二分科会議録第 2 号 26 頁。
(224)　第 101 回国会衆議院予算委員会第二分科会議録第 2 号 26、27 頁。
(225)　第 102 回国会参議院外務委員会会議録第 8 号 21 頁。

これに対して政府は「これは従来から申し上げておりますように、輸出あるいは技術供与との関連で武器輸出三原則というものがございまして、委員ご案内のように武器の定義がございます。そういうものに該当しないものは汎用ということで、汎用につきましては原則として規制をしない」（栗山尚一外務省北米局長の答弁　参・外務委員会　1985.4.25)[226]と答弁している。確かに政府は民間の汎用技術の対米供与を強制することはないかもしれないが、同時に民間の汎用技術で米国に供与したくないと考えた場合にも同様に無力なのである。より厳密には汎用技術も外為法上許可対象となっているものはあるが、武器輸出三原則の対象として提供を「慎む」べきものとはならない（第4章第3節(3)参照）。

⑾　まとめ

以上の検討をまとめると以下のような武器輸出三原則の運用を示すことができる。これらが武器輸出三原則を議論する上での前提となる現状である。

◆ 武器輸出三原則の運用

> ① 武器輸出三原則の適用対象は武器である。汎用品に武器輸出三原則が適用されることはない
> ② 武器であるかどうかはそのモノ（貨物や技術）の性質で判断されるものであり、輸出先によって同一のモノが武器になったり、ならなかったりするものではない
> ③ 外為法上の「武器」と武器輸出三原則上の「武器」は同じではない（外為法上の「武器」の方が武器輸出三原則上の「武器」よりも広い）。外為法上の「武器」であっても武器輸出三原則上の「武器」に当たらなければ武器輸出三原則は適用されない
> ④ 武器輸出三原則上の「武器」に該当しても、輸出の態様から判断して武器輸出を「慎む」場合に当たらなければ、武器輸出は許可される
> ⑤ 武器輸出三原則の例外化とは武器輸出三原則が適用されないだけであり、輸出許可が不要になるわけではない。全ての武器輸出が武器輸出三原則により禁止されていないことと同様に、武器輸出三原則の例外となれば全ての武器輸出が許可されることにもならない
> ⑥ 武器輸出を「慎む」に当たらない場合と武器輸出三原則の例外化の対象となる場合の法的な違いは、後者は武器輸出三原則では武器輸出を「認めない」対象である紛争当事国などへの武器輸出も可能となる点である
> ⑦ 武器輸出三原則の例外化の対象に武器輸出三原則は適用されない。したがって武器輸出三原則の例外化の対象が武器輸出三原則に違反するということは論理的にあり得ない。同様に武器輸出三原則の例外化の対象となった事案において、第三国移転の際に日本政府の事前同意を得ることが武器

---

[226]　同上。

第1章　武器輸出三原則の位置付け

> 輸出許可を判断する要素とはなり得ても、第三国移転及びその際の日本政府の事前同意は外為法の枠外である。外為法の適用対象外である以上、日本政府の事前同意の際に武器輸出三原則が適用されることも論理的にあり得ない

◆ 第3節　武器輸出三原則の意義 ◆

(1) 武器輸出三原則の意義とは

　武器輸出三原則の意義について元通商産業省貿易局長として輸出管理担当部局の責任者であった畠山襄氏は「平和国家として高い志を掲げ、武器輸出を禁止してきた」[227]と語る。武器輸出三原則は「平和国家として」の「高い志」であるという。

　武器輸出三原則の意義に対する評価は多い。猪口邦子氏は「武器輸出三原則を放棄せずに維持したことは、常任理事国入りの目標との外交的整合性のある政治判断であった。武器市場が拡大する国際社会において、同原則は日本に経済的機会喪失をもたらすであろうが、兵器の非合法拡散の暗黒の海原を照らす良心の灯台の役割を日本は堅持した」[228]と武器輸出三原則を高く評価する。さらに「非核三原則と武器輸出三原則を日本はずっと国是としてきた」と吉井英勝議員（共産党）は非核三原則と武器輸出三原則を並置した上で「ずっと」「国是」であったと評価する（衆・経済産業委員会　2009.4.17）[229]。さらにこの「国是」は憲法9条を根拠としているという見解もあり、吉川春子議員（共産党）は「戦争放棄の9条からも武器輸出を全面的に禁止するのが当然で、国是ともなってきました」という（参・憲法調査会　2004.12.1）[230]。武器輸出三原則の見直しはこの「国是」の変更とみなされることから強く批判される。横光克彦議員（社民党）は「国是であります武器輸出三原則の見直しの動き」のように「これまで考えられなかったことが、今、なし崩し的に動き始めております」と武器輸出三原則の見直しを強く批判する（衆・本会議　2004.1.22）[231]。この認識は与野党を超えて幅広く共有されている可能性があり、山崎拓議員

---

[227] 畠山襄「武器輸出・緩和はMD以外認めるな」、2004年12月11日付朝日新聞17面。
[228] 猪口邦子「軍縮推進へ指導力を」、2005年1月12日付日本経済新聞29面。
[229] 第171回国会衆議院経済産業委員会議録第8号20頁。
[230] 第161回国会参議院憲法調査会会議録第6号14頁。
[231] 第159回国会衆議院会議録第3号22頁。

（自民党）は「我が国は非核三原則や武器不輸出の国是を持っている国でございます」（衆・予算委員会　1996.1.30）[232]とし、二階俊博経済産業大臣も「武器輸出三原則というのは日本の国是であります」と歩調を合わせている（ただし、文脈上、二階大臣の言う「武器輸出三原則」は1967年の佐藤榮作総理大臣の見解を示すとも受け取れるが、いずれにせよ「国是」であると言う）（2009.4.17　衆・経済産業委員会）[233]。

(2)　憲法上の意義

こうした武器輸出三原則によって「実際の運用では、ほぼ全面的に武器輸出を禁止してきた」（畠山襄氏）[234]と言われている。武器輸出三原則によって武器の輸出が「禁止」されていると考える論者は武器輸出三原則を高く評価する側、問題視する側に共通の認識であり、論者によっては「武器輸出『禁止』原則」と呼ぶ者もいる。例えば「武器輸出三原則などと言う、知らない人が聞いたら輸出するための原則だというふうに勘違いをするような名称じゃなくて、むしろ武器禁止原則というふうに名称を変えて、もっときちっとしたたがをはめるという格好が、時代の状況にむしろ合っているんじゃないか」といった指摘がある（赤松正雄議員（新党平和）　衆・安全保障委員会　1998.9.10）[235]。

さらに武器輸出が禁止される根拠として憲法9条によってこうした「規範」が確立されているとする論者も多い。例えば、村田尚紀氏は「9条を守る」として具体的には「例えば」として「非核三原則であるとか武器輸出禁止三原則、こういったこれまでに生まれた成果、これをきちっと守る」（衆・憲法調査会公聴会　2004.11.18）[236]と武器輸出三原則の遵守は憲法9条を守ることであると指摘する。同様に前田哲男氏は「『武器輸出禁止原則』を解除すること（中略）など、9条規範の『規制緩和』措置」と述べ、村田氏同様に武器輸出三原則を「武器輸出禁止原則」と呼称するとともにこれを憲法9条の規範であると言う[237]。同様に豊下楢彦氏は「憲法9条は日本が武器輸出を行うことを禁止してきた」と直截に主張している[238]。

---

[232]　第136回国会衆議院予算委員会議録第2号29頁。
[233]　第171回国会衆議院経済産業委員会議録第8号21頁。
[234]　前掲注(227)。
[235]　第143回国会衆議院安全保障委員会議録第3号15頁。
[236]　第161回国会衆議院憲法調査会公聴会議録第2号37頁。
[237]　前田哲男『自衛隊』、岩波書店、2007、10頁。
[238]　豊下楢彦『集団的自衛権とは何か』、岩波書店、2007、113頁。

第1章　武器輸出三原則の位置付け

　憲法9条が根拠であると明示しないながらも憲法が武器輸出を禁じているとする論者もあり、例えば、青井未帆氏は「憲法が輸出管理に命ずる内容を、素直に武器禁輸として具体化し得た」と指摘し、憲法が武器輸出の禁止を命じているとする(239)。さらに青井氏は（武器輸出三）「原則を含め、非核三原則、集団的自衛権の否認、徴兵制の禁止、防衛費のGNP比1％枠設定など、国民代表機関である国会が、平和主義を防衛政策の中で具体的な形で表すのに大きな役割を果たしてきた。三原則による武器禁輸という選択は、われわれが考えるところの平和憲法を具現する一つの形であった」(240)とも主張しており、武器輸出三原則を非核三原則や集団的自衛権の否認、徴兵制の禁止などと同列に扱い、これを「平和憲法を具現する一つの形」とする。しかも、その際「国会が、平和主義を防衛政策の中で具体的な形で表すのに大きな役割を果たしてきた」とも述べており、国会が主体的な役割を果たしてきたと主張する。同様の議論として専守防衛を「武器輸出三原則、非核三原則、防衛費制限などの一連の自己規制的な措置をとって裏付けようとした」と指摘する論者もいる(241)。武器輸出三原則は専守防衛を「裏付ける」ものだと評価する。

　憲法9条と武器輸出三原則の関係については、浅尾慶一郎氏のように（憲法）「9条には武器輸出は一切いけないとは書かれていないが、憲法9条がなければ、武器輸出三原則もありえない」(242)といった指摘もある。これはやや変則的な議論ながら武器輸出三原則は憲法9条に何らかの形で連関しているという主張である。こうした憲法9条と武器輸出三原則の密接な関係は武器輸出三原則を問題視する側にとっては、憲法9条の存在が武器輸出三原則を存立させている「諸悪の根源」という認識につながる。「憲法9条に起因するいわゆる『武器輸出三原則』のままでは多国間で共同開発ができない」(243)といった主張は武器輸出三原則を評価するか、問題視するかという違いこそあれ、憲法9条に武器輸出三原則は立脚していると考える点で武器輸出三原則を評価する論者と実は同一の次元に立っている。

---

(239)　青井未帆「武器輸出三原則を考える」『法律時報77巻第2号』、2005、94頁。
(240)　青井未帆「武器輸出三原則を考える　連載②」『法律時報77巻第3号』、2005、98頁。
(241)　李娜耵「日本の対米軍事協力メカニズム」『法学政治学論究第66号』、2005、99、100頁。
(242)　浅尾慶一郎「国防のタブーを破り『武器輸出三原則』見直しの議論をするべきときがきた」『SAPIO』2008.2.13、94頁。
(243)　田母神俊雄・潮匡人『自衛隊はどこまで強いのか』、講談社、2009、79頁。

第 3 節　武器輸出三原則の意義

(3)　国際政治上の意義

　武器輸出三原則の意義として国際政治上の意義を指摘する論者も多い。もちろん憲法上の価値と国際政治上の意義は両立するものであり、こうした価値を同時に体現しているものが武器輸出三原則だと言われている。したがって、先の憲法との関係を重視する論者と国際政治上の意義を強調する論者は多分に重複する。例えば、豊下楢彦氏は「武器輸出三原則の撤廃は『死の商人』への道が開かれ、日本は『道義国家』の『品格』を喪失する」[244]と武器輸出三原則の「緩和」に強い警鐘を鳴らし、青井未帆氏は「日本が積極的な軍縮外交を行うことのできる背景には、この禁輸政策（筆者注：武器輸出三原則のこと）など憲法の平和主義を具体化する諸施策の存在がある。国連軍備登録制度設置において日本がイニシアティブをとることができたのは、各国から日本が『死の商人ではない』と認められていたことにより、クリーンな立場で導入を働きかけることができたためであった」[245]と武器輸出三原則が外交政策にプラスに影響し、その「緩和」はマイナスの効果を与えることを示唆する。そのため、こうした影響を懸念する論者は畠山襄氏のように「国際的に平和国家日本の旗印を高く掲げ続けていくためにも、緩和は MD（筆者注：ミサイル防衛のこと）関連に絞り、他には拡大しないことが肝要だ」[246]と武器輸出三原則の「緩和」に慎重な姿勢をとる。

(4)　武器輸出三原則に対する批判

　一方、武器輸出三原則に対する批判としては従来から輸出ができないことによる自衛隊装備品の価格高騰や技術革新の流れから取り残されるといったことが主張されてきた。前原誠司議員（民主党）は「いかにコストを下げていくかということになれば、また日本の防衛基盤、生産基盤というものを保とうとすれば、やはりこれからこの武器輸出三原則の見直しということは私は不可避だと思います」と指摘する（衆・予算委員会　2009.2.26）[247]。前原議員の主張は一貫しており 1997 年にも「日本は武器輸出三原則を持っているために量的なコストダウンが図れない」（衆・財政構造改革の推進等に関する特別委員会 1997.10.29）[248]と同旨の主張をしている。同様に国内企業から調達するとコス

---

[244]　豊下楢彦『集団的自衛権とは何か』183 頁。
[245]　青井未帆「武器輸出三原則を考える」101 頁。
[246]　前掲注(227)。
[247]　第 171 回国会衆議院予算委員会議録第 21 号 11 頁。
[248]　第 141 回国会衆議院財政構造改革の推進等に関する特別委員会議録第 10 号 22 頁。

73

第1章　武器輸出三原則の位置付け

トが高くなる原因の一つが武器輸出三原則にあると佐藤正久議員（自民党）は批判する（参・外交防衛委員会　2007.12.20）[249]。先述の「多国間で共同開発ができない」[250]といった主張をはじめ、防衛産業の「声」として「国内での防衛産業が頭打ちになっている現状を打開し、活路を見出したい」ことや「輸出が可能になれば、1機当たりの生産コストが大幅に下がるので、ユーザーの防衛庁にも現在より低価格で納入できる」[251]といったことが主張される。

これに対して武器輸出三原則を擁護する論者からは「憲法理念（道義）」対「経済的利益」という基調で反論される。例えば猪口邦子氏はたとえ「日本に経済的機会喪失をもたらす」ことがあっても「良心の灯台の役割を日本は堅持」する意義を強調し、経済的利益のために崇高な理念を犠牲にしてはならないと説く[252]。武器輸出三原則を問題視する論者もこの構図自体には異議を唱えていない。経済的利益の犠牲の度合いが高すぎるのではないかという疑問の声や憲法理念そのもの対する疑義を呈することにより、武器輸出三原則を擁護する論者の主張に反論を加えている構図と言えよう。この疑問の呈し方により武器輸出三原則を問題視する論者も憲法の理念を完全に否定する立場（憲法改正）から部分的な経済的利益の追求（武器輸出三原則の部分的な「緩和」）まで幅広い選択肢が考えられる。

以上をまとめるとこれまでの武器輸出三原則の意義をめぐる議論として次のような点が指摘できるであろう。

① 　武器輸出三原則が武器の輸出を禁止してきた（武器輸出三原則があるために輸出ができない）

武器輸出三原則が武器の輸出を禁止するものであり、②とあいまって憲法上の要請であり、しかもそれが「国是」であるとするならば、反対に武器輸出三原則の例外化とはなぜ認められるのか、という論点が浮かび上がる。武器輸出三原則の例外化を「国是」に反する、憲法理念を無視したものと問題視する視点から見れば「だからこそ例外化は問題だ」という結論になる。逆に禁止するものではない場合（「国是」でもない場合）、「実際の運用では、ほぼ全面的に武器輸出を禁止してきた」（畠山襄氏）[253]という運用に問題はないのか、という疑

---

[249]　第168回国会参議院外交防衛委員会会議録第14号19頁。
[250]　前掲注(243)。
[251]　風間實「武器輸出3原則の行方は」38、39頁。
[252]　前掲注(228)。
[253]　前掲注(227)。

第3節　武器輸出三原則の意義

問が出てくる。
　② 　武器輸出三原則は憲法9条が根拠である（少なくとも憲法上の要請である）

図2：武器輸出三原則の「イメージ」

憲法（9条）
武器輸出三原則
外為法

　多くの論者が指摘する憲法と武器輸出三原則の関係については「自明」であるかのように語られることが多い。国会での議論でも（武器輸出三原則は）「今の憲法の枠をやはり守りたいと、そういうふうな思いがあったんだろうと思います」という指摘がある（山内徳信議員（社民党）　参・外交防衛委員会2007.12.25)[254]。これは武器輸出三原則が憲法の「枠」内にあることが自明となっているが、その「枠」とは何であろうか。仮に武器輸出三原則が憲法（9条）に基づくものであれば武器輸出三原則の位置付けは上図のようになろう。現在の政府における位置付けは政令よりも下位であり、武器輸出三原則を「ないがしろ」にしているのではないかと懸念される（9頁図1参照）。また、武器輸出三原則を汎用品にまで拡大して適用することは奨励されこそすれ、制約されるべきものではない。一方、武器輸出三原則を問題視する側から見れば、憲法（9条）を改正して武器輸出三原則を改正すべきといった見解まで示される。したがって、①も含めてまずは憲法と武器輸出三原則の関係について検討することが不可欠である。その結論を踏まえて外為法と武器輸出三原則の関係についても整理することが必要である。そのためまずは次章において憲法と武器輸出三原則の関係について検討する。

　③ 　武器輸出三原則のために日本は軍縮外交をリードできる　武器輸出三原則の存在により武器を輸出しない日本だからこそ軍縮外交で指導力を発揮できるといった指摘も多い。具体的にどのように指導力を発揮できるのかについても検討する必要がある。武器輸出三原則はあくまでも国内政策であるが武器輸出の持つ国際政治的な意義を踏まえて、その位置付けについて検討されなければならない。こうした武器輸出三原則の国際法や国際政治上の位置付けにつき第5章において検討する。

---

[254]　第168回国会参議院外交防衛委員会会議録第15号10頁。

第 1 章　武器輸出三原則の位置付け

　ただし、全ての議論の前提となるのは本章で検討した武器輸出三原則の現状である。

第2章
◆ 武器輸出三原則と憲法 ◆

> 憲法9条第2項は、わが国自体のいわゆる戦力の保持を禁止しているものでありますので、その意味では、武器輸出三原則は憲法第9条が直接規定するものではないというふうに考えております。(角田禮次郎内閣法制局長官 衆・予算委員会　1981.2.20)[1]

　外為法の下位政令である輸出貿易管理令の解釈として成立した武器輸出三原則の歴史的由来を踏まえれば、同原則が憲法解釈でないことは明らかである。しかし、その根拠が憲法(9条)にあるとすればそうした位置付け自体が問題視されなければならない。つまり、武器輸出三原則を外為法(及び輸出貿易管理令・外国為替令)の運用方針であるとする立場からは、外為法に反する武器輸出三原則の運用は許されない。他方、憲法(9条)に根拠があるとすれば武器輸出三原則に反する外為法の運用が許されないことになる。この差異は重大であり武器輸出三原則をめぐる多くの議論の帰結を左右する。したがって、この点の議論は武器輸出三原則のあり方を考える上では極めて重要な出発点である。

◆ 第1節　憲法9条との関係 ◆

　武器輸出三原則(三木内閣政府統一見解)は「憲法及び外為法の精神に則り」というが憲法と外為法の「精神」とは一体どのようなものか。すなわち憲法や外為法のどの部分に具体的に武器輸出を規制する箇所があるのか。あるいはそのような具体的な部分がないため漠然と「精神」と表現しているのか。憲法や外為法によって明文化されている部分と「精神」とはどのような関係になるのか。まずは憲法9条との関係につき検討したい。その際、次のような質疑の持つ意味合いを考えながら検討していきたい。

---

[1]　第94回国会衆議院予算委員会議録第13号17頁。

第2章　武器輸出三原則と憲法

> ○　土井たか子議員（社会党）：　武器輸出三原則、並びに当委員会でも昭和53年、56年、決議をいたしております経済協力に関する決議、これはいずれも申し上げるまでもなく憲法の前文、憲法第9条に基づくものである、このように御理解なすっていらっしゃいますね。当然だと思いますが、いかがですか。
> ○　安倍晋太郎外務大臣：　憲法に基づいて、いわゆる平和国家としての日本の基本的理念に基づくものである、こういうふうに理解しております。
> ○　土井たか子議員：　その基本理念というのは、よって来るところは憲法でしょう。憲法の前文並びに第9条でしょう。これは、質問をして御答弁いただくまでもない話だと思いますが、それはそのとおりですよね。
> ○　藤田公郎外務省経済協力局長：　ただいまの御質問、昭和53年及び昭和56年の国会決議に、平和国家に徹する我が国としてはと書いてございますように、まさに今委員の御指摘の通りだと思います。

(衆・外務委員会　1985.5.22 より関係箇所を一部抜粋[2])

この質疑を見る限り憲法と武器輸出三原則の関係について特段議論の対象ともなっておらず、検討の必要がないようにも見える。

国会における議論でも憲法9条によって武器輸出三原則が導かれてきたとする議論は多い。こうした議論は必ずしも護憲派と呼ばれる議員だけでなく、中谷元議員（自民党）は憲法9条の果たしてきた役割の一つとして「国家利益の追求の手段として、経済的利益の追求はしても、武力に訴えないこと、武器を輸出して死の商人にならないことなどを遵守し、平和を希求する道義国家であり得た」と指摘する。もっとも同議員は続けて「9条の理念、これが立派すぎるものであるがゆえに、9条と国際社会の現実とが乖離した」と指摘し改憲論を主張している（衆・憲法調査会安全保障及び国際協力等に関する調査小委員会 2004.2.5)[3]。つまりこうした理解は護憲派や改憲派という立場を超えてある程度共有されている。

(1)　政府の立場

はじめに政府の立場を整理しておこう。政府も「武器輸出によって国際紛争を助長することを回避するために、武器輸出三原則を遵守し、武器の輸出に関しては厳格な対応をしてきており、右は国際的な平和と安全の維持に日本も大きく貢献している」（中山太郎外務大臣　参・本会議　1991.3.1)[4]と武器輸出三

---

(2)　第102回国会衆議院外務委員会議録第14号22頁。
(3)　第159回国会衆議院憲法調査会安全保障及び国際協力等に関する調査小委員会議録第1号1頁。

第 1 節　憲法 9 条との関係

原則の意義を評価しているが、憲法 9 条と武器輸出三原則との関係については次のように整理する。

> いわゆる武器輸出三原則は、武器の輸出によって国際紛争などを助長することを回避して、外国貿易及び国民経済の健全な発達を図るという目的をもって、外国為替及外国貿易管理法に基づく輸出貿易管理令の運用基準として定められたものであるというふうに理解しております。一方、憲法 9 条第 2 項は、わが国自体のいわゆる戦力の保持を禁止しているものでありますので、その意味では、武器輸出三原則は憲法第 9 条が直接規定するものではないというふうに考えております。（角田禮次郎内閣法制局長官　衆・予算委員会　1981.2.20）[5]

まず政府は「武器の輸出を全面的に禁止しなければ憲法に違反することになる、そういうことまでは憲法は言っていないだろう」（角田禮次郎内閣法制局長官　衆・法務委員会　1981.11.13）と整理し、武器輸出を憲法が禁止しているという立場を否定する[6]。その上で上記のように武器輸出三原則は憲法 9 条が直接規定するものではないとする。一方で憲法と全く無関係というわけではない。武器輸出三原則は「平和国家としての日本の立場から国際紛争等を助長することを回避する、その結果、外国貿易、国民経済の健全な発展を図るという輸出貿易管理令の運用に対する政府の方針だと考えておりまして、憲法 9 条 2 項との関係で申し上げますと、憲法 9 条が直接規定しているものではございませんで、我が国の憲法が平和主義を理念としているという精神をバックグラウンドといたしまして、その精神にのっとった外国為替管理法上の運営方針と理解しております」（堤富男通商産業省貿易局長　参・予算委員会　1991.3.5）[7]という。すなわち、「武器の輸出につきましては、これは憲法の 9 条で言ういわゆる武力の行使、我が国が行う武力の行使、こういうことではございませんので、憲法 9 条に直接関係するものではない」と明確にした上で、「ただ、それが我が国が平和主義を理念としていることにかんがみれば、（武器）輸出三原則は平和主義の精神にのっとったものである」とされる（括弧内筆者追加）（工藤敦夫内閣法制局長官　参・予算委員会　1991.3.5）[8]。つまり、武器輸出三原則は憲法 9 条が直接規定するものではないが憲法の平和主義の精神に合致したものだと

---

(4)　第 120 回国会参議院会議録第 11 号 16 頁。
(5)　第 94 回国会衆議院予算委員会議録第 13 号 17 頁。前掲注(1)。
(6)　第 95 回国会衆議院法務委員会議録第 7 号 3 頁。
(7)　第 120 回国会参議院予算委員会議録第 7 号 15 頁。
(8)　第 120 回国会参議院予算委員会議録第 7 号 16 頁。

第2章　武器輸出三原則と憲法

いうことになる。そうした思考枠組みに基づき武器輸出三原則の対象となる武器は「直接戦闘の用に供し人を殺傷する、こういうふうなものでございますから、平和主義の理念に照らしまして、紛争地域等には出さない」こととし、その他の地域には「これを慎む」という整理が示される（工藤敦夫内閣法制局長官　参・予算委員会　1991.3.5）[9]。少なくとも武器輸出三原則の内容は憲法9条の解釈論から導かれたものではない。

　憲法9条によって武器の輸出が禁止されていない以上、武器の輸出を許可制にすることは憲法9条から導かれる結論ではないことになる。その点につき政府は「憲法の9条におきまして国が戦力を保持することを禁止している、こういうことが直ちに武器を輸出することまで禁止しているものではないと存じます」と憲法9条が武器輸出の禁止を要求していないという立場に立った上で、「ただ、武器の輸出につきましても、いわゆる公共の福祉のために必要な場合、これに合理的な限度で制約を加えることができる、こういう当然の憲法の許容する公共の福祉の観点からする合理的な限度の制約、こういうことで武器の輸出につきまして、ただいま話が出ました外為法、いわゆる外国為替及び外国貿易管理法に基づいて必要かつ合理的な規制が行われている」と整理する（工藤敦夫内閣法制局長官　参・予算委員会　1991.3.5）[10]。つまり武器輸出管理は憲法9条により要求されているというより、憲法上は「公共の福祉」のために加える制約として「許容」されているということになる。前者であれば武器輸出管理が憲法上定められることになる（武器輸出管理をしないことが憲法違反になる）が、後者であるとするならば武器輸出管理の内容が憲法上「許容」されるかという関係になり、「合理的な限度の制約」を超えた規制を課せばそれは憲法が「許容」しないものということになる。

　したがって、武器輸出三原則が憲法9条によって直接規定されたものでない以上、武器輸出三原則の例外化が憲法9条に違反するということは論理的にあり得ないことになる。対米武器技術供与の取り決めに対して金子満広議員（共産党）は、

○　アメリカが行う武力行使にわが国が軍事的に協力をしていくことであり、これは憲法の基本的立場及び紛争の武力による解決を禁止している憲法第9条に明白に違反する（衆・本会議　1983.1.28）[11]

---

(9)　同上。
(10)　第120回国会参議院予算委員会会議録第7号15頁。

と批判するものの中曽根康弘総理大臣は次のように憲法違反との批判を否定する。

○　憲法第9条はわが国自体の戦争の放棄や戦力の不保持等について規定したものであり、武器の輸出や武器技術の対外提供を禁止する旨定めたものではありません。したがって、米国との防衛分野における技術の相互交流の一環としての対米武器技術供与に道を開くこととした今回の決定は、憲法第9条に抵触するものではないと考えます（衆・本会議　1983.1.28)[12]

同様の指摘として上田耕一郎議員（共産党）が「武器輸出三原則というのは平和憲法と関わりがあるんです」として、日米物品役務相互提供協定（ACSA）を憲法違反、武器輸出三原則違反ではないかと問うたことに対して、久間章生防衛庁長官は「武器輸出三原則というのは、御承知のとおり、武器を輸出することによって戦争が拡大しちゃいかぬという、そういう意味では結局平和憲法の理念には合致しているわけでございますけれども、憲法そのものを受けてやっているわけじゃございませんで、これは政府の方針としてそういうような方針をきちんと守っておるということでございます」と答弁し、武器輸出三原則は憲法9条から導かれてきたのではないかという見解を否定する。さらに上田議員は上記の質問は内閣法制局長官に対してであった（内閣法制局長官に向けられていた質問を久間防衛庁長官が答弁したという形式になっている）として、再度内閣法制局長官の見解を求める。これに対して大森政輔内閣法制局長官は「武器輸出三原則自体は憲法に直接基づく原則じゃないということから防衛庁長官の答弁ということに相なったわけでございまして、私から申し上げるべきこともただいま防衛庁長官からお答えになりましたところと全く同様でございます」として、武器輸出三原則は憲法とは直接の関係ない（したがって内閣法制局長官が答弁すべき質問ではない）と述べた（質疑はいずれも参・予算委員会　1998.3.26)[13]。

さらに聴濤弘議員（共産党）は、1981年に園田直外務大臣が武器輸出や軍事援助は憲法によってできないのは当然であると述べている、と指摘し政府も少なくとも過去においては憲法上武器輸出が禁止されているという解釈をとっていたのではないかと問うている（参・本会議　1996.6.5）。これに対して橋本龍

---

(11)　第98回国会衆議院会議録第4号70頁。
(12)　第98回国会衆議院会議録第4号79頁。
(13)　第142回国会参議院予算委員会会議録第11号47、48頁。

第 2 章　武器輸出三原則と憲法

太郎総理大臣は「武器輸出三原則などは憲法が直接規定するものでないことは、従来から申し上げてきたとおりであります」と憲法解釈であるとの説を明確に否定する（参・本会議　1996.6.5）[14]。政府の見解から過去に武器輸出が憲法上禁止されていたという見解を見出すことは難しい（園田外務大臣の発言の経緯については第3章補論参照）。

(2)　**自衛権・自衛隊と武器輸出三原則**

◆ 日本国憲法(抄)

> 9条：　日本国民は、正義と秩序を基調とする国際平和を誠実に希求し、国権の発動たる戦争と、武力による威嚇又は武力の行使は、国際紛争を解決する手段としては、永久にこれを放棄する。
> 2　前項の目的を達するため、陸海空軍その他の戦力は、これを保持しない。国の交戦権は、これを認めない。

あらためて指摘するまでもなく憲法9条には武器輸出に関する明示の規定はない。しかし、武器輸出三原則「の問題は憲法論議にも当然、絡んでくる。武器輸出と国家のあり方は密接に関係しているからだ。個別自衛権と集団的自衛権、どちらにしても、どういう形で日本が武器を使うのか」[15]と武器輸出三原則は憲法論議と関係すると指摘する論者もいる。同様の指摘として笠井亮議員（共産党）は「NATOとの協力を進めていくと、集団的自衛権行使の問題、そして先ほどのMD（筆者注：ミサイル防衛のこと）の問題でも、結局、武器輸出三原則ともかかわってくる問題があり得る。そして、憲法改正の問題に直面することは明らか」という（衆・外務委員会　2007.5.25）[16]。（賛否は別にしても）集団的自衛権が憲法問題なことは理解できるが、武器輸出三原則も同様であるという。しかしながら、自衛権と武器輸出に直接の関係はない。したがって、自衛権に関する議論を武器輸出に関する議論は本来別個にするべきである。自衛権の解釈から武器輸出の是非は導かれない。

さらに、憲法9条との関係で武器輸出三原則は自衛隊の行動を制約するために課せられていると主張する意見がある。近藤正道議員（社民党）は「自衛隊の行動を制約するいわゆる専守防衛や非核三原則、武器輸出禁止原則、シビリアンコントロールなどは単なる政策ではなく、（憲）第9条の平和理念に基づく自衛隊の制約原理であり、厳格な運用が憲法から求められている」（括弧

---

(14)　第135回国会参議院会議録第23号6、7頁。
(15)　前掲第1章注(242)。
(16)　第166回国会衆議院外務委員会議録第15号17頁。

内筆者追加）（参・憲法調査会　2005.4.6）[17]と指摘し、武器輸出三原則が専守防衛や非核三原則、シビリアンコントロールなどと並んで「自衛隊の行動を制約する」政策だという。類似の指摘として福島みずほ議員（社民党）は「改憲についてお聞きします」とし、憲法9条や集団的自衛権行使について述べた上で、「武器輸出三原則の見直し、戦争のできる国にしたら、もう後戻りはできません」（参・本会議　2005.1.26）という[18]。福島議員の指摘によると武器輸出三原則を見直すと「戦争のできる国」になるという。また、改憲について質問している一環として武器輸出三原則の見直しが指摘されていることから、改憲しない限り武器輸出三原則が見直せないかのような趣旨でもある。立木洋議員（共産党）は武器輸出と自衛隊の海外派遣との関係で次のように問う。

○　日本は武器の輸出、これは憲法上許されないものとされてきたんです。ところが、大量の武器を持った自衛隊が海外に行くのは、これは憲法上許されるんでしょうか（参・国際平和協力等に関する特別委員会　1991.12.6）[19]

確かに「武器を持った自衛隊が海外に行く」ことは外為法上の武器輸出に当たるし、当該輸出に当たっては武器輸出三原則との関係を整理する必要がある。しかしながら、立木議員の意図は自衛隊の海外派遣を違憲だと主張するために武器輸出が憲法上許されないからだという論理構成をとっている。既述のように憲法9条の条文上、武器輸出を禁止する文言はなく、政府も一貫して憲法9条が直接規定するものではないという立場を堅持している。本来自衛隊の海外派遣の是非は武器輸出問題の一環として検討する問題ではなく、派遣そのものの是非や法的根拠が議論の対象となるべきで、自衛隊の海外派遣を制約する（又は禁止する）ための理由として武器輸出が憲法上禁止されているからと立論することは議論のすり替えと言えよう。自衛隊などの海外派遣に伴う武器輸出に対して政府の立場は武器輸出三原則の例外とするか、「慎む」に当たらないと整理するものである（第1章第2節(4)・(5)参照）。

　こうした自衛隊の海外派遣に反対するために武器輸出三原則を利用するという真の意図を隠した議論は別の対応に影響を与えることがある。結局は派遣されることはなかったが、湾岸戦争後に仮に避難民救援を目的に自衛隊機を派遣

---

(17)　第162回国会参議院憲法調査会会議録第6号11頁。
(18)　第162回国会参議院会議録第3号27頁。
(19)　第122回国会参議院国際平和協力等に関する特別委員会会議録第4号21頁。

第 2 章　武器輸出三原則と憲法

するとした場合に自衛隊が防毒マスクを携行するのではないか、ということが問題となった。防毒マスクは外為法上の武器に当たる（輸出貿易管理令別表第1の1の項(13)「軍用の細菌製剤、化学製剤若しくは放射性製剤又はこれらの散布、防護、浄化、探知若しくは識別のための装置若しくはその部分品」）。政府は防毒マスクを携行することになれば「武器（輸出）三原則の対象になっていると思いますので、その関係において必要な手続というものは、その担当官庁であります通産省の方とも十分相談しながらやらなくちゃならぬと考えております。しかしながら、もし仮にそういうものを携行するといたしましても、これは今回の避難民の輸送に当たるというその任務の性格、人道的な性格なり任務の遂行の態様から申し上げましても、武器（輸出）三原則の趣旨から考えて、これは携行することに問題があるとは考えておりません」（括弧内筆者追加）（池田行彦防衛庁長官　衆・予算委員会　1991.2.7）[20]。本答弁の趣旨は武器輸出三原則の運用に照らせば、防毒マスク等が武器輸出三原則上の武器には当たる（「武器（輸出）三原則の対象になっている」）が、武器輸出三原則上の輸出には当たらない、つまり「慎む」必要がない（「武器（輸出）三原則の趣旨から考えて、これは携行することに問題があるとは考えておりません」）ということである。しかし、これに対して新盛辰雄議員（社会党）は「だから、自衛隊機を海外に出すのには手続上内部のいろいろな問題があるわけです。そういう面で、これから海外派兵につながろうとしておりますこの自衛隊機の輸送はおやめなさいというのが我々の趣旨なんです」と主張する（衆・予算委員会　1991.2.7）[21]。自衛隊の海外派遣に反対することは自由であるが手続上の問題を指摘して自衛隊の海外派遣に反対するというのはあまりに形式的である。ところが続く質疑で新盛議員は民間人が携行する防毒マスクについては全く反対の立論を展開する。新盛議員は「ガスマスクだけじゃとても対応できないですね」と指摘し、「どう安全を守るかということになるわけでして、そういうような面でこれから民間の皆さん方にも対応する場合にどうするかという面で、これは通産省、民間にガスマスクはどうするんですか」と指摘し、防毒マスクだけでは不十分であるがその防毒マスクすら携行できるのか、と今度は防毒マスクを携行できないことを問題視しているのである（衆・予算委員会　1991.2.7）[22]。政府は報道機関や

---

[20]　第 120 回国会衆議院予算委員会議録第 8 号 19 頁。
[21]　同上。
[22]　第 120 回国会衆議院予算委員会議録第 8 号 20 頁。

第1節　憲法9条との関係

医療機関などから湾岸地域に派遣される者が防毒マスクを持参しても「海外で転売するとかそういうことのないような条件を十分つけまして、万全な管理をするという前提で既に民間にも許可をいたしております。具体的には三件やっております」と述べ、「慎む」に当たらないという整理を示し、現に輸出許可をしているという（堤富男通商産業省貿易局長　衆・予算委員会　1991.2.7）[23]。自衛隊の防毒マスクであれば手続き上面倒なので防毒マスクはおろか自衛隊も派遣すべきでないとする一方で、民間人であれば防毒マスクが携行できないのではないかと逆に問題視する。防毒マスク携行（輸出）の可否に焦点を当てれば両者の立場を整合的に説明することは難しい。

　つまり自衛隊自身が輸出者となる場合の制約条件として武器輸出三原則の「意義」や「効果」を主張することは、輸出者が自衛隊である場合とその他の民間人である場合を区別する規定が憲法上も外為法上もないことから、民間人の輸出にまでこうした同様の制約が課せられてしまうことになる。

　古くは自衛隊自身が輸出者でなくても日本が武器輸出をすることが自衛隊の侵略性を示すという指摘まである。穂積七郎議員（社会党）はシリアやイスラエルから武器輸出の要望があったということに対して、

○　そこで武器輸出をしたとすれば、そのことによって、国際的には、日本の防衛庁並びにその指揮するところの軍隊の侵略的性格というものを客観的に判断されます（衆・外務委員会　1956.5.19）[24]

紛争当事国に武器輸出をして批判されるとすれば日本政府（輸出管理当局）であり、当該輸出の判断に関与していない自衛隊が批判される立場にないことは言うまでもない。

　このように「武器輸出と国家のあり方は密接に関係している」としても、憲法に武器輸出に関する規定があるのではない。そもそも憲法論議に本当に武器輸出は「絡んで」いるのだろうか。例えば、「衆議院憲法調査会報告書」（2005）は2005年に700頁を超す報告書をまとめた。この中で武器輸出三原則は一箇所で軽く触れられているだけである。具体的には同報告書中、第2「自衛権及び自衛隊」の箇所の「2　その他」として（なお、1は「1　自衛権及び自衛隊と憲法規定との関係」）「(2)自衛隊」において「その他、自衛隊について、

---

[23] 同上。
[24] 第24回国会衆議院外務委員会議録第46号7頁。

第2章　武器輸出三原則と憲法

次のような意見が述べられた」として、次のような「意見」が表明されている。

○　政府は、自衛隊を合憲的存在とするために自ら課してきた専守防衛、文民統制、武器輸出三原則などの諸原則を破ろうとしている。発足当初に比して自衛隊の軍事化が進むなか、国会において国民が納得するような議論がなされなくなってきている[25]

この「意見」の前後は全く別の意見が述べられており、武器輸出三原則についての指摘はこの部分のみである。したがって、ほとんど論点として提起されていないとも言えるがいくつか検討してみたい。本「意見」は武器輸出三原則の重要性を強調したもの、またはその見直しに対する慎重な姿勢を表明したものと考えられるが、その論理構成にはいくつかの特徴がみられる。まず、本「意見」に基づくと武器輸出三原則によって自衛隊を合憲的存在としているという。その点で武器輸出三原則の目的は先述の自衛隊の行動を制約するためという立場に立っていると言えよう。ただし、「1　自衛権及び自衛隊と憲法規定との関係」の部分で記述がなされなかったことからも明らかなように憲法規定との関係ではない。つまり憲法9条の解釈問題ではない。「政府」が「自ら課してきた」ものであり、憲法上の命令ではなく政府が自制してきたものであるということになる。自衛隊を合憲的存在とするための政府の自制措置だという。さらに専守防衛や文民統制とは異なり、武器輸出三原則は自衛隊の活動そのものを制約しているわけではない。にもかかわらず、「自衛隊を合憲的存在とするために自ら課してきた」とする点は極めて興味深く、後述する(4)「憲法の『域外適用』――他国の非武装を目指すのか」においてさらに検証していきたい。

いずれにせよ、武器輸出三原則は少なくとも憲法9条の規定そのものとの関係では議論の対象ではないと言えよう。冒頭の問への回答としては憲法9条は武器輸出の禁止を命じてはいない、と言える。なお、当然であるが「命じてはいない」だけで「命じてはいけない」訳ではない。つまり憲法9条は武器輸出に対して中立的であるというだけである。したがって、武器輸出を禁止すべきか、してもよいかという論点は憲法9条以外の憲法条項や法律の規定を踏まえて検討すべきということになろう。

(3)　憲法と武器の生産・保有・輸出

---

[25]　衆議院憲法調査会『衆議院憲法調査会報告書』、2005.4、306頁、〈http://www.shugiin.go.jp/index.nsf/html/index_kenpou.htm〉（最終訪問日：2010年12月13日）。

第1節　憲法9条との関係

　次に憲法と武器の生産・保有との関係について考えてみたい。憲法9条が規定することは日本が戦力を保有することを禁止しているものであり、他国への武器輸出よりは自国内における武器の生産や保有の方がより直接的に憲法9条が関係していると考えられる。仮に憲法9条が武器の生産や保有を否定していないのであれば、生産や保有以上に輸出に対して厳しい規制を課すことを憲法9条が要求していると整合的に説明することはより困難であろう。なお、武器の保有は自衛権とともに国際法上認められている（第5章第1節参照）。

○　国際法におきましても自衛権は認められ、また国連憲章におきましても自衛権は認められ、国の平和と独立を維持するという方途は国家の固有の権利として各国がみんなやっておるところでございます。日本も、自国の平和と独立を守るために必要最小限の防衛力を整備して国を守るという、世界の大多数の国がやっていることを我々も固有の権利としてやっておる（中曽根康弘総理大臣　参・予算委員会　1985.11.5）[26]

しかしながら、国際法上認められていることが憲法上認められるかどうかは別問題であり検討が必要である。

　武器生産の合憲性については武器等製造法案の審議の際に議論されている。武器等製造法上の武器は外為法や武器輸出三原則上の武器よりも狭いが、武器生産の合憲性という意味では大いに参考になる。政府は武器そのものは憲法が禁止する「戦力の構成要素になるかもしれませんが」として、憲法が保有を禁止する戦力の構成要素であるとしつつも武器の存在自体で「ただちに戦力と申すことはできない」とし、「従って武器の製造を認めるということは、決して憲法9条の問題にはならない」という（佐藤達夫法制局長官　衆・通商産業委員会　1953.2.12）[27]。それでは憲法が保有を禁止する戦力とは何かについて当時の政府は次のように整理していた。

○　憲法第9条におきましては、この戦力の保持を禁止いたしておることは御説のとおりでありますが、併しながらここに言う戦力とは、近代戦争の遂行に役立つ程度の装備或いは編成を備えまして、人的物的に組織化された総合力を戦力と解するのでありまして、単なる武器そのものは、成るほど戦力を構成いたします要素ではありますが、戦力そのものではないという解釈に立っておるわけでございまして、従いまして武器の製造を認めるということは戦力の保持を禁止する憲法には違反しない（葦沢大義通商産業省重工業局長　参・通商産業委員会

---

[26]　第103回国会参議院予算委員会会議録第3号15頁。
[27]　第15回国会衆議院通商産業委員会会議録第18号8頁。

第 2 章　武器輸出三原則と憲法

1953.7.27)[28]

　ここでいう「近代戦争の遂行に役立つ程度の装備或いは編成」という部分はその後の憲法解釈で変遷しているが、後段の「人的物的に組織化された総合力」の箇所は変化していない。戦力とは「人的物的に組織化された総合力」であるため、「武器そのものは戦力を構成する一つの要素でありまして、戦力そのものではない」(葦沢大義通商産業省重工業局長　参・通商産業委員会　1953.7.27)[29]という整理が導かれる。自衛隊用の兵器が米国からの供与であったこの当時、国内で使用するために生産する武器とは警察官の拳銃などに限られていた。こうした拳銃の製造も上記の整理により憲法9条には違反しないと説明される(葦沢大義通商産業省重工業局長　参・通商産業委員会　1953.7.27)[30]。反対に武器の生産そのものが憲法違反であるとされれば、警察官用の拳銃の製造も違憲ということになってしまうことになる。

　その後の国会でも累次にわたり武器生産の合憲性について質疑が行われているが政府の見解は一貫している。田中稔男議員(社会党)は憲法9条が禁止しているのは兵員だけではないので、「これはどうしても防衛生産も禁止されておる、こういうふうに解釈しなければならぬ」と主張する(衆・外務委員会 1956.5.19)[31]。これに対して政府は次のように答弁した。

○　憲法第9条は、日本の自衛権を否認しておりません。従って自衛権行使のために必要最小限度の防衛生産をするということは、当然憲法第9条の禁止するところではない(船田中防衛庁長官　衆・外務委員会　1956.5.19)[32]

続けて武器輸出についても問われる。

○　兵員の海外派兵ができないときに、兵器、弾薬の海外派遣——輸出というものは海外派遣ですから、そういうことを認めてよろしいとお考えになりますか(田中稔男議員(社会党)　衆・外務委員会　1956.5.19)[33]

これに対して政府は、

---

(28)　第16回国会参議院通商産業委員会会議録第20号7頁。
(29)　同上。
(30)　同上。
(31)　第24回国会衆議院外務委員会会議録第46号8頁。
(32)　同上。
(33)　同上。

第 1 節　憲法 9 条との関係

○　海外派兵と防衛生産でできたものを輸出するということは別だと思います（船田中防衛庁長官　衆・外務委員会　1956.5.19）[34]

と答弁する。先述の自衛隊の海外派遣は武器輸出だから、武器輸出ができない以上自衛隊は海外派遣できないという指摘に対して、武器輸出も武器の海外派遣だから、自衛隊の海外派遣ができない以上武器輸出もできないという立論と奇妙な対をなしていると言えよう。

戦力の構成要素となる武器は当然日本（具体的には自衛隊）が保有するものであるから、外国に輸出する武器は戦力の構成要素とはならないことになる。岡田春夫議員（労農党）は、

○　自衛目的以外のために生産されるような、そういう製品がもし外国に事実輸出されたとするならば、それは第 9 条の規定を越えたことにならないか（衆・外務委員会　1956.5.19）[35]

と問うたのに対して政府は次のように答弁する。

○　この生産の問題は、憲法 9 条の禁止する戦力ということの中には入らない（船田中防衛庁長官　衆・外務委員会　1956.5.19）[36]

同様な議論として日本の自衛のために必要な能力を超えて武器を保有することは憲法上問題となるものの、大きな生産能力を持つこと自体は憲法問題とはならない。

○　大きな製造能力を持った武器生産の施設というものを国内に持つということは、これは憲法第 9 条等との関係からしたらどうなるのですか（参・予算委員会　1967.5.10）[37]

と矢山有作議員（社会党）が質問したのに対して、政府は 1953 年の武器等製造法案の審議の際の議論を引用し、「武器は戦力の構成要素になるかもしれないが、戦力そのものではないから、武器の製造を認めるということが直ちに憲法 9 条の問題にはならない」と再確認している（高辻正巳内閣法制局長官　参・予算委員会　1967.5.10）[38]。したがって、日本の自衛目的ではない武器を生産

---

[34]　同上。
[35]　同上。
[36]　同上。
[37]　第 55 回国会参議院予算委員会会議録第 10 号 8 頁。

し、輸出することも憲法問題とはならない。先ほどの質問に続いて矢山議員は、

○ 外国の自衛のための武器まで日本の兵器産業がこれをつくる、これは日本の自衛のために必要とする兵器生産力以上のものを持つということになるわけですわね。そうなると、この点から外国の自衛を引き受けるための武器まで生産するようなそんな膨大な兵器の生産能力を持つということが憲法上から見て私は問題があるのじゃないか（参・予算委員会　1967.5.10）[39]

と質問したのに対して、政府は先述の1956年の質疑を引用し、

○ 昭和31年（1956年）ごろだったと思いますが、その際もやはり製造、輸出それ自身が9条に違反することはないということを申し上げております。で、その理由は、やはり憲法9条で保持が否認されておりますのは戦力でございますが、戦力というのは、これはほぼ確立した解釈でございますが、人的、物的の総合組織力である。したがって武器そのものが戦力にならぬであろうというのが前に申し上げた一つの理屈でございますが、そのほかに戦力を保持しないのは、わが国――日本国民といいますか国といいますか、そういう場合を想定してのことでございますので、それが日本で製造されたものが外国のあるいは政府の所有になるかもしれませんが、しかし、それは憲法9条が直接に規定するところではないということでございまして、憲法9条と法的な関係においてつまり違憲であるとかいうような関係で直ちに憲法違反であるというようなことはやはり言えない（括弧内筆者追加）（高辻正巳内閣法制局長官　参・予算委員会　1967.5.10）[40]

あらためて指摘するまでもない点であるが憲法が規制する対象は日本であり、外国の武器の保有については憲法9条の規定するところではない。したがって、外国が使用する武器を生産し輸出しても憲法違反にはならないとする。しかしながら、当然の議論として「それでいいのか」という論点はある。矢山議員は続けて

○ 自衛力をまかなうよりももっと過大な、とんでもない武器生産能力を持つということは、やっぱり憲法解釈の上からいって、自衛の限界というその線がいままで一本あったんだから、だから、それからいったら、やっぱりはみ出してくるんではないか（参・予算委員会　1967.5.10）[41]

と質問する。これに対して政府は憲法が規定するのはあくまでも日本が戦力を

---

(38)　同上。
(39)　第55回国会参議院予算委員会会議録第10号9頁。
(40)　同上。
(41)　同上。

第 1 節　憲法 9 条との関係

保持してはならないということであり、それ以外の局面は憲法が規定するところではないと明確に憲法による制約を否定する。

○　日本国民が戦力を保持しないというその関係に立つか立たぬかという問題があるからでございまして、自衛のために一定限度の部隊、つまり、ただいまで言えば自衛隊でございますが、自衛隊の保持についても、あるいは自衛隊の活動についても、それには限界がある。しかし、そういう関係に立たない場面については、おのずから憲法の直接規定するところではない。さきほどちょっとおっしゃいましたが、憲法 9 条に直ちに違反するというような関係ではない（高辻正巳内閣法制局長官　参・予算委員会　1967.5.10）[42]

しかし続けて、憲法上の制約がないからといって無制約でいいかどうかは別問題であるとして、

○　政策的考慮と言っていいと思いますが、そういうような面からの考慮はまた別途考えるべきだと思います（高辻正巳内閣法制局長官　参・予算委員会　1967.5.10）[43]

憲法上の制約がなければ制約を課してはならないことにはならないのであり、「政策的考慮」を「別途考えるべきだ」とする。つまり外国向けの武器製造や武器輸出管理政策を「政策的」に「考慮」すべきだと述べている。

以上のような議論を踏まえれば、楢崎弥之助議員（社会党）が「憲法上武器をつくっていいんですかね」と質問したことに対して、田中角栄通商産業大臣が「輸出をするときには制限を受けるというようなことはございますが、それを製造してはならないということにはならない」と答弁したが（衆・予算委員会第四分科会　1972.3.23）[44]、田中通商産業大臣の述べた「制限」とは外為法上の制約であり、憲法上の制約でないことは明らかである。

武器の保有が肯定される自衛権の観点からも武器輸出は肯定されることとなる。佐藤榮作総理大臣は武器輸出の禁止に対する見解として以下のように述べる。

○　平和憲法のたてまえから武器の輸出は禁止すべし、こういう御議論でございますが、日本の国も、御承知のように、平和憲法のもとにおいて私どもはりっぱな自衛権——自衛権の装備のために、わが国の安全を確保するために、外国からの武器を輸入しております。わが国自身が武器の輸入をしておる、このことは御承知

---

[42]　同上。
[43]　同上。
[44]　第 68 回国会衆議院予算委員会第四分科会議録第 4 号 24 頁。

91

第 2 章　武器輸出三原則と憲法

だと思います。わが国と同様に、各国とも自衛権は持っておりますから、その限りにおきまして、武器の輸出は認めない、こういうのはやや行き過ぎではないだろうかと私は考えます（佐藤榮作総理大臣　衆・本会議　1969.2.12)[45]

と、日本も含め各国ともに自衛権を保有している以上武器輸出の禁止は「行き過ぎ」だとする。ただし、もちろん無制限に武器輸出を認めるわけではなく「政策的考慮」として、

○　いやしくも国際紛争を助長するようなこととならないよう、慎重な配慮が必要であることはあらためて申すまでもありません（佐藤榮作総理大臣　衆・本会議　1969.2.12)[46]

と武器輸出に当たっては「国際紛争を助長するようなこととならないよう、慎重な配慮が必要である」という。

以上のように政府は一貫して武器生産や武器輸出は合憲であると整理している。ここで政府の見解とは異なり武器生産や武器輸出を違憲として整理する主張を見てみたい。立木洋議員（共産党）は日米物品役務相互提供協定（ACSA）における武器輸出三原則の例外化を批判して、「日本の憲法では軍事的な措置は一切認めてはならないという規定になっているわけですから、国連憲章と両立しない使用は禁止されているからといって憲法で認められるということにはならない」と主張する（参・外務委員会　1996.5.16)[47]。確かに武器の「国連憲章と両立した使用」が自動的に憲法で認められた使用に当たるとは言えない。しかし、立木議員が言う憲法が認めない「軍事的な措置」とは何であろうか。憲法の文言から武器の生産が憲法が認めない「軍事的な措置」であると解釈することは果たして可能であるか。その点につき論証はない。続けて立木議員は「国連憲章上認められても憲法としては認められないという見地に立ったからこそ、憲法の精神に基づいて武器の輸出はできませんという措置をとってきたんです」（参・外務委員会　1996.5.16)[48]と主張する。事実関係として武器輸出三原則は「武器の輸出はできませんという措置」ではないことはこれまで繰り返し指摘してきたとおりだが、論理的にも武器輸出については立木議員自身が「憲法に基づいて」ではなく「憲法の精神に基づいて」いる措置であるとして

---

[45]　第 61 回国会衆議院会議録第 5 号 76 頁。
[46]　同上。
[47]　第 136 回国会参議院外務委員会会議録第 11 号 19 頁。
[48]　第 136 回国会参議院外務委員会会議録第 11 号 20 頁。

第1節　憲法9条との関係

憲法解釈ではなく政策論であるという含みを残している。仮に政策論であるとするならば反対に武器輸出は立木議員が指摘する憲法が禁止する「軍事的な措置」ではないということを認めていることにもなる。

　より論理的に徹底した主張として山内敏弘氏の指摘がある。以下に証言を引用したい。

○　日本国憲法は、たとえ自衛のためであれ一切の戦力を保持することができないというふうに規定しているというふうに解釈いたしております。その戦力の中には当然戦争目的に使われる武器も含まれているわけでございますので、本来そのような武器を日本自身が保持、所有することはできない。したがって、保持、所有することができないものを他国に対して輸出するということも本来できないはずであろうというふうに考えておりますので、武器輸出の禁止に関する原則というのは、いわば単なる政策的な問題ではなくて、本来憲法上の大原則であるというふうに考えております（山内敏弘氏　参・国際問題に関する調査会　1996.5.15）[49]

日本政府の立場とは異なるものの「戦力の中には当然戦争目的に使われる武器も含まれている」として、「そのような武器を日本自身が保持、所有することはできない」と主張する。これは武器に「戦争目的に使われる」ものと使われないものがあり保持、所有が禁止されているのは前者であると言っていることになる。その区別がどこにあるのか判然とはしないものの、およそ武器が全て「保持、所有することはできない」ことにはならない。

　どのような武器を保有できるのかという武器の保有の是非自体が一つの論点であるが、武器輸出に関連するより本質的な留保は「保持、所有することができないものを他国に対して輸出するということも本来できないはず」というのも論理必然ではない。この「できないはず」は憲法解釈なのか政策論なのか判然としない。後者であれば一つの考え方と理解できるが前者であれば「はず」という法解釈は疑問である。山内氏の説では憲法が武器の保有を禁止し、かつ保有が禁止されたものの輸出を禁止しているという二重の仮定が憲法解釈上肯定される必要がある。

　山内氏は続けて次のように指摘する。

○　なお、ついでに申し上げますと、9条の第1項の主語は、政府とか日本国ではなくて、日本国民が主語となっております（山内敏弘氏　参・国際問題に関する調査会　1996.5.15）[50]

---

[49]　第136回国会参議院国際問題に関する調査会会議録第4号17頁。

第 2 章　武器輸出三原則と憲法

さらに、

○　少なくとも、単に政府だけが戦力を保持しないというだけではなくて、つまり武器を保持しないということだけではなくて、日本国民も戦力を保持しないというふうにうたっておりますので、したがって民間の企業等にあっても、軍需生産を行い、それを輸出するということは、やはり憲法上その趣旨に合致しないのではなかろうか（山内敏弘氏　参・国際問題に関する調査会　1996.5.15）[51]

と議論を展開する。憲法9条の規制が日本国民個々に直接及ぶのかという点はそれ自体で十分議論の余地がある。仮に山内氏の主張を是認したとしても「戦争目的に使われる」武器でなければ戦力にはならないので生産や保有は許されることになる。さらに、自らが保持しない武器であれば戦力になりえないので民間企業が生産した武器を全て輸出に回せばむしろ戦力を保持しないことになる。多少形式論のきらいもあるが民間企業が生産すること自体がある種の「保持」だとすれば、少なくともその企業が投資などによって海外に展開して武器の生産に従事することは憲法上許容されることになる。いずれにせよ、本来、憲法において武器の保有以上に武器輸出を禁止する命題を発見することは難しい。特に戦力の保持の禁止から武器輸出の禁止を導くことは容易なことではない。むしろ自らが保有しない武器であれば戦力たりえず、自らが戦力を保持しないためには輸出した方が望ましいのではないか、という解釈さえ可能となってしまう。最後の「憲法上その趣旨に合致しないのではなかろうか」と主張している点は憲法上許されているのか、という問に対する直接の回答とはなっていない。もし山内氏が武器を輸出すべきではないと主張しているのであれば、それは憲法解釈ではなく政策論である。もし武器の生産が憲法上禁止されており、国家としてではなく個人としての保有も憲法上禁止されているという解釈をとれば、一部の憲法学者によって主張される憲法は外部からの侵略に抵抗する手段として組織的抵抗は憲法により否定されているものの、個々人が「パルチザン」的に抵抗することは許されるという見解すら否定される。可能な手段は非暴力のガンジー主義くらいかと思われるが、政府がそうした見解をとっていないことは明らかであるし、こうした見解が憲法上当然の解釈とは言えないであろう。憲法9条に基づき武器輸出を違憲と論じることはこれほどまでに敷居が高いのである。

---

[50]　同上。
[51]　同上。

94

（4）憲法の「域外適用」——他国の非武装を目指すのか

武器輸出の効果について再考したいことは、「どういう形で日本が武器を使うのか」と言うが個別的自衛権や集団的自衛権の議論とは異なり、武器輸出の場合、海外に派遣された自衛隊が武器を使う場合などを除き、基本的には「武器を使う」主体は他国（論理的には非国家主体もありうる）であり日本ではない。つまり武器輸出を禁止することにより、確かに日本が外交カードとして武器を「使う」ことも禁止されるが、より直截に武器を「使う」ことを制限されるのは他国である。生方幸夫議員（民主党）は「武器の輸出というのを原則禁止すれば大きな国際紛争は起こらないと思うんですよ」（衆・予算委員会 2004.1.27）[52]と武器輸出三原則を世界中に拡大することを日本は提案すべきだと主張する。これに対して小泉純一郎総理大臣は「仮に日本の武器輸出三原則をすべての国が守った場合に、日本は独自で全部武器をつくらなきゃならないんですよね」とした上で、日本には武器輸出三原則があるものの「他国は他国の考え方があるでしょう。そこまで日本が、現時点においてすべての国が武器の輸出に関して日本と同じようになった場合に、それじゃ日本はどうするのかという問題も考えなくてはならないと思います」と答弁している（衆・予算委員会 2004.1.27）[53]。この答弁に対して生方議員は「夢のない答弁」と批判し、「武器輸出をしなければ、大国が武器輸出をしなければ、自国で武器を開発する能力がある国というのは幾つもないんですよ」と指摘する（衆・予算委員会 2004.1.27）[54]。小泉総理大臣は日本が武器を輸入できなくなり困るという点と、「他国は他国の考え方がある」という二点を指摘している。前者は日本が困るだけなので日本さえよければ構わないのかもしれない。しかし憲法9条1項で「国権の発動たる戦争」や「武力による威嚇又は武力の行使」を「放棄」したのは言うまでもなく日本であって日本以外の諸国が「放棄」しているかどうかについては何ら規定していない。憲法9条2項も同様であり「陸海空軍その他の戦力」を「保持」しないのは日本であり日本以外の諸国については何ら規定していない。憲法は自国のことについて制定するので他国のことについて規定していないことは当然であるが、憲法（9条）が武器輸出を禁止する根拠であると仮定した場合、日本の憲法が他国の武装について指図しているのかという

---

[52] 第159回国会衆議院予算委員会議録第3号27頁。
[53] 同上。
[54] 同上。

第 2 章　武器輸出三原則と憲法

疑問が浮かび上がる。例えば功刀達朗氏は参議院の憲法調査会において、憲法には「平和主義として、日本が軍備を持たないと言うこと、それからそれが世界の軍縮につながるという信念」があると証言している（参・憲法調査会 2004.3.3）[55]。また、「非核三原則や武器輸出三原則は日本の軍事大国化への歯止め」となっているという指摘もある[56]。憲法（9 条）によって歯止めをかけるべきは自国の軍事力であり、他国の軍事力ではない。自国の軍事力に歯止めをかけるためには輸出を禁止するより、生産を禁止（ないしは制限）する方がより憲法（9 条）の価値を体現しているといえるし、生産の制限以上に輸出を制限することの根拠とはなり得ない。政府の立場は国内での武器開発や生産、保有を肯定している（第 5 章第 1 節参照）。

しかも、武器の生産以上に輸出が制限されるということは論理的には自国で「保持」するということであり、間接的には他国の軍事力が自国の水準以下になることを目指していることになるが、そのような目的が憲法 9 条にあるとは考えられない。万一、憲法 9 条にこのような「域外適用」が意図されているとすれば他国から見るとなかなか狡猾な規定と言える。淡谷悠藏議員（社会党）は武器輸出に反対する理由として、「平和憲法下に日本の自衛隊と同じような装備を持った軍隊があっちこっちにできて、これが暗に戦争の先導になり、また潜在した原因になるということは、これはわれわれは絶対反対なんです」（衆・予算委員会　1967.4.26）[57]という。「自衛隊と同じような装備を持った軍隊」ができることに反対しているのであり、見方によってはリアリスト的な、つまり武器輸出を禁止することによって潜在的な敵を日本より弱体な状況にしておくことを狙っているとも言える（第 5 章第 2 節(6)参照）。

日本が武器を輸出しなくても日本以外の国から武器を輸入できるので他国に非武装を強要するわけではない、との反論も可能であろう。しかし、この反論は自家撞着に陥る。この反論を採用した場合、そもそもなぜ日本が武器輸出を禁止しなければならないのかについて回答できなくなってしまう。

さらに国際法上、各国には自衛権が存在している。国連憲章上も第 51 条で（個別的・集団的）自衛権が認められている。自衛権が存在している以上、各国が武装することも当然に国際法上認められている。憲法では第 98 条第 2 項で

---

(55)　第 159 回国会参議院憲法調査会会議録第 3 号 5 頁。
(56)　憲法再生フォーラム編『有事法制批判』、岩波書店、2003、26 頁。
(57)　第 55 回国会衆議院予算委員会会議録第 14 号 9 頁。

「確立された国際法規」を「誠実に遵守する」こととしている。いずれにせよ、自国の武装について憲法で制約することは当然としても、他国の武装の程度まで指図していると解することは困難ではないだろうか。また国連憲章でも規定されている内政不干渉原則との関係も整理が必要であろう。

このように憲法9条を直接の根拠として武器輸出三原則または武器輸出禁止の規範を見出すことはできない。

第2節　憲法前文との関係

次に憲法9条に直接の根拠を求め得ないとしても、憲法前文から根拠となる規定を求めることはできないか。もちろん憲法前文が持つ規範性には議論があるものの、仮にこれを肯定した場合に憲法前文では「日本国民は恒久の平和を念願する」とあり、これは世界的な非武装を求めるものと解することができないか。もちろん国連憲章をはじめとする国際法及び条約や国際法規の遵守を規定した憲法第98条第2項との関係で問題があるが、それ以前に憲法前文が世界的な非武装を求めていると解することはできない。最上敏喜氏は憲法9条は前文から派生していると指摘した上で、「戦争というものはそもそも政府が始めるものである、それゆえ政府にそういうことをやらせない、というのが前文の思想で、そこから9条という実体規定が出てくる」[58]と言うが、ここで言う「政府」とは日本政府のことであり、他国の政府について規定しているとは考えられない。さらに、在日米軍の合憲性が争われたいわゆる砂川事件の最高裁判決では「防衛力の不足は、憲法前文にいわゆる平和を愛する諸国民の公正と信義に信頼することによって補」うと判示する。こうした「諸国民の公正と信義に信頼する」以上、「諸国民」が武装するか否かを判断するのは「諸国民」であり、日本国民は彼らの「公正と信義」に「信頼」することとなろう。反対に「諸国民」が武装を選択したにもかかわらずに非武装を求め、輸出を拒否することによって自らの力の及ぶ限りで武装を妨害し非武装を強制することはその「公正と信義」を「信頼」していないこととなり、憲法前文の精神との関係ではむしろ緊張関係に立つことにもなりかねない。さらに同判決は「憲法9条は、我が国がその平和と安全を維持するために他国に安全保障を求めることを、

---

[58] 長谷部恭男他「座談会・グローバル化する世界の法と政治」『ジュリスト』No.1378、2009.5.1-15、26頁。

第2章　武器輸出三原則と憲法

何ら禁ずるものではない」とし、外国軍隊が駐留することも禁止していないとする(59)。したがって、同判決の大前提としては日本国民が「公正と信義」を「信頼」する対象である「諸国民」は武装している（少なくとも武装している「諸国民」もいるという前提でないとそもそも軍隊に駐留を求めることができない）ということであり、その上でこうした「諸国民」に安全保障を求めることは憲法9条に違反しない、したがって、日本の安全保障に資する（「公正と信義に信頼」できる）「諸国民」に対して武器を提供することが憲法9条に違反しないことも自然な帰結である。反対に武装した「諸国民」である外国軍隊に安全保障を求める一方で、こうした「諸国民」に武器の提供（輸出）をすることが憲法上禁止されていると解釈することは矛盾している。なお、政府は武器輸出三原則に関する政府統一見解（三木内閣政府統一見解）を公表した同日の質疑で武器輸出三原則は武器輸出を全面的に禁止するものではないことを明確にしている（第1章第2節(4)参照）。この中で河本敏夫通商産業大臣は武器輸出については慎重に対処するものの武器輸出を承認することもあり得るのか、と質問されて「そのとおりであります」と明確に肯定している（衆・予算委員会　1976.2.27)(60)。他方で三木武夫総理大臣は「『慎むものとする。』ということで政府の消極的な態度を表現してあるわけでございます」と指摘する（衆・予算委員会　1976.2.27)(61)。ただ、消極的であることが全面的に禁止するものではないことは三木総理大臣も認識しており、政府統一見解を表明する20日前の質疑では次のようなやり取りがあった。

○　三原則対象国外には全面的に禁止つもりはない、そういうことも答弁されておりますね（岡田春夫議員（社会党）　衆・予算委員会　1976.2.6)(62)
○　この三原則の原則に反しなければ全面的に輸出を禁止する考えはない（三木武夫総理大臣　衆・予算委員会　1976.2.6)(63)

と述べ、武器輸出を全面的に禁止する考えがないことを明確にしている。

---

(59)　最高裁昭和34年12月16日大法廷判決（砂川事件最高裁判決、刑集13巻13号3225頁）。
(60)　前掲第1章注(69)。
(61)　前掲第1章注(70)。
(62)　第77回国会衆議院予算委員会議録第9号4頁。
(63)　同上。

◆ 第3節　憲法論か政策論か ◆

　憲法9条や前文に関する議論をまとめると武器輸出三原則に少なくとも憲法に明文上の根拠はない。武器輸出三原則を高く評価する論者も憲法解釈ではなくあくまでも政策論であることを認める論者もあり、例えば青井未帆氏は武器輸出「三原則は政策でありながら容易には覆すことのできない存在」であると指摘する[64]。少なくとも憲法解釈から武器輸出三原則が導き出されたのではなく、あくまでも政策論として武器輸出三原則が採用されているという点は再度強調したい。憲法解釈ではなく政策論だとすれば武器輸出三原則は政策的な是非の問題として検討されるべき問題であり、憲法上「自明」のものとは言えないからである。この点は武器輸出三原則を議論する際に忘れてはならない立脚点である。

　したがって、次のような発言の誤解は明らかである。

○　武器輸出の禁止を決めているモラルの高い国だということ、同時に、それらを包括する形で、平和主義の立場で憲法がそういうことを決めている（春名眞章議員（共産党）衆・憲法調査会安全保障及び国際協力等に関する小委員会　2003.5.8）[65]

「武器輸出の禁止」が「モラルの高い国」となるのかどうかは価値判断なので評価を保留するが、「憲法がそういうことを決めている」わけではないことは確かである。大脇雅子議員（社民党）は「憲法の掲げた理想を実現する具体的な方法として」核兵器の廃絶等に日本外交が取り組むべきであると指摘した上で、「究極には、武器の製造禁止、武器の輸出の禁止に向けて努力すべきであります」と指摘する（参・憲法調査会　2003.5.14）[66]。「究極」の政策論として「武器の製造禁止、武器の輸出の禁止に向けて努力すべき」か否かは議論されて然るべきであるが、その是非は憲法解釈から導き出されるものではなくあくまでも政策論であり、さらに仮に日本が武器輸出を禁止すれば「究極」とされている政策を日本が独自に実施することになる。同様の指摘として渡辺治氏は「現在の世界の紛争というものをなくしていくためには、小さくしていくため

---

[64]　青井未帆「武器輸出三原則を考える」101頁。
[65]　第156回国会衆議院憲法調査会安全保障及び国際協力等に関する調査小委員会議録第4号12頁。
[66]　第156回国会参議院憲法調査会会議録第7号22頁。

第 2 章　武器輸出三原則と憲法

には、通常軍備の制限、それから武器輸出入の、移転……こういう問題について明確な日本のイニシアチブを取るということが必要だと思います」とし、国連における貢献として日本が核や通常兵器の査察団をつくることを提案する。そうしたことが「9条を具体化する」ことだと指摘し、「9条を実行することだ」という（参・憲法問題調査会　2003.5.7）[67]。もし他国への「査察団をつくること」が「9条を実行することだ」とするならば典型的な憲法9条の域外適用の発想である。

　こうした検討を踏まえると次の問答の微妙な思惑のズレを理解することができる。横路孝弘議員（社会党）は国際的な武器輸出の禁止を主張して次のように指摘する。

○　武器輸出禁止三原則というのもわが国の憲法に基づく方針だけれども、これを国際社会の原理にまで高めていこうということだと思うのです。私は、日本国憲法というのは、そんな意味でいわば人類の道義あるいは道理というものを代表しているといいますか、表明しているといいますか、やはりそういう憲法であるだけに実はそういうことが言えるわけでありまして、わが国の国内政策がいわば国際社会の原理にまで高められようとしているということが言えるのじゃないか（衆・予算委員会　1981.2.7）[68]

武器輸出三原則が武器輸出を禁止するものではない以上、「武器輸出禁止三原則」という表現が不正確であるが、横路議員の発言の趣旨は憲法が「人類の道義あるいは道理というものを代表している」のだから「国内政策がいわば国際社会の原理にまで高められようとしている」という。もし「人類の道義あるいは道理というものを代表している」ものが武器輸出禁止であり、憲法が「国際社会の原理」に高めることを要求しているのだとすれば、まさに憲法の域外適用である。日本国民が「人類の道義あるいは道理」を決めていると言っているに等しい。これに対して伊東正義外務大臣は、

○　通常兵器の輸出禁止の問題（ママ）も、これは憲法の精神から出た問題であることは間違いございません（傍点筆者）（衆・予算委員会　1981.2.7）[69]

と答弁している。一見すると横路議員の発言を肯定したようにも思えるが重要な差異がある。横路議員は武器輸出三原則が「憲法に基づく方針」と言ってい

---

(67)　第156回国会参議院憲法調査会会議録第6号18頁。
(68)　第94回国会衆議院予算委員会議録第5号13頁。
(69)　同上。

る。しかし伊東外務大臣は武器輸出三原則（なお伊東外務大臣も「輸出禁止の問題」と言っており表現が不正確である）を「憲法の精神の問題」として直接的な憲法問題ではないという立場を示しているのである。

◆ 第4節　「憲法の精神」◆

(1) 武器輸出三原則と「憲法の精神」

　武器輸出三原則は政策論とはいえ、武器輸出三原則は「憲法及び外為法の精神に則り」武器輸出を「慎む」こととしている。少なくとも「憲法の精神」には則っているため、「容易には覆すことのできない存在」となっているのではないか。政府も武器輸出三原則と憲法9条とに直接の関係はないとする一方で、「わが国の憲法が平和主義を理念としているということにかんがみますと、当然のことながら、武器輸出三原則は憲法の平和主義の精神にのっとったものであるというふうに考えております」と答弁している（角田禮次郎内閣法制局長官　衆・予算委員会　1981.2.20）[70]。それでは「憲法の精神」では何が要求されているのだろうか。既に検討したように憲法9条や前文から「精神」を明示的に導くことはできなかった。三木内閣は政府統一見解において次のように方針を説明している。

　◆三木内閣政府統一見解（抜粋）[71]

> 「武器」の輸出については、平和国家としてのわが国の立場から、それによって国際紛争等を助長することを回避するため、政府としては、従来から慎重に対処しており、今後とも、次の方針により処理するものとし、その輸出を促進することはしない。

　上記方針に次いで6ページで紹介した3つの基準が示されている。この方針からも明らかなように武器輸出を「慎重に対処」する理由として武器輸出「によって国際紛争等を助長することを回避する」ことが挙げられている。武器輸出三原則の目的であり、「憲法の精神」とはまさに「国際紛争等を助長することを回避する」という点に尽きる。それこそが「平和国家としてのわが国の立場」なのである。つまり武器輸出三原則が言う「憲法……の精神に則り、『武器』の輸出を慎む」とは武器輸出は「国際紛争等を助長する」おそれが高いた

---

[70]　第94回国会衆議院予算委員会議録第13号18頁。
[71]　前掲第1章注(16)。

めに「慎む」こととしていると言える。坂本三十次官房長官は武器輸出三原則の「我が国としての政策の位置付け」は「平和国家として、我が国の立場から武器輸出によって国際紛争などを助長するということは回避するということ」と明確に規定する（参・内閣委員会　1991.9.5）[72]。武器輸出三原則の「基本的な考え方は、憲法によります国際平和に貢献する、少なくとも国際的な紛争を助長するようなことをしない」ものであり、「これは憲法の精神から出てきている」とする（堤富男通商産業省貿易局長　衆・国際連合平和協力に関する特別委員会　1990.10.29）[73]。さらに、「死の商人のように武器を売らないという考え方が基本にございます」という（堤富男通商産業省貿易局長　衆・国際連合平和協力に関する特別委員会　1990.10.29）[74]。先述の「政策的考慮」として佐藤榮作総理大臣が「いやしくも国際紛争を助長するようなこととならないよう、慎重な配慮が必要である」（衆・本会議　1969.2.12）[75]と述べたこととも符合する。

　武器輸出三原則の目的が国際紛争の助長を回避することにあるということであれば、武器輸出三原則は国際紛争の助長を回避するための手段であると位置付けられる。そして当然ながら国際紛争の助長を回避するための手段は武器輸出三原則だけに限られるわけではない。対米武器技術供与における武器輸出三原則の例外化に当たって政府は、

○　憲法の平和主義の精神というものが武器の輸出なり武器技術の供与というものにかかわりがあることは、これは否定できない（角田禮次郎内閣法制局長官　衆・外務委員会　1983.5.18）[76]

とする。つまり武器輸出や武器技術の提供と国際紛争を助長することが関係する、より直接的には武器輸出などにより国際紛争を助長する可能性があることを認めている。しかし同時に、

○　ただ、憲法の平和主義の精神というのは、言うまでもなく憲法の前文なり憲法の９条にあらわれているところの基本的な理念であるわけでありますが、実際にそれを実現するために、そのときどきの情勢に応じて国際社会なりわが国の平和と安全を維持する、あるいは確保するための方策としてどういう政策を選択する

---

[72]　第121回国会参議院内閣委員会会議録第2号7頁。
[73]　第119回国会衆議院国際連合平和協力に関する特別委員会議録第5号26頁。
[74]　同上。
[75]　前掲注(46)。
[76]　第98回国会衆議院外務委員会議録第9号18頁。

第 4 節 「憲法の精神」

かということは、それは平和主義の精神において選択の幅のある政治的な課題であると思います（角田禮次郎内閣法制局長官　衆・外務委員会　1983.5.18）[77]

つまり「憲法の精神」から導かれ、武器輸出三原則の目的にもなっている国際紛争の助長を回避するための政策は武器輸出三原則に限られないということである。どのような政策を選択するかは「幅のある政治的な課題である」とする。そもそも武器輸出三原則が憲法解釈から導かれたものでない以上、憲法は武器輸出三原則以外に選択できる政策はない、とは言っていない。したがって、武器輸出三原則が「憲法の精神」に則っているとはいえ、一切の例外化が憲法上許されないという結論は導かれない。「憲法の精神」に則っている政策は「幅のある政治的な課題である」からである。対米武器技術供与に当たり武器輸出三原則の例外としたことに対して野間友一議員（共産党）は「政策的な決定あるいは方針に従って、憲法の精神がだんだん浸食されていく、形骸化していくということにならざると得ない」と「政策的な決定」と「憲法の精神」を対立的に捉えている。そして「一体どこに歯止めがあるのか」、「これは際限がなくなっていく」と危惧を示す。そのため対米武器技術供与における武器輸出三原則の例外化を「やはり憲法の精神にもとる、憲法の精神に従って考えた場合には、これは精神に違反しておると言わざるを得ない」と批判する（衆・外務委員会　1983.5.18）[78]。これに対して政府は武器輸出三原則の例外化により、「政策が一部変更されたということは認めますが、それはあくまで憲法の平和主義あるいは平和国家としての基本的な理念の範囲内において一部変更が行われた」（角田禮次郎内閣法制局長官　衆・外務委員会　1983.5.18）[79] と理解する。つまり憲法上許される範囲内での選択だとする。「歯止め」が重要であるからといって全面的な武器輸出（や武器技術の提供）禁止という結論を必ずしも論理的には導けない。本来そうした「歯止め」は立法によるのが法治国家の原則であり、全ての「歯止め」を憲法に求められるほど憲法は詳細な規定を置いていない。武器輸出三原則の場合、憲法で認められた「選択の幅」は条文の規定によるものではなくあくまでも「憲法の精神」に基づくものであるため、その幅は「憲法の精神」に基づく限り許容されるものであり、憲法の条文上の制約はないことになる。憲法で認められた「選択の幅」をより具体的に定め、行政府

---

[77]　第 98 回国会衆議院外務委員会議録第 9 号 18、19 頁。
[78]　第 98 回国会衆議院外務委員会議録第 9 号 20 頁。
[79]　同上。

第2章　武器輸出三原則と憲法

の裁量的な「選択の幅」を制約するものは第一義的には立法であり、武器輸出三原則においては外為法である。

したがって武器輸出三原則に関する政府の政策（変更）は憲法解釈の変更とは全く関係がない。市川雄一議員（公明党）は集団的自衛権に対する政府の解釈を問うて「武器技術の問題についてはいわゆる政府の政策が変更したのだという形で変わりましたね。これも一片の官房長官談話かなんかで政府の集団自衛権（ママ）に関する解釈が変わったのだ、こういう乱暴なことはなさらないと思いますけれども、そのおそれなしとしない」（衆・予算委員会　1983.2.22）[80]と、武器輸出三原則の例外化が集団的自衛権の解釈変更も可能にするのではないかと危惧を表明する。しかしながら、政府は「武器輸出三原則の問題は、これは初めから政策の問題であります。したがいまして、いま申し上げている憲法解釈の問題とは全く別のレベルの問題であると思います」（角田禮次郎内閣法制局長官　衆・予算委員会　1983.2.22）[81]と、武器輸出三原則に関する政府の政策が憲法解釈とは全く別のものであることを明確に答弁している。

多田省吾議員（公明党）は対米武器技術供与を武器輸出三原則の例外としたことに対して、武器輸出三原則に「『よらないこととする』というのは無視するということですか。アメリカが紛争当事国になっても武器技術援助、協力をするということは、明白に武器輸出三原則を無視することになりませんか。さらに、憲法上当然問題があると思います」と武器輸出三原則の例外化は「憲法上当然問題がある」と批判する（参・本会議　1983.1.29）[82]。確かに武器輸出三原則に「よらない」以上、例外化された案件（この場合は対米武器技術供与）においては武器輸出三原則は「無視する」ことになる。しかし、武器輸出三原則に「よらない」「無視する」ことが憲法問題にはならないことは繰り返し述べてきたとおりである。多田議員の質問に対して中曽根康弘総理大臣は対米武器技術供与は「日米安保体制の効果的運用を図り、もってわが国及び極東の平和、安全の維持を確保することに寄与するというものでありまして、憲法の平和主義の精神に反するものでもなく、本件供与に道を開くこととした今回の決定は、憲法に抵触するものとは考えておりません」と、対米武器技術供与が憲法問題であるとの認識を否定する。ただ、付言して「なお、今後とも基本的には武器

---

(80)　第98回国会衆議院予算委員会議録第12号27頁。
(81)　第98回国会衆議院予算委員会議録第12号28頁。
(82)　第98回国会参議院会議録第4号36頁。

第 4 節　「憲法の精神」

輸出三原則、国会決議等を尊重し堅持していく考え方でございます」という（参・本会議　1983.1.29)[83]。例外化措置はあくまで例外とされた限定的な場合に限られるものであり、その他の場合には武器輸出三原則を適用するという政策を示した。中曽根総理大臣の表明した「考え方」は政策であり憲法解釈ではない。

　こうした観点から対米武器技術供与に対する批判を検討してみたい。野田哲議員（社会党）は対米武器技術供与は「日本国憲法の理念である平和国家としての外交路線を放棄するものであり、将来、NATO 方式の兵器の共同開発、共同生産へとエスカレートする懸念が指摘されます」と危惧を表明する（参・本会議　1983.1.29)[84]。政策論としては「平和国家としての外交路線」がいかなるものであり、対米武器技術供与が合致するものであるかという検討の余地は十分にある。政府の整理に従えば「国際紛争等を助長」回避という観点から検討されるべきことであり、対米武器技術供与が「国際紛争等を助長」回避という政策と矛盾するのであれば対米武器技術供与は停止されるべきことになる。同様に「NATO 方式の兵器の共同開発、共同生産」が「国際紛争等を助長」しない政策に反すると論理必然では言えない。いずれにせよ野田議員の指摘は政策論であり「日本国憲法の理念」と言っているものの憲法論ではない。

　より憲法論という姿勢を強く打ち出しているのが竹入義勝議員（公明党）の指摘であり、「いかなる理由にせよ、三原則を形骸化した政府見解は、政府みずからが武器輸出への道を開いたことを意味するものであり、平和に徹する日本の姿勢を崩したその根底にあるものは、平和憲法への重大なる挑戦という以外にありません」（衆・本会議　1983.1.28)[85]と、武器輸出三原則の例外化は「平和憲法への重大なる挑戦」と批判する。武器輸出三原則自身が「武器輸出への道」を閉じていたわけではない上、憲法上「武器輸出への道」を閉じるべきかという論点は別途検討されるべきものである。既述のように憲法は武器輸出を禁止していないというのが政府の見解である。武器輸出を禁止すべきという規範に対しても憲法 9 条は中立的である。

　さらに平林剛議員（社会党）は憲法 9 条の解釈論と武器輸出三原則の例外化をリンクさせる論陣を張る。まず武器輸出三原則の例外化を「日本国憲法の平

---

(83)　第 98 回国会参議院会議録第 4 号 39 頁。
(84)　第 98 回国会参議院会議録第 4 号 52 頁。
(85)　第 98 回国会衆議院会議録第 4 号 56 頁。

105

第2章　武器輸出三原則と憲法

和主義を実質的に支えてまいりました国策を、日米安保条約の効果的な運用ということで、中曽根総理の政治決断をもって、国会の意思も無視して一方的に変更させたものであります」（衆・予算委員会　1983.2.2)[86]と批判する。武器輸出三原則は政府による外為法の運用方針であり本来そこに「国会の意思」はない。「国会の意思」とは立法でありこの場合は外為法に示されたものであるので、外為法を無視しているのであれば法律違反の疑いがあり、「国会の意思を無視して」との批判が妥当しよう。しかし、実は平林議員の言う「国会の意思」とは武器輸出に関する国会決議を指しており、立法であるはずの外為法に対する言及はない。そのため立法により立法府によって示された意思より国会決議を重視するという姿勢自体が問われてもいる（武器輸出に関する国会決議については本章第8節参照）。続けて平林議員は「憲法問題の質疑でも明らかなように、憲法第9条の政府解釈が変質していく中で、この武器輸出三原則の重要な国策がまた一方的に変更されていこうとするのは重大であります」（衆・予算委員会　1983.2.2)[87]と述べるが、憲法9条の解釈（の変質）と武器輸出三原則（の例外化）に因果関係はない。むしろ歴史的には9条の解釈（の変質）と並行して武器輸出三原則が強化されてきたとも言える。最後に「武器輸出三原則の重要な国策がまた一方的に変更」されると言うが、そもそも武器輸出三原則自体が政府が「一方的に」表明したものである。そこに本来「国会の意思」はない。

　「国際紛争等を助長する」おそれが高いので「慎む」こととしている武器輸出であるが、それでは「慎む」ことを武器の全面的な輸出禁止を意味すると解することは可能であろうか。確かにあらゆる武器の輸出が国際紛争を助長すると言えれば、「慎む」ことによって武器の全面的な輸出禁止を意味すると解釈することは可能であろう。しかしながら、既に明らかなように全ての武器輸出が「死の商人のように武器を売」ることにはならない。仮にあらゆる武器の輸出が国際紛争を助長するとすれば日本が輸入している武器も国際紛争を助長していることになる。日本の輸入する武器は他国（多くの場合米国）が輸出する武器である。当該他国が日本に武器を輸出することで「国際紛争等を助長」しているという理屈は論理的にはあり得るが日本政府としては採用しえない。その帰結は非武装か、武器をすべからく国産にすべしと言っていることになるが、

---

[86]　第98回国会衆議院予算委員会議録第2号7頁。
[87]　同上。

第 4 節　「憲法の精神」

このような議論を政府が採用していないことは当然である。もちろんこうした観点から自衛隊の保有する武器が国際紛争を助長していないかと保有の妥当性を検討することは必要であるが、あらゆる武器が国際紛争を助長していると論理必然で言えるものではない。この点につき政府の態度は明確である。佐藤榮作総理大臣は、

○　わが国自体が、平和憲法のもと、これは、平和憲法を守っておりますが、わが国の平和と安全を守るための武器の輸入を行っていることから見ましても、武器の輸出は一切しないということにはなるまいか（衆・本会議　1970.3.10）[88]

と述べ武器輸出の全面的な禁止を否定する。これに対して、同じ理屈から自らが武器を輸入している以上、武器輸出を制限しても説得力がなく、まずは日本が武器輸入を制限すべきだという議論がある。久保亘議員（社会党）は当時日本が主張していた武器輸出の透明化について、「武器の輸出を制限し登録制にしようとか、透明性のあるものにしようとかいうことを言う場合に、これを本当に説得力を持たせるためには武器の輸入をみずから制限して軍縮をやるということがないと、自分の方はどんどん武器の輸入をやりながら輸出について注文をつけると言うことは説得力がない」と指摘する（参・予算委員会　1991.8.23）[89]。輸入を禁止と言わずに「制限」と主張するところがある意味で現実的でもあり、同時に武器輸出禁止を主張するのであれば整合性が問われる部分でもある。久保議員の指摘に対して海部俊樹総理大臣は、「それぞれの国には個別の自衛権もあります。必要な限度の武力というものを持っていなきゃならぬという必要はそれぞれの国にもあるはずです。それぞれの地域でずば抜けたものが地域の安定のためにいけないということでありますから、節度ある武器の移転、節度ある武器の保有というものを機能を高めた国連の場できちっと報告をし、わかるようにしておくということは、平和と安定のために大切なことではないでしょうか」（参・予算委員会　1991.8.23）[90]と述べ、「必要な限度の武力」を保有する必要性を肯定する。そのため武器を生産していない国が武器を輸入することも肯定される。あくまでも問題視されるのは「ずば抜けた」武力を保有し「地域の安定」を損なうことである。これは湾岸戦争後という当時の状況を踏

---

[88]　第 63 回国会衆議院会議録第 8 号 141 頁。
[89]　第 121 回国会参議院予算委員会会議録第 1 号 21 頁。
[90]　同上。

第2章　武器輸出三原則と憲法

まえた答弁となっている（武器輸出の国際政治や国際法上の位置付けについては第5章第1節参照）。日本が武器を輸入することについて政府は「もしこれを日本の安全のために自国の生産で補うとすればもっとコストの高いものになってくる、こういう論理がございまして、我々は必要最低限の自衛のための兵器を装備する、こういうことで専守防衛に徹している」と考えている（中山太郎外務大臣　参・予算委員会　1991.4.10）[91]。自国の安全に必要なものをコスト面からだけでなく、技術的に自国で生産できなければ輸入することは当然の選択であり、こうした論理が日本以外の国に対しても当てはまることになる。以下では日本が武器を輸入する理由について行われた議論を紹介するが、これらも日本について当てはまる理屈は日本以外の国についても当てはまることになる。川島實議員（社会党）は、「我が国はみずから平和憲法にのっとって武器の輸出もしない輸入もしない、こういう立場をとれないんでございますか」（衆・外務委員会　1991.3.15）[92]と直截に質問する。そもそも武器の輸出が憲法問題でないことは既述のとおりであり、答弁は武器輸入の必要性について次のように答弁する。

○　装備品の効率的な調達という角度から具体的に配慮すべきことといたしましては、我が国における運用構想への適合性があるかどうか、あるいはまたその後の維持補給という観点からどうか、あるいはまた取得が確実に行われるかどうか、あるいは技術的なリスクといったような諸点を勘案して、最適な形態を選択しているということでございますので、今後もそういう観点から、適している場合には輸入という形をとることが装備の効率的な取得という観点から重要ではないかと考えておる（関收防衛庁装備局長　衆・外務委員会　1991.3.15）[93]

武器の保有が許される以上、保有できる武器を輸入することが憲法問題だということにはならない。まさに「効率的な取得という観点」から選択に幅があることになる。

　日本も武器を輸入しており、全ての武器輸出が「国際紛争等を助長する」ものとは言えず、政府もそのようには考えていない。武器輸出三原則でも「国際紛争等を助長」しない武器輸出というものが想定されているということが前提となっており、武器輸出三原則の例外化や「慎む」に当たらない輸出が認めら

---

[91]　第120回国会参議院予算委員会会議録第18号11頁。
[92]　第120回国会衆議院外務委員会議録第8号12頁。
[93]　同上。

第 4 節　「憲法の精神」

れる論理を武器輸出三原則自体が内包していることになる。例えば、ソマリア沖海賊対処のために自衛隊を派遣する際に武器輸出三原則の例外化措置がとられたが、その際の官房長官談話で例外化しても「国際紛争等を助長することを回避するという武器輸出三原則等のよってたつ平和国家としての基本理念は確保される」とする（巻末資料8）[94]。武器輸出三原則に「よらない」（例外）場合でも武器輸出三原則の基本理念（国際紛争等の助長防止）を果たすことができると判断していることに他ならない。さらに対人地雷除去機材における議論を踏まえれば武器輸出三原則に「よらない」方が「国際紛争等を助長することを防止」できる場合も考えられるのである（第1章第2節(5)③参照）。

　以上の議論をまとめると憲法に武器輸出禁止規範はなく、武器輸出三原則も武器の全面的な輸出禁止を定めたものではない。したがって、武器の輸出を禁止していない以上、武器輸出三原則を「武器禁輸（三）原則」ということは二重に間違いを犯すことになる。第一に武器輸出三原則は武器輸出を禁止していないので「武器禁輸原則」ではない。第二に「原則」は輸出許可に当たっての考慮事項なので「禁輸」であれば原則は一つで済むはずである。「武器禁輸三原則」と言ってしまうと反対に三原則に当たる場合だけが輸出が禁止されるという意味にもなりかねない。それはこうした表現を使う者の意図に反して武器輸出三原則の範囲を非常に狭く解釈することにもなる。

　検討されるべきは「国際紛争等を助長する」武器輸出とはどのようなものかである。全ての武器輸出が「国際紛争等を助長する」と解することも論理的には可能であるが、その証明は憲法論ではなく国際政治の論点である。そうした証明をすることなく武器輸出が「国際紛争等を助長する」ことを自明のこととして、だから武器輸出は許されないと議論を進めることは武器輸出三原則の目的と手段が転倒している。さらに「国際紛争等を助長する」輸出は武器に限定されるわけではない。輸出に限られるものでもない。どのような行為が「国際紛争等を助長する」ものなのかという「選択の幅のある政治的な課題」を検討する一環として武器輸出管理や武器輸出三原則は位置付けられるものなのである。

---

[94]　ソマリア沖・アデン湾における自衛隊法第82条に基づく海上における警備行動等及び「海賊行為の処罰及び海賊行為への対処に関する法律案」に基づく海賊対処行動等と武器輸出三原則等との関係についての内閣官房長官談話、2009.3.13、(http://www.kantei.go.jp/jp/tyokan/aso/2009/0313danwa.html)（最終訪問日：2010年12月13日）。

(2) 「憲法の精神」の際限ない広がり——「憲法精神主義」

　これまで検討してきたように憲法9条や前文は武器輸出や武器の生産については中立的である。あくまでも「憲法の精神」が要求していることは武器輸出によって「国際紛争等を助長する」ことを防止することであり、それ以上のことではない。しかもそれは政策論であり憲法論ではない。だからこそ「憲法の精神」が要求する政策には「選択の幅」があるというものであった。しかしながら、政策論を憲法論であるかのように装う「憲法の精神」論は繰り返し国会で取り上げられている。

　新村勝雄議員（社会党）は「我が国は言うまでもなく平和国家でありまして、兵器の開発研究等については原則として積極的にやるべきではないというのが国是だと思います」（衆・決算委員会　1986.5.16）[95]と指摘する。「平和国家」であることがなぜ兵器の研究開発をやるべきではないという国是を導くのか定かではないが、これに対して政府は「我が国を他国からの侵略から守り切るためには、それなりに世界の技術水準あるいは軍事的な技術水準というものに十分対応し得る有効な防衛力を持つということは、これまた非常に必要なことであろうというように考えております。もちろん、我が国が開発したり生産したりした武器を外国に輸出するというようなことは、別途武器輸出三原則等によってまた厳しく規制されているところではありますが、我が国自身が装備すべき装備品につきましては、やはり侵略に十分耐え得る優秀なものを持つということが必要」（西廣整輝防衛庁防衛局長　衆・決算委員会　1986.5.16）[96]であると答弁している。武器の保有が憲法上認められる以上、その武器の研究開発が妨げられるという理屈を説明することは難しい。同様に八木昇議員（社会党）は他国に侵略的な脅威を与えるような戦力や武器を保持しないのであれば、「そのような戦力あるいは武器についての技術研究も行わないということだと理解しておる」（衆・科学技術委員会　1986.4.15）[97]と質問するが、政府は

○　平和憲法のもと、専守防衛あるいは非核三原則、そういったものに基づいて防衛政策をやっておるわけでございますので、そのものでの技術研究も当然この基本政策のもので行っている（山田勝久防衛庁装備局長　衆・科学技術委員会　1986.4.15）[98]

---

[95]　第104回国会衆議院決算委員会議録第8号6頁。
[96]　同上。
[97]　第104回国会衆議院科学技術委員会議録第8号4頁。
[98]　同上。

第4節 「憲法の精神」

と答弁する。武器の研究開発をすることは必ずしもその武器を使うことだけでなく、その武器から防御するための研究開発という側面がある。例えば化学兵器禁止条約でサリンの保有は限られた場合にしか認められていない。しかし1995年に起きた地下鉄サリン事件では自衛隊がいなければサリンの除染を行うことは不可能だった。しかし自衛隊が除染できたのは事件の以前からサリンを使ってサリンの除染訓練を行っていたからであり、自衛隊がサリンを保有していなければ除染技術は向上しなかった。こうした除染技術もサリンを保有していることによって維持されてきたのである。

　防衛産業の育成に関する次の質疑も憲法上は不可解である。阿部助哉議員（社会党）は「政府は兵器産業の育成を図るおつもりなのかどうか。政府金融機関の融資や租税特別措置による公的援助は行うべきでない、と考えます。武器輸出の禁止とともに憲法の立場から見て当然であります」（傍点筆者）（衆・予算委員会　1981.2.14)[99]と主張する。武器輸出の禁止とともに防衛産業の育成に対する政府金融機関の融資などは政策論であり憲法論ではない。しかしながら、田中六助通商産業大臣は「阿部先生の御意見のとおりに、そう思います」（衆・予算委員会　1981.2.14)[100]と答弁している。この答弁は後述する防衛産業に対する政府の態度からは著しく乖離している答弁であり、とても一般化できるものではないが、こうした「憲法精神主義」が政府又は与党の側でもある程度共有されていた時期がある可能性を示している（第4章第3節(5)参照）。さらに、寺前巌議員（共産党）は「この憲法の精神に照らすならば、日本の国から諸外国に対して、そこの武器をもってその国を強化してやったり、あるいはそこの軍需工場を保証してやったり、あるいは投資という形で、あるいは技術の協力という形でもって、あるいは港湾をつくるという問題をめぐったりして、要するに日本国憲法の精神に照らすとするならば、武器の解釈は、軍用そのものを強化するということをやってはならないという方向で提起していくべき性格なんではないだろうか」（傍点筆者）（衆・予算委員会公聴会　1981.2.13)[101]と指摘する。外国の防衛力向上に寄与することが一律に憲法に違反するとまで主張する。こうした議論は憲法の「域外適用」と「憲法精神主義」の近似性も示している（その政治的含意については第5章第2節(6)参照）。シナイ半島多国籍監視団

---

[99]　第94回国会衆議院予算委員会議録第8号37頁。
[100]　同上。
[101]　第94回国会衆議院予算委員会公聴会議録第2号15頁。

111

(MFO)に対する資金拠出が憲法上問題ではないかと言う議論もこの文脈の延長線で捉えることができる。この際の議論では武器輸出と資金拠出が関連付けられて立論されている点が興味深い。立木洋議員（共産党）は「武器輸出の問題に関連しては、これは憲法の精神にのっとって国際紛争は武力を持って解決しないという精神で、日本から輸出された武器が国際紛争で使われるということになれば、これは間接的なものにもなると思いますので、武器というものの輸出ということに対しましては非常に慎重でなければならない」（傍点筆者）（参・外務委員会　1987.8.27）[102]と指摘する。この発言における「精神」の使用頻度は注目に値する。つまり憲法の「精神」に則り日本の武器輸出によって国際紛争を助長しないことが重要であるという点は立木議員の指摘通りである。だからこそ「非常に慎重でなければならない」点も武器輸出三原則の解釈としては正しい（「非常に慎重」であることは必ずしも禁止を意味しないことは既述のとおりである）。ここから議論が資金拠出に派生していく。立木議員は続けて「武力によって、力によって問題を押さえ込んで解決するというふうな方向に日本が手を貸すということになってはならないというのが、これは私たちの憲法の精神に対する立場ですから、少なくとも今回のそうしたシナイ半島の多国籍軍に対する財政的な援助ということは行うべきではない」（傍点筆者）（参・外務委員会　1987.8.27）[103]と主張を展開する。立木議員はあくまでも「行うべきではない」と政策論を展開しているに過ぎず憲法論は展開していない。政策論を「憲法の精神」で修飾しているのである。したがって、立木議員の指摘は資金拠出が憲法問題ではないことを逆に裏打ちしているのである。同様に湾岸戦争時に日本が資金拠出をしたことが憲法9条に違反するのではないかという指摘もこうした主張の延長線上にあると言えよう。これに対して政府はたとえ拠出した資金が全額多国籍軍の武器に使われたとしても「憲法9条それ自身に違反するということではない」とする（工藤敦夫内閣法制局長官　参・予算委員会　1991.3.5）[104]。そもそも湾岸戦争への資金拠出は「湾岸の平和と安定の回復のために、国連の安保理の諸決議に従って、活動しております各国を支援する目的で行われるもの、かように承知しております。まさに憲法の掲げる平和主義、国際協調主義の理念に合致こそすれ反するものではない」（工藤敦夫内閣

---

[102]　第109回国会参議院外務委員会会議録第3号21頁。
[103]　同上。
[104]　第120回国会参議院予算委員会会議録第7号16頁。

第4節 「憲法の精神」

法制局長官　参・予算委員会　1991.3.5)[105]と整理する。例えば資金拠出は「湾岸の平和と安定の回復」には役に立たないといった立論で政府の見解を否定する立場をとることは論理的に可能であり、そこに政策論を戦わせる余地は十分にある。しかしそれはあくまでも政策論であり憲法論ではない。憲法9条との関係では「憲法9条で規定しております武力の行使、これはこれまでもたびたび申し上げているところでございますが、国家による実力の行使に係る概念であるということでございまして、我が国が単に経費を支出するということはそのような実力の行使には該当いたしませんので、そういう意味で憲法9条に抵触することはない」(工藤敦夫内閣法制局長官　参・予算委員会　1991.3.5)[106]という見解を示す。資金拠出が武力の行使に当たるというのであれば、国連平和維持活動（PKO）などで武器を使用することが常態となっている国連への分担金の負担も武力の行使に当たりかねない。

このように憲法の「立場」や「精神」を強調するということは憲法の条文上の根拠はないと言っていることと同義である。したがって憲法論ではなく政策論であることを示している。憲法精神主義とは政策論を憲法論であるかのように装う手法であり、「憲法の精神」の強調はその問題が憲法論ではないことを裏打ちしているのである。

武器輸出三原則とは政府が表明している外為法の運用方針であり、憲法や外為法の枠内という制約を前提に政府が第1章で検討したような位置付けで運用している。もちろんこうした位置付け自体を問題視することは可能であり、憲法上の位置付けを見直したり、政策上の位置付けを見直したりすることは大いに議論されるべきであるが、現在の政府の憲法や外為法に対する理解や解釈がどのようなものであるのかを前提とした上で、それらのどの点に問題があるのかを明確にしないまま、政府の方針とはおよそ異なる位置付けを武器輸出三原則に与え、そうした位置付けを前提に武器輸出三原則の擁護や見直しを論ずることは武器輸出三原則の議論ではない。政府の方針とは異なる位置付けは武器輸出三原則ではない独自の武器輸出管理政策の主張であり、こうした独自の見解を「武器輸出三原則」と称してその逸脱や擁護を展開することは武器輸出三原則の議論ではない。それら独自の武器輸出管理政策はまず憲法や外為法との関係を整理する必要があり、そうした見解が現在の政府の政策である武器輸出

---

[105]　同上。
[106]　同上。

三原則と比較してどの程度妥当なのかが議論されなければならない。したがって巷間議論されている「武器輸出三原則」は果たして本当に武器輸出三原則のことを議論しているのかがまず問われなければならない。

◆ 第5節　輸出行為の憲法上の位置付け ◆

　武器輸出三原則は憲法に明文上の根拠はないと述べた。したがって基本的には政策論である。武器輸出三原則が尊重すべき「憲法及び外為法の精神」とは「国際紛争等を助長することを回避する」ことであるが、憲法と武器輸出三原則の関係はこれに尽きるものではない。武器輸出に関する憲法上の判断が示された例はこれまでのところないが、輸出管理と憲法との関係については判例もある。その際争点となったのは憲法9条ではなく経済活動の自由との関係であった。武器輸出をはじめとする輸出管理は輸出者の側から見れば経済的自由を制約するものであり、その観点から憲法との関係を整理しなければならない。

　(1)　判例の立場——営業の自由・輸出の自由と日工展判決

　①　営業の自由　　はじめに輸出行為と憲法との関係を整理したい。憲法上、武器輸出が禁止されていない以上、輸出行為一般に適用されるであろう憲法の原理は武器輸出にも適用されることになる。

　まず国民の経済活動一般について営業の自由が認められていると解されている。営業の自由が憲法22条で保障されている職業選択の自由に含まれているとした最高裁判決では次のように判示する。「憲法22条1項は、国民の基本的人権の一つとして、職業選択の自由を保障しており、そこで職業選択の自由を保障するというなかには、広く一般に、いわゆる営業の自由を保障する趣旨を包含しているものと解すべきであり、ひいては、憲法が、個人の自由な経済活動を基調とする経済体制を一応予定している」（最高裁昭和47年11月22日大法廷判決）[107]。

　武器輸出活動に従事することが一律に営業の自由の対象外になるとは言えない。これは「死の商人」といった武器輸出に関する否定的な見解や社会的な嫌悪とは区別しておく必要がある。武器の製造は法律の下で許可制が採られている。同様に武器輸出も外為法のもとで許可制が採られている。こうした許可制

---

(107)　昭和45年（あ）第23号小売商業調整特別措置法違反被告事件（刑集26巻9号586頁、判時687号23頁）。

は職業選択の自由や営業の自由を制約するものであるため、憲法上その妥当性が検証されなければならないのである。

こうした職業選択の自由、営業の自由と許可制との関係につき、判例は許可制などの規制は「規制の目的、必要性、内容、これによって制限される職業の自由の性質、内容及び制限の程度を検討し、これらを比較考量したうえで慎重に決定されなければならない」とした上で、「一般に許可制は単なる職業活動の内容及び態様に対する規制を超えて、狭義における職業選択の自由そのものに制約を課するもので、職業の自由に対する強力な制限であるから、その合憲性を肯定するためには、原則として重要な公共の利益のために必要かつ合理的な措置であることを要」する（最高裁昭和50年4月30日大法廷判決）[108]。以上が経済活動一般と許可制との関係である。したがって、外為法の許可制度とこうした基準との関係を明らかにしておく必要がある。

② **輸出の自由——日工展判決**　外為法上の許可制度そのものが争われた事件がある。これは1969年北京・上海日本工業展覧会（以下、日工展という。）が展覧会出品のために外為法第48条に基づき通商産業大臣に輸出承認を申請したところ通商産業大臣は輸出不承認処分を課した。これを不服として日工展は外為法に基づく輸出不承認処分の違法性を主張し、国家賠償を請求した。本事案の東京地裁判決（東京地方裁判所昭和44年7月8日判決）（以下、日工展判決という。）で当時の対共産圏諸国向け輸出規制の国際的な枠組みであったココムに基づき安全保障を理由として外為法上輸出承認が必要とした規制、その規制に基づき共産圏向けに輸出承認申請をしたところ輸出貿易管理令に基づき輸出不承認処分を課したことを違法と判示した[109]。外為法は後述するように1987年に改正され承認制から許可制に移行した。このため日工展判決を現在の規制に置き換えると安全保障を理由とする外為法第48条の許可制度（不許可処分）が違法と認定されたことになる。日工展判決は営業の自由の一環として輸出の自由を憲法上の権利と認めたものである。

具体的な判示の内容についてみていきたい。まず、「ココムの申合せ自体はココム統制物資の輸出制限をする法的根拠とはなしえず、国民に対しココム統制物資の輸出制限をなしうるためには、ココムの申合せの趣旨、目的に沿った

---

(108) 昭和43年（行ツ）第120号行政処分取消請求事件（民集29巻4号572頁、判時777号8頁）、安念潤司「国家 vs 市場」『ジュリスト』No.1334、2007.5.1-15、85頁。

(109) 昭和44年（行ウ）第30号輸出申請不承認処分取消等請求訴訟事件。

国内法が既に存在するか、新たな立法措置を要するといわなければならない」という。現在の国際的な輸出管理の枠組み（国際輸出管理レジーム）同様、ココムは条約ではなくあくまでも紳士協定であり、判決はこうした紳士協定自体を規制の直接の根拠とすることを否定した。もちろん紳士協定に沿った国内法が存在すれば規制は可能であると判示しており、ココムそのものの効力や枠組みを否定しているわけではない。

この点「ココム」を「武器輸出三原則」に置き換えて考えてみたい。すると「武器輸出三原則」の表明自体は武器の輸出制限をする法的根拠とはなしえず、国民に対し武器の輸出制限をなしうるためには、武器輸出三原則の趣旨、目的に沿った国内法が既に存在するか、新たな立法措置を要する、となる。つまり外為法が「武器輸出三原則の趣旨、目的に沿った」ものであるかの検証が必要になる。換言すれば外為法の「趣旨、目的」に沿う限りにおいて武器輸出三原則も有効なのである。法の解釈はあくまでも法の枠内でということであるが、外為法の運用方針である武器輸出三原則の位置付けからも当然の帰結であると言える。

次に判決は「わが国のココム参加は経済的考慮によるものであるということができるが、しかし、そうであっても、ココムおよびその申し合わせの趣旨、目的が本来前示のような国際政治的なものであることは否定されない」と判示する。ここでいう経済的考慮とは米国をはじめとする西側諸国との経済関係の維持、強化のことであり、武器輸出三原則にこうした経済的考慮がないことは言うまでもない。続けて判決は「外為法47条は『輸出は同法の目的に合致する限り、最少限度の制限の下に、許容されるものである』と規定し輸出自由の原則を宣言しているが、同条は、単なる輸出自由という政策目標を掲げたものではなく、憲法22条1項の規定により基本的人権として国民に保障されている営業の自由の内容としての輸出の自由という国民の権利とその公共の福祉による制限を具体的に規定したものというべきである」と、輸出の自由が憲法上の権利であることを明確にする。そしてその輸出の自由について「輸出の自由は、国民の基本的人権であって、立法その他の国政の上で、最大の尊重を必要とするから、その制限は、最少限度のものでなければならず、このことは、単に立法においてだけではなく、上記法令の解釈、適用においても遵守されなければならない」と判示した。つまり、外為法において輸出の自由の制限が最少限度であることが求められるだけでなく、「上記法令の解釈、適用においても

遵守されなければならない」という。「上記法令の解釈、適用」とは外為法の運用方針である武器輸出三原則にまさに当てはまることである。

　さらに、判決は「行政庁に裁量の余地を与えるとはいっても、法治国における行政の基本原理である『法律による行政の原理』を否定し得ないことはいうまでもない」と指摘する。武器輸出三原則に則して言えば、外為法で許容しうる範囲内においてのみ武器輸出三原則は有効だということになる。本件では輸出貿易管理令に基づく輸出不承認処分が「共産圏諸国の『封じ込め』政策の一環としてそれら諸国の潜在的戦力をスロー・ダウンさせることを直接の趣旨、目的とするココムの申合せを遵守するためという国際政治的理由によるものである」と判示し、そうした処分は輸出貿易管理令の「裁量権の範囲を逸脱し、違法である」とした。

　日工展判決は当時のココムに基づく輸出管理の違法性が認定され、「この判断は妥当であるとして広く学説の支持を得た」[110]という。当時のココム批判の議論はココムが消滅した現在ではあまり意味がない議論とも思えるが、「ココム」を「武器輸出三原則」に置き換えると武器輸出三原則にも全く同じ批判が妥当する。そもそも輸出の自由を否定するのであれば論点として必ずしも検討する必要はないが、日工展判決を支持し、輸出の自由を認める立場であればココムに基づく規制よりもさらに厳しい規制、原則として輸出を許可しないという武器輸出三原則の運用を正当化するためには、武器輸出三原則についてもココム批判と同様の視点での再検討が必要である。憲法から直接武器輸出管理が正当化されるものではない以上、「国際紛争等を助長することを回避する」ことが目的の武器輸出管理もまた当時のココム規制同様に「国際的な平和及び安全の維持を妨げることとなる」取引や輸出として政策的に規制されているものである。したがって、武器輸出管理はいかなる理由で規制が正当化され、武器輸出三原則は経済活動の自由との関係でどのように正当化されるのであろうか。同判決に基づけば具体的には、①外為法の趣旨、目的と武器輸出三原則の整合性、②輸出の自由と武器輸出三原則の整合性、③武器輸出三原則の運用と行政庁の裁量の範囲、について検討する必要があろう。当時、ココムやココムに基づく輸出管理を批判し他方で武器輸出禁止を主張する論者は重複している場合もあるが、両者の整合性について検討した形跡はない。以下、輸出の自由をめ

---
[110]　青井未帆「武器輸出三原則を考える」93頁。

ぐる議論を中心に振り返ることにより、日工展判決を支持しココムを批判する議論が武器輸出三原則にどのような影響を与え得るのかを考察してみたい。

(2) 政府の立場

まず日工展判決に対して政府はどのように考えていたのであろうか。まず輸出の自由に関しては憲法22条で明らかにされている営業の自由に包摂されるものと解しており、日工展判決と同様の立場を示している。

○ 憲法第22条の職業選択の自由は、営業の一環として行われる輸出等の自由をも包摂する概念ではあります（中曽根康弘総理大臣　参・本会議　1987.8.28）[111]

ただ同時に西側諸国との経済関係の維持、強化のためにココムに参加しているもので、そうした趣旨による規制として外為法による規制が可能であると主張していた。中曽根総理大臣は上記の答弁に続けて、

○ しかし、国際的な平和及び安全の維持を妨げると認められる輸出等として許可の対象となる取引は、わが国の対外取引の正常な発展及び我が国経済の健全な発展を阻害するおそれのあるものであり、かかる取引について規制することは、憲法第22条に違反するものではない（中曽根康弘総理大臣　参・本会議　1987.8.28）[112]

という認識を示した。より具体的にはココムによる規制も「経済的な理由による規制」であると政府は主張する。政府は「ココム参加国と我が国との貿易というのは我が国の貿易の過半を占めておりまして、それで例えば我が国だけがココムの申し合わせに反して共産圏に抜け駆け的な輸出をいたしたといたしますと、これら過半を占める国々から経済的な圧迫を受けるということで、したがいまして我が国の貿易あるいは我が国経済の発展のためにもココムの申し合わせを遵守していくことが必要であります」（畠山襄通商産業省貿易局長　衆・商工委員会　1987.8.25）[113]という。しかしながら、日工展判決後、形式的には敗訴であった原告は控訴しなかったため、国は控訴審でさらに主張を争うことができなかった（畠山襄通商産業省貿易局長　衆・商工委員会　1987.8.25）[114]。

(3) 1987年外為法改正

① **国会における議論**　現在では外為法は改正され、法目的には「対外取

---

(111) 第109回国会参議院会議録第8号167頁。
(112) 同上。
(113) 第109回国会衆議院商工委員会議録第4号12頁。
(114) 同上。

引が自由に行われることを基本とし、対外取引に対し必要最低限の管理又は調整を行うことにより、対外取引の正常な発展並びに我が国又は国際社会の平和及び安全の維持を期し、もって国際収支の均衡及び通貨の安定を図るとともに我が国経済の健全な発展に寄与することを目的とする」（第1条）と規定され、安全保障目的の規制が可能であることが明らかになっている。役務取引（第25条）、貨物の輸出（第48条）のいずれにも「国際的な平和及び安全の維持を妨げることとなる」取引や輸出は、経済産業大臣の許可が必要とされると規定されており、日工展判決が言う「国際政治的なもの」に対する法規制を外為法によって実施することが明示的に可能となっている。このうち外為法第48条の改正が行われた1987年にはココム規制の妥当性につき様々な議論が展開された。

まず1987年の改正につき簡単に紹介したい。1987年の改正は当時大きな政治的問題となっていた旧ソ連向けの工作機械不正輸出事件を受け、輸出管理の強化を図ったものである。具体的には外為法第48条を改正し、従来から輸出承認を受ける義務を課していたもののうち、特に国際的な平和及び安全の維持を妨げることとなると認められる輸出だけを特に取り出して、第1項を新設し、第48条第1項違反の罰則をそれまでの懲役3年以下から懲役5年以下に強化したものである。したがって、政府によれば後述のとおり目的はあくまでも罰則強化のために他の貨物と区別することにあった。そのため、法改正により許可を受ける貨物の範囲が広がったわけではない。許可対象となるものの範囲は外為法の改正前後で変化はない[115]。具体的には改正前の外為法第48条第1項のうち、「国際的な平和及び安全の維持を妨げることとなると認められるもの」を改正後第48条第1項に取り出しており、その他の貨物は改正後の第3項で規制されることになった。

---

[115] 通商産業省貿易局編『改正外国為替及び外国貿易管理法の解説』、商事法務研究会、1988、9～12頁。

第 2 章　武器輸出三原則と憲法

◆ 1987 年改正外為法（抄）

1987 年改正後	改正前
第 48 条　国際的な平和及び安全の維持を妨げることとなると認められるものとして政令で定める特定の地域を仕向地とする特定の種類の貨物の輸出をしようとする者は、政令で定めるところにより、通商産業大臣の許可を受けなければならない。 2　通商産業大臣は、前項の規定の確実な実施を図るため必要があると認めるときは、同項の特定の種類の貨物を同項の特定の地域以外の地域を仕向地として輸出しようとする者に対し、政令で定めるところにより、許可を受ける義務を課することができる。 3　通商産業大臣は、前 2 項に定める場合のほか、特定の種類の若しくは特定の地域を仕向地とする貨物を輸出しようとする者又は特定の取引若しくは支払の方法により貨物を輸出しようとする者に対し、国際収支の均衡の維持並びに外国貿易及び国民経済の健全な発展に必要な範囲内で、政令で定めるところにより、承認を受ける義務を課することができる。	第 48 条　特定の種類の若しくは特定の地域を仕向地とする貨物を輸出しようとする者又は特定の取引若しくは支払の方法により貨物を輸出しようとする者は、政令で定めるところにより、通商産業大臣の承認を受ける義務を課せられることがある。 2　前項の政令による制限は、国際収支の均衡の維持並びに外国貿易及び国民経済の健全な発展に必要な範囲を超えてはならない。

　以上の事実関係を踏まえた上で、本改正をめぐる議論を振り返ってみよう。はじめに、改正後外為法第 48 条第 1 項で規制される貨物はココムによって規制されていた貨物だけではない。田村元通商産業大臣が答弁しているように武器や原子力関係の資機材も含まれている（衆・商工委員会　1987.8.25）[116]。武器が「国際的な平和及び安全の維持を妨げることとなると認められるもの」として改正後の第 1 項に含まれることは後述する。したがって、改正後の第 1 項に対する議論は当時のココムで規制されていた貨物だけでなく、武器に対してもそのまま当てはまることを踏まえた上で当時の議論を振り返ってみよう。

　まず外為法そのものの性格について、緒方克陽議員（社会党）は「外為法というのは外国との自由な取引が行われることを基本とした経済法」であり、本改正により「非常に性格が変わるであろう」という（衆・商工委員会　1987.8.25）[117]。

---

[116]　第 109 回国会衆議院商工委員会議録第 4 号 39 頁。

第 5 節　輸出行為の憲法上の位置付け

これに対して政府は「外為法の基本的な性格あるいは自由貿易の原則というようなものを変更するものではない」（大出峻郎内閣法制局第四部長　衆・商工委員会　1987.8.25)[118]とする。1987 年の改正では第 48 条以外にも様々な改正点があったが、外為法の目的に変更は加えられなかった。許可対象となる範囲が広がるものでもなく、政府の説明に従えば罰則強化が狙いであったため法の「性格が変わる」とは言えない。奥野一雄議員（社会党）は外為法第 48 条第 1 項を批判して、外為法第 1 条の目的では貿易が原則自由とされているにもかかわらず、「例外の方の規制というのですか、こっちの方に何か非常に大きな力を入れている」と批判する（衆・商工委員会　1987.8.21)[119]。目的を変更しなかった点については既述のとおりであり、ココム規制や武器は既に許可対象であり法改正によって罰則が強化されるということだけであることから、政府は「今回この平和・安全維持関連の条項が入りましたのは、一にかかってそれにかかわる罰則を特段に強化いたしたいというだけの意図」で従来からの規制対象を特に取り出しただけであることから目的の変更は必要ないと説明する（畠山襄通商産業省貿易局長　衆・商工委員会　1987.8.21)[120]。なお奥野議員の批判はそのまま武器輸出三原則に対して当てはまる。武器輸出三原則は法改正すらなく外為法の原則自由に対する重大な例外を設けているのであり、「例外の方の規制というのですか、こっちの方に何か非常に大きな力を入れている」ことになる。工藤晃議員（共産党）は「法律で新しい用語を入れて何か国民の権利を縛っていく」（衆・商工委員会　1987.8.21)[121]と改正を批判するが、武器輸出三原則では法律上は何の用語の変更もないまま、「国民の権利を縛っていく」ことになっており、より厳しい批判が妥当しよう。少なくとも武器であれ輸出を規制している以上「国民の権利を縛って」いることに他ならない。工藤議員は続けて「国民が国際平和を妨げたりすることはないのですよ。これは政府の行為なのです。政府の行為としてそういう戦争を起こして国民に惨禍を与えるようなことを防ぐようにするというのが憲法の精神」（衆・商工委員会　1987.8.21)[122]であると主張を展開する。再び「憲法の精神」論であるが、同議

---

(117)　第 109 回国会衆議院商工委員会議録第 4 号 2 頁。
(118)　同上。
(119)　第 109 回国会衆議院商工委員会議録第 3 号 4 頁。
(120)　第 109 回国会衆議院商工委員会議録第 3 号 4、7 頁。
(121)　第 109 回国会衆議院商工委員会議録第 3 号 40 頁。
(122)　同上。

第 2 章　武器輸出三原則と憲法

員の「憲法の精神」論に従うと、武器輸出三原則も規制対象は「政府の行為」だけであり、民間企業や大学までが規制の対象となることは許されないことになる。（大学の研究や学問の自由との関係は本章第 6 節(2)参照。）このように法改正の形式を論難することは同時に武器輸出三原則の存立基盤を脅かす要素をはらんでいる。工藤議員の立論は先述の山内敏弘氏の立論とは対照的である。すなわちあくまでも規制される対象は「政府の行為」だと主張している。これに対して山内敏弘氏は「日本国民も戦力を保持しない」として日本国民自身が規制対象となることに肯定的であった（本章第 1 節(3)参照）。いくら結論が同じであっても論理構成が違えば他の分野への波及が全く異なることになる。このように武器輸出三原則そのものに肯定的であったとしてもその立論は全く異なることがあり、それぞれにどのような立場をとることによって武器輸出管理や武器輸出禁止を肯定しているかについて検討する意義は大きい。

次に外為法で「特定の地域」を対象にした輸出に許可が必要となる点について、奥野一雄議員（社会党）は「我が国の憲法の前文、これは端的に言って特定の国を差別してよろしい、こういう解釈が成り立つかどうか」（衆・商工委員会　1987.8.21）[123]と質問する。これに対して政府は「一般的に、例えばある国と通商航海条約を結ぶといいます場合に最恵国待遇を与えるというようなことがございます。それで与えるまでに至っていないということもございます。その二つが差別というのかどうか」と疑問を呈した上で、「国と国との関係にはおのずから濃淡というものがあるということは事実でございまして、そういう濃淡があることまでこの憲法前文が禁止しているというふうには、私どもとしては考えておりません」（畠山襄通商産業省貿易局長　衆・商工委員会　1987.8.21）[124]という。奥野議員の意図としてはココムによる規制が旧共産圏を対象としたものであることに疑問を呈したものであろう。他方でもし奥野議員の主張通りだとすれば武器輸出三原則は全ての国を対象としているので、憲法前文とも齟齬をきたさず「差別してよろしい」という整理になるのであろうか。輸出の自由を前提とするのであれば、本来議論されるべきはいかなる国向けに輸出する場合であっても許可を要することが妥当かという議論であるはずであり、全ての国を等しく「差別してよろしい」という議論は成り立たない。また、政府が答弁するとおり「国と国との関係にはおのずから濃淡というものがある」もので

---

(123)　第 109 回国会衆議院商工委員会議録第 3 号 2 頁。
(124)　同上。

あり、もし一切の「濃淡」が許されないのであれば自由貿易協定も認められないし、国連安全保障理事会の決議による経済制裁も実行できないことになる。経済制裁はまさに「特定の国を差別」することに他ならない。例えば武器輸出三原則の要素の一つである国連武器禁輸国向けの輸出も「差別」してはならないことになる。奥野議員は続けて「国によって濃淡がある、そのことまで禁止してはいないだろうといわれる意味は、私はある程度わかります」と理解を示すが、一方で西側の一員という日本の位置付けについて「政治の部分では仮にそうであっても、経済の部分ではいわゆる政経分離というような形の中で今日まで自由貿易活動というものをやってきたのではないだろうか」と指摘し、経済活動は西側や共産圏といった区別をせずに自由貿易でやるべきではないかと指摘する（衆・商工委員会　1987.8.21）[125]。ココムの規制が自由貿易に反するのではないかという指摘であるが、武器輸出はどうなのであろうか。政府はココムによる規制は「西側諸国との貿易関係を維持発展させていく上で不可欠だということで実施をしているわけでございまして、特定国を敵視というようなことではございません」（畠山襄通商産業省貿易局長　衆・商工委員会　1987.8.21）[126]と答弁する。ココムについてのこうした政府の整理は既述のとおりである。それでは武器輸出三原則は「特定国を敵視」していないのか、「西側諸国との貿易関係を維持発展させていく上で不可欠」なのか。すべての国を「敵視」しているからよいという理屈であれば憲法前文の「公正と信義に信頼し」ないことにならないのだろうか。武器輸出に関する規制が憲法の直接規定したものでない以上、武器輸出三原則は自由貿易の対象ではないと当然には言えない。武器輸出を考えれば奥野議員の指摘する「政経分離」がいかに虚構であるかが明確になる。武器輸出こそ政治案件でも経済案件でもある両者の側面がある。経済活動も安全保障に影響を与えうるのである。

　したがって、純粋な経済活動は非規制で、純粋な政治活動は無条件に規制できるという二分法自体が問われなければならない。武器輸出をしようとする民間企業はどちらに分類されるのか。経済法で安全保障の規制はおかしいという議論は武器輸出を考えれば極めて形式的な議論であり、経済法で安全保障を考える必要がある事態も当然に想定される。しかも外為法は「経済法」であると言うものの、武器は外為法制定当初から規制対象であった（第4章第2節(1)参

---

[125]　第109回国会衆議院商工委員会議録第3号3頁。
[126]　同上。

第 2 章　武器輸出三原則と憲法

照）。

　奥野議員はこの点について次のように指摘する。すなわち、「共産圏なら共産圏に関していろんな制限を加えていくということ」は「それはやっぱりあくまでも差別的な扱いをしていくということにつながっていく」と指摘する一方で、武器輸出については「我々の立場からいってもちょっと考え方が違ってくる」(傍点筆者)という（衆・商工委員会　1987.8.21)[127]。どう「考え方が違ってくるのか」についての説明はない。ただ、ココムによる規制が強化されれば「軍事に転用される可能性のあるものはすべて押さえ込まれていくという可能性が出てきている」（衆・商工委員会　1987.8.21)[128]と危惧を表明する。現在の視点から見れば少なくとも許可の対象とすべきであるという点からは「軍事に転用される可能性のあるもの」も対象となっている。奥野議員は武器のみを禁輸にして、他の汎用品は許可すら不要だと主張していたということになる。こうした奥野議員の立場は後述する東京大学のロケットの輸出を問題視した田中武夫議員（社会党）の立場とは好対照をなす（本章第6節(2)参照）。

　このように外為法第48条第1項が「国際的な平和及び安全の維持を妨げることとなると認められるもの」を許可の対象としたことが自由貿易に矛盾するのではないかという指摘は多い。当時のココムを批判する立場からは当然の立論かもしれないが、同時に外為法の運用方針である武器輸出三原則の立脚点を掘り崩す危険性をはらんでいる。広中和歌子議員（公明党）は「平和安全条項に基づく輸出規制は、外為法が目的とする自由貿易の原則と矛盾するのではないでしょうか。言いかえれば、このような輸出規制は、外為法が対外取引の正常な発展を期するという点から行う必要最小限の規制と言えるでしょうか」（参・本会議　1987.8.28)[129]と疑問を呈する。緒方克陽議員（社会党）は「外為法は、その目的にもあるように、外国との取引が自由に行われることを基本とした経済立法であり、その制限は最小限としなければなりません」と外為法第47条にも沿った指摘をする。同時に「現行法では、国民経済の健全な発展に必要な範囲でしか制限ができないことになっています」と当時の外為法の目的にも沿って指摘した上で、「それを今回、国際的な平和及び安全の維持を妨げるものとなるものを特定の地域に輸出するものについては許可制度を導入して

---

(127)　同上。
(128)　同上。
(129)　第109回国会参議院会議録第8号163頁。

第 5 節　輸出行為の憲法上の位置付け

おります。いわゆる安全保障条項が挿入されているわけであります。また、安全保障の許可基準も明確に法文に書き込まれているわけではありません」と外為法第 48 条第 1 項の新設を指摘する。そしてこうした「経済立法に安全保障の概念を入れること自体、バランスの取れた法律とは言えず」と批判を展開する（衆・本会議　1987.8.20）[130]。もし、「経済立法に安全保障の概念を入れること自体、バランスの取れた法律とは言え」ないのであれば、外為法の運用方針である武器輸出三原則にもそのまま当てはまることになる。これらの論者が必ずしも武器輸出三原則への波及を念頭においていない点は興味深い。緒方議員の指摘に対して中曽根康弘総理大臣は当時の国際情勢において「一面においては、平和共存あるいは東西の交流、緊張緩和という政策は強力に進めていく必要がございます。しかし、また一面においては、自由主義世界や我が国の安全保障の面も我々は確保していかなければならないのであります」と指摘する。そうした状況を踏まえた上で「自由貿易主義と安全保障政策との調和という問題も、そういう観点からお考え願いたい。今回の改正によりまして自由貿易の原則及び原則自由、例外禁止という外為法の基本的考え方を変更するものではない」とする（衆・本会議　1987.8.20）[131]。確かに「自由貿易主義と安全保障政策との調和」という問題は簡単に解の見つかる問題ではないので様々な議論が可能である。しかしながら、どちらか一方だけに偏った整理はいずれにせよ「調和」のとれた解とはならない。一方で自由貿易を声高に主張してココムによる規制を批判し、他方で武器も自由貿易の対象であることを法的根拠なくはじめから否定することは「二枚舌」との誹りを免れない。法的には外為法があってはじめて武器輸出管理が可能になっているのであり、武器輸出三原則も自明のものではなくその妥当性は「自由貿易主義と安全保障政策との調和」という観点からでないと正当化し得ない。また、「許可に当たっては、政令により規制対象とされた貨物または技術の特性、その技術水準等に着目しまして、当該取引が国際的な平和及び安全の確保のために妨げとなり、我が国の対外取引の正常な発展及び経済の健全な発展に支障を来すかどうかという点から審査が行われる」（中曽根康弘総理大臣　衆・本会議　1987.8.20）[132]と答弁するが、この基準は「政令により規制対象とされた貨物」である武器輸出の許可基準にも

---

(130)　第 109 回国会衆議院会議録第 10 号 216 頁。
(131)　第 109 回国会衆議院会議録第 10 号 217 頁。
(132)　同上。

第2章　武器輸出三原則と憲法

該当することは当然である。

したがって、政府は法改正により「自由貿易の原則、また、原則自由、例外禁止という外為法の基本的考え方を変更するものではございません」（中曽根康弘総理大臣　参・本会議　1987.8.28）[133]と繰り返し説明している。この「原則自由、例外禁止という外為法の基本的考え方」は政府を批判する野党側にも共有されている考え方のはずであるが武器輸出に対する姿勢は一変する。福間知之議員（社会党）は「武器などの輸出につきましては、かねてから国会でも武器輸出三原則ですか、禁止三原則ですか、あるいは政府統一見解というのもあるわけですけれども、仮にこれをもっと法律的に法定化しようとすれば、独立立法ということがやっぱり必要であり、それ以外にはない」（参・商工委員会 1987.9.1）[134]と武器輸出（禁止）の法律が外為法とは別に必要だという。政府は「『国際的な平和及び安全の維持』といいますものの内容といたしましては、ココム関係でありますところの西側諸国の安全保障に重大な影響をもたらす取引等を規制するということのほかに、国際的な紛争の発生もしくはその拡大を助長するような取引を規制することによって、我が国を含む国際社会の平和及び安全が脅威にさらされることのないようにすることを意味するというふうに考えております。今申し上げた点で、武器の取引を含めて規制をしたいと思っているわけでございます」（畠山襄通商産業省貿易局長　参・商工委員会 1987.9.1）[135]として、従来から規制した外為法で今後とも規制していくのだと答弁する。「国際的な平和及び安全の維持」のための規制（外為法第48条第1項）にはココムによる規制だけでなく武器も含まれることから、「国際的な平和及び安全の維持」を目的とした規制に対する批判は武器輸出管理に対しても当てはまることは当然である。こうした整理をより明確に示したものとして、大出峻郎内閣法制局第四部長は次のように答弁する。

○　「国際的な平和及び安全」という言葉が出てまいるわけでありますが、これは国際社会において紛争あるいは紛争のおそれのない状態、そういうものを意味していると思います。その維持を妨げると認められるといいますのは、例えば国際社会における紛争を引き起こしたりこれを助長したり、あるいはこれらのおそれがあるような場合を言うというふうに考えておるわけであります。（中略）例えば武器輸出という問題について考えてみますと、すべての国に対してそういうものを

---

(133)　第109回国会参議院会議録第8号162頁。
(134)　第109回国会参議院商工委員会会議録第3号6頁。
(135)　同上。

輸出するということがこの規定との関係で問題となり得る（衆・商工委員会 1987.8.21）[136]

「国際的な平和及び安全の維持」を目的とした規制の典型として武器輸出を挙げているのである。

　② **外為法と武器輸出三原則の分離**　このように政府は「自由貿易主義と安全保障政策との調和」を図ることで武器輸出三原則が輸出の自由を前提とする外為法の運用方針として存在し得る論拠を提供している。もちろん政府の示す「調和」が妥当なものであるかについての議論は必要である。しかしながら、ココムによる規制を外為法で行うという政府を批判する論者にこうした「調和」を意識している姿を見出すことは難しい。そうした「調和」を抜きにどのように武器輸出三原則を正当化させるのかについて、外為法以外の別の法律で武器輸出（禁止）を規制すべきだという議論があった。社会党は外為法改正には反対という立場と取る一方で「武器の輸出はこれを否定するわけですから、そうなると特別立法が必要ではないかなという論理になる」（福間知之議員（社会党）参・商工委員会　1987.9.1）[137]と、こうした立場を明確に示す。ただし、武器輸出に関する法律を別途検討するとすれば、形式的には外為法の運用方針である武器輸出三原則は、外為法という枠の中で初めて存在するものであり、外為法という枠を外せば武器輸出三原則も政策的に一旦は白紙還元される。どのような武器輸出管理が望ましいかという議論の中で再度検討されることになる。より重要な点は確かに別の法律で武器輸出を規制すれば外為法の枠は外れ、「原則自由、例外禁止という外為法の基本的考え方」に拘束されることはない。しかしながら、憲法の枠は当然には外れない。憲法22条から導かれる輸出の自由を否定しないのでない限り、外為法とそれほど異なる法体系の下で武器輸出が規制されることはないであろう。憲法上、武器輸出を全面的に否定する論理構成はそれほど容易なことではない。

　しかしながら、社会党は外為法と武器輸出三原則を完全に分離できるという立場を取る。「外為法はその目的にもあるように貿易が自由に行われることを基本とした経済立法であり、その制限は最小限度にしなければならないのであります。この改正案は、安全保障条項を導入することによりこれを管理的色彩

---

(136)　第109回国会衆議院商工委員会会議録第3号26頁。
(137)　第109回国会参議院商工委員会会議録第3号7頁。

の強いものにしようとするものであって、自由貿易を萎縮させる結果を招く」と、外為法の改正を批判するが一方で、「武器及び軍事転用される汎用品、技術の輸出については、自由貿易を目的とする外為法によって規制することには矛盾があり、別途、憲法の平和主義の理念にのっとった武器輸出三原則及び政府統一見解を具体化した特別立法が必要である」と主張する（福間知之議員（社会党）参・商工委員会　1987.9.3)[138]。この外為法と武器輸出三原則の分離は社会党の一貫した主張であり、他の議員も同様の主張を繰り返す（同旨の発言として梶原敬義議員（参・商工委員会　1987.9.3)[139]、菅野久光議員（参・本会議　1987.8.28)[140]）。こうした主張を可能にする背景は先述の「政経分離」の発想であるが、次のいずれの点からも妥当ではない。まず憲法上経済案件は規制できないが政治案件であれば無条件に規制が肯定されるとは言えない。次に武器輸出三原則は憲法から直接導かれたものではなく、外為法の枠内での武器輸出三原則という位置付けを意図的に無視している。何より憲法から直接導かれているのが輸出の自由であり、外為法によって規制されるかどうかにかかわりなく憲法上、輸出の自由との両立につき整理が必要である。武器輸出だからといって輸出の自由の枠外と論理必然で導かれるものではない。

　やや意外の感もあるが輸出の自由は共産党が最も強調している。市川正一議員（共産党）は「貿易の自由は、憲法第22条に定める職業選択の自由の具体的内容であり、したがって、ココム規制による輸出制限は違法であることは、1969年の東京地裁の判決（筆者注：日工展判決のこと）でも判示されているところであり、今回の改正は憲法で保障されている基本的人権に対する侵害となる」（参・商工委員会　1987.9.3)[141]と批判する。東中光雄議員（共産党）も「貿易管理の基本である輸出の自由は、憲法第22条が基本的人権の一つとして保障する職業選択の自由、営業の自由の具体的内容であります。したがって、通産大臣が経済上の理由により貿易の調整を行う場合ならばともかく、経済外の安全保障なるものを理由として、ココムの秘密基準によって輸出を制限し統制することは、憲法の保障する基本的人権の侵犯になり、許されない」（衆・本会議　1987.8.20)[142]と指摘する。さらに、松本善明議員（共産党）は「外為法

---

(138)　第109回国会参議院商工委員会会議録第4号38頁。
(139)　第109回国会参議院商工委員会会議録第4号7頁。
(140)　第109回国会参議院会議録第8号161頁。
(141)　第109回国会参議院商工委員会会議録第4号39頁。
(142)　第109回国会衆議院会議録第10号223頁。

第 5 節　輸出行為の憲法上の位置付け

　1 条の貿易自由の原則、これは東京地裁のココム違法判決（筆者注：日工展判決のこと）でもこの点を重視しておるわけですし、1 条は変わらないわけですね。しかも、必要最小限の場合にだけ管理、調整をする。貿易を禁止していいということは一言もないですね。ココムは事実上貿易を禁止することになっていく場合もあるというふうに私は思います」（傍点筆者）（衆・外務委員会 1987.7.29）[143] と指摘する。「貿易を禁止していいということは一言もない」という松本議員の指摘通りだが、武器輸出に対しては見解が変わる。

　共産党もやはり政経分離の立場からかココムによる規制を批判することが武器輸出三原則に波及するとは考えていなかったと思われる。東中議員の次の指摘が典型的に示している。

○　日本は、輸出貿易管理についての二つの大原則があると私は思っています。一つは、日本国憲法は 22 条で職業選択の自由を基本的人権として認めています。したがって、それは営業の自由であり、輸出貿易の自由を基本的人権として保障している。日本の国民、企業は、輸出は自由である、これは大原則であります。もう一つの原則は、武器輸出三原則、国会決議があるのです。武器及び武器技術及び、あの（昭和）51 年（1976 年）度（ママ）の政府方針（筆者注：三木内閣政府統一見解のこと）によれば兵器製造専用の工作機械その他はいかぬ、厳正に慎むとちゃんと国会決議に書いてあるのです（括弧内筆者追加）（衆・商工委員会　1987.8.25）[144]

　東中議員は「二つの大原則」というが、一方は憲法上の権利であり、他方は政府による外為法の運用方針である。法律は憲法に従っていなければならず、法律の運用方針は法律の枠内でこそ有効である。両者の上下関係は明白であり並立関係にはない（なお、東中議員が指摘する「国会決議」については本章第 8 節参照）。

　そうした観点から政府の主張により整合性と一貫性を認めることができる。

○　貿易は原則自由というこの大方針はいささかも変わりはありません。しかし、原則自由といっても、完全に何でもかんでも放らつに自由であるかというと、これは国際社会に生きている限りそういうことは許されない。例えば我が国は、平和国家としての国是というものから武器技術の輸出禁止（ママ）ということもやっております。これは自由に対する一つの制限であります。特に、国際紛争の地域その他に対して特に我々は考慮しておるはずです。
　それと同じように、我が国自体の安全保障のため、あるいは我々が話し合ってい

---

[143]　第 109 回国会衆議院外務委員会議録第 1 号 21 頁。
[144]　第 109 回国会衆議院商工委員会議録第 4 号 37 頁。

る国際関係を通じてやはり安全保障というものを確保していく、そういう必要性、あるいは国際社会に生きていくためにも我々としてはやらなきゃならぬ場面が出てくるものでございます（傍点筆者）（中曽根康弘総理大臣　参・予算委員会 1987.7.23）[145]

中曽根総理大臣のこの答弁は明らかに武器輸出管理とココムによる規制をいずれも「自由に対する一つの制限」と捉えて整合的に説明しようとしている。この答弁の賛否はいろいろとあろうが、いずれの論を展開するにせよ少なくとも輸出の自由と武器輸出管理の両立は常に説明されなければならない。憲法で認められている輸出の自由を否定する他にこの説明から逃れる方法はない。そしてココムによる規制を批判する者にこの点の意識がほとんど感じられないことは外為法改正をめぐる議論での大きな特徴である。

　③　**行政庁の裁量の範囲**　　最後に日工展判決が指摘する行政庁の裁量の範囲について検討したい。外為法は多くの部分が政令などに委任されており、その意味で行政庁の裁量がある程度広範に認められている。これは規制対象が技術進歩などで変化していくため、対象品目などを政令などに委任しているからであるとされている（畠山襄通商産業省貿易局長　衆・商工委員会 1987.8.21）[146]。しかし、法が委任した範囲内というのが当然の前提である。古い指摘だが次のような指摘がある。

○　よく政府のやることが、法律の趣旨と違ったこと、それを政令でやるとかあるいはそれ以下の内規でやるとか、そういうことは、法の精神なりあるいは立法権と行政権の限界ということを侵すというような問題が考えられるわけです。だから堂々と立法に訴えて、こそこそやらずにおやりになったらどうですか（田中武夫議員（社会党）　衆・予算委員会第四分科会 1969.2.26）[147]

こうした問題として外為法と輸出貿易管理令を挙げている。これは武器輸出三原則に対する批判ではない。ココムによる規制を批判したものである。続けて田中議員は「通産省の中に堂々と武器課というのがあったり、武器の製造何とかという法律があったりすること自体私は気に入らない」（衆・予算委員会第四分科会 1969.2.26）[148]と指摘する。田中議員こそ「気に入らない」のであれ

---

[145]　第109回国会参議院予算委員会会議録第5号21頁。
[146]　第109回国会衆議院商工委員会会議録第3号9頁。
[147]　第61回国会衆議院予算委員会第四分科会議録第3号4頁。
[148]　同上。

第 5 節　輸出行為の憲法上の位置付け

ば「堂々と立法に訴えて」解決すべきものであり、同議員の主張は矛盾したものであるが、少なくとも「政府のやることが、法律の趣旨と違」うのであれば行政庁の裁量を超えていることは日工展判決が指摘するとおりである。日工展判決が指摘する通り、外為法第47条では「貨物の輸出は、この法律の目的に合致する限り、最少限度の制限の下に、許容されるものとする」と規定されており、許可制度はあくまでも「最少限度の制限の下に、許容」されるものである。

○　安全保障というものを経済の犠牲にしてはいけない。つまり、経済が発展する必要があるから安全保障はないがしろにしていいということには絶対にしてはいけないと思いますが、過度な技術開発を阻んでしまう、あるいは中小企業の育っていく芽を摘んでしまう、そういうことがないように慎重に対応していきたい（甘利明経済産業大臣　衆・経済産業委員会　2007.11.2）[149]

したがって、武器輸出三原則は外為法や輸出の自由との関係において、あくまでも「最少限度の制限」として許容される範囲内で認められることになる。実態として不許可とされることが多いことと法的に「最少限度の制限」であることは論理的には両立しうる。ただし、輸出の自由を前提とすれば武器輸出三原則を含めて許可制度自体が常に「最少限度の制限」であるかどうかの検証が求められていることになる。逆に輸出の自由や「最少限度の制限」を前提として上で全面的な輸出禁止を正当化することは極めて困難であると言える（本章第10節参照）。政府が武器輸出三原則はあくまでも「慎む」だけであり「禁止」を意味しないとしている背景にはこうした輸出の自由や外為法との調和を図っているとも考えられる。

最後に外為法の目的を再度検討すると、①対外取引の正常な発展、または②我が国又は国際社会の平和及び安全の維持に有効な管理である必要がある。これらの目的のいずれかに武器輸出三原則は合致している限りにおいて適用可能である。もちろん合致していれば無制限に適用されるのではなくあくまでも「最少限度の制限」として許容される範囲内である。

このため武器輸出三原則は輸出の自由に抵触しないかどうかの検討が常に求められ細心の注意で運用することが必要である。したがって、政府が「実際の運用では、ほぼ全面的に武器輸出を禁止してきた」（畠山襄氏）[150]と宣言するこ

---

[149]　第168回国会衆議院経済産業委員会議録第5号4頁。
[150]　前掲第1章注(227)。

131

とは憲法上疑義がある。同様に経済産業省の担当官が実際にそのように運用してきたのだとすれば憲法上問題がある。筆者が在籍した当時の経済産業省安全保障貿易管理課では全面的に「武器輸出を禁止」しているとは解してはいなかったが、筆者在籍以前やその後については詳らかではない。仮に畠山氏が指摘する通りであれば少なくとも過去の通商産業省においては実務上そのような運用が行われていた可能性がある（そうした可能性の傍証について第4章第2節(4)①参照）。武器輸出三原則と職業選択の自由から導かれる営業の自由と輸出の自由との関係は整理が必要であり、安易に「禁止」すること（直接禁止することに加え、解釈でそれを達成すること）は忌避すべきであることは言うまでもない。こうした関係の整理を無視する唯一の方法は憲法を改正して輸出の自由を否定することである。

　なお、輸出の自由に対する配慮が不要なのは政府自身が輸出者の場合で自衛隊の派遣に伴う武器輸出のケースであり、憲法上は政府が輸出者の場合の方がより厳しい政策的な選択（禁輸も含めて）が可能である。しかしながら、これは必ずしも政府が輸出者の場合の方が厳しく管理されなければならないということは意味しない。あくまでも憲法上は政策的な選択の幅が私人が輸出者の場合より広いということである。自衛隊を派遣することの是非は武器輸出管理の問題としてではなく、国際安全保障の問題として検討されるべきである。こうした場合の論点は自衛隊が武器輸出をすることではなく、自衛隊を海外派遣することそのものであり、武器輸出管理として論ずること自体が形式的であるからである。しかし現実には自衛隊の海外派遣のために武器輸出をする（自衛官が武器を携行する）場合に政府自身が「国際紛争等を助長する」ことを認識している場合は、自衛隊の派遣自体を取りやめるべきであり、派遣すると決断している以上、「国際紛争等を助長する」ことは回避できると判断していることに他ならない。もちろん政府が「国際紛争等を助長する」自衛隊の派遣を決断することは論理的にあり得ることであるが、その場合において問題視すべきは武器輸出三原則で「慎む」べき場合であるかではなく、自衛隊の派遣そのものの妥当性である。したがって、自衛隊の派遣に妥当性がある（「国際紛争等を助長する」ことを回避できる）のであれば、一般的には武器輸出三原則の「慎む」に当たる場合は想定されない。武器輸出三原則の例外とされる案件に政府自身が輸出者（特に自衛隊の派遣）の場合が多いこともこうした事情によるものであり、憲法上は私人より政府の行為を厳しく規制することが可能である。こう

した側面も武器輸出三原則が憲法論ではなく政策論であることを示している。

いずれにせよ武器輸出三原則を武器輸出「禁止」と解すると行政庁（経済産業大臣）が裁量で武器輸出申請に対して「全面的に不許可処分を課す（武器輸出を認めない）」という構造になるが、そのような裁量が経済産業大臣に与えられていると解釈することは外為法上はもちろん、憲法上も大いに疑問であるし、政府もそのような見解を取ってはいない。

(4) 学説の評価

日工展判決や外為法改正に対して学説はどのような反応を示したのであろうか。基本的に日工展判決以来、ココムによる輸出管理に批判的な論者は武器輸出三原則を批判しない。日工展判決は最高裁判所の判決ではなく東京地方裁判所の判決でありながら、当時の法学界では画期的な判決だったようで「ジュリスト」誌が1969年9月15日号（No.434）で「特集・ココム判決とその法的検討」という特集を組んでいる。ここで指摘されている輸出の自由とココムとの関係は武器輸出三原則にそのままあてはまるのであるが、武器輸出三原則、特に三木内閣政府統一見解が表明された際にはこのような特集は組まれていない。1969年当時既に佐藤榮作総理大臣により武器輸出三原則は示されていた。また、三木武夫内閣が政府統一見解を示した際に特集を組むという選択肢もあり得たと考えられるが、武器輸出三原則に関する特集は組まれていない。ここではまず1969年の「ジュリスト」誌の特集からいくつかの指摘を見ていきたい。

塩野宏氏は日工展判決について次のように指摘する。まず営業の自由一般について

○ 諸種の事由からこれに国家的規制（国際条約も含めて）を加える必要性が存するのであって、その規制が合理的である限りにおいて、それをまで排除する意味を憲法の保障する貿易の自由が持たないこともまたいうまでもない[151]

として、「その一つの規制手段」が外為法であるという判決には「特段異論をさしはさむ余地はない」と指摘する[152]。しかし続けて「ただ」として、

○ やや問題と思われるのは、外為法以下の法令が、業としての貿易の自由についてのみ規制しているのではなく、個人の営利的経済目的外の貨物の輸出入（たとえば、私人の日常貨物）についても、これを一応規制の対象としていることである。

---

(151) 塩野宏「ココム訴訟の問題点」『ジュリスト』No.434、1969.9.15、59頁。
(152) 同上。

第 2 章　武器輸出三原則と憲法

その意味では、外為法は、単に憲法 22 条の営業の自由の保障の原理のみならず、憲法 29 条をも含めて考察されなければならない[153]

外為法の規制は営利目的の輸出だけでなく、手荷物のような「私人の日常的貨物」も規制対象としていることから、憲法 22 条の問題だけでなく、憲法 29 条の問題でもあるという[154]。そして

○　憲法 22 条であれ、29 条であれ、そこで保障された国民の権利を侵害するには、それだけの合理的根拠と、かつ具体的な法律の根拠が必要とされる[155]

と指摘する。確かに外為法では営利目的の輸出だけでなく、「私人の日常的貨物」も規制対象であり、さらには後述のとおりこの当時は東京大学のロケットがインドネシアに輸出されたことが「武器輸出」ではないかと問題視された直後であったように、海外の研究機関との連携や共同研究のような場合にも規制対象となり得るため、学問の自由とも関係し得るが、この点については指摘はない（本章第 6 節(2)参照）。いずれにせよ、輸出管理は基本的人権と衝突するので「調和」を模索する必要があるという点は現在も変わりはない。次に塩野氏は「立法技術的にいえば、純経済目的としからざるもの（勿論それにも一定の合理性が必要であるが）を包含した規制立法をなすことは可能」[156]であると指摘しており、その点は現在の外為法は経済目的だけでなく「我が国又は国際社会の平和及び安全の維持」が規定されているので解決している（もちろん塩野氏が指摘する「一定の合理性」の検証が必要である）。ただし、立法で担保しているわけではない武器輸出三原則についても検証の余地があり、塩野氏が指摘していたような論点に齟齬をきたさないような運用が求められることになろう。また、塩野氏は日工展判決を評価しながらも「立法技術的」には経済外目的の規制を経済目的の規制と一緒に規制することは可能であるという立場であり、後述するような「外為法は経済法なので経済外目的の規制は許されない」とする論者とは一線を画する。なお、政府の立場はココムによる規制も「経済目的」だったとしていたことは既述のとおりである。

なお、塩野氏は「外為法は、純粋かつ直接的な経済的目的に関する規制のみ

---

[153]　塩野宏「ココム訴訟の問題点」59、60 頁。
[154]　外為法上の輸出については第 1 章第 1 節参照。
[155]　塩野宏「ココム訴訟の問題点」60 頁。
[156]　塩野宏「ココム訴訟の問題点」62 頁。

第 5 節　輸出行為の憲法上の位置付け

を認めているとする判決の態度は正当である」[157]と日工展判決を評価しているものの、同号の特集に寄稿した別の論者（山内一夫氏）は同判決に批判的であり、また他の論者（小原喜雄氏・筒井若水氏）はココムそのものや米国の輸出規制を論じており、外為法については評価を下していない[158]。したがって、日工展判決当時において「この判断は妥当であるとして広く学説の支持を得た」（青井未帆氏）[159]かどうかは必ずしも自明ではないのかもしれない。また、政府も輸出の自由の存在は争ってはおらず判決のどの「判断」が「妥当」なのかも議論の余地があろう。輸出の自由の存在か、ココムによる規制を外為法で実施することが違法だという見解かによって武器輸出三原則に与える影響も異なる。前者であれば政府の立場とさほど異ならないが、後者の立場では外為法と武器輸出管理や武器輸出三原則の位置付けについての整理は必須である。

　1987 年の外為法改正を受けて「ジュリスト」誌は「ココム問題の特質」と題する特集を組む。その際も武器輸出三原則については直接論点として触れられていない。同特集に寄稿した論者たちの意見を検討してみたい。まず横川新氏は日工展判決によって「『ココムの申し合わせ自体はココムの統制物資の輸出制限をする法的根拠とはなしえず』との判断がなされており、国内法上曖昧な規定に依拠して対共産圏禁輸政策を取ってきた政府の立場が批判されている」と評価している[160]。ただ横川氏は論題のとおり「ココム体制の現状と課題」を紹介しており、日工展判決についても紹介にとどめており、外為法の問題点を論ずるよりココムが法的拘束力を持たない紳士協定であったことなどを挙げて国際機構の概念になじまないことを問題点としている。そのため法的根拠をココム合意自体に求めることができず国内法規に求めざるを得なかったと分析している[161]。国連安保理決議による経済制裁なども日本では決議そのものが法的根拠となるものではないので、国内での履行法が必要である。法的拘束力がない合意を履行することが「違法」であるかとは必ずしも言えない。当該合意を履行する必要性を政府が認識して自国の国内法で履行することは法的

---

(157)　同上。
(158)　山内一夫「ココム判決（日工展訴訟判決）について」『ジュリスト』No.434、1969.9.15、67〜71 頁。小原喜雄「アメリカの輸出規制とその国際的拡がり」『ジュリスト』No.434、1969.9.15、72〜81 頁。筒井若水「国際法におけるココム」『ジュリスト』No.434、1969.9.15、82〜86 頁。
(159)　前掲注(110)。
(160)　横川新「ココム体制の現状と課題」『ジュリスト』No.895、1987.10.15、5 頁。
(161)　横川新「ココム体制の現状と課題」6 頁。

第2章　武器輸出三原則と憲法

には可能である。この点はそもそも国際合意のない立法措置が数多く存在することを踏まえれば当然のことである。「違法」であると言うためにはそうした合意の履行に根拠法がない、または日工展判決が認定したように根拠法と称するものの範囲を超えているといった判断が必要になる。ココムによる規制が「国内法上曖昧な規定に依拠」した規制であるとするならば、武器輸出三原則は国際的な「申し合わせ」すらなく、より「国内法上曖昧な規定に依拠」した規制であるという批判が妥当してしまう。武器輸出三原則が直接憲法に依拠できないことは繰り返し指摘するとおりである。したがって、武器輸出三原則による武器輸出管理が可能なことと同様に外為法の範囲内であれば政策的に規制内容を選択することは可能だと解される。ココムによる規制が外為法の範囲内であるかは論点たり得るが、ココムが紳士協定であるからという形式的な理由で外為法による規制が正当化されないということにはならない。

　金子晃氏は1980年の外為法改正により「経済外的理由による対外取引の規制、特に国際的安全および平和（安全保障）を理由とした資本取引および役務取引の制限が認められることとなった」と指摘する[162]。1980年の外為法改正では外為法第25条が改正され安全保障を理由として役務取引（技術の提供）を許可対象とした。そのため、「武器および戦略物資について、設計、製造または使用に関する技術は、国際的安全および平和を理由に対外取引の規制が認められ、貨物そのものについては認められないというのはいかにも不自然であり、不合理である」[163]と指摘する。だから1980年の改正で外為法第48条も外為法第25条の規制と同様に安全保障を理由とする規制が可能になったのだという見解を示す。「すなわち、経済外的理由により対外取引に対し必要最小限の管理又は調整を行うことにより、『対外取引の正常な発展』を期し、これにより『我が国経済の健全な発展』に寄与することも外為法の目的である」[164]という。そのため安全保障を理由とする規制を可能にするための外為法第48条の改正は不要であり、「ココム統制物資の輸出制限の国内法上の根拠規定であり得る」とする[165]。そのため外為法改正は「ココム規制のための国内法の不備を補い、国内法の整備を行ったというより、米国を説得するための改正であったように

---

[162]　金子晃「ココム規制と国内法の整備」『ジュリスト』No.895、1987.10.15、13頁。
[163]　同上。
[164]　同上。
[165]　同上。

第5節　輸出行為の憲法上の位置付け

思われる」と批判する[166]。しかし、この立場は必ずしも政府の立場と対立するものではなく、金子氏は外為法で安全保障を理由とする規制が可能である（1980年以降可能であった）という立場を取っている。金子氏の立場は経済法が「経済外的理由により対外取引に対し必要最小限の管理又は調整を行う」ことで「対外取引の正常な発展」を期すことが政策的に可能だと指摘している。この点は武器輸出管理を肯定する上でも有力な説明たりうる。

村瀬信也氏は「昭和24年の外為法制定時はもとより、昭和55年の大幅改正の際（この時初めて25条に「安全保障条項」が挿入された）にも、ココムとの関係や憲法との関係など全くと言ってよいほど審議されなかったことを考えれば、今回は短時日であれ、それらの諸点について実質的な議論が行われたことは、評価してよい」[167]と外為法改正ではなく、その際に憲法との関係を議論したことを評価する。確かに、1987年の改正に至るまで外為法と憲法の問題が直接議論されることはほとんどなかった。しかしながら、1987年の改正時においても武器輸出と憲法や外為法との関係が議論されることはなかったのである。

翌1988年には「ジュリスト」誌に森川幸一氏が「外為法における『安全保障条項』」を寄稿している。同氏は役務取引規制（外為法第25条）について「外為法全体の目的を定めた1条には、経済的目的しか掲げられていないことから、『間接的』であれ、何らかの経済的効果を伴う必要のあることは、ここでも前提とされている」と指摘する[168]。1980年の外為法改正については金子晃氏が指摘するような「資本取引や役務取引等についての『経済外的』規制が認められたのであるから、法全体の統一的理解の上でも、『経済外的』理由に基づく貨物の輸出規制も許されたとの解釈も可能である。しかし、これには有力な反対説も存在し、解釈は分かれていた。今回の改正は、この点に関し、立法的解決を与えたものと位置付けることができる」という[169]。こうした法改正を森川氏はつぎのように評価する。

○　経済的自由権たる営業の自由が、一定の合理的制約に服することは当然としても、その制約目的が、憲法の他の条項と矛盾するような場合、その合憲性が問わ

---

(166)　金子晃「ココム規制と国内法の整備」16頁。
(167)　村瀬信也「ココム規制に関する国際・比較法的検討」『ジュリスト』No.895、1987.10.15、22頁。
(168)　森川幸一「外為法における『安全保障条項』」『ジュリスト』No.909、1988.6.1、71頁。
(169)　森川幸一「外為法における『安全保障条項』」67頁。

第2章　武器輸出三原則と憲法

れることも十分に考えられる。憲法前文、第9条に規定された国際協調主義、平和主義から帰結される安全保障の方式が、国連中心主義、中立主義であると解されるとき、日米安保体制を前提とするココム規制は、これに抵触するおそれ濃厚であろう[170]。

憲法9条が「国連中心主義、中立主義」であるかどうか自体に議論の余地があり、仮に森川氏の前提を肯定するとしても日米安保条約（体制）が憲法9条に違反するのか、という議論に過ぎず、「日米安保条約を前提とするココム規制」は別途論証する必要がある。すなわち日米安保条約の締結とココム規制との因果関係を論証する必要がある（換言すれば日米安保条約がなければココム規制はないという因果関係である）。これらの前提を経て初めてココム規制の違憲性を導くことができる。その上で、ココム規制が「これに抵触するおそれ濃厚であろう」という「これ」とは憲法9条なのであろうか。森川氏の主張は経済的自由権の観点からは合理的な理由で制約することが可能である場合でも憲法9条に抵触する制約は不可能だと主張しているようである。そもそも輸出管理が憲法9条の問題ではないという政府の見解に対する反証はなく前提のように扱っている上に、仮に憲法9条の問題だとしても憲法9条が直接私人に適用されるのか、という論点も当然の前提であるかのように議論を展開している（本章第6節(1)参照）。塩野氏が指摘する経済的自由権の中で制約の合理性を議論することが私人の権利の制約の場合は前提となるのではないか。

多くの論者が外為法による輸出管理を論ずる際、武器輸出については全く触れない中で森川氏は上記の主張の前に武器輸出三原則についても説明している。その中で武器輸出管理は日本独自の規制として紹介している。そしてそれは「武器輸出三原則、武器輸出に関する政府統一見解に基づくもの」[171]であるとしている。ただ、これは論理の逆転である。外為法があって武器輸出三原則という運用方針があるという前提が完全に逆転し、武器輸出三原則に基づいて武器輸出が管理されていると紹介している。そのため、外為法をどれだけ批判しても武器輸出三原則には傷がつかないという論理構成になっている。このような武器輸出三原則が外為法の上位にあるかのような論理構成が「輸出管理批判・武器輸出三原則無批判」を可能にしている背景であるように思われる。その前提は武器輸出三原則が憲法9条または憲法前文に依拠するというものであ

---

[170]　森川幸一「外為法における『安全保障条項』」70頁。
[171]　同上。

第5節　輸出行為の憲法上の位置付け

る可能性があるが、既に検討したとおりその前提に根拠はない。何よりも武器輸出三原則は「国連中心主義、中立主義」に合致するから問題がないのか。国連中心主義で中立主義ならば武器輸出は当然に規制される（または禁止される）理由になるのであろうか。こうした点につき全く論証はない。

　このように当時の外為法改正の議論において既に重要な政策であったはずの武器輸出三原則と外為法との関係を意識的に整理しようとする論考を探すことは難しい。

　こうした「輸出管理批判・武器輸出三原則無批判」という論理構成は最近でも見られる。青井未帆氏は次のように指摘する。

○　国際レジームで合意される安全保障目的の貿易管理が、『対外取引の正常な発展』ならびに『我が国経済の健全な発展』という外為法の目的の範囲内にあると考えるのは無理がある[172]

と 1987 年の改正や法目的の改正を経た現在でも外為法で安全保障目的の規制をすることは「無理がある」という。それは外為法で安全保障目的の規制をすることが「無理がある」のか、安全保障目的で対外取引を規制することが「無理がある」のか。いずれにせよ仮に「無理がある」とすれば武器輸出三原則も「無理がある」規制となってしまう。続けて、

○　政府の一存によって何が「国際的な平和及び安全の維持の妨げ」に該当し取引が制限され、さらには刑罰の対象となるかが決定されてしまうという点は、憲法 41 条および 31 条に反する可能性が疑われる[173]

政府は過去に憲法 31 条に違反しないという見解を表明している（中曽根康弘総理大臣　衆・本会議　1987.8.20）[174]が、憲法 31 条については判例もあり、外為法や輸出貿易管理令の「処罰の範囲が不明確であるとはいえない」と憲法 31 条に違反するものではないと判示している（東京高等裁判所平成 18 年 3 月 30 日判決、なお最高裁判所も同判決を支持）[175]。この判例は高等裁判所の判決を最高裁判所が支持したものであり、日工展判決よりも重要な判例となろう。「政府の一存」という点では独自規制である武器輸出三原則の方がはるかに「政府の

---

[172]　青井未帆「武器輸出三原則を考える」93 頁。
[173]　同上。
[174]　第 109 回国会衆議院会議録第 10 号 224 頁。
[175]　東京高判平成 18 年 3 月 30 日、最判平成 18 年 10 月 10 日。

139

第 2 章　武器輸出三原則と憲法

一存」で「取引が制限」されている。当然武器輸出三原則も批判の対象になると思われるが、青井氏は武器輸出三原則を「憲法が輸出管理に命ずる内容を、素直に武器禁輸として具体化し得た」[176]と評価する。このように青井氏は一方で外為法による「国際的な平和及び安全の維持の妨げ」に該当する取引の規制を批判し、他方では外為法の運用方針である武器輸出三原則を高く評価する。しかしながら、これまでの検討からも明らかなように武器輸出三原則は憲法が直接「命ずる」ものではない。したがって外為法の許可制度に対する批判は、一律禁止にする（許可しない）ことに対してはさらに強く妥当するはずである。その整合性に対する説明はない。なお、青井氏はこのように外為法を批判しながら「もっとも外為法によることの問題性は右のように指摘しうるものの、大量破壊兵器等の不拡散を目指す輸出管理自体については、国際社会が一致して取り組むことが求められており、日本もこれを実施する国際的な責任を負っていよう」[177]と主張している。

(5)　輸出の自由と武器輸出三原則

　これまでの検討からも明らかなように憲法や外為法の中に武器輸出三原則を位置付けるにあたって不可欠であるはずの輸出の自由と武器輸出三原則の整理は、はなはだ不十分である。武器輸出が輸出の自由の埒外だということが議論の前提となっているかのような立論が多い。国会や学界における議論の低調ぶりの背後には武器輸出をしないことは「いいこと」だという暗黙の前提がある可能性が指摘できよう。そのために健全な知的思考が停止しているのではないかと危惧される。たとえ「いいこと」だからと言っても法的な根拠なく実行可能であればそれは法治国家ではない。立法を蔑ろにしている上、憲法も蔑ろにしていると言わざるを得ない。真に「護憲」と言い得るためには日本国憲法全体を尊重することが重要であり、憲法 9 条のみで憲法が構成されているのではない。そして何より問われるべきは「いいこと」の内容を「空気」のように決めるやり方は法的な議論ではなく、民主的統制もきかず極めて危険なことである。仮にも輸出の自由の制約は基本的人権の制約になるのである。憲法という枠内で立法が行われる、その過程で「いいこと」の内容を決めていくことが法治国家の基本的な枠組みであるはずである。立法府である国会が果たすべき役割が大きいと同時に過去にこうした議論が行われてこなかったという事実は、

---

(176)　前掲第 1 章注(239)。
(177)　青井未帆「武器輸出三原則を考える」94 頁。

国会自身の立法に対する姿勢に深刻な疑問を投げかけている。

　輸出の自由に抵触しない程度の合理的な規制として議論の対象となるのはまずは輸出管理の是非であり、輸出禁止の肯定にはさらに高い制約条件を克服することが必要となる。輸出の自由を前提にした上で、国際条約などで取引が禁止されているといった理由もなく、日本独自の規制として輸出禁止を憲法上正当化することは極めて困難であると言わざるを得ない。こうした憲法上の問題をはらむ政策を「国是」などと安易に言うべきではないことは言うまでもない。

　経済活動の自由、特に日工展判決を踏まえて武器輸出三原則のあり方を考えてみると、日工展判決を支持し外為法による規制に批判的である論者が、同じ外為法による規制である武器輸出三原則との関係につき整合的に説明している者はいない。一つの理由は武器輸出三原則を憲法が直接規定している内容だとして外為法から切り離すことによって、こうした整理が可能になるのだろうが、武器輸出三原則の位置付けからこうした整理は不可能である。少なくとも武器輸出三原則の目的である「国際紛争等を助長する」ことを防止する観点からは、「国際紛争等を助長する」おそれの判断方法について検討することが最低限必要である。全ての武器輸出が国際紛争等を助長するわけではないので、全ての武器輸出は「国際紛争等を助長する」ため不許可とするという運用では不当な制限になってしまう。

　こうした武器輸出管理と憲法や外為法の関係が議論されてこなかったことは武器輸出三原則の議論の根本が欠けてきたことになる。少なくとも佐藤榮作総理大臣が武器輸出三原則を表明したとき、三木武夫内閣で政府統一見解を表明したとき、さらに1980年や1987年、2004年の外為法改正時に議論することは可能であったし、議論されるべきであった。しかし、現実にこうした議論が生起することはなかった。これまでの立法府の姿勢が問われることはもちろんであるが、法学界（特に憲法学）の姿勢も問われているのではないだろうか。

（補論）　村山総理大臣・社会党の自衛隊合憲論──「空気」が支配する政策

　社会党の委員長として総理大臣に就任した村山富市総理大臣は、「専守防衛に徹し、自衛のための必要最小限度の実力組織である自衛隊は、憲法の認めるものである」（衆・本会議　1994.7.20）[178]として、社会党のそれまでの方針を改めて自衛隊を合憲であると認めた。村山総理大臣・社会党の自衛隊合憲論の理

---

[178]　第130回国会衆議院会議録第2号16頁。

第 2 章　武器輸出三原則と憲法

由付けの一つに武器輸出三原則が挙げられている。ここでは村山総理大臣の自衛隊合憲論を振り返り、武器輸出三原則や憲法の社会党における位置付けについて検討してみたい。

村山総理大臣はそれまでの社会党の政策について次のように総括した。

○　戦後、米ソが対立するという冷戦構造の中で、日本の国がややもすれば軍拡の方向に走り、自衛隊が武装して海外に派遣されるといったような動きがある状況の中で、平和憲法を作っているその平和の理念というのは、憲法前文に書かれておりますように、平和と民主主義と人権の尊重という大きな憲法の柱があるわけです。その憲法前文の平和憲法全体を貫いており理念に反する、したがってそういう政策はとるべきではない、こういう立場をとって社会党は一貫して運動してきたわけです（村山富市総理大臣　参・予算委員会　1995.10.17）[179]

その上で自衛隊については、

○　大体この程度のものであればという国民の肯定的な世論の結果も出ているわけですから、したがって私どもは、そういう国民の世論の状況、あるいは国際情勢も対立から軍縮、協調に変わってきた、そういう国際情勢の変化も受けて自衛隊に対する方針、政策を変えたということであります（村山富市総理大臣　参・予算委員会　1995.10.17）[180]

と述べ、社会党が政策を転換して自衛隊の存在を認めることとしたと説明する。さらに自衛隊に対する国民世論に社会党の運動が役割を果たしたと位置付けるのである。

○　戦後、社会党は平和憲法の精神を具体化するための粘り強い努力を続け、国民の間に、文民統制、専守防衛、徴兵制の不採用、自衛隊の海外派兵の禁止、集団的自衛権の不行使、非核三原則の遵守、核・化学・生物兵器など大量破壊兵器の不保持、武器輸出の禁止などの原則が確立をされて、必要最小限の自衛力の存在を容認するという穏健でバランスのとれた国民意識を形成し得たものであると考えておるんです（村山富市総理大臣　衆・予算委員会　1995.5.17）[181]

こうした「穏健でバランスとれた国民意識の形成」に「社会党の運動があったから、私はこういう状況を作り出したと思う」（村山富市総理大臣　衆・予算委員会　1995.5.17）と社会党の過去の政策を正当化しつつ、同時に自衛隊の存在

---

[179]　第 134 回国会参議院予算委員会会議録第 3 号 21 頁。
[180]　同上。
[181]　第 132 回国会衆議院予算委員会議録第 28 号 28 頁。

補論　村山総理大臣・社会党の自衛隊合憲論

を認めるという見解を示す。この村山総理大臣の見解は繰り返し同旨の答弁をしているので社会党の公式見解であることは明らかである[182]。このように村山総理大臣は「武器輸出の禁止」などの原則が「必要最小限度の自衛力の存在を容認するいわば歯どめとして、穏健でバランスのとれた国民意識を形成する上で大いに役立った」（村山富市総理大臣　参・本会議　1994.7.22)[183]と自賛した。さらに社会党の運動によってこれらの成果が達成されたとして、「従来の憲法認識が基本的に誤っておったとは考えていない」ともいう（村山富市総理大臣　衆・予算委員会　1994.10.13)[184]。

　上記の村山総理大臣の整理は憲法解釈、法律の制約、政策論が全て混在している。徴兵制の不採用や集団的自衛権の不行使、大量破壊兵器の不保持は憲法上の制約であるが、「武器輸出の禁止」はこれまで幾度も指摘したとおり憲法上の制約ではない（さらにそもそも武器輸出三原則は「武器輸出の禁止」ではない）。村山内閣当時、既に国連平和維持活動（PKO）に自衛隊が派遣されている中で「自衛隊の海外派兵の禁止」や「武器輸出の禁止」が具体的にどのような留保条件の上でのものかは不明であるものの、少なくとも「武器輸出の禁止」は憲法から必ずしも導かれないことは既述のとおりであり「平和憲法に貫かれておる具体的な原則」（村山富市総理大臣　参・予算委員会　1995.10.17)[185]ではない。既述のとおり憲法の精神とは国際紛争等の助長を回避することであり、武器輸出を管理することがその手段となっているのである。ここでも手段と目的の転倒が見られる。なお、村山総理大臣の所信表明演説では「厳格に武器輸出管理を実施してまいります」と述べ、武器輸出を「禁止」するとは言っていない（村山富市総理大臣　衆・本会議、参・本会議　1994.7.18)[186]。

　こうした村山総理大臣・社会党の自衛隊合憲論は国会でも多くの非難を浴びることになる。違憲であるとしてきたものを合憲であるとしたことについて、憲法9条のどの部分の解釈を変更したから合憲になったのかと問われ、村山総理大臣は「9条については憲法学者の中でもいろいろ意見があるのですよ。私

---

(182)　村山総理大臣による同旨の答弁として、参・本会議　1994.7.21、衆・本会議　1994.7.21、衆・本会議　1994.7.20、参・本会議　1994.7.22、衆・本会議　1994.10.5、衆・予算委員会　1994.10.13、衆・安全保障委員会　1994.10.27。
(183)　第130回国会参議院会議録第3号16頁。
(184)　第131回国会衆議院予算委員会議録第3号2頁。
(185)　第134回国会参議院予算委員会会議録第3号21頁。
(186)　第130回国会参議院会議録第1号3頁。

第 2 章　武器輸出三原則と憲法

は政治家ですから、したがって、政策的に判断をして決めていくというのは当然のことではないですか。したがって、私は憲法学者ではありませんから、学者としての判断ではなくて、政治家として、これだけ情勢が変わってきた中で今の自衛隊というものを合憲として認めるという政策的判断で決めたんです」（傍点筆者）（衆・予算委員会　1994.10.12)[187]と答弁する。この認識は憲法 9 条の解釈論は「政策的判断」だと村山総理大臣は認識していることを示しており、政治家であれば憲法解釈も「政策的に判断をして決めていくというのは当然のことではないですか」という。「政策的に判断をして」解釈が 180 度変更されることがあり得るとしている。こうした社会党の政策転換は「何も突然変異が起こって変えるんではないんですよ。これは冷戦構造が変化していく中で社会党の党内ではずっと一貫して議論されてきているんですよ」（村山富市総理大臣衆・予算委員会　1994.10.11)[188]とも述べており、冷戦構造という国際情勢の変化とともに憲法解釈も「政策的」に変化するということを示唆している。つまり状況次第で憲法解釈は変化するものだということを示唆している。また、条文を解釈するのではなく全体を「政策的に判断をして」決めていることを示唆しており、これでは憲法解釈ではない。憲法の規定はあくまでも条文に則して解釈されるという基本原則を社会党は認めていないことになる。だからこそ反対に憲法上、条文ではどこにも規定されていない「武器輸出の禁止」であっても「平和憲法に貫かれておる具体的な原則」と言えるのかもしれない。これに対して中野寛成議員（民社党）は、「自民党政権下で軍拡に次ぐ軍拡の動きがあった、これを牽制するために、対抗手段として、自衛隊は違憲と称し抵抗運動をしたとおっしゃった。そうすると、社会党は、自衛隊は腹の中では合憲と思っていたということですか。イデオロギー闘争の中で違憲と称する手段を講じたということでありますか」（衆・予算委員会　1994.10.11)[189]と核心をついた指摘している。確かに村山総理大臣の整理に従えば、「穏健でバランスのとれた国民意識を形成する」ために自衛隊違憲論を手段として講じていたのかという疑問が当然に浮かび上がるし、村山総理大臣自身も「政策的に判断をして決めていく」と述べている。武器輸出三原則もこうした「手段」の一つとして社会党は捉えていたのではないかという疑問が出てくる。そこには憲法解釈と

---

[187]　第 131 回国会衆議院予算委員会議録第 2 号 40 頁。
[188]　第 131 回国会衆議院予算委員会議録第 1 号 5 頁。
[189]　第 131 回国会衆議院予算委員会議録第 1 号 6 頁。

いう側面ではなく、政策目的のために憲法を「手段」とするのだという側面が浮かび上がる。「穏健でバランスとれた国民意識」に武器輸出禁止が含まれなければならないことに対して憲法を含め法的根拠が乏しいことはこれまでの検討からも明らかである。仮に社会党の主張するように武器輸出の禁止が必要であるならば、立法によって解決すべきだし、武器輸出禁止が輸出の自由や後述する学問の自由などの基本的人権といった憲法規範と抵触する可能性があれば憲法のあり方も議論するのが立法府の責務である。法的根拠なく「国民意識」を形成する「手段」であるとすればそれは「空気」を作りだす「洗脳」や「プロパガンダ」の過程だったとも言える。それは法的な議論ではない。村山総理大臣の自衛隊合憲論に見られるように憲法解釈ではないにもかかわらず、「穏健でバランスとれた国民意識」という「空気」を醸成するためとして「憲法論」と称する手段を合理化してきたのではないかという点は、武器輸出の禁止が「いいこと」だという「空気」が前提となっている国会や学説におけるこれまでの議論を振り返って再度検討してみる価値がある論点であろうし、こうした憲法認識が果たして「護憲」と言えるのであろうかも注目に値する。

なお、社会党を後継した現在の社民党は自衛隊は「明らかに違憲状態にある」という認識だが、上記村山総理大臣の見解をなぜ、どのような経緯や思考で変更したかについての説明はない[190]。こうした変遷も「政策的に判断をして決めていく」ものであるとすれば「護憲」という主張の意味するものとは何かが問われよう。

第6節　「憲法の精神」と基本的人権

(1)　武器輸出三原則と私人の権利制約

武器輸出三原則を規制する憲法上の原理としては国際紛争等の助長を回避するという「憲法の精神」と輸出の自由をはじめとする基本的人権があることが分かった。さらに、武器輸出は経済活動だけではなく、取材活動に持参する防毒マスクといった個人の活動や、テロ対策をはじめとして武器に関係する研究開発などからも生起することがあり得るので憲法22条から派生する輸出の自由だけでなく、憲法29条の財産権や報道の自由、武器に関する研究活動を視

---

[190]　社民党『社会民主党宣言』（http://www5.sdp.or.jp/vision/vision.htm）（最終訪問日：2010年12月13日）。

野に入れれば憲法23条の学問の自由との関係も考えなければならないことになる。こうした「憲法の精神」と基本的人権との関係を考えてみると、一方はあくまでも憲法の「精神」であり条文上の根拠はない。他方は憲法の条文上の根拠を持ち、輸出の自由のように判例があるものもある。同様に「憲法の精神」は政策上の選択であるが、基本的人権は憲法上の規範である。したがって、武器輸出三原則を解釈する際にどちらが重視されるかは自明であろう。基本的人権である輸出の自由や財産権、学問の自由などを侵害して「憲法の精神」が無条件に優先されるという解釈は許されない。どこで「調和」を図るのかという視点が従来の国会や学説における議論では欠けている。

　さらに、憲法は私人を直接規制するものであるのか、という疑問がある。武器輸出三原則が憲法から直接導かれるとする立場は当然視していたとも思われ、社会党政策審議会事務局長の海野明昇氏は「わが国憲法が、戦争を放棄し、平和国家として生きる理想を掲げていることは国際的にも知られている。この憲法をもつわが国が、他国の戦争や紛争に介入してその一方を援助することがあってはならないし、ましてや武器を輸出して『死の商人』の役割をして利益を得るようなことは、民間企業であっても禁止することが憲法の精神に合致するのである」と憲法の制約が私人に及ぶことを当然視している[191]。青井未帆氏も「憲法の平和主義が武器禁輸政策を生み出し、民間会社の活動に制約を加えている」[192]と武器輸出三原則（青井氏は「武器禁輸政策」と呼称している）が「民間会社の活動に制約を加えている」とするが、憲法上これは自明ではない。憲法が私人の活動に規制を加えるためには、塩野宏氏が「国民の権利を侵害するには、それだけの合理的根拠と、かつ具体的な法律の根拠が必要とされる」[193]と指摘するとおりである。武器輸出三原則は外為法という法律の枠内ではじめて許可制という形で私人への規制が可能となるものであり、平和主義が直接私人の活動を制約できるものではない。しかも、一律に武器輸出を禁止すべきではないという明文が外為法上存在する（外為法第47条）。憲法とは本来国家の活動に制約を加えるものであり、憲法との関係では国家の活動に制約を課す限りにおいては基本的人権との衝突はない。原則として私人の活動を憲法

---

[191]　海野明昇「武器輸出禁止法をめぐって」『月刊社会党』1981.5、123頁。
[192]　青井未帆「安全保障と民間会社の関わり-武器移転の視座から」『法学セミナー』2007.1、23頁。
[193]　前掲注(155)。

第 6 節　「憲法の精神」と基本的人権

は直接規制してはいない。例えば、日本人が外人部隊に加わって戦闘に参加することがあってもそれが憲法違反になるものではない（高辻正巳内閣法制局長官　参・予算委員会　1970.3.3)[194]。同様に私人による武器輸出もそれ自体は憲法問題ではない。このことは武器輸出を放置すべきだとか、規制してはならないと言っているのではない。憲法は「死の商人」を直接規制するものではない。だからこそ法律による規制が必要で公共の福祉や合理的な範囲内という議論が初めて生起するのである。その際に「国会が役割を果たしているか」が問われるのであり、武器輸出をすべきではないと「空気」のように議論してはこうした点の議論を深めることはできない。それは法治国家の姿とは言えない。

(2)　学問の自由との関係──東京大学のロケット輸出

先ほど研究活動の関連で武器輸出をしたり、武器技術を提供したりすることが生起すれば学問の自由との関係が論点となり得ると指摘した。武器輸出三原則では政府による武器輸出（自衛隊の海外派遣）と経済活動だけが対象となっていると思われているが、佐藤榮作総理大臣が武器輸出三原則を表明した際に論点となっていた事案は東京大学のロケットをインドネシアやユーゴスラビアに輸出した問題だったのである。華山親義議員（社会党）は「東大のロケットをインドネシア、ユーゴに輸出しておる。武器に転換する性格のあるようなものは輸出すべきではないじゃないか」（衆・決算委員会　1967.4.21)[195]と東京大学のロケットがインドネシアやユーゴスラビアに輸出されたことを批判した。佐藤榮作総理大臣の武器輸出三原則表明は華山議員のこの批判を受けてのものであった（武器輸出三原則表明時の質疑は第 3 章第 1 節参照）。

①　東京大学のロケットのインドネシア輸出　佐藤榮作総理大臣による武器輸出三原則表明に至るきっかけとなった事案として東京大学のロケットを輸出したことが「武器輸出」ではないのかという議論があった。本案件の背景には様々な要因がからんでおり、武器だけではなく汎用品も含めた輸出管理や知的財産など研究活動をめぐる様々な論点が浮き彫りとなっている。そこで以下では東京大学が開発したロケットが輸出されたことで国会で議論の対象となった論点につき、当時の質疑を検証しながら検討したい。

基本的な構図は東京大学が開発したロケットを日本企業がインドネシアに輸出したということが問題視されている。そこではロケットが武器ではないかと

---

[194]　第 63 回国会参議院予算委員会会議録第 3 号 10、11 頁。
[195]　第 55 回国会衆議院決算委員会会議録第 5 号 9、10 頁。

第 2 章　武器輸出三原則と憲法

いう論点のほかにも様々な論点が議論の対象となっており、現在の視点からも有益な示唆を与える。東京大学のロケットがインドネシアに輸出された問題は、武器輸出三原則の出発点でもあるが、汎用品の輸出管理や秘密保護法制といった論点の出発点にもなっているのである。そしてその全てにおいて関係してくる論点は学問の自由との関係であることは言うまでもない。

　②　**ロケット輸出の経緯**　議論はコスパー（宇宙空間研究委員会・COSPAR（Committee on Space Research））という国際的な学術団体に始まる[196]。日本からは「日本学術会議がそのメンバーで」あった（糸川英夫氏　衆・科学技術振興対策特別委員会宇宙開発に関する小委員会　1966.2.24)[197]。この当時、「コスパーの中では、ロケットを持っている国はなるべくよその国へ貸すなり何なりして、全世界的に観測ロケットで、同時観測をやろう、あるいは世界日をきめてやろう」ということが議論されていた（高木昇科学技術庁宇宙開発推進本部長　衆・科学技術振興対策特別委員会　1965.8.5)[198]。その際、コスパーでは「後進国が自分でロケットを開発しても間に合わないだろう、ですから、先進国、つまりソ連、アメリカ、フランス、日本、主としてこの四カ国でございますが、そういうすでに宇宙観測用のロケットを持っている国は、できるだけ後進国に対して供与もしくはそれを売り渡しまして、IQSY（筆者注：太陽観測年のこと）にできるだけ多くの国が参加できるようにしようじゃないかというリコメンデーション」（糸川英夫氏　衆・科学技術振興対策特別委員会宇宙開発に関する小委員会　1966.2.24)[199]があったという。1964、65 年が太陽観測年のため、その前年の 1963 年にコスパーの一員としてインドネシアで太陽観測年の間に宇宙観測をやるならば「どういう計画がいいだろうというその宇宙科学の計画について、われわれに相談に参りました」とインドネシア側からアプローチがあった（高木昇科学技術庁宇宙開発推進本部長　衆・科学技術振興対策特別委員会　1965.8.5)[200]。具体的にはインドネシアのコスパーから東京大学生産技術研究所に相談が寄せられた（田中武夫議員（社会党）　衆・科学技術振興対策特別委員

---

(196)　Committee on Space Research（COSPAR）(http://cosparhq.cnes.fr/About/about.htm)（last visited December 13, 2010）.
(197)　第 51 回国会衆議院科学技術振興対策特別委員会宇宙開発に関する小委員会議録第 1 号 5 頁。
(198)　第 49 回国会衆議院科学技術振興対策特別委員会議録第 3 号 4 頁。
(199)　第 51 回国会衆議院科学技術振興対策特別委員会宇宙開発に関する小委員会議録第 1 号 5 頁。
(200)　第 49 回国会衆議院科学技術振興対策特別委員会議録第 3 号 4 頁。

第 6 節　「憲法の精神」と基本的人権

会　1965.8.11、高木昇科学技術庁宇宙開発推進本部長　衆・科学技術振興対策特別委員会　1965.8.11、糸川英夫氏　衆・科学技術振興対策特別委員会宇宙開発に関する小委員会　1966.2.24)[201]。その結果、インドネシアは「商社を通じて現在 20 社くらいに──ロケットばかりではございません、いろいろ地上施設を含めて、20 会社位にそういう発注を」した（高木昇科学技術庁宇宙開発推進本部長　衆・科学技術振興対策特別委員会　1965.8.5)[202]。なお、こうしたロケットの輸出には前例があり、「その前にユーゴスラビアの輸出もございましたが、これも向こうのコスパーあるいは学術会議というような人が、われわれのコスパーのナショナルレポートを見まして、どういう計画でどういう観測をしたいということで、それに対して助言して、この前はカッパー 6 型を 5 基出したわけでございます」（高木科学技術庁宇宙開発推進本部長　衆・科学技術振興対策特別委員会 1965.8.5)[203]とインドネシアへの輸出の前にユーゴスラビアにも輸出した前例があったことを明かす。

なお、インドネシア側と東京大学との間では「科学者がお互いに行き来しながら、お互いに試験場はどういうふうにしようとか、そういうドローイングなんかを相談しながらきめたのでありまして、正式に向こうの研究所とこちらの研究所と文書はかわしておりません」とし、「学術会議の段階のものですから、学者同士でそうはっきりメモランダムにサインするということはやっていない慣習でございます」と説明する（高木昇科学技術庁宇宙開発推進本部長　衆・科学技術振興対策特別委員会　1965.8.11)[204]。つまり政府間の正式な協力関係でもなく、企業間の契約関係でもなかったので公文書のやり取りはなかったという。

こうしたコスパーを通じた国際的な協力についての一般的な考え方と経緯について政府は次のように整理する。

○　コスパーの加盟国からわが国の観測用ロケットを使用しての観測実施について協力を求めてこられた場合には、わが国は国際協力の原則に従ってこれに協力する立場でございますが、インドネシアの場合においては、昭和 38 年（1963 年）夏インドネシア学術会議の関係者が研究所を訪れ、インドネシアの宇宙科学計画に

---

[201]　第 49 回国会衆議院科学技術振興対策特別委員会議録第 4 号 2 頁、第 51 回国会衆議院科学技術振興対策特別委員会宇宙開発に関する小委員会議録第 1 号 5 頁。
[202]　第 49 回国会衆議院科学技術振興対策特別委員会議録第 3 号 4 頁。
[203]　同上。
[204]　第 49 回国会衆議院科学技術振興対策特別委員会議録第 4 号 2 頁。

第2章　武器輸出三原則と憲法

関し協力を求めてまいりましたので、研究所はこれに対し助言を与えるとともに、計画の実施に必要な観測用ロケット及び地上施設についての協力を行うこととなったのであります。これに基づいて商社が通産省の許可を得て一般商業ベースで輸出されたのが経過であります（括弧内筆者追加）（岡野澄文部省大学学術局審議官　衆・科学技術振興対策特別委員会　1965.8.11）[205]

基本的には「観測実施について協力」すると言っているのであるから、「通産省の許可」を取得することを条件にロケットを輸出するというのが当時の政府の考え方であった。

　③　**ロケットは武器か**　まずロケットは武器ではないか、という論点が国会では議論の対象となった。山内広議員（社会党）は「インドネシアにロケットを出したということは、マレーシアから非常に強い抗議が来ているでしょう。これだって解明しないと、あなた方はこれは武器にならぬという御答弁だろうと思うけれども、外国は、すでに、これは弾頭を取りかえて核兵器にでも改造されたらたいへんだという心配を外国は持っているわけです」（衆・科学技術振興対策特別委員会　1965.8.5）[206]とロケットがミサイルに転用される危険性を指摘し、インドネシアへのロケットの輸出を批判する。これに対して政府は輸出されたロケットは「宇宙観測用ということで設計されたものでございます」（赤沢璋一通商産業省重工業局次長　衆・科学技術振興対策特別委員会　1965.8.5）[207]として武器であることを否定する。答弁は続けて誘導制御装置がないこと等技術的な面を指摘し「軍事用に転用する可能性はほとんどない、あるいは全くない」と確認し輸出許可をしたと経緯を説明する（赤沢璋一通商産業省重工業局次長　衆・科学技術振興対策特別委員会　1965.8.5）[208]。さらに糸川英夫氏は「カッパー8型は武器になることが技術的に全く不可能でございます。それは何も誘導装置がついておりませんし、また、誘導装置をつけるとすれば、全部新しく設計し直して、新しくつくったほうがはるかに経済的なんであります」（衆・科学技術振興対策特別委員会宇宙開発に関する小委員会　1966.2.24）[209]と説明している。

---

(205)　第49回国会衆議院科学技術振興対策特別委員会議録第4号1頁。
(206)　第49回国会衆議院科学技術振興対策特別委員会議録第3号4頁。
(207)　同上。
(208)　第49回国会衆議院科学技術振興対策特別委員会議録第3号5頁。
(209)　第51回国会衆議院科学技術振興対策特別委員会宇宙開発に関する小委員会議録第1号5頁。

第6節　「憲法の精神」と基本的人権

　当時の質疑で仮に武器に該当するロケットであった場合（武器（ミサイル）としての専用設計を持ったロケットの場合）の整理として通商産業省は「武器輸出につきましては次のような方針を考えております」として次のように説明する。

○　第一は、ココムの制限がございます。これに従うという点が第一でございます。
　　第二は、国連の決議に基づきまして、武器輸出が禁止されておるこの国には輸出ができません。これが第二であります。
　　第三は、国際紛争の助長と言うようなおそれがある国に対する輸出につきましてはこれを認めない、こういう方針でございます。したがいまして、ただいま御指摘のいわゆる武器としてのロケット、これの輸出問題が将来起こりました場合には、現在はこういう方針で処理をいたしておるということでございます（赤沢璋一通商産業省重工業局次長　衆・科学技術振興対策特別委員会　1965.8.5）[210]

　インドネシアに輸出したカッパー8型は武器ではないのでこの原則は適用されずあくまでも仮定の話として紹介されたものであるが、佐藤榮作総理大臣が武器輸出三原則を表明する数年前に既に武器輸出三原則に相当する基準があったことを示している。

　なお、佐藤榮作総理大臣が武器輸出三原則を表明した際に議論の対象となったものが武器ではない東京大学のロケットであったことは、その後三木内閣が政府統一見解を表明した際に議論の対象となったものが武器輸出三原則上の武器ではない自衛隊の輸送機Ｃ１だったことと合わせてきわめて興味深い。

　④　**研究成果の公表と特許・秘密保護**　　インドネシアに輸出したロケットは武器には当たらないので武器輸出管理の対象とはならない。したがって武器輸出管理の対象としてインドネシアへの輸出を論難することには限界がある。そこで本件は武器でなかったとしても様々な管理をすべきではないか、インドネシアには輸出すべきではなかったのではないかと議論を展開するために様々な論点に議論が波及している。

　まずは東京大学が開発したロケットであるにもかかわらず民間企業が製造したことが問題ではないか、と議論される。田中武夫議員（社会党）は東京大学が民間企業に発注したロケットを民間企業が「あとでそれと同じものをかってにどんどんつくることは差しつかえない、こういう考え方なんですか」（衆・

---

[210]　第51回国会衆議院科学技術振興対策特別委員会宇宙開発に関する小委員会議録第1号5頁。

科学技術振興対策特別委員会　1965.8.11)[211]と質問する。これに対して政府は「許されておると思います」（岡野澄文部省大学学術局審議官　衆・科学技術振興対策特別委員会　1965.8.11)[212]と答弁する。田中議員は「われわれが疑問に思うのは、東大が、まあ大学ですから国の費用等で開発せられたものが、一メーカーで生産せられ、商品となったところのいきさつ、それがまた商社の手で輸出せられたといういきさつについて、われわれはまだ釈然とせぬ」（衆・科学技術振興対策特別委員会宇宙開発に関する小委員会　1966.2.24)[213]と、インドネシア向けに輸出されたロケットは東京大学が開発したものであるにもかかわらず民間企業が販売したことを疑問視する。これに対して糸川英夫氏は「大学でやっております研究は、全部研究報告が公開されておりますので、どのメーカーでもその資料を使いまして、ロケットを製作することができます」とし、したがって、「どこのメーカーでも東京大学の報告によりまして、われわれが開発、完成いたしましたロケットを製作することができます。また、それを、通産省が許可を与えれば、国外に輸出することができると思います」と述べる（衆・科学技術振興対策特別委員会宇宙開発に関する小委員会　1966.2.24)[214]。東京大学がロケットを発注した民間企業に限らず誰でも東京大学の研究成果は利用できるし、その研究成果を利用した成果物を自由に輸出できるものだと説明する。これに対して田中議員は「やはり国の費用で国の機関でやったのならば、必要なものは、たとえば東大、あるいはそれを発明なり発見せられた個人の特許として置いて、それを各メーカーが使うならば、ある程度のロイアルティーはとってもいいのじゃないか」（衆・科学技術振興対策特別委員会宇宙開発に関する小委員会　1966.2.24)[215]という。確かに成果物に対して特許などを取得することによって成果物の利用に対しては対価を取るべきではないかという指摘は当時より知的財産に関心の深まっている現在、より重要な指摘と言えよう。この当時は東京大学は開発したロケットに対して特許を取得していなかったという（糸川英夫氏　衆・科学技術振興対策特別委員会宇宙開発に関する小委員会　1966.2.24)[216]。その理由として糸川英夫氏は「政府機関が特許を取りますと、

---

(211)　第49回国会衆議院科学技術振興対策特別委員会議録第4号2頁。
(212)　同上。
(213)　第51回国会衆議院科学技術振興対策特別委員会宇宙開発に関する小委員会議録第1号6頁。
(214)　同上。
(215)　同上。

第6節 「憲法の精神」と基本的人権

その研究者に対してどれだけの報償をするかという、御承知のたいへんめんどうな問題がございまして、各政府機関とも同じだと思うのですが、東京大学でもいろいろなルールは教授会でディスカスされますけれども、あまりはっきりとした結論は出ておりません」（衆・科学技術振興対策特別委員会宇宙開発に関する小委員会　1966.2.24）[217]と指摘する。こうした発明の帰属など特許取得に対する論点も現在でも通じるものがあろう。

　より根本的には学問の自由との関係が挙げられる。研究成果については、「打ち上げによって必要な観測データを取得すれば国費を使用してのロケット観測の目的は達せられ、その成果は、大学における学術研究の本質に立脚し、観測用ロケットの設計、研究成果を含めて公表されております」とし、なぜ公表されることが原則なのかと言えば「観測用ロケットの設計についても、大学における研究成果として、学問研究の自由の原則に従って一般に公開されておるわけでございます。このような事情でございますから、大学は特許権の申請を行っていないのが実情でありますので、大学としては研究成果に基づいて観測用ロケットを製作され、これによって宇宙空間に関する観測データが得られるならば、その目的が達せられると考えられるわけでございます。要するに特許権の申請──特許になじまないことでございますので、こういうものが商品化されたということについては、別段違法でもないと考える」と言う（岡野澄文部省大学学術局審議官　衆・科学技術振興対策特別委員会　1965.8.11）[218]。現在では大学の研究成果が特許の対象となる事例も多いので、全ての研究活動が「特許になじまない」とは言えないであろうし、他方で「大学における学術研究の本質に立脚」が無条件の公開とは論理必然では言えないであろう。しかしながら、学問の自由との関係でどの範囲を特許の対象とすべきかという論点は依然として有効な問いかけであろう。

　田中武夫議員（社会党）はさらに「公表することは学問の進歩のためでしょう。一商社をもうけさすためじゃないですね。それを商品化するときに、黙ってそのままやっていいのですか。現在ではそういうようなシステムになっておるのですか」（衆・科学技術振興対策特別委員会　1965.8.11）[219]と指摘するが、技

---

(216)　同上。
(217)　同上。
(218)　第49回国会衆議院科学技術振興対策特別委員会議録第4号1、2頁。
(219)　第49回国会衆議院科学技術振興対策特別委員会議録第4号3頁。

術というものの性質上公表してしまえば誰でも利用できる。政府は「設計の詳細は公表されておりますから、それをどこが御利用になってもけっこうだというふうに考えます」（岡野澄文部省大学学術局審議官　衆・科学技術振興対策特別委員会　1965.8.11)[220]と答弁している。公表されている成果の利用を制限することはもとより現実的ではない。特許を取得しても「ロイアルティー」を支払えば特許権を利用できる。反対に利用させないというのであれば利用させない基準が必要になってくる。企業であれば営利という一つの基準があるが大学でその基準は何か、難しい論点であろう。なお、現実には「基本設計その他は東大がやりますが、細部は――実情を申し上げますと、われわれはねじの設計なんかできないことがありますので、細部は向こうがやることもあり、いいアイデアがあればもちろん向こうで採用してやります。やっている間に基本から細部に至ってはちょうど溶け合ったようなかっこうになりまして、合作じゃないかと思うのでございます」（高木昇科学技術庁宇宙開発推進本部長　衆・科学技術振興対策特別委員会　1965.8.5)[221]という答弁もあり、現実には東京大学の技術情報のみではロケットの製造は難しいようである。

　議論はインドネシアへのロケットの輸出を問題視することから始まり、輸出したロケットを民間企業が製造したことを問題視し、さらには民間企業が製造できるような研究成果を公表したことに波及する。こうした側面からは「ロイアルティー」の有無はもはや関係はない。一律にそうした研究成果が利用できることが問題となるのである。上記の質疑に続けて田中武夫議員（社会党）は「研究したそれを公表すると、そこから先はどこが何に使おうとかまわない。じゃその公表を許したのはどこが許したのですか。それからそういう結果は公表してそういうようになるということは、何かそういう官制なり組織法なり、あるいはその他の法律あるいは規則、政令、何かにそういう根拠がありますか」（衆・科学技術振興対策特別委員会　1965.8.11)[222]と質問する。政府は「一般に、学問の分野において研究成果を公表するということは常識でございます。別に法規はございませんが、それが学界の常識だというふうに考えます」（岡野澄文部省大学学術局審議官　衆・科学技術振興対策特別委員会　1965.8.11)[223]と

---

(220)　同上。
(221)　第49回国会衆議院科学技術振興対策特別委員会議録第3号7頁。
(222)　第49回国会衆議院科学技術振興対策特別委員会議録第4号3頁。
(223)　同上。

第 6 節 「憲法の精神」と基本的人権

答弁する。学問の自由の観点からは成果を公表しない場合にこそ法的な根拠が要求され、そうした法的規制は学問の自由との関係の整理が不可欠となろう。したがって、田中議員はさらに「公表することは常識である。しかしそれを使うほうは、それじゃそれで金もうけしようと思って幾らでもしていいようになっているのですね。そういう組織なんですか。そうならば、東大はもちろん純粋な宇宙観測という高度な目的のためにやられた。ここは純粋なんだ。しかし、それを結果的に見た場合は、東大は一商社をもうけさすためにやったということになるのですが、それでいいのですか」（衆・科学技術振興対策特別委員会　1965.8.11）[224]と追及するが、これに対して上原正吉科学技術庁長官は、「公表するからにはそれをだれが利用するかわからないというたてまえで公表していると思うのです」とし、「制限する法律がなければいたし方ないんじゃないかと思われるわけでございます」と述べる（衆・科学技術振興対策特別委員会　1965.8.11）[225]。公表した研究成果の利用を制限すること、仮に営利目的の利用（「金もうけしよう」）が制限されるというのであれば経済活動の自由との関係も論点として浮かび上がってくる。ただ、田中議員の問題意識自体は軽視できない。つまり研究成果によっては公表自体を控えるべきではないかと指摘しているのである。田中議員は「それをチェックする必要はないですか。立法論で行きましょう」（衆・科学技術振興対策特別委員会　1965.8.11）[226]と新規立法の可能性に言及する。さらに「研究の成果は公表するというが、その研究の成果はどんなものでも公表するのですか。たとえば秘密に属するものとか、そういうものがあるんじゃないですか」（田中武夫議員（社会党）　衆・科学技術振興対策特別委員会　1965.8.11）[227]と指摘する。田中議員は研究成果の公表を防ぐ一つの方策は秘密保護立法をすることだと明確に指摘している。これに対して政府は「われわれの設計したものは公表して、単に一社ばかりでなく、他の方方が全部日本の産業としてお使いになれるように努力しております」（高木昇科学技術庁宇宙開発推進本部長　衆・科学技術振興対策特別委員会　1965.8.11）[228]と述べるが、安全保障の観点からは日本だけでなく世界中の「方方」が「お使いになれるように」する必要は必ずしもない。上原正吉科学技術庁長官は「わ

---

[224]　同上。
[225]　同上。
[226]　同上。
[227]　第 49 回国会衆議院科学技術振興対策特別委員会議録第 4 号 4 頁。
[228]　同上。

155

が国には国の秘密というものがないわけです。ですから、国の秘密を守るためにチェックするということも、現在では不可能だと思います」(衆・科学技術振興対策特別委員会　1965.8.11)[229]と田中議員の指摘に対して「不可能だ」と答弁しているが、それは現時点での立法の話であり、田中議員の指摘する「立法論」に対する回答にはなっていない。その点で1965年の時点でこうした問題提起をしている田中武夫議員は炯眼である。

　研究成果の公表をめぐる一連の議論は二つの論点を提起している。第一には研究成果のもつ知的財産の側面である。研究成果の公表が国民の税金で行われた研究である以上、成果の利用には一定の「ロイアルティー」を支払わせるべきではないか、という論点であり、研究成果を特許の対象とすべきではないかという論点を提起している。しかしながら、単に「ロイアルティー」といった形で研究成果の利用に対価を取得することだけが問題視されるのであれば、むしろ輸出を促進した方が国民に利益が還元される。政府はロケットの輸出によって「日本の国際収支、外貨の獲得に寄与するという点もございますし、また日本の技術を国際的に宣揚するというふうな効果もあるわけでございまして、非常にむずかしい問題でございますが、もし輸出もすることによって、政府のほうで発注いたしますものの価格が安くなるとか、あるいはこの場合には特許使用料というような観念はないわけでございますが、国との関係におきましても、輸出というものが、ある程度継続的に、あるいは相当の基数行われるようになりますならばただいま御指摘のような、国の力によって開発したのだ、その利益が国に帰するようなことからも、合わせて考うべきではなかろうか」(始関伊平科学技術政務次官　衆・決算委員会　1967.3.28)[230]と指摘する。つまり第一の側面を強調する限りは必ずしも輸出されたことが問題とはならない。したがって、ロケットの輸出に懸念があると議論するためにはもう一つの論点が重要である。すなわち研究成果の公表に伴う技術流出や軍事転用という側面であり、こうした観点から公表を制限するのであれば新規立法によるほかなく、秘密保護法制の必要性につき問題提起していた。当時、そして現在でも秘密保護法制がなければ、公表を制限する法的な根拠はなく学問の自由の趣旨に立ち返り研究成果は公表されるのが大原則となることは当然である。もちろん秘密保護法制も学問の自由との「調和」が図られなければならないが、田中議員の

---

(229)　同上。
(230)　第55回国会衆議院決算委員会議録第4号22頁。

問題意識を踏まえれば全くの非規制でよいのか、という問には答えなければならない。法治国家の観点からは法的根拠なく研究成果の公表が制限されることの方が秘密保護法制の導入よりも危険である。そうした危険性は武器輸出三原則が孕む問題点と同様である。

　こうした研究成果の公表をめぐる論点は輸出管理の側面でも重要な論点を提起する。「大学における学術研究の本質に立脚」することが研究成果の無条件の公開であるならば、武器を輸出しなくても武器の技術（極端な場合には核兵器製造の技術）を研究し、その成果を公開してしまえば輸出管理の意義は一気に減殺されてしまう。外為法では第25条で技術の提供が規制対象とされているが、不特定多数への公表行為は許可の対象行為とはされていない。不特定多数への公表行為は輸出管理の重大な盲点なのである。

　⑤　**研究成果の管理と武器への転用可能性**　　議論は研究成果の公表から研究成果そのものに移行する。既に検討したとおり東京大学のロケットは武器ではない。しかしながら、田中武夫議員（社会党）は「カッパー8型は直ちに武器であるかどうかは問題であるとしても、なり得る可能性がある。そうするならば、そういうものをつくること自体、憲法との関係等も論じなければならないことになると思う」（衆・科学技術振興対策特別委員会　1965.8.11）[231]と問題提起する。「そういうものをつくること自体、憲法との関係等も論じなければならない」ということはロケットの研究開発自体が憲法との関係で問題になるのではないかと言う。武器への転用可能性がある以上、ロケット自体の研究開発が制限されるべきだと田中議員は示唆していることになる。しかしながら、武器への転用可能性があるからという理由で研究開発自体が制限されることはむしろ学問の自由との関係で大いに問題となろう。したがって、武器に転用可能な技術の研究開発は（武器そのものの研究開発も）「憲法との関係」が問題となることはなく、むしろ制限する場合に憲法との関係を整理する必要が出てくる。武器の研究開発が制限される憲法上の規定がないことは、武器の生産が憲法上許されることと同様である。むしろ学問の自由との関係からはたとえ武器の研究開発であっても十分に尊重されることが原則である。ただ、田中議員の問題意識は十分に現在でも通用するものである。つまり学術目的や国際協力という理由であったとしてもロケットが兵器に転用される危険性が解消されるわけで

---

[231]　第49回国会衆議院科学技術振興対策特別委員会議録第4号4頁。

はない。ただし転用される危険性があることと、そのものが武器であるかは実は別の論点である。転用可能性があるものが全て武器になってしまうのであれば汎用品は全て武器になってしまう。したがって田中議員の問題提起は汎用技術の研究開発の禁止ではなく輸出管理の必要性を示唆するものであったと言える。ミサイルに利用可能な汎用品の輸出管理を定めた国際的な枠組み（国際輸出管理レジーム）であるミサイル技術管理レジーム（MTCR）は1987年に発足しているので、その20年以上前にこうした問題を提起したことも田中武夫議員の炯眼である。特に同じ1987年に外為法が改正される際の国会質疑において野党側が輸出の自由と安全保障との調和に全く関心を払わなかったことと比較すれば、その先見性は明らかである。

　田中武夫議員（社会党）は転用の防止についても問題を提起する。「なぜこういうものを商業ベースでやったのかということなんですよ。今後こういうものは政府間協定でやる。同時に、これが一つ間違えばいわゆる兵器化する、そういう場合には、日本はあくまでも兵器でないという上に立ってやっていくべきなんです。もしそうだとするなら、大きな問題です。その使用目的等について制限を加えるところの契約がなされてしかるべきだと思うのです」（衆・科学技術振興対策特別委員会　1965.8.11)[232]と指摘する。用途の確認や制限は現在の輸出管理においても重要な位置を占めている。特に汎用品の場合はその用途によって軍事用途にも民生用途にも利用できることから、用途の確認を通じて転用の可能性を判断している。この点も汎用品の輸出管理で用途確認が重要な位置を占めていなかった1965年にこうした点を指摘したことは重要である。ただし、上記の田中議員の問題意識に対する解決策には必ずしもなってはいない。「政府間協定」や契約による制限といった形式面での確認に加え、実質面での用途確認（例えば実際に使用される場所等の確認）も合わせて行うことが現在の輸出管理実務となっている。さらにこうした転用の防止は商業ベースの輸出であっても政府間協定であっても本質的には変わらない。政治的により効力が強い政府間協定の方が転用防止の効果が高いという予測が成り立つかもしれないが、商業ベースでは全く転用防止できないことは意味しないし、同様に政府間協定ならば必ず転用防止ができるわけでもない。あくまでも程度問題である。

---

[232]　第49回国会衆議院科学技術振興対策特別委員会議録第4号5頁。

第6節　「憲法の精神」と基本的人権

こうした田中武夫議員の問題提起に対して上原正吉科学技術庁長官は「国の費用で開発した大学の研究成果を民間人が自由に使用していいかどうか、こういう点もあるように思う。私は大学の研究というものは、それでいいのではないかと思っております」(衆・科学技術振興対策特別委員会　1965.8.11)[233]と答弁する。確かに研究成果が国民の共有財産と言う観点からはそのとおりかもしれない。ただ、先述のとおり「民間人」には外国人が含まれるので国民の税金を使った研究成果に全く対価がいらないのかという論点は依然として残るとともに、さらには兵器に転用されるかもしれない技術の管理は不要なのかという点は田中議員の指摘に対する回答にはなっていない。田中議員は「大学の研究はそのままどこで利用されてもいいのだ。これは学問的にはそうです。しかしそれを商売に利用するということについてはなんだか納得がいかない」(衆・科学技術振興対策特別委員会　1965.8.11)[234]とあくまでも「商業ベース」での利用が問題だと指摘するが、田中議員の問題意識である転用防止という観点からは外国の大学等が日本の大学の研究成果を利用して武器の研究開発に従事することも十分に可能であり、学問だからといって管理不要とはならない。東京大学が輸出したロケットに関して華山親義議員（社会党）は「それがはたして武器に使われないような状態に、外国において置かれているかということを追求することはできますか」(衆・決算委員会　1967.3.28)[235]と質問しているが、政府は「通産省の立場といたしましては、そのものが機能並びに構造において、武器であるかどうか、あるいは武器に転用されるかどうか、これは十分審査をいたします。その上で武器に該当しないというたてまえで、従来のロケットは輸出の承認をしたわけでございます」(赤沢璋一通商産業省重工業局次長　衆・決算委員会　1967.3.28)[236]と述べるにとどまる。ミサイル技術管理レジーム発足の20年以上前である当時の輸出管理においては汎用品はココム規制対象国のみが輸出承認の対象であったことから、輸出したロケットが武器でない以上輸出を承認することは制度上当然の帰結であるが、華山議員の問題意識に対する回答にはなっていない。

　こうした一連の議論を通じて明らかとなることは1965年当時むしろ野党側

---

(233)　第49回国会衆議院科学技術振興対策特別委員会議録第4号6頁。
(234)　同上。
(235)　第55回国会衆議院決算委員会議録第4号22頁。
(236)　同上。

が学問の自由を制約し、安全保障の観点から一定の研究活動や研究成果の公表を管理又は制限する必要性を議論していたという点である。田中議員はさらに続けて次のように指摘する。

○　東大の問題にしても、文部省なり大学当局がもっと何らかの方法をとるべきではないか。現にそういうことについて法律がないからできないということだけでは済まないと思う。あなた方がやっていることは、すべて法律がなければできないかというと、そうじゃないのです。ことに通産省のごときは法律を乗り越えての行政指導をたくさんやっているのです（傍点筆者）（田中武夫議員（社会党）　衆・科学技術振興対策特別委員会　1965.8.11）[237]

田中議員の指摘は単に文部省や大学当局が何らかの管理をすべきではないか、と言っているに止まらない。既に政府側から繰り返し法的な根拠がないことを指摘されているため、「通産省のごときは法律を乗り越えての行政指導をたくさんやっている」と「法律を乗り越えての行政指導」を肯定的に評価したうえで文部省などもそうした行政指導をすべきではないか、「法律がないからできないということだけでは済まない」と言うのである。この指摘は法的根拠のない行政指導を当時は野党側が要求していたことの証左でもある上、立法府自身が立法を軽視し行政を万能と考えていたことを示す証拠でもある。やはり法的根拠なく基本的人権を制限する規制を肯定することは、規制をする必要性自体についていかに同意できても首肯できるものではない。法治国家の根幹を揺るがしてはならない（第4章第3節(5)参照）。

　法的根拠なく行政が介入することには問題があるが、原茂議員（社会党）は「どこかが一元的に統一して、この種の宇宙開発中心の成果あるいは開発された技術というものを一ヵ所で、これはもう大学の研究から外部のいわゆる利用にまかせてよろしい、あるいはまだ早い、危険がある、まだ未熟だ、この研究は進めるべきであるというような判定と同時に、（中略）この研究はもう外部に発表をしこれを使わしてよろしいという決定の機関が一ヵ所に統一されてありさえすれば、私はこの種の問題はそこで責任を負えばいいと思うのです」（衆・科学技術振興対策特別委員会　1965.8.11）[238]と指摘し、外部に判定機関を設けることを提案している。続けて「公開して発表した以上は、どこのメーカーが使おうとこれは自由にきまっています。しかし、その公開していいかどうか、

---

[237]　第49回国会衆議院科学技術振興対策特別委員会議録第4号6頁。

[238]　第49回国会衆議院科学技術振興対策特別委員会議録第4号9頁。

第 6 節 「憲法の精神」と基本的人権

あるいはある程度全部がまとまるまで、コンクリートするまで全然学会の誌上にも出さなかったというようなものがもしあった場合には、それを一ぺんに発表していいとか悪いとか、部分的に発表していいとか悪いとかいうことを、どこか一ヵ所総合的に相談して発表していいとか悪いとかの決定をする機関というものを国の立場でお持ちになることのほうが、今度のような問題の疑問というものがうんと少なくなるし、問題の解決にいいんじゃないかと思うのです」（衆・科学技術振興対策特別委員会　1965.8.11)[239]という。公開された研究成果の利用を制限することが非現実的であることは原議員の指摘のとおりであり、たとえ武器に転用可能だと言っても公開された研究成果の利用を止めることはできない。そこで公開の可否を判断する機関を国が設置してはどうかと提案しているのであるが、国が管理をするのであればやはり法的な根拠は必要である。法的根拠がなければこうした枠組みを実施することはできない。しかし原議員の研究成果の公表をめぐる問題意識も田中武夫議員の問題意識と同様に現在にも通じる。

⑥　武器の研究開発や軍からの受託と学問の自由　　東京大学のロケットがインドネシアに輸出された件が問題視されていた当時、政府より野党側が大学における研究活動により厳しい管理を求めていたことがここまでの検討から明らかになる。野党側はさらに踏み込んで軍や軍人と一緒に実施する研究開発は当然に制限されるべきだとする議論を展開する。華山議員は東京大学のロケット輸出を批判して「東大のロケットというものは、それがそのまま武器にはならないでしょう。しかしこれがインドネシアに行きました場合に、立ち会ったのは、あれは軍人なんですよ。科学者は立ち会っておらない」（華山親義議員（社会党）　衆・決算委員会　1967.4.21)[240]と指摘する。「軍人」でも研究に従事する「科学者」は当然に存在するはずであるがそうした点は全く考慮されていない。むしろコスパーを通じてロケットの打ち上げに関する相談が持ち込まれた経緯を踏まえれば、インドネシアの科学界と軍が密接に結びついている可能性を指摘できるのであるが、こうした学問と軍との密接な結び付きはそれほど例外的な事象ではない。さらには「東大の宇宙航空研究所にはインドの軍人が

---

[239]　同上。
[240]　第55回国会衆議院決算委員会議録第5号10頁。なお、本質疑は佐藤榮作総理大臣が武器輸出三原則を表明した答弁の直後であり、佐藤総理大臣の答弁の前後において華山議員がいかに東京大学のロケット輸出を念頭に置いていたかを示唆するものである。

161

入っているのです」（華山親義議員（社会党）衆・決算委員会 1967.4.21)[241]と批判する。軍人は研究活動に従事してはいけないと言わんばかりの批判である。もし、インドがミサイル開発をしているので研究成果がインドで軍事転用される危険性があるから受け入れるべきではない、ということであれば軍人に限らずインドからの留学生の受け入れ全般に当てはまる論点になる。確かに軍人の方がより危険であるかもしれないが、軍人でなければ危険でないとは言えない。このように軍人を研究活動から一律に排除することまでが唱えられていた。

さらに大学が外国の軍から研究費を受託することにも批判の目が向けられる。松本七郎議員（社会党）は「日本の大学、研究所、学会などが、米国陸軍極東開発局から広範な財政援助を受け委託研究に従事している事実」を問題視し、「政府提出の資料によりますと、東京大学の宇宙航空研究所や科学技術庁の航空宇宙研究所を含めまして、その大部分が国立や公立の機関で、これが外国軍のひもつき研究をやっているのであります。これは日本の教育の在り方、学問の自由という基本的な観点から申しましても、きわめてゆゆしい問題であります」と問題提起する（衆・本会議 1967.5.23)[242]。学問の自由の観点からは受託する自由を制限する方が本来は「ゆゆしい問題」となるはずであり、大学や研究機関の研究活動の自由を制限することになる。むしろ受託の制限は学問の自由を制限することにはなるのだが、野放図に受託することにより日本の安全保障にとって好ましくない研究まで受託することがないようにどのような管理が可能か、という論点として検証しなければならないはずである。しかし、松本議員の問題提起に政府も呼応する。佐藤榮作総理大臣は「本来、学術の研究というものは、研究者の良識、また、自由な判断によりまして研究が続けられるものでありまして、政府がこれに積極的な干渉をするような考えは毛頭持っておりません。しかし、御指摘になりましたように、外国の政府や、あるいは特に軍隊だとか、こういうところから資金の援助を受けますと、いろいろ誤解を受けることもあるだろうと思います。したがいまして、そういう意味で、これは一般の民間からの資金の受け入れとは相違いたしておりまして、十分慎重に扱わなければならぬ問題だと思います」（衆・本会議 1967.5.23)[243]と答弁する。「いろいろ誤解を受ける」ことだけが理由で受託を制限してよいのであ

---

(241) 同上。
(242) 第55回国会衆議院会議録第15号381頁。
(243) 第55回国会衆議院会議録第15号382、383頁。

第 6 節　「憲法の精神」と基本的人権

ろうか。剱木享弘文部大臣も米国の「陸軍開発局のほうからテーマを示しましたひもつきの研究でなかったことだけは事実」だとしながら、「学術研究の自由を守る意味合いにおきまして、今日まで学者の自主性にまかしてやってまいりました。しかし、この陸軍開発局から援助をいただいておりますものの中には、もちろん外国の政府機関から直接に個人にもらったものでございますが、相当の旅費も含まれておるのでございます」とし、「外国の政府から直接に国立大学の研究者が援助を受けます場合においては、米国のみならず、いずれの国家からでももらったものについては、これは相当の考慮を払う必要がある」と指摘する（衆・本会議　1967.5.23）[244]。つまり「ひもつきの研究」問題だとしたうえで、たとえ「ひもつき」でなかったとしても外国政府からの受託一般について「相当の考慮を払う必要がある」としている。これまでの議論を踏まえれば委託元がどこであろうが研究成果が公表されるのであれば、委託元もその利用に制限を課すことはできない。したがって、受託に当たって研究成果を非公表とするような合意があった場合や外国政府の利益と日本国民の利益が相反関係になるような場合は特に問題とされようが、たとえ委託元が軍であったとしても外国政府からの受託が全て禁止されることは学問の自由に対する制限としてその妥当性が問われよう。

⑦　東京大学のロケット輸出をめぐる教訓——学問の自由との調和　　東京大学のロケット輸出をめぐる議論が展開されてから半世紀近くが経過しているが、そこで提起されている論点は「古くて新しい問題」を数多く含んでいる。

　大学や研究機関が武器の研究開発に従事することを禁止する法規制はない。またこうした大学や研究機関が海外の大学や研究機関と共同研究などに従事したり、研究成果を海外に持ち出すことも十分にあり得ることである。その際に外為法上の武器の輸出が生起する。こうした研究活動も武器輸出三原則の適用対象となるが、武器輸出三原則が一律に武器輸出を禁止していない以上、こうした研究活動も一律に禁止されるものではない。経済活動に関連して輸出の自由と武器輸出三原則の関係が問題となったが、同様に研究活動では学問の自由と武器輸出三原則に代表される安全保障上の規制との調和が求められることになる。

　こうした論点は机上のものではなく既に具体的な研究開発に関連して生起し

[244]　第 55 回国会衆議院会議録第 15 号 383 頁。

ている。日本では武器の研究活動に従事している大学や研究機関はないと思われている。しかしながらテロ対策用資機材は外為法上の武器に相当するものがある。大学や研究機関では安心・安全技術としてテロ対策機材の研究開発が積極的に進められている。文部科学省では2010年度も「安全・安心な社会のための犯罪・テロ対策技術等を実用化するプログラム」として次のような研究開発を公募している[245]。

- 化学剤現場検知システムの開発
- 化学剤遠隔検知システムの開発
- 化学防護服の改良

こうした研究開発が外為法上は武器に当たる可能性がある（輸出貿易管理令別表第1の1の項(13)「軍用の細菌製剤、化学製剤若しくは放射性製剤又はこれらの散布、防護、浄化、探知若しくは識別のための装置若しくはその部分品」）。武器だから研究開発すべきではないと一概に言えるものではない。久間章生防衛大臣も「バイオ攻撃があったときにどう対処するかということについて共同研究しようじゃないかと持ちかけられたときに、それに対してノーと言うべきか、一緒になって研究しましょうよ、一緒になってこういうような防護服を作りましょうというようなことが悪いのかいいのか」（衆・国際テロリズムの防止及び我が国の協力支援活動並びにイラク人道復興支援等に関する特別委員会 2007.5.7）[246]と問題提起している。議論されるべきは学問の自由と調和のとれた安全保障上の規制であり一律に禁止をしたり、非規制にすることではない。

◆ 第7節　他の法律による規定 ◆

　武器輸出三原則が憲法の精神に則っているとはいうものの、憲法上武器輸出は禁止されていないことを確認してきた。武器輸出三原則は輸出の自由をはじめとした基本的人権と安全保障の調和という要請の中で外為法の運用方針として位置付けられる。外為法の法目的に軍事活動を制限する条項はないが他の法

---

[245] 文部科学省科学技術・学術審議会　研究計画・評価分科会　安心・安全科学技術委員会「安心・安全に資する科学技術の推進について」、2010.3、（http://www.mext.go.jp/b_menu/shingi/gijyutu/gijyutu2/toushin/attach/1291566.htm）（最終訪問日：2010年12月13日）。

[246] 第166回国会衆議院国際テロリズムの防止及び我が国の協力支援活動並びにイラク人道復興支援等に関する特別委員会議録第6号4頁。

律では軍事活動を制限しているものがある。ここでは外為法に関連する他の法律の規定における軍事活動を制限する条項の有無、またその効果について検討したい。

(1) 宇宙開発事業団法と宇宙基本法

既に廃止された宇宙開発事業団法では法目的に「平和の目的」が規定されていた。

◆ 宇宙開発事業団法（廃止）（抄）

> （目的）
> 第1条　宇宙開発事業団は、平和の目的に限り、人工衛星及び人工衛星打上げ用ロケットの開発、打上げ及び追跡を総合的、計画的かつ効率的に行ない、宇宙の開発及び利用の促進に寄与することを目的として設立されるものとする。

宇宙開発事業団法第1条に言う「平和の目的」の意味として、山原健二郎議員（共産党）は宇宙開発事業団法の趣旨説明では、「わが国における宇宙開発は、憲法の趣旨にのっとり、非核・非軍事を趣旨として平和の目的に限ることを明確にする必要があると認め、」「第1条に『平和の目的に限り、』を加えた」と指摘している（衆・科学技術委員会　1986.3.25）[247]。つまり宇宙開発事業団法では「平和の目的」とは非軍事を意味していたという[248]。

宇宙開発事業団法は宇宙開発事業団という文部省の認可法人の活動を規制する法律であり、外為法のように全ての私人を対象とした法律に同じような活動の規制を課すことの妥当性は憲法の基本的人権との関係を慎重に検討しなければならない。経済活動の自由や学問の自由と抵触する可能性があることは既に検討したとおりである。いずれにせよ、現在の外為法にこうした非軍事を規定した条項は法目的にない。

こうした「平和の目的」を非軍事と解し、宇宙利用を非軍事にのみ制限するという立場は宇宙基本法の成立により放棄されている。

◆ 宇宙基本法（抄）

> （目的）
> 第1条　この法律は、科学技術の進展その他の内外の諸情勢の変化に伴い、宇宙の開発及び利用（以下「宇宙開発利用」という。）の重要性が増大していることにかんがみ、日本国憲法の平和主義の理念を踏まえ、環境との調和に配慮しつつ、我が国において宇宙開発利用の果たす役割を拡大するため、宇宙開発利用に関し、基本理念及びその実現を

---

[247] 第104回国会衆議院科学技術委員会議録第4号21頁。
[248] 青木節子『日本の宇宙戦略』、慶應義塾大学出版会、2006、175～177頁。

第 2 章　武器輸出三原則と憲法

> 図るために基本となる事項を定め、国の責務等を明らかにし、並びに宇宙基本計画の作成について定めるとともに、宇宙開発戦略本部を設置すること等により、宇宙開発利用に関する施策を総合的かつ計画的に推進し、もって国民生活の向上及び経済社会の発展に寄与するとともに、世界の平和及び人類の福祉の向上に貢献することを目的とする。
> （宇宙の平和的利用）
> 第 2 条　宇宙開発利用は、月その他の天体を含む宇宙空間の探査及び利用における国家活動を律する原則に関する条約等の宇宙開発利用に関する条約その他の国際約束の定めるところに従い、日本国憲法の平和主義の理念にのっとり、行われるものとする。

　宇宙基本法第 2 条により「日本国憲法の平和主義の理念にのっとり」と規定されているものの、それは宇宙の利用が非軍事に限定されることを意味するわけではない。同条によると宇宙の利用に対する制約事項は国際条約と平和主義の理念だと規定されている。国際条約の解釈としては「非侵略」目的であれば宇宙の軍事利用が可能だと解されている。したがって、平和主義の理念に則った宇宙の軍事利用が可能になり、防衛省・自衛隊が偵察衛星や早期警戒衛星等を保有し、利用することが可能になったとされる[249]。具体的には平和主義の理念から許されないことは例えば偵察衛星等を保有した際、米国の「武力行使との一体性」が認められるような形での運用が許されないという[250]。宇宙空間においても憲法 9 条で禁止されている行為は許されないということであり当然の指摘である。

　武器輸出三原則も憲法の平和主義の精神に則っているので、「武力行使との一体性」が認められる輸出は憲法 9 条に抵触することになろう。しかし、日本からの武器輸出が全て「武力行使との一体性」が認められるものではない。したがって、宇宙基本法と同様に外為法が法目的に「日本国憲法の平和主義の理念にのっとり」と規定しても全ての武器輸出が禁止されることにはならない。なお、自衛隊が輸出者の場合は自衛隊の武器使用の態様によっては「武力行使との一体性」が認められる可能性が指摘できるが、この場合も輸出することが「武力行使」と考えられるのではなく、自衛隊の派遣そのものと武器使用のあり方であり、武器輸出を「武力行使」と捉えることには無理がある。

(2)　原子力基本法

　原子力基本法でも第 2 条で「平和の目的に限り」と平和目的が規定されている。

---

[249]　清原博「宇宙基本法が切り拓く新しい宇宙利用」『法学セミナー』No.646、2008.10、2 頁。
[250]　青木節子「宇宙基本法」『ジュリスト』No.1363、2008.9.15、39 頁。

第7節　他の法律による規定

◆ 原子力基本法（抄）

(目的)
第1条　この法律は、原子力の研究、開発及び利用を推進することによって、将来におけるエネルギー資源を確保し、学術の進歩と産業の振興とを図り、もつて人類社会の福祉と国民生活の水準向上とに寄与することを目的とする。
(基本方針)
第2条　原子力の研究、開発及び利用は、平和の目的に限り、安全の確保を旨として、民主的な運営の下に、自主的にこれを行うものとし、その成果を公開し、進んで国際協力に資するものとする。

原子力基本法第2条が規定する「平和の目的」も宇宙開発事業団法と同じく非軍事と解されている（津野修内閣法制局長官　参・外交防衛委員会　2002.6.6）[251]。なお、この「平和の目的」とは核兵器の保有が禁止されることは言うまでもないが、原子力を動力として推進する艦船の保有も「船舶の推進力としての原子力利用が一般化していない」ことから認められないため、自衛隊が原子力潜水艦を保有することは原子力基本法上許されないと解されるという（津野修内閣法制局長官　参・内閣委員会　2002.6.6）[252]。なお、宇宙基本法で明らかなように「日本国憲法の平和主義の理念にのっとり」と規定されれば、非軍事利用に限定されることはなくなる。つまり非軍事というのは憲法が直接規定したものではない。憲法9条はあくまでも自衛のための必要最小限度を超えない実力を保持することを認めており、その限度内にあるかどうかが検討の対象となる（福田康夫官房長官　参・内閣委員会　2002.6.6）[253]。原子力潜水艦も「自衛のための必要最小限度を超えない実力」に当たるかどうかが論点であり、民間での利用が「一般化していない」かどうかは憲法解釈上、論点とはならない。したがって、原子力潜水艦の保有等、原子力の軍事利用も憲法上禁止されているものではない。むしろ憲法との関係では原子力の軍事研究が原子力基本法上一律に禁止されることと基本的人権（特に学問の自由）との関係は整理されなければならない。外為法には原子力基本法第2条に相当する規定は存在しない。したがって全ての輸出が非軍事でなければならないという規範は存在しない（仮に存在したら自衛隊の海外派遣は不可能となろう）。ただし原子力基本法第2条に相当する条項を外為法に加えることも立法論としては考えられる。しかし、そ

---

[251]　第154回国会参議院外交防衛委員会会議録第20号4頁。
[252]　第154回国会参議院内閣委員会会議録第14号11頁。
[253]　同上。

の場合においても私人の行動を規制することになることから経済活動の自由や学問の自由との関係の整理が必要である。ある一定の行動類型を一律に禁止することは許可対象にすること以上に憲法上の検証が不可欠であり、軽々しく立法すべきではない。立法もせずにそうした規制をすることはもちろん許されない。もし法律に明文化すると齟齬を来すような内容を解釈や運用で乗り切るとすれば脱法行為でありより深刻な問題を惹起する。

　原子力関係資機材は輸出貿易管理令別表第1の2の項で規制され、輸出に当たって許可が必要となっている。政府は「原子炉等原子力関連資材につきましては、輸出貿易管理令に基づきまして要輸出承認品目として、これは輸出地のいかんを問わず、通産大臣の承認にかからしめております。承認に当たりましては、（中略）原子力基本法それから核不拡散条約の精神に照らしましてきわめて厳重な取り扱いを行っているところでございます」（田辺俊彦資源エネルギー庁長官官房原子力産業課長　衆・科学技術委員会　1981.4.7）[254]とする。ここで「原子力基本法の精神」という表現が出てくる。外為法を適用する場面に「原子力基本法の精神」が適用されるとはどのようなことか。政府の見解を受けて草野威議員（公明党）は「昭和37年（1962年）の原子力委員会の決定によりますと、わが国が外国の原子力利用に関係する場合にも、平和利用に限るという原子力基本法の精神を貫くべきである、このように書いてありまして、輸出に際してもこの方針で臨むこととする、こういうふうになっております。いま通産省からお答えございましたけれども、この原子力委員会の決定は、ただいまお話のありました輸出貿易管理令などに十分に反映されているかどうか」（括弧内筆者追加）（衆・科学技術委員会　1981.4.7）[255]と質問する。政府は「昭和37年の原子力委員会決定は、わが国が行います原子力に関する輸出についても、国内におきます平和利用の精神と同様に平和の目的に限るという考え方が適用されるべきであるということを表明したものでございます。輸出規制法令といたしましては、御指摘のように輸出貿易管理令がございます。原子力委員会決定の内容は、この管理令の規則に十分反映されているものと承知をいたしております」（傍点筆者）（石渡鷹雄科学技術庁原子力局長　衆・科学技術委員会　1981.4.7）[256]と輸出貿易管理令に原子力委員会の決定が反映されているという。

---

(254)　第94回国会衆議院科学技術委員会議録第7号6頁。
(255)　同上。
(256)　同上。

第 7 節　他の法律による規定

◆ 原子力基本法と原子力関係物資の輸出について（1962）[257]

> 　原子力委員会は 4 月 4 日第 8 回定例委員会において上記の件について次のように決定した。
> 　原子力基本法第 2 条は、わが国における原子力の研究、開発および利用が平和の目的に限られることを明らかにしている。ここでいう利用に輸出を含ませることは、法文解釈上困難である。
> 　しかしながら、わが国が外国の原子力利用に関係する場合にも、原子力基本法の精神を貫くべきであると考える。
> 　したがって、わが国から外国に供給する核原料物質、核燃料物質、原子炉炉心および特殊核物質の分離精製装置が、平和目的に限って利用されることを確保することが必要である。

　1962 年（昭和 37 年）に原子力委員会が確認したこととは、原子力基本法が輸出を規制していないことである。輸出は外為法で規制されるので当然と言えば当然であるが、輸出に関して原子力基本法は何も規制していない。他方で、政策的には原子力基本法の精神に則るべきだとする。全く武器輸出三原則と同じ構造となっている。すなわち法的規範ではない政策的判断を「精神」論として掲げているのである。さらに、原子力委員会は原子力基本法以外に「わが国から外国に供給する核原料物質、核燃料物質、原子炉炉心および特殊核物質の分離精製装置が、平和目的に限って利用されることを確保することが必要である」とだけ述べているに過ぎない。もちろん原子力委員会の決定が輸出貿易管理令を法的に拘束することはない。しかし、政策的に原子力委員会の決定を採用しているという構造になっているのである。したがって、草野威議員は原子力基本法「第 2 条の中からは核不拡散の立場というものをはっきりと読み取ることができない」（衆・科学技術委員会　1981.4.7）[258]と指摘する。これに対して中川一郎科学技術庁長官は「わが国の原子力利用は、御指摘のとおり、原子力基本法第 2 条の基本方針に従って行うべきこととなっており、輸出に当たってもこの精神を貫くべきであることは、（昭和）37 年の原子力委員会において決定しておるところであります。御指摘の原子力に関する輸出は、この決定や（輸出）貿易管理令に基づいて慎重に行われておりますので、その（原子力）基

---

(257)　原子力委員会「原子力基本法と原子力関係物資の輸出について」、1962.4.4、（http://www.aec.go.jp/jicst/NC/about/ugoki/geppou/V07/N05/19620503V07N05.html）（最終訪問日：2010 年 12 月 13 日）。
(258)　第 94 回国会衆議院科学技術委員会議録第 7 号 9 頁。

第 2 章　武器輸出三原則と憲法

本法第 2 条に関連をして（原子力）基本法の中にうたわなくても目的は達せられるのではないか」（括弧内筆者追加）（衆・科学技術委員会　1981.4.7）[259]と述べており、暗に草野議員の指摘を認めている。原子力基本法は輸出について何ら規定しておらず、原子力委員会の決定を政策的見地から政府、具体的には経済産業大臣（通商産業大臣）が採用しているに過ぎない。ここにも「精神」論で政策論を法的規制であるかのように装う姿が垣間見える。

(3)　関　税　法

輸出入を直接規制する関税法では武器はどのように規制されているのであろうか。関税法第 69 条の 2 では「次に掲げる貨物は、輸出してはならない」として輸出禁制品が規定されている。具体的には①麻薬や向精神薬、大麻、あへん、覚せい剤など、②児童ポルノ、③特許権、実用新案権、意匠権、商標権、著作権などを侵害する物品、④不正競争防止法に規定する行為、が限定列挙されている。ここに武器は規定されていない。他方で輸入禁制品は関税法第 69 条の 10 に規定されており、❶輸出禁制品が輸入禁制品として同様に規定されているほか、❷けん銃、小銃、機関銃、砲や銃砲弾、けん銃部品、❸爆発物、❹火薬類、❺化学兵器の禁止及び特定物質の規制等に関する法律に規定する特定物質、❻感染症の予防及び感染症の患者に対する医療に関する法律に規定する病原体、❼偽造紙幣などが規定されており、❷〜❻までは外為法上の武器（❺・❻は化学兵器や生物兵器）に当たるものが規定されている。ただし、❷〜❻には全て但書があり「ただし、他の法令の規定により輸入することができることとされている者が当該他の法令の定めるところにより輸入するものを除く」と規定されている。そうでなければ自衛隊用の武器は輸入できないので当然であるがいずれにせよ関税法上武器の輸出は禁止されていない。むしろ輸入の方が厳しく規制されており、武器を輸入可能としつつ輸出を禁止する根拠を関税法に求めることは困難である。

(4)　武器等製造法

①　**武器等製造法制定の経緯**　　輸出入を規定する関税法上では武器は輸出禁制品として扱われてはいない。それでは武器生産を規定する武器等製造法ではどのように規定されているのだろうか。武器等製造法の目的は次のとおりである。

---

(259)　同上。

第 7 節　他の法律による規定

◆ 武器等製造法（抄）

> （目的）
> 第 1 条　武器の製造の事業の事業活動を調整することによつて、国民経済の健全な運行に寄与するとともに、武器及び猟銃等の製造、販売その他の取扱を規制することによつて、公共の安全を確保することを目的とする。

当然ながら武器等製造法では武器の生産は禁止されていない。また現に国内で武器の生産もおこなわれている。武器等製造法の目的は「国民経済の健全な運行に寄与する」ことと「公共の安全を確保する」ことである。ここにいわゆる「平和の目的」は出てこない。外為法で規制される武器輸出との比較対象として武器生産を規制する武器等製造法の制定経緯を振り返ってみよう。

まず日本は「敗戦によりまして兵器航空機等生産制限に関する件というポツダム共同省令によりまして、全面的にこれが生産を禁止されたわけでございますが、講和発効と共に、ポツダム共同省令改正がなされまして、許可があった場合にはこれを製造してよろしい」となった（葦沢大義通商産業省重工業局長　参・予算委員会　1953.2.26）[260]。つまり敗戦後の日本は憲法や法律という以前に占領下という特殊事情の下「省令」で武器生産が禁止されていた。その状況はポツダム共同省令が 1952 年 4 月に改正され、通商産業大臣の許可制に移行した（岡野清豪通商産業大臣　衆・通商産業委員会　1953.7.24）[261]。しかしながら、同年 10 月にポツダム共同省令そのものが失効してしまった（葦沢大義通商産業省重工業局長　参・予算委員会　1953.2.26）[262]。一方では当時「駐留軍の発注によりまする武器の生産が行われて参っている」（葦沢大義通商産業省重工業局長　参・予算委員会　1953.2.26）[263]という状況にあった。つまり一時的に武器生産を規制する法律がなかった、無法状態だったのである。そこで武器等製造法は「駐留軍の注文に応じて現実に生産が行われている事態に即し」て法案を作成したという（葦沢大義通商産業省重工業局長　参・予算委員会　1953.2.26）[264]。つまり武器等製造法の成立以前から武器生産は行われ、その現実の上に法律は制定されたのである。政府も武器等製造法が審議された当時は規制される法律がないことを認めている。長谷川四郎議員（改進党）がポツダム共同省令が失

---

[260]　第 15 回国会参議院予算委員会会議録第 24 号 13 頁。
[261]　第 16 回国会衆議院通商産業委員会会議録第 24 号 22 頁。
[262]　第 15 回国会参議院予算委員会会議録第 24 号 13 頁。
[263]　同上。
[264]　第 15 回国会参議院予算委員会会議録第 24 号 14 頁。

効した状態で「武器生産は、法的にはどういう根拠で行われているのか」と質問すると、政府は「現在のところ法律上は何らの制限的な措置はしておらない」(古池信三通商産業政務次官)と無法状態にあることを認める(衆・通商産業委員会　1953.7.21)[265]。

② **武器生産の合憲性**　武器等製造法は武器の生産を規制する法であることから武器生産そのものの合憲性が議論されたことは言うまでもない。海野三朗議員(社会党)は「憲法は国民が尊守すべき方針を与えるものでありますから、これに違反するような方向へ行くときには、やはり政府がこれを是正していくだけの責任があるのではないか」(参・通商産業委員会　1953.7.28)[266]と問う。これに対して政府は「いわゆる武器と称せられるものを生産すること自体は、これは一つの産業の一種類としまして、必ずしも日本憲法に違反したものとは我々は解していない」(古池信三通商産業政務次官　参・通商産業委員会 1953.7.28)[267]と答弁する。さらに海野議員は武器生産は「明らかに憲法の精神に違反するところの行為でありますのを、あたかも頭の毛が赤くて、青い目玉の子供、これを黒い目玉の日本人だと、こういうふうに主張しておると、見ておると私は思うのであります」(参・通商産業委員会　1953.7.28)[268]と批判する。

武器等製造法案の審議の際に議論された武器生産の合憲性については本章第1節で既に検討したので改めて検討はしないが、海野議員の論理にはいくつかの興味深い点が見られる。まず憲法が直接国民に適用されると指摘している点である。国民が憲法の規定に従うよう「政府がこれを是正」することを要求しているのである。法的な根拠なく憲法の規定を根拠に直接私人を規制(「是正」)することが可能だと論じている。次に「日本人」は「黒い目玉」だという指摘がある。憲法上「日本人」は「黒い目玉」の者に限ると規定した個所はない。当時の事実として大多数の「日本人」が「黒い目玉」だったというだけであり、これは先入観なし憲法解釈をする難しさを示唆している。当時も「黒い目玉」でない「日本人」がいたのであり、同様に憲法も「黒い目玉」のみが「日本人」と扱われて当然だと言うのは海野議員の先入観である。たとえ武器

---

(265)　第16回国会衆議院通商産業委員会議録第21号10頁。
(266)　第16回国会参議院通商産業委員会会議録第21号6頁。
(267)　第16回国会参議院通商産業委員会会議録第21号7頁。
(268)　第16回国会参議院通商産業委員会会議録第21号8頁。

生産が「青い目玉」だとしても「日本人」とは認められないことの理由にはならない。

　③　**武器生産「規制」の合憲性**　武器等製造法案の審議を通じて興味深いことの一つは武器等製造法と憲法の関係が議論されたことであるが、議論の対象は武器生産の是非よりも武器生産を規制することの是非により質疑が割かれている。つまり武器生産を規制することはそれ自体が経済活動の自由に対する制約として認識されていたのである。武器等製造法と憲法、特に営業の自由との関係について政府は「憲法に営業の自由についての保障がありますが、それは公共の福祉を条件といたしまして規定をいたしておるわけであります。公共の福祉に反して営業の自由というものは認めないわけでございまして、私どもはこういった法案による許可制度によって初めて営業、産業が公共の福祉に合致して行くという考え方をいたしている」（葦澤大義通商産業省重工業局長　参・通商産業委員会　1953.6.24）[269]と答弁している。しかし許可制は統制経済ではないかという批判を受ける。これに対して政府は「物によっては国の規制もやむを得ないものは最小限度やって行く。かように考えまするので、考え方の基盤において、この統制主義、計画主義と、我々の考えておりまする自由主義経済主義というものは、そこに違いがあるんじゃないか」（古池信三通商産業政務次官　参・通商産業委員会　1953.6.24）[270]と答弁する。外為法第47条に通じる「最小限度」だからこそ規制が正当化されるという。政府は経済活動全般を規制するのではないと強調している。政府は統制経済には反対だとして「大体において事業活動は国民の自由に任して行くというのが今後のあり方であろうと思うのでありまするが、併し、この武器製造業のごときものにつきましては、この目的に掲げましたように、或る場合には事業活動を調整し、これによって公共の安全を確保するというような必要もありますので、そういう程度において監督をしてまいりたい」（古池信三通商産業政務次官　参・通商産業委員会　1953.7.1）[271]と意図を説明する。つまり武器生産という事業の性質上公共の安全を確保する必要があり、その限度内において規制をかけるという。なお、武器等製造法の法目的となっている「公共の安全」とは「治安の確保、維持」を指すという（葦澤大義通商産業省重工業局長　参・通商産業委員会　1953.6.24）[272]。

---

[269]　第16回国会参議院通商産業委員会会議録第6号7頁。
[270]　同上。
[271]　第16回国会参議院通商産業委員会会議録第8号13頁。

第 2 章　武器輸出三原則と憲法

こうした法目的との合理的な整合がつく限りにおいて公共の福祉のための規制が正当化されることになる。法律がなければ規制できないことは言うまでもない上、法律があれば何でも規制できるものではないということは政府自身が認識していた。中崎敏議員（社会党）も「ことに武器に対してのみ自由主義を著しく変更しなければならないという理由がわからない」とし、「武器も一つの商品である。また国の産業から言えば、重要な商品は武器ばかりではない。（中略）武器の製造のみが大きな制限を受けるということについて」意義が分からないと主張していた（衆・通商産業委員会　1953.7.25）[273]。もっとも、社会党の主張は武器以外も全ての経済活動において、「計画経済を主張し、一貫せる方針のもとに国の財政、産業、経済を規整し、国民経済の発展と国民の福祉の向上に寄与せんとするものであります」（中崎敏議員（社会党）　衆・本会議 1953.7.27）[274]というものであったように、むしろ営業の自由との関係がより問題となる主張であった。豊田雅孝議員（緑風会）は、「通産省としては、少なくとも今回初めての事業許可制、少なくとも終戦後新憲法下においては初めての事業許可制を布いたということになると思うのであります」と指摘した上で、「或る意味においては戦時立法に近いような状態になっておると思うのであります」と危惧を表明する（参・通商産業委員会　1953.7.28）[275]。これに対して岡野清豪通商産業大臣はポツダム共同省令が失効して以降は「いわゆる自由競争そのままの形で仕事がされておるのでございますが、併しこの武器などの製造につきまして、ただ自由競争であるからといって、濫立をさせ、又自由自在にやらせるということになりますと、二つの観点から、社会的に見ましてよくないと考えます」と述べる。その理由として経済的には「生産業者が濫立しまして、そうして結局競争の、悪競争の結果非常な出血受注もしなきゃならんということになります」として出血受注を防止するという点が強調される。さらに公安上の目的として「武器が外へ盗まれるということになりますというと、公安上、又は社会の平和な生活上、危険が勃発せんとも限りませんので、そういう意味におきまして、社会公安上、やはり或る程度の規制をしなきゃならん」と経済上の理由と公安上の理由の二つの観点から武器の生産は許可制にするの

---

(272)　第 16 回国会参議院通商産業委員会会議録第 6 号 6、7 頁。
(273)　第 16 回国会衆議院通商産業委員会会議録第 25 号 5 頁。
(274)　第 16 回国会衆議院会議録第 29 号 635 頁。
(275)　第 16 回国会参議院通商産業委員会会議録第 21 号 5 頁。

だと指摘する（参・通商産業委員会　1953.7.28）[276]。こうした理由が武器等製造法の目的に反映されており、こうした目的があるからこそ「公共の福祉」を理由とした規制が合理化されるのである。輸出の自由を前提とする外為法や外為法の運用方針である武器輸出三原則でも同様の観点から検討が必要なことは言うまでもない。

　④　**武器等製造法の意図**　　上記のように武器等製造法は目的として経済上の理由と公安上の理由が法目的として掲げられていた。したがって武器等製造法は武器生産を促進するための法でもなく、また禁止するための法でもない。あくまでも武器生産を「調整」するための法律なのである。こうした観点から武器輸出も奨励はしないが否定もされないという立場になる。岡野清豪通商産業大臣は武器輸出について次のように指摘する。

○　この法案によってぐんぐんと兵器生産を奨励するという意味ではございません。むしろ消極的な意味におきまして、注文があっても先の見通しのきかない商売を、また生産業者をつくってはいかない、濫立を防ぐ、こういうような意味合いにおきまして消極的に出ておるのでありますけれども、しかしながら日本の輸出貿易を進展させていきます上におきまして、もし注文があるならばその商品を日本でつくって、輸出に資して行きたい、こういうことが私の念願でございます（衆・通商産業委員会　1953.7.21）[277]。

この答弁には後の武器輸出三原則に連なるような議論の系譜は微塵もない。

　さらに武器等製造法には海外に対する配慮もあったという。西田隆男議員は提案理由の説明として古池信三通商産業政務次官が海外に対する政治的配慮の理由から製造能力が過大となることを抑制するために武器の生産を許可制にすると述べていたことを指摘し、「この海外に対する政治的配慮というのは、どういうことを大体指しておるのか」と質問する（参・通商産業委員会　1953.7.28）[278]。これに対して岡野清豪通商産業大臣は「まだフィリピンとか、インドネシアとか、まあ元いわゆる敵国でありましたところの豪州（ママ）とかいう方面におきましては、日本が再軍備をして、又軍国主義的になりやせんかということを非常に心配されたことは、これは事実でございます。そういうような方面に刺戟を与えるというようなことはよくないということを、我々として非常に配慮したその結果で

---
[276]　同上。
[277]　第16回国会衆議院通商産業委員会会議録第21号15頁。
[278]　第16回国会参議院通商産業委員会会議録第21号3頁。

ございます」(参・通商産業委員会　1953.7.28)[279]と答弁する。つまり武器等製造法は日本の武器生産能力が過大となり周辺諸国から懸念を生じさせないよう配慮するという。ここでいう懸念は日本自身の再軍備と軍備増強を指している。こうした配慮は外為法にはない要素である。

⑤　**武器等製造法のその後**　武器等製造法制定経緯を振り返ることにより、武器等製造法の目的や武器生産の合憲性について検証した。こうした側面はその後どのように議論されたのであろうか。武器等製造法制定後、昭和40年代 (1965～1974年) に入り武器輸出との関係で再び議論の俎上に上る。政府は制定の経緯を振り返り、「朝鮮事変のときの実績で出血受注を防止するための規定でございます」(川出千速通商産業省重工業局長　衆・商工委員会1966.4.15)[280]と述べたり、「趣旨は、いわば出血受注法と申しますか、過当競争防止的な見地からの制度がございます」(髙島節男通商産業省重工業局長　衆・予算委員会第三分科会　1967.4.25)[281]と説明していた。

これに対して矢山有作議員 (社会党) は昭和「27年の12月、武器等製造法案が国会に提出されたときの提案理由、これは御存じでしょう。『海外に対する政治的配慮などの理由からあまりに製造能力が過大となることは厳に押さえなければなりませんので、武器製造事業は許可を要することとし、その製造能力を必要限度にとどめることにしました。』と言っておるわけですね、この考え方との関連はどうなるんですか」と述べ、武器生産能力が輸出可能なまでに拡大していることを問題だと指摘する (参・予算委員会　1967.5.10)[282]。これに対して菅野和太郎通商産業大臣は「武器製造事業法によりまして、大体は武器の製造をどんどん許すというたてまえではないのであります」と述べ、武器等製造法の下では過大な生産能力を保有することはないと言う。その上で「売るための武器の製造を、ちゃんと個人的にやるということはないのでありまして、特別の注文があった場合にこれを製造していいかどうか、輸出していいかどうかということを通産省に問い合わせがありまして、したがいまして、通産省といたしましては、輸出貿易管理令の運用基準によりまして、その基準に合わないもの、つまり三つの条件 (筆者注：武器輸出三原則のこと) 以外のものに

---

(279)　同上。
(280)　第51回国会衆議院商工委員会議録第27号9頁。
(281)　第55回国会衆議院予算委員会第三分科会議録第6号14頁。
(282)　第55回国会参議院予算委員会会議録第10号10頁。

ついては、それで許しておるということでありますからして、武器産業というような産業はまだ日本には大きくは起こっていないと見てよいと思います」と、武器等製造法と外為法の二つの許可制度によって防衛産業を規制していることを指摘する（参・予算委員会　1967.5.10）[283]。しかし、矢山有作議員（社会党）は「武器等製造法であなた方の言ったのと実際の政策面には大きなギャップがある。これは、まるで憲法9条の解釈を変えてきたのと同じように符節を合わせてきているのじゃないか」（参・予算委員会　1967.5.10）[284]と批判する。武器生産能力が輸出可能な水準にあることは武器等製造法の目的に反しないことは制定経緯で検証したとおりである。何よりも武器等製造法が制定された当初は国内需要がなかったのである。しかし、昭和40年代になると武器輸出との関係で武器等製造法が議論の対象となり、その際の論点は武器等製造法は輸出可能な水準の武器の製造は認めるべきではないのではないかという点にあった。中谷鉄也議員（社会党）は「武器等製造法というのは、少なくともこれは既成の法律であって、輸出と言うようなことは夢にも考えていないかっこうの法律のたてまえになっている」（衆・商工委員会　1967.7.11）[285]と指摘するが、事実関係は全く逆である。制定当初は国内需要を全く想定していなかったのである。

　ところがこうした武器の生産水準は国内需要を満たす程度という基準を政府側も採用するようになってくる。1970年に入ると同じく中谷鉄也議員（社会党）が「武器等製造法第5条第1項第三号に『その許可をすることによって当該武器の製造の能力が著しく過大にならないこと。』とあります。これは一体、日本の兵器産業といわれるものは防衛庁需要、自衛隊需要を満たすのだということが前提になっておるのだといわれておりますけれども、『著しく過大にならない』ということの判断基準は、どういうところに置かれているのでしょうか」と質問したのに対して、政府は「考え方としては、いまおっしゃるとおりだと思います。やはり防衛庁需要を充足するのが、武器製造をいたします最大原則でございますから、そういう関係から見て過大にならない。また同時にこの法律は過剰投資を戒めておりますから、そういった意味からもやはり過大であってはならない、こういうことだと思います」と答弁する（赤澤璋一通商産業省重工業局長　衆・予算委員会第四分科会　1970.3.17）[286]。同時に「著しく過

---

(283)　同上。
(284)　同上。
(285)　第55回国会衆議院商工委員会議録第28号32頁。

大でないとしても、ある程度の余力があると思います。それからもう一つは、メインの設備は別にいたしましても、若干の追加設備をすれば、能力的に相当なものが生産できるという場合があり得ると思います。そういうことで、若干の設備投資によって能力増を来たし、そしてその余った分を輸出できるとすれば、全体のコストは下がる、経営上そういうことは言い得るんじゃなかろうか」と述べ、武器輸出の可能性は否定しない（赤澤璋一通商産業省重工業局長　衆・予算委員会第四分科会　1970.3.17）[287]。しかしながら、制定当初は全く想定されていなかったことであるが、ここに武器等製造法によって規制される武器生産と外為法によって規制される武器輸出がリンクされるのである。

　さらに田中角栄通商産業大臣は「自衛隊が保有する武器の製造ということを法律できめるために、武器等製造法ができた。（中略）できたものを自衛隊が要らなければこれを輸出するというのでは困るので、（武器）輸出三原則ということをきめた」（括弧内筆者追加）（衆・予算委員会　1972.3.30）[288]とまで述べる。これまで検討してきた事実関係とおよそ異なる武器等製造法と武器輸出三原則の位置付けである。このような位置付けが昭和40年代の終わりまでに形成されていたことは興味深い。こうした武器生産や武器輸出に対する政府の見解の変遷は第4章で詳しく検討する。

◆ 第8節　武器輸出に関する国会決議——立法府の立法軽視 ◆

◆ 武器輸出問題等に関する決議（衆・本会議　1981.3.20・参・本会議　1981.3.31）[289]

> 　わが国は、日本国憲法の理念である平和国家としての立場をふまえ、武器輸出三原則並びに昭和51年政府統一方針に基づいて、武器輸出について慎重に対処してきたところである。
> 　しかるに、近時右方針に反した事例を生じたことは遺憾である。
> 　よって政府は、武器輸出について、厳正かつ慎重な態度をもって対処すると共に制度上の改善を含め実効ある措置を講ずべきである。
> 　右決議する。

---

(286)　第63回国会衆議院予算委員会第四分科会議録第4号34頁。
(287)　同上。
(288)　第68回国会衆議院予算委員会議録第21号10頁。
(289)　第94回国会衆議院会議録第11号351頁、第94回国会参議院会議録第10号175頁。

第 8 節　武器輸出に関する国会決議

(1)　武器輸出禁止決議か

　1981 年に大阪の商社が韓国へ武器（砲身の半製品）を輸出した事件が発覚したことに対して、再発防止と武器輸出規制の徹底を図る趣旨から武器輸出問題等に関する決議（以下、国会決議という。）が衆参両院で採択された[290]。政府は「御決議の趣旨を体し、今後努力をしてまいる所存であります」（田中六助通商産業大臣　衆・本会議　1981.3.20、参・本会議　1981.3.31)[291]と所信を述べている。国会決議は立法措置ではないので政府を法的に拘束するものではなく外為法に優先することはない。しかしながら、この国会決議は武器輸出禁止という「立法府の意思」であるとする議論が見られた。稲葉誠一議員（社会党）は「武器を輸出してはいかぬということの国会の決議がありますね」と国会決議を武器輸出禁止の決議だとするが、政府は「武器輸出を全面的に禁止すべきであるという国会の決議があるというお話のようですが、ちょっとそういう決議を私、正直のところ知りません」（角田禮次郎内閣法制局長官）と国会決議が武器輸出禁止決議であるとする見解を否定する（衆・法務委員会　1981.11.13)[292]。上記の国会決議では文言上武器輸出を禁止するとは言っていない。しかしながら、同決議が「制度上の改善を含め実効ある措置を講ずべき」としていることから「武器輸出禁止に関する法制定という問題が、最も具体的な制度上の実効ある措置であるというふうに考えるわけでありますが、通産大臣の御見解はいかがでありましょうか」（渡辺貢議員（共産党）　衆・商工委員会　1981.3.20)[293]と武器輸出禁止法を制定すべきではないかと政府の見解を質す。これに対して政府は「武器輸出法（ママ）という法律については、私どもは、いまのところ、そういうようなことではなく、今日の決議を尊重していくということだけを考えております」（田中六助通商産業大臣　衆・商工委員会　1981.3.20)[294]と武器輸出（禁止）に関する法律を外為法から独立させることについて否定的な見解を示す。同旨の質問として村沢牧議員（社会党）は「この決議の内容には武器輸出禁止法の制定を含む、このように理解するかどうか」（参・予算委員会　1981.3.23)[295]と質問したのに対して、政府は「私どもはあくまで『実効ある措

---

[290]　櫻川明巧「日本の武器禁輸政策」『国際政治』第 108 号、1995.3、90〜91 頁。
[291]　第 94 回国会衆議院会議録第 11 号 351 頁、第 94 回国会参議院会議録第 10 号 176 頁。
[292]　第 95 回国会衆議院法務委員会議録第 7 号 3 頁。
[293]　第 94 回国会衆議院商工委員会議録第 6 号 28 頁。
[294]　同上。
[295]　第 94 回国会参議院予算委員会会議録第 14 号 12 頁。

置』ということを考えておりまして、通産省の中に委員会を、大蔵省もまた特別の措置の委員会をつくっておりますし、また大蔵省と通産省の間に連絡協議会もつくって、国会の意思に沿ってまいりますということが、現状の段階では言い得るものだというふうに考えております」（田中六助通商産業大臣　参・予算委員会　1981.3.23）[296]と答弁し、新規立法には消極的な姿勢を一貫して示している。これに対して村沢議員はより踏み込んで、国会決議における「社会党の案には、武器輸出禁止法の制定をも含む新たな制度上の改善を行うべきである、こういうふうになっておったわけでありますけれども、与野党の協議の結果、制度上の改善を含め実効ある措置を講ずるの部分には、法改正も含む、このことを確認して国会決議になったわけなんです。そのことを承知していませんか」（参・予算委員会　1981.3.23）[297]と質問し、社会党の意図としては武器輸出禁止法の制定も決議に含めていたと主張する。しかしながら、「この決議案作成の過程で各党からいろいろな案が出されたと承知しておりますが、結果的には先ほど先生御指摘のように『政府は、武器輸出について、厳正かつ慎重な態度をもって対処すると共に制度上の改善を含め実効ある措置を講ずべきである。』というふうになっているわけでございまして、私どもとしましては、このでき上がりました決議の内容に沿いまして努力を続けていきたい、この文言のとおりに受け取りたい」（古田徳昌通商産業省貿易局長　参・予算委員会　1981.3.23）[298]と政府は決議の文言通りに理解するとしている。したがって同決議はそれ自身が新規の立法行為でないことはもとより、法制定や法改正を求められてもいないことから、政府は「現在の制度のもとで最善の努力を尽くしてまいりたい」（古田徳昌通商産業省貿易局長　参・予算委員会　1981.3.23）[299]という姿勢を貫くことになる。村沢議員は続けて「政府の見解としては、武器輸出禁止法の制定ということには政府は考えておらない、そういうことなんですか」と質問を続けるが、これに対しても政府は「制度上の改善も含めた実効ある措置をあくまでとるべく努力していきたい」（田中六助通商産業大臣）と述べるに止まる（参・予算委員会　1981.3.23）[300]。このように一貫して政府は武器輸出禁止法の制定には消極的である。しかも村沢議員の質疑は衆議院で国会決

---

(296)　同上。
(297)　同上。
(298)　第94回国会参議院予算委員会会議録第14号12、13頁。
(299)　第94回国会参議院予算委員会会議録第14号13頁。
(300)　同上。

議が採択された後、参議院による決議の前であった。したがって、参議院が「社会党の案」に変更して武器輸出禁止法の制定を含むものとする機会が社会党にはあったのである。何より立法府なのであるから「政府は考えておらない」ことであっても立法できるのである。武器輸出禁止法が必要であれば立法をするのが立法府の役割であり、行政府たる政府の役割ではない。国会決議によって立法府が行政府に立法を求めるかのような議論の倒錯が見られる。もちろん武器輸出禁止法の憲法上の問題は当然議論されることになろうが、立法府に所属するはずである国会議員が政府に立法を求めるかのような質問は不可思議なことである。法制度的には立法せずに国会決議で終わらせたという事実自体に立法府の意思（あるいは立法しないという意思）が表明されていることになる。さらに国会決議で武器輸出禁止の意味を持たせようとした意図があったとすれば、憲法上も外為法との関係上も極めて疑義が大きい。武器輸出禁止に抑制的な憲法や外為法の規制を国会決議により事実上潜脱することにもなりかねず、法治国家の基本が揺らぎかねない危険性をはらんでいるのである。

(2) 国会決議は国是か

その後国会決議は対米武器技術供与のための武器輸出三原則例外化の過程で再び俎上に上る。すなわち「武器輸出三原則と政府統一見解をふまえた国会決議を無視するような閣議決定は、直ちに撤回することを明らかにすべきであります。民主政治とはいかなるものか十分に考えて答弁していただきたい」（小柳勇議員（社会党）　参・本会議　1983.1.28)[301]として、武器輸出三原則の例外化は国会決議に違反するため許されないという主張がなされた。これに対して政府は国会決議は「武器輸出三原則等について、わが国自身の平和と安全を確保するため必要不可欠な基盤をなすものである日米安保体制の効果的運用のために必要な調整をも禁じたものとは考えておりません」（中曽根康弘総理大臣　参・本会議　1983.1.28)[302]と答弁する。国会決議が政府を法的に拘束するものであれば立法行為と同様であり、立法せずに法的拘束力を政府に加えることが可能になるとすれば三権分立上、極めて危険な事態であることは先述のとおりである。許されないのは政府の決定が憲法や外為法の範囲を逸脱するような場合である。しかし、社会党は国会決議が「国是」であるとまで主張する。大出俊議員（社会党）は、

---

[301]　第98回国会参議院会議録第3号23頁。
[302]　第98回国会参議院会議録第3号26頁。

第 2 章　武器輸出三原則と憲法

○　国会の議員が全部で非核三原則あるいは武器技術輸出禁止の三原則を決議したということは、国民全部を代表する全部の議員であるという意味で国是である（衆・予算委員会　1984.3.13）[303]

と主張し、土井たか子議員（社会党）は

○　国会決議は国是というふうに申し上げていいと思うのですが、この国是となっている国会決議、また国会論争を通じて培われてまいりました統一見解なり解釈というのは、時の内閣が一方的に変えていくと言うことは断じてできない（衆・外務委員会　1982.12.18）[304]

と同じく「国是」であると主張する。立法手続きも経ずに「国是」が認められることの危険性は先述のとおりであるが、政府は「国会決議というのは国会の意思の反映でありますし、これを重んずるといいますか尊重するということは、これまで政府としての見解として述べております」（安倍晋太郎外務大臣　衆・外務委員会　1982.12.18）[305]と国会決議を「尊重する」姿勢を繰り返し示す。結局論点は「尊重する」内容、すなわち国会決議が何を要求しているのか、という原点に立ち返ることになる。

(3)　武器輸出三原則の例外化は国会決議の「無視」か

藤井治夫氏は「平和主義に基づいて、国会において非常に重要な歯どめが幾つか決定されている」として、「たとえば武器輸出をしてはならない、」「こういうことが国権の最高機関である国会の御決議になっている」と指摘する（参・外交・総合安全保障に関する調査特別委員会　1983.10.6）[306]。国会決議が「武器輸出をしてはならない」と決議したものではないという点は既に述べたとおりである上、「非常に重要な歯どめ」を立法ではなく「国会の御決議」で決めてよいのか、という点につき、より具体的には国会決議より当然に優先されるはずの外為法との整合性、特に輸出の自由との関係などにつき全く無視されている。したがって、次のような指摘は政府に心理的な圧力をかける政治的なプロパガンダとしての効果が期待されているのかもしれないが、法的には無意味な議論である。

---

(303)　第 101 回国会衆議院予算委員会議録第 19 号 29 頁。
(304)　第 97 回国会衆議院外務委員会議録第 3 号 2 頁。
(305)　同上。
(306)　第 100 回国会参議院外交・総合安全保障に関する調査特別委員会議録第 2 号 24 頁。

第8節　武器輸出に関する国会決議

○　国会は武器輸出はしないと決議をしておるにもかかわらず、国会で修正もしない、意見も聞かない（武藤山治議員（社会党）　衆・大蔵委員会　1983.10.5）[307]
○　（対米武器技術供与の例外化を）我が国の平和政策の原則の一つとして重要な役割を果たしている武器輸出三原則の厳正な実施を政府に求めた昭和56年（1981年）3月の国会決議を無視して強行した（括弧内筆者追加）（斉藤節議員（公明党）　衆・本会議　1986.10.21）[308]

国会は武器輸出をしないと決議をしていない上に国会決議に法的拘束力がない以上、「国会決議を無視して強行」するという批判は法的には意味をなさない。野田哲議員（社会党）は対米武器技術供与に伴う武器輸出三原則の例外化を「日本国憲法の平和主義と国権の最高機関である国会の決議を踏みにじる暴挙であり、直ちに撤回するよう求める」（参・本会議　1983.1.29）[309]と政府を厳しく批判している。野田議員によれば国会決議は「日本国憲法の理念である平和国家としての立場が基本になっており、アメリカへの武器技術の供与は武器輸出禁止の三原則の枠外とするなどという立場には立っていない」（参・本会議　1983.1.29）[310]というが、そうした「立場」の表明は国会決議の「厳正かつ慎重な態度をもって対処する」の部分の解釈であろうか。政府は既に検討したように「平和国家としての立場」と武器輸出三原則の例外化は両立し得るという立場を取っており、「日米安保体制の効果的運用を図り、もってわが国及び極東の平和と安全の維持を確保するという、それに寄与するものであり、憲法の平和主義の精神に反するものではない」（中曽根康弘総理大臣　参・本会議　1983.1.29）[311]として対米武器技術供与及び武器輸出三原則の例外化と平和主義の精神の両立を図る。その上で国会決議については、「この決議が政府に対して、武器輸出三原則等について、わが国の平和と安全を確保するため必要不可欠な日米安保体制の効果的運用のために必要な調整をすることまで禁じたものとは考えておりません」（中曽根康弘総理大臣　参・本会議　1983.1.29）[312]と解する。国会決議がいかなる論理構成によって武器輸出三原則の例外化を認めないのか、その根拠は不明である。いずれにせよ、国会決議に法的拘束力がない以

---

[307]　第100回国会衆議院大蔵委員会議録第4号10頁。
[308]　第107回国会衆議院会議録第7号108頁。
[309]　第98回国会参議院会議録第4号52頁。
[310]　同上。
[311]　第98回国会参議院会議録第4号54頁。
[312]　同上。

第 2 章　武器輸出三原則と憲法

上、政府を法的に拘束する内容を見出すことは困難であろう。

　勝又武一議員（社会党）は「政府が武器輸出に関する国会決議を無視して、対米武器技術供与を決めたことは、まさに国会の権威を無視し、わが国が武器輸出国、死の商人となる道を開こうとするものであります」（参・予算委員会1983.4.4）[313]と政府を批判する。政治的な立場としては理解し得るものであるが、「国会決議を無視して、」「国会の権威を無視」したとする部分はあくまでも政治的な立場の表明であり、法的に政府が瑕疵のある判断をしたことにはならない。さらに瀬谷英行議員（社会党）は社会党が参議院で中曽根総理大臣問責決議案を提出した際の賛成討論として、中曽根内閣が「武器技術の対米供与を推進している。これは憲法と同時に、国是である非核三原則、武器輸出三原則に違反する暴挙であり」（参・本会議　1983.5.25）[314]と断ずる。しかしながら、武器輸出や武器技術の提供が直接憲法で規制されていないことは既述のとおりであり、対米武器技術供与の是非が直接憲法に規定されていないことは言うまでもない。また武器輸出三原則が「国是である」と言ってよいのか議論の余地があることも先述のとおりである。その上、そもそも武器輸出三原則の例外化が「武器輸出三原則に違反する」ことは論理的にあり得ない。このようにこれらの批判は全く法的基盤を欠いた議論となっている。上記の問責決議案に賛成する討論で広田幸一議員（社会党）は「武器輸出三原則は、平和憲法の精神と国際協調主義の立場から武器輸出を厳格に禁止することを国会が全会一致で決議したものであります」（参・本会議　1983.5.25）[315]とするが、事実誤認である。武器輸出三原則は政府が表明したもので国会決議ではない、さらに武器輸出を禁止したものではない。そうした事実誤認は衆議院で問責決議案を提出した際にも見られ、飛鳥田一雄議員（社会党）は「武器輸出三原則こそは、平和憲法の精神に基づき、わが国は死の商人には断じてならないという決意で国会が全会一致で決議したものであります。その後、政府の統一見解でも再三これを確認してこられた大原則であります。これを踏みにじることは歴代の内閣でもあえてやり得なかった」（衆・本会議　1983.5.24）[316]と発言する。武器輸出三原則が国会決議であるという誤認は先の広田議員と同様である。「その後、政府の

---

[313]　第 98 回国会参議院予算委員会会議録第 16 号 28 頁。
[314]　第 98 回国会参議院会議録第 17 号 528 頁。
[315]　第 98 回国会参議院会議録第 17 号 531 頁。
[316]　第 98 回国会衆議院会議録第 23 号 732 頁。

統一見解でも再三これを確認してこられた」と言うが、国会決議に見られるように先に三木内閣の政府統一見解（1976年）があり、国会決議（1981年）はこの統一見解を含めた政府の武器輸出三原則を踏まえて決議されている。最後に「これを踏みにじることは歴代の内閣でもあえてやり得なかった」とあたかも国会決議がはるか昔に決議されたもののようにいうが、発言当時（1983年）は国会決議の2年後であり、日本の短命な内閣でも「歴代の内閣」というほどの数の内閣はない。国会決議当時は鈴木善幸内閣であり、この発言当時の中曽根康弘内閣は鈴木内閣の次であり、これら2代の政権を指して「歴代の内閣」としている。

　このように武器輸出三原則の例外化は国会決議の「無視」であるといった批判は法的基盤を欠くか事実誤認に基づく議論であった。

(4)　国会決議の意図・解釈

　先の中曽根内閣問責決議案をめぐる討論で瀬谷英行議員（社会党）は、中曽根内閣が国会決議を勝手に解釈したと批判する。「中曽根内閣は、国会決議に対し勝手な解釈を下し、非核三原則、武器輸出三原則等を骨抜きにして、憲法を空文化しようとしております」（参・本会議　1983.5.25）[317]と指弾する。「国会決議に対し勝手な解釈」をすることが「憲法を空文化」するものであるとまで言う。確かに行政府である政府が立法府の決議を解釈する立場にないことは指摘のとおりであろう。三権分立の観点から政府が「勝手な解釈」することは問題であるという批判であればそのとおりであるが、それでは国会決議の意図とは一体何であるのか。その国会決議の解釈は誰がどのように行うのであろうか。いくら国会決議が法的拘束力を持たないとはいえ、政府は国会決議を「尊重する」と表明している以上、もし国会決議が文言以上に意図するところがあるのであれば、その内容を確認することは無意味ではない。そもそも国会決議を「無視」するという批判の前提には、国会決議にある明確な意図がありそれを政府が「無視」したという構図がなければならない。中曽根康弘総理大臣も

〇　国会決議の有権的解釈は国会がおやりになる（衆・予算委員会　1986.11.6）[318]

と述べ、国会決議の解釈に政府は関与しないことを表明する。三権分立の観点からは当然と言えよう。これに対して対米武器技術供与を決定したことが国会

――――――――――
[317]　第98回国会参議院会議録第17号528頁。
[318]　第107回国会衆議院予算委員会議録第5号7頁。

決議に違反するとは言わないまでも、国会決議が対米武器技術供与を許すものなのかを国会に確認すべきだという批判があった。和田教美議員（公明党）は「国会決議とどちらを優先するのか、国会決議を優先するということであれば当然国会の意思を聞くということも必要だろうと思います」(参・予算委員会 1984.3.21)[319]と述べる。これに対して安倍晋太郎外務大臣は「国会決議の有権的な解釈は国会が行うべきものであるが、政府としては（昭和）58 年（1983 年）1 月の政府の決定（筆者注：対米武器技術供与）はいわゆる国会決議に反するものではないと考えておる」（括弧内筆者追加）(参・予算委員会 1984.3.21)[320]と答弁した。

　まず、国会決議の解釈が確定していない部分や争いがある部分がある場合に、そうした解釈が確定するまで政府が何もできないことにはならず、政府が何らかの判断や決定を行ってもそれが国会決議を「尊重する」ことと矛盾することにはならない。土井たか子議員（社会党）は対米武器技術供与と武器輸出三原則の例外化が「国会決議に対して違反するか違反しないかが問われ続けた問題なんですから、衆参両院の正副議長に対して報告をし、さらに説明をするというのは、なさねばならない手順のまず問われるべき ABC じゃないですか」(衆・外務委員会　1983.2.23)[321]と政府の対応を批判する。しかし、国会決議そのものに法的に拘束されない以上、対米武器技術供与と国会決議との関係を正副議長に対して報告し、説明する法的な義務が政府にあるはずはない。むしろこの指摘から明らかになることは国会決議の意図や解釈の曖昧性であり、通常の立法であれば司法権の判断に服することになるが国会決議では司法権の判断の埒外にあるため、国会決議の解釈に拘泥されることはむしろ法的には不健全な状態であることを示している。論理的には武器輸出管理の妥当性について輸出の自由をはじめとする基本的人権の制約との関係で外為法と国会決議が対立することがあり得る。その際、外為法は司法判断に服するが国会決議は司法判断に服さない（国会決議は法的拘束力を持たないので違法性の判断の対象になり得ない。あくまでも違法性判断の対象は外為法である）。したがって、土井議員が指摘する対米武器技術供与の決定について衆参両院の正副議長に伝えていなかったことが、「これは瑕疵がある。憲法上、厳密に言ったら、98 条によって無効

---

(319)　第 101 回国会参議院予算委員会会議録第 8 号 25 頁。
(320)　同上。
(321)　第 98 回国会衆議院外務委員会会議録第 1 号 9 頁。

です」（衆・外務委員会　1983.2.23）[322]という指摘に憲法上の根拠はない。むしろ司法権の判断に服さない国会決議に過度に拘束されると解すると三権分立との関係で問題となり得よう。

　しかしながら、鈴切康雄議員（公明党）は「少なくとも国権の最高機関である国会の各院において議決した国会決議は行政府を事実上拘束するものであって、行政府はその行政においてこれが指示する内容を忠実に履行するべきである」（傍点筆者）（衆・内閣委員会　1984.3.1）[323]と主張する。同様に平林剛議員（社会党）は「国権の最高機関であって国の唯一の立法機関である国会において、多くの国民から選挙によって支持された国会議員全員によってなされた決議は、形式的には法的拘束力を有しないとはいいながら、政治的には憲法と同次元に位置するくらい重いものであり、一たん決議されたからは、立法府はもとより行政府もその決議に反することは政治的にできない」（衆・予算委員会　1983.2.2）[324]という。「政治的には憲法と同次元に位置するくらい重い」という意味が正確には理解できないが、「一たん決議されたからは、立法府はもとより行政府もその決議に反することは政治的にできない」という意味であれば、立法以上に拘束力が強いことになる。立法であれば新規立法により旧法と異なる規定を置くことは可能である。ところが平林議員は国会決議は「一たん決議されたからは」国会決議と異なることはできないという。しかも立法府自身も拘束するので国会決議と「反する」立法措置が未来永劫とれないことになる。しかも、平林議員は続けて「国会においては決議をこういうふうに実は理解しておるわけであります。これは恐らくどなたも異論がない」（衆・予算委員会　1983.2.2）[325]とまで言う。たとえ「国民から選挙によって支持された国会議員全員によってなされた」法律であったとしても、その時点の国会議員（国民）の判断が将来の国会議員（国民）の判断を拘束することはなく、時代の変遷とともに必要に応じて法律を改正することは十分にあり得る。そうでなければ全会一致で可決した法律は二度と改正できない。この議論の不当性は明らかである。中曽根康弘総理大臣は「議院だけが決議をした場合に、それを国是と言い得るかどうか、私は疑問の余地があると思います」（衆・予算委員会　1983.

---

[322]　第98回国会衆議院外務委員会議録第1号8頁。
[323]　第101回国会衆議院内閣委員会議録第2号18頁。
[324]　第98回国会衆議院予算委員会議録第2号8頁。
[325]　同上。

2.2)[326]と答弁し、平林議員の見方に賛同しなかった。中曽根総理大臣も国会議員である以上、平林議員の国会決議の捉え方に「どなたも異論がない」訳ではないことは確かである。

さらにより本質的な議論として国会決議の意図や解釈に確定的なものがないことが指摘できる。安倍晋太郎外務大臣は「野党からいわゆる武器輸出三原則をそのまま国会の決議としろ、こういう強い要請が出たけれども、自民党としていろいろと検討もいたしましたが、それはできない」と自民党は判断したという。そして武器輸出管理について「運営について厳正になお慎重にこれを行うべきである」という文言になったという（衆・予算委員会　1983.2.19)[327]。より具体的に中曽根康弘総理大臣は自民党は社会党とは国会決議に対する解釈が違うと指摘する。

○　この国会決議ができる過程におきまして社会党さんの方から案が出てまいりました。あの案の表題が、まず、武器輸出禁止に関するという「禁止」という言葉があったのです。それは最終的には自民党の反対がありまして武器輸出に関するというふうに変わった。それから、社会党さんの案では、政府の三原則をそのまま案文の中で確認する、そういう点があったのを、今度の最終的にまとまった案は、自民党の反対によりまして、ある歴史的な経過規定を述べておる、経過を述べておるということで、ストレートに三原則を載せて禁止しているということはないわけであります。確認しているというわけではないわけであります（衆・予算委員会　1983.2.4)[328]

よって自民党の解釈では国会決議は武器輸出三原則の解釈や運用に何も言っていないことになる。あくまでも政府が運用している経緯を確認しているに過ぎない。中曽根総理大臣は続けて、

○　文章もたしか慎重かつ厳粛に対処する、そう書いてあるのでありまして、われわれの解釈におきましては、慎重に厳粛に対処し、かつ（対米武器技術供与は）国連憲章の精神に基づいてこれは行うのでございますから、平和目的という基本線を逸脱はしていない（括弧内筆者追加）（衆・予算委員会　1983.2.4)[329]

つまり国会決議が要求している内容は「武器輸出について、厳正かつ慎重な態度をもって対処すると共に制度上の改善を含め実効ある措置を講ずべき」こと

---

[326]　同上。
[327]　第98回国会衆議院予算委員会議録第10号41頁。
[328]　第98回国会衆議院予算委員会議録第4号10頁。
[329]　同上。

第8節　武器輸出に関する国会決議

であり、こうした「対処」や「措置」が必ずしも武器輸出三原則に限られるかどうかについては明言していないことになるという。

これに対して矢野絢也議員（公明党）は「この厳正ということにはおのずから基準がある。この基準は、この国会決議の前三行にある『わが国は、日本国憲法の理念である平和国家としての立場をふまえ、武器輸出三原則並びに昭和51年政府統一方針に基づいて、武器輸出について慎重に対処してきたところである。』これを受けて、この趣旨で厳正にやれ、こういう意味なんですよ、国会決議の意味は。あなた方に変な解釈はしてもらいたくない、国会決議というものは」（衆・予算委員会　1983.2.4）[330]と批判するが、中曽根康弘総理大臣の解釈とそれほど相違があるようには感じられない。「平和国家としての立場」から導かれる武器輸出三原則の趣旨は既述のように国際紛争等の助長を防止することである以上、武器輸出三原則があくまでも手段の一つであるという位置付けであり、趣旨を踏まえる限り他の方法も許容されることになる（本章第4節(1)参照）。また「慎重に対処」することが禁止を意味するものでないことは言うまでもない。したがって、自民党は国会決議を次のように理解する。

○　そもそも武器輸出三原則というものはわが国の重要な政策の柱の一つであります。しかし、同時に、これはわが国の平和と安全を確保するという基本的な国益を確保するための政策、すなわち安全保障政策の円滑な遂行との間に矛盾があってはならない性格のものであります。本来、武器輸出三原則と安全保障政策は矛盾することなく両立すべきものであります（橋本龍太郎議員（自民党）　衆・予算委員会　1983.2.3）[331]

したがって、国会決議の「調整の過程において、野党の一部から、『よって、本院は、右三原則・政府方針を本院の意思として確定する。』という文案が提示されたものが、調整の結果として先刻申し上げたような文章に変わった」という。そのため「われわれはこの三原則が院の意思として確定したものだとは考えておりません」と理解する（橋本龍太郎議員（自民党）　衆・予算委員会　1983.2.3）[332]。どちらの主張に理があるとするかについて議論は可能であるが、全会一致の決議でもその意図や解釈は同床異夢であった可能性が指摘できるとともに、少なくとも野党の方が自民党よりも少数であったという事実、自民党

---

(330)　同上。
(331)　第98回国会衆議院予算委員会議録第3号10頁。
(332)　第98回国会衆議院予算委員会議録第3号11頁。

が野党とは異なる解釈をしているという事実を踏まえれば、国会決議が社会党をはじめとする当時の野党が解釈するように解釈されることが当然とは言えないことだけは確かである。国会決議について自民党には次のような意見もあったのである。

○　これは私から言わしたら、そういう決議をすることが憲法の精神からいったら間違っています、これは。参議院自民党の中で、野党はどうあろうとも、政権政党の参議院の自民党の中にはこういう意見が圧倒的にあるということをひとつ了解するかどうか（玉置和郎議員（自民党）　参・予算委員会　1981.3.9）[333]

これに対して田中六助通商産業大臣は「頭に入れておきたいと思います」（参・予算委員会　1981.3.9）[334]とのみ答弁しているが、自民党でさえ国会決議に対する思惑は一様ではなかったことが明らかとなる。

(5)　国会決議の扱い

政府は国会決議に法的に拘束されないものの、国会決議に関係する政策を政府が検討する際には国会にその是非を事前に判断してもらってはどうかという提案もあった。近江巳記夫議員（公明党）は「国会決議というものに対しまして行政府から議長に、例えば政府が何かをお考えになるときに、私どもはこう考えております、それを判断いただきたいという、そういうルールといいますか慣行というものが大事じゃないか」（衆・予算委員会　1986.11.6）[335]という。これに対して中曽根康弘総理大臣は「やはり憲法に従いましていろいろな法律あるいは行政というものが進行することが正しいと思うのでございます。憲法の解釈につきましては、これはいろいろな手続がまたそれぞれにございます。最終的には最高裁の判断という問題も保障されておるわけでございます。日常の行政行為あるいは外交関係の処理というものは内閣に認められておるもので、その権限の範囲内において行うということでやらしていただいておる」（衆・予算委員会　1986.11.6）[336]と答弁している。行政は法律の枠内で実施されるものであり、その違法性は司法権の判断に服するというのが三権分立の基本である。こうした基本に忠実な答弁である。国会決議に対する国会の見解が明らかになるまで対米武器技術供与は凍結すべきではないかと問われて中曽根総理大

---

[333]　第94回国会参議院予算委員会会議録第4号24、25頁。
[334]　第94回国会参議院予算委員会会議録第4号25頁。
[335]　第107回国会衆議院予算委員会録第5号7頁。
[336]　同上。

第 8 節　武器輸出に関する国会決議

臣は「外交権というものは行政権の一部で、政府が責任を持ってやることになっておりますが、政府は国会決議を厳正かつ慎重に考えまして、いろいろ検討した末、国会決議には違反しないと、そういう認識のもとに外交権を行使してやってきた」（参・予算委員会　1983.3.9）[337]と答弁しているが、国会の議論によって外交が滞ってしまうことを考えれば当然の帰結であろう。

　以上の国会決議に関する議論のまとめとして次の質疑を見てみよう。まず角田禮次郎内閣法制局長官は国会決議は「国会の御承認を得ている安保条約等に基づく日米安保体制の効果的運用上必要な限度での武器輸出三原則等の調整までも禁じているものではない」（参・予算委員会　1983.3.9）[338]として対米武器技術供与とそれに伴う武器輸出三原則の例外化を肯定する。安倍晋太郎外務大臣も国会決議が武器輸出「三原則自体についていかなる例外も設けてはならない、こういう趣旨ではない。すなわち国会の決議は三原則そのものを国会の決議にしたものではない、運用について厳正にそして慎重にやるべきである、こういうふうにわれわれは理解をいたしておる」（参・予算委員会　1983.3.9）[339]と述べ、国会決議が武器輸出三原則の運用に直接の影響を与える内容ではないと答弁する。これに対して矢田部理議員（社会党）は「これほど三権分立を無視し、国会を軽視したやり方はないではありませんか。どうしても国会決議に抵触するような、あるいは国会決議についてどういうふうに理解したらいいのかどうかということに迷ったような場合には国会自身に尋ねるべきではありませんか。国会から意見を聞くべきではありませんか」（参・予算委員会　1983.3.9）[340]と政府の対応を批判する。既に検討してきた論点ばかりであり矢田部議員の指摘の一つ一つについて検討することはしないが、「三権分立を無視」しているのはどちらの立場であろうか。矢田部議員の批判に対して後藤田正晴官房長官は「国会でひとつお決めをいただきたい」と突き放す。「国会の中ではいろいろな御議論が今日まであったことは事実でございます」としたうえで「各党の中にも違反していないという御理解もあれば、これは違反しておるじゃないかと、こういう御見解もある。これは最終的に国会の御判断にお任せをする」（参・予算委員会　1983.3.9）[341]と国会決議についての解釈は国会で判

---

[337]　第 98 回国会参議院予算委員会会議録第 2 号 10 頁。
[338]　第 98 回国会参議院予算委員会会議録第 2 号 8 頁。
[339]　第 98 回国会参議院予算委員会会議録第 2 号 9 頁。
[340]　同上。
[341]　第 98 回国会参議院予算委員会会議録第 2 号 10 頁。

断してほしい、と逆に切り返される。これに対して矢田部議員は国会決議の解釈をどのように判断するのか、という枠組みについて全く答えない。換言すれば国会は何も「御判断」していないということになる。矢田部議員は後藤田官房長官の問いかけには全く答えず、「国会の決議なんでありますから、それに抵触するかしないか、反するか反しないかということで問題があるようなケースについて政府が方針変更する場合には、事前に国会に相談してしかるべきではないか」(参・予算委員会 1983.3.9)[342]と同じ論点を蒸し返す。これに対しては政府側は「国会の決議には違反していない」(後藤田正晴官房長官 参・予算委員会 1983.3.9)[343]とだけ回答され議論がかみ合うことはなかった。

　一連の質疑で明らかとなることは国会決議に過度な拘束力を期待することは国会決議という形式からも国会決議の内容からも困難であるということであり、武器輸出三原則や武器輸出禁止を肯定するための論拠として国会決議を重視することには限界があるということである。法的拘束力という点からみれば、憲法の下位に外為法があり、その下に武器輸出三原則がある。その武器輸出三原則を国会決議が何らかの形で強化しているとしても武器輸出三原則という枠内でのことである。こうした上下関係を前提とすれば国会決議を論じる意義は法的には少ない。また、政治的意義を強調することも可能であるが、その場合は同時に外為法を改正しなかったという事実も同時に認識したうえで分析をすることが重要である。つまり国会決議の前後で武器輸出管理の法的枠組みは全く変わらなかったという事実である。のちに政府は「武器（輸出）三原則の観点から、かつて国会等で実効ある措置をとれということを決議を受けたことがございます。それを受けましたときには、輸出令（筆者注：輸出貿易管理令のこと）の改正という形ではなくて、実際上の審査体制でございますとか審査の様式等を厳格化するというような形でやった」(括弧内筆者追加)(堤富男通商産業省貿易局長　衆・国際連合平和協力に関する特別委員会 1990.10.29)[344]と説明しており、法体系としては国会決議の前後で全く変化していないことを確認している。繰り返すがそうした政府の「措置」が不十分だと思えば国会は立法することができたのである。もし法改正もなく武器輸出管理の内容が許可制度から輸出禁止に変化していればそれは法的な裏付けにおいて重大な問題が生じてし

---

(342)　同上。
(343)　同上。
(344)　第119回国会衆議院国際連合平和協力に関する特別委員会議録第5号26頁。

まう。峯山昭範議員（公明党）はシビリアンコントロールのために国会が作り上げた原則や決議は大事にすべきだと指摘する（参・内閣委員会　1983.3.24）[345]。しかしシビリアンコントロールのために国会が作り上げるべき最も根本的な規範は立法である。政府が表明している武器輸出三原則や、法的拘束力のない国会決議が立法である外為法以上に重要であるはずがないのである。

　対米武器技術供与をめぐる国会決議と武器輸出三原則の関係について、突き詰めれば塚本三郎議員（民社党）の次の指摘に尽きるのではないだろうか。

○　政府の方針（筆者注：武器輸出三原則のこと）を土台として国会の決議がなされております。だから、根は政府の三原則の方針にあることは間違いありません。政府の方針だから政府がそれを勝手に解釈を違えるということは、それが国会でがっちりと固められた決議になっておる以上は、勝手にその方針を変えるということについては問題が多すぎると思います（衆・予算委員会　1983.2.5）[346]

塚本議員がいう「問題」とは法的な問題ではない。いくら政府の方針とはいっても国会決議でまで引用されているのだから国会に事前に何の連絡もなかったは問題だという。したがって、

○　意を尽くして各党にいち早くそのことの了解をお求めになるだけの努力と手続をなさるべきではなかったでしょうか。問題はそこにあります（衆・予算委員会　1983.2.5）[347]

当然ながら「努力と手続」は極めて政治的なものであり、法的な義務ではない。いわば国会対策として野党側にも「仁義を切っておくべきではなかったのか」と指摘しているのである。この「問題」にそれ以上の意味はないのである。

(6)　国会における法の軽視——行政万能と立法軽視

　国会決議を過度に重視する姿勢から明らかになることは、何よりも立法を軽視するという問題である。国会決議を通じて明らかとなる一方の事実は武器輸出禁止法の制定はおろか、外為法の改正すら行われなかったのだということである。したがって、法改正をすることが不可能であった当時の少数党による政治的な手段として国会決議を利用するということの意義は当然に認められるものの、やはり国会決議を重視することによる外為法やさらに背後にある憲法秩

---

[345]　第98回国会参議院内閣委員会会議録第5号18頁。
[346]　第98回国会衆議院予算委員会議録第5号9頁。
[347]　同上。

第 2 章　武器輸出三原則と憲法

序に対する意識の軽さは非常に懸念されるのである。三権分立や法の下の行政といった基本的な価値に反するような発言が随所に見られることはこれまで見てきたとおりである。

　さらに武器輸出三原則だけを規範として外為法の価値を無視する姿勢も同様である。外為法の法目的より「平和主義の精神」が無条件に優越することはない。こうした姿勢は立法行為の放棄や無視であり法治国家としてのあり方を軽視するものである。何より立法府自らが立法（外為法）より政府による運用方針（武器輸出三原則）を重視している姿勢は憂慮される。さらには政府の方針を「解釈」する議員もいる。先の国会決議の逆で政府の運用方針であれば第一義的な解釈は政府が行うことは自然なことであり、そうした政府の解釈に問題があれば立法行為によって是正することが本筋である。大出俊議員（社会党）は早期警戒管制機（AWACS）用にボーイング767型機の部品を輸出することは、「私は武器輸出になる、ほかに売ったら武器の移転になるというふうに思っている」（衆・内閣委員会　1992.3.12）[348]と述べる。この議論の前提は外為法上の武器とは何か、ということであり、輸出貿易管理令別表第1の1の項のどこに該当するか、という議論から本来は議論すべきものであるが、こうした外為法や輸出貿易管理令の条文に遡った議論は非常に少ない。大出議員の指摘について外為法から見れば、民間航空機の部品は輸出貿易管理令の別表第1の1の項に該当しない。したがって外為法上の武器には該当しないので、武器輸出の議論にはそもそも入らないのである。もちろんそうした法制に不備があると考えるのであれば法改正や新規立法について議論すべきであり、「私は武器輸出になる……と思っている」で立法府の責任を果たしたことにはならない。

　一見すると立法を重視しているかのように見える発言も実は立法を軽視していることがある。川橋幸子議員（社会党）は武器輸出三原則や集団的自衛権の行使、極東の範囲を例示した上で、「もしそれぞれの基本方針に変更がある場合には改めて国民の議を問うもの」（参・外務委員会　1995.11.29）[349]ではないかと指摘する。川橋議員の指摘は本来武器輸出三原則という原則を立てた際（つまり佐藤榮作総理大臣の武器輸出三原則表明時（1967）と三木武夫内閣の政府統一見解時（1976））に「国民の議を問う」べきではないかと問うべきものである。原則を確立する際に外為法体系との整合性を国会が追及すべき内容なのであり、

---

(348)　第123回国会衆議院内閣委員会議録第4号10頁。
(349)　第134回国会参議院外務委員会会議録第8号5頁。

第 8 節　武器輸出に関する国会決議

原則確立時に全くこうした疑義を呈さず変更するときにだけ問うということを整合的に説明することは難しい。こうした武器輸出三原則自体が立法行為でないにもかかわらず問題視せず、武器輸出三原則の例外だけを問題視する議論はその後も見られる。同様の指摘としては喜納昌吉議員（民主党）は弾道ミサイル防衛（BMD）に伴う武器輸出三原則の例外化を批判し、BMD の開発に伴い「関連部品の対米輸出などが容認されるため、ざる法になりつつあります。このような重大な問題を軍需産業界の意思を代弁する政府や長官の意思だけで簡単に決めてもらっては困ります。これは国民投票物だと思います」（参・外交防衛委員会　2006.5.30)[350]と指摘する。武器輸出三原則の例外化が「国民投票物」であれば、武器輸出三原則そのものがなぜ「国民投票物」ではないのだろうか。さらに「ざる法」という以上批判の対象は「法」である外為法のはずであるがなぜか武器輸出三原則の運用を「ざる法」と指摘していることも、武器輸出三原則を「法」だと理解している一つの証左である可能性がある。

　犬塚直史議員（民主党）は輸出貿易管理令の規定を「国会軽視じゃないか」と批判する。さらに「要するに、政府の一存で右から左にこういうものを決めてしまっていいのか」と疑問を呈する（参・外交防衛委員会　2006.6.13)[351]。確かに法的根拠なく政令を制定していては大いに問題であり、外為法が授権しているかどうかが本来は問われる論点である。つまり法によってどこまでを政令に授権するかを決めるのであり、政府への授権の範囲が広いことをもって政府を批判することは自らの立法不作為を示すに等しい。犬塚議員は続けて輸出貿易管理令の規定が「政治的に今まで行われてきたのは、外為法だけではなくて、国際間の条約とか、あるいは今回でいえば武器禁輸レジームみたいなものがあって、それをやっぱり一つの目的として行っていかなきゃいけないわけですよね。目的という意味は、外為法というのは経済法ですから、目的はやっぱりわが国の経済の発展を促すための法律ですからね、これをもって武器禁輸のコントロールをしようということにはならないわけですよね」（参・外交防衛委員会　2006.6.13)[352]と指摘する。ココム批判以来根強い外為法で安全保障を理由とする規制ができないという主張であるが、そうであれば武器輸出三原則さらには武器輸出管理そのものも外為法ではできない。そもそも外為法以前の問題

---
(350)　第 164 回国会参議院外交防衛委員会会議録第 20 号 7 頁。
(351)　第 164 回国会参議院外交防衛委員会会議録第 22 号 8 頁。
(352)　同上。

第 2 章　武器輸出三原則と憲法

として武器輸出管理が問題視されなければならないことになる。武器輸出三原則こそ「国会軽視」であり「政府の一存で右から左に」決めていることに他ならない。さらに武器輸出を禁止する国際的な条約や「武器禁輸レジーム」は存在しない。国際輸出管理レジームも武器を輸出管理の対象としているだけであり、禁輸対象としてはいない。したがって犬塚議員は最も厳しい武器輸出管理批判論者のように見受けられるが、同議員は「私が心配しますのは、全くずるずるにこれが、武器の輸出が行われていってしまうことがないよう」（参・外交防衛委員会　2006.6.13）[353]と指摘し、武器輸出に反対する論を展開していたことが明らかとなる。いかなる法的根拠で「武器の輸出が行われていってしまうことがないよう」犬塚議員は担保するつもりなのだろうか。武器輸出三原則があるから武器だけは輸出を禁止できるだろうという思惑が感じられるが、法的には外為法抜きに武器輸出三原則は存在しえないものであり極めて脆弱な議論である。外為法とは別の法律を新規立法しても憲法との関係が問われる点は既述のとおりである。

　さらに武器輸出三原則を重視する立場からは外為法を無視するだけでなく条約よりも優先されるのだという意見も表明される。対米武器技術供与をめぐり日米安全保障条約第3条や日米相互防衛援助協定（MDA協定）第1条を念頭に置きつつ、寺田熊雄議員（社会党）は「条約もその運用に当たっては日本の法令と矛盾しないように解釈し適用せらるべきである、したがって外為法とかあるいは輸出貿易管理令というようなもの、これを全く無視しても構わないんだと、形式的に条約は優先するんだという解釈をとることは、法的整合性というものに反すると私は考える」（参・安全保障特別委員会　1981.11.13）[354]という。条約上の義務を既存の法令で履行することができないのであれば新規立法か法改正により条約を履行する義務があるということになろうが、寺田議員は続けて「武器輸出三原則であるとか非核三原則であるとか、そういうものは日本国憲法の平和主義の原則、憲法第9条、前文、そういうようなものを総合したものから流れ出ている、いわば憲法上の当然の政策といいますか、そういう重みがありますね」と、武器輸出三原則を憲法から直接導かれるという説に立ち、その上で「政策は条約上の義務に劣後的な地位にあるとばかりは言えない、優先する場合もある」と断言する（参・安全保障特別委員会　1981.11.13）[355]。武

---

[353]　第164回国会参議院外交防衛委員会会議録第22号9頁。
[354]　第95回国会参議院安全保障特別委員会会議録第2号18頁。

器輸出三原則が「憲法上当然の政策」でないことはこれまで何度も見てきたとおりであるが、憲法解釈でない政策が「条約上の義務に」「優先する場合もある」という。対米武器技術供与は条約上の義務ではないので、対米武器技術供与に反対する場合にこうした立論をする必要はなく、法的根拠もあいまいな国内政策を理由に条約上の義務の履行を拒否できると整理してしまっては国際的に日本の信用を失うことは必至である。

　条約ではなく国連決議があっても武器輸出は許されないという議論もある。水田稔議員（社会党）は「平和憲法に基づく、武器の輸出はもちろんしない、同時に軍事援助はしないという基本的な政策で今日まで来た。だから、国連決議じゃないわけですよ。国連決議があるからこれは別なんだということにはならぬだろうと思う」（衆・国際連合平和協力に関する特別委員会　1990.11.6）[356]と指摘する。確かに国連決議の拘束力にもよるが、国連決議があることにより自動的に法的に可能になるものではない。しかし国連決議により履行が義務付けられる内容よりも、外為法の運用方針である武器輸出三原則の方が自動的に優先するという議論に与することはできない。

第9節　外為法と武器輸出三原則

(1)　外為法と武器輸出

　ここで再度外為法と武器輸出三原則との関係についてもう一度整理しておきたい。武器輸出三原則は外為法の運用方針であった。外為法は憲法に由来する輸出の自由を受けて制定された法律であり、外為法第47条では外為法の「目的に合致する限り、最少限度の制限の下に」輸出が許容されている。外為法の目的は外為法第1条に規定されており、こうした目的に「合致」しない限り規制は許されない。外為法の法目的には「平和の目的」は規定されておらず、貨物の輸出が非軍事に限定されることはない。もちろん「平和の目的」が輸出の自由や外為法第47条との関係で緊張関係に立つことから外為法の目的に加えることで輸出を非軍事に限定することが可能かどうかは慎重な検討が必要である。さらに外為法では第48条で許可制となっており関税法のような輸出禁制品は規定されていない。武器輸出禁止と憲法の基本的人権との整合性同様の論

---

[355]　第95回国会参議院安全保障特別委員会会議録第2号19頁。
[356]　第119回国会衆議院国際連合平和協力に関する特別委員会議録第9号26頁。

第2章　武器輸出三原則と憲法

点が外為法で武器輸出を禁止することを意図すれば生起することは間違いない。本書冒頭（第1章第1節）で述べた「外為法の規定からも明らかなように外為法や輸出貿易管理令に武器の輸出は禁止される、または自粛すべきだといった規範は定められていない」という点は単に外為法の条文だけでなく憲法の基本的人権にまで遡る背景がある。

◆ 外為法（抄）

> 第1条：　この法律は、外国為替、外国貿易その他の対外取引が自由に行われることを基本とし、対外取引に対し必要最小限の管理又は調整を行うことにより、対外取引の正常な発展並びに我が国又は国際社会の平和及び安全の維持を期し、もって国際収支の均衡及び通貨の安定を図るとともに我が国経済の健全な発展に寄与することを目的とする。
> 第47条：　貨物の輸出は、この法律の目的に合致する限り、最少限度の制限の下に、許容されるものとする。

(2)　武器輸出の許可権限

外為法第48条で武器の輸出に当たっては経済産業大臣の許可が必要である。換言すれば武器輸出の許可は経済産業大臣の専権である。この点は法律上議論の余地はない。武器輸出三原則が政府統一見解であっても法律上は経済産業大臣が武器輸出を許可する権限を持ち、同時に武器輸出が妥当であるかどうかの判断をする責任がある。したがって、政府統一見解であろうが、武器輸出三原則の例外化が官房長官談話という体裁を取ろうが、個別の武器輸出についてその判断の是非が問題となれば違法性の有無は経済産業大臣の判断（法的に争いになる場合は輸出不許可処分）に帰着する。そのため政府統一見解や武器輸出三原則の例外化と同様の判断を、こうした措置を抜きにして経済産業大臣が単独で行うことは法的には何ら問題はない。これは武器輸出三原則が元々通商産業省の内規であったことからも明らかである（第3章参照）。法改正も経ることなく政府統一見解が出されたからといって法的責任の所在が突然変更されるものではない。政府統一見解や官房長官談話というのは外為法の運用方針を発表するための政治的な形式に過ぎない。外為法を所掌する経済産業大臣が認めない政府統一見解や官房長官談話は法的にはあり得ない。

久間章生防衛大臣は武器輸出三原則の例外化が官房長官談話で行われることに対して、「官房長官談話一つでそれ（筆者注：武器輸出三原則の例外化）ができるような仕組みそのものが、果たして法治国家としての日本の中でいいのかなという疑問」（衆・安全保障委員会　2007.3.29）[357]があると指摘するが、法的

第 9 節　外為法と武器輸出三原則

には官房長官談話すら不要なのだ。むしろ官房長官談話がなければ武器輸出三原則の例外化は不可能だと考えることが誤りである。「武器輸出三原則と申しますのは、経産大臣が輸出の許可をする場合の運用の基準」（梶田信一郎内閣法制局第一部長　参・外交防衛委員会　2006.6.13）[358]であるが武器輸出三原則を適用した結果に責任を持つのも経済産業大臣なのである。外為法は立法府から行政府に与えられた授権であるから、外為法に規定がないから規制ができないという理由は行政府（経済産業大臣）の責任ではない。規制の是非を判断するのは立法府である国会の責任である。しかしながら、行政府に与えられた裁量の範囲内で判断することは行政府（経済産業大臣）の責任である。角田禮次郎内閣法制局長官は「武器輸出三原則というものあるいは三木内閣当時の政府の統一見解というものも、これは本来は輸出貿易管理令の運用基準、つまり通産大臣が輸出をする場合に許可をするかしないかの運用基準でございますけれども、すでに国会を通じて政府全体のレベルとして国会に対して申し上げているわけでありますから、それはその限りにおいては、政府としては国会に申し上げた以上それを守らなければいけない責任を持っている」（衆・法務委員会 1981.11.13）[359]と指摘するが、政治的には政府全体として責任があるからといって経済産業大臣が法的に免責されるわけではない。過去の質疑で井上一成議員（社会党）は日本商工会議所の会頭が武器輸出三原則は行政指導だと誤った発言をしていると、会頭を批判する（衆・決算委員会　1980.4.25）[360]。それに呼応して佐々木義武通商産業大臣は「これは決して単なる行政指導でどうという問題じゃございませんで、輸出貿易管理令等に準拠したものでございますから、国会に表明いたしましたわが国の方針も、一通産省のみでなくて、閣議として、国策として、行政府として決めたものでございますから、単純な行政指導とは思っておりません」（衆・決算委員会　1980.4.25）[361]と述べる。武器輸出三原則が外為法の運用方針であるという意味において行政指導ではないという指摘は当たっているが、通商産業省だけでなく政府全体として決めているからという点は理由にはならない。

　外為法第 48 条に基づく輸出許可申請の可否の判断が経済産業大臣の専権で

---

(357)　第 166 回国会衆議院安全保障委員会議録第 5 号 19 頁。
(358)　第 164 回国会参議院外交防衛委員会会議録第 22 号 8 頁。
(359)　第 95 回国会衆議院法務委員会議録第 7 号 3 頁。
(360)　第 91 回国会衆議院決算委員会議録第 18 号 7 頁。
(361)　同上。

199

ある以上、その運用方針である武器輸出三原則の解釈も法的には経済産業大臣の専権である。実際武器輸出三原則のいう「武器」に当たるのか、「慎む」に当たるかどうか、という判断は経済産業大臣が行っている。政府統一見解前の答弁であるが武器輸出三原則に言う「紛争当事国またはそのおそれのある国については外務省に御判断をいただいておりますが、軍隊が使用するものであって直接戦闘の用に供するかどうかというのは通産省が判断をいたしております」(堺司通商産業省機械情報産業局航空機武器課長　衆・内閣委員会　1975.12.11)[362]という答弁があるが、紛争当事国は外務省が判断するかのような答弁は誤りである。外為法の運用である以上、通産省あるいは経済産業省が責任を持って判断しなければならない（第1章第1節参照）。「ある国が武器輸出三原則に言う紛争当事国ではないのか」と聞かれれば当然回答すべきなのは経済産業省であり、外務省ではない。外務省は外為法上の判断権限は与えられていないからである。紛争当事国だけを外務省に判断を委ねる法的根拠はない。同様に武器輸出三原則上の武器の判断は防衛省に委ねることにはならない。この点につき石破茂防衛庁長官は海上自衛隊の老朽艦艇について「武器輸出三原則に言うところの武器に当たるかどうかという判断はまさしく経済産業省が行っている」(参・国際テロリズムの防止及び我が国の協力支援活動等に関する特別委員会2003.10.8)[363]と明確に否定する。もちろん外務省が判断するはずもなく、安倍晋太郎外務大臣は「武器輸出三原則に言うところの武器であるかあるいは武器技術であるかということは、貿管令（筆者注：輸出貿易管理令のこと）に基づいて通産省が厳に判断を下していくべきじゃないか」(参・外務委員会1984.4.6)[364]と指摘する。

(3) 武器輸出三原則の例外化の法的な意義

武器輸出の許可権限が経済産業大臣の専権である以上、武器輸出三原則の例外化が官房長官談話である法的必然性はない。あくまでも武器輸出という政治的な案件なので官房長官談話という形で政治的な「ハードル」を高めているに過ぎない。官房長官談話は当該武器輸出が「国際紛争等を助長」しないことをあくまでも政治的に確認しているだけであり、官房長官談話なしに「例外化」

---

[362]　第76回国会衆議院内閣委員会議録第9号45頁。
[363]　第157回国会参議院国際テロリズムの防止及び我が国の協力支援活動等に関する特別委員会会議録第4号17頁。
[364]　第101回国会参議院外務委員会議録第4号19頁。

をすることは法的に全く問題はない。武器輸出三原則の「慎む」に当たるかどうかの判断は従来から経済産業大臣が単独で行っているのである。そもそも外為法第48条で武器輸出だけが官房長官の判断にかからしめるように解釈することは法的に不可能である。こうした政治的な判断を法的制約と混同してはならない。

　現在の武器輸出三原則の例外化と武器輸出三原則の「慎む」に当たらない場合との法的な効果の違いは、武器輸出三原則が紛争当事国などへの輸出は禁止している（「認めない」）一方で、武器輸出三原則の例外とすれば紛争当事国向けにも輸出は可能になる点にある。対米武器技術供与における例外化ではこの点がまさに明示的に意識されていたことは既述のとおりである。反対に紛争当事国など武器輸出三原則が輸出を認めない地域以外への武器輸出であれば武器輸出を認める場合に例外化措置によるか、「慎む」に当たらない場合として処理するかに法的な差異はない。いずれの場合も「国際紛争等を助長することを回避する」という基準は共通なのである。こうした武器輸出三原則の例外と「慎む」に当たらない場合の近接性について過去に国連平和維持活動（PKO）をめぐる議論で生起した。PKOにおける武器輸出は関係省庁了解で武器輸出三原則の例外とされたものの一つだが、過去の国会における議論では湾岸戦争時の防毒マスク同様に「慎む」にも当たらないという整理がある。先述（第1章第2節(4)）の警察の特殊急襲部隊（SAT部隊）をテロ対策等で海外に派遣する場合の判断枠組みを紹介した際に、具体例として「PKO活動にありまして、国際連合平和維持活動等に対する協力に関する法律に基づきまして、国際平和協力業務の実施に伴いまして業務終了後我が国に持ち帰るということを条件といたしましたけれども、カンボジア向けにけん銃等武器に当たるものの輸出を認めている」と答弁している（伊佐山建志通商産業省貿易局長　参・外務委員会1997.5.13）[365]。SAT部隊の海外派遣は武器輸出三原則の例外とはされていないことから、「慎む」に当たらない場合として例示したものと思われる。さらに、自衛隊がPKOに派遣される以前の1991年にも宮下創平防衛庁長官は、自衛隊が海外に派遣される際に携行する武器は「自衛隊員の生命、身体が侵された場合に正当防衛的な意味でそれを守るというための武器の携行」であるとした上で、こうした海外への武器の携行（外為法上の武器の輸出）は「外国政

---

[365]　第140回国会参議院外務委員会会議録第11号29頁。

府に売り渡すとか、そういう問題ではございませんので、これは武器輸出三原則とは関係ございません」(傍点筆者)(参・国際平和協力等に関する特別委員会1991.12.6)[366]と答弁している。「外国政府に売り渡すとか、そういう問題ではございません」ので、武器輸出三原則の例外化の対象としたとも受け取れるし、武器輸出三原則にいう「輸出」にあたらないという整理も可能である。あくまでも論理構成上の問題だが武器輸出三原則の例外化と「慎む」に当たらない場合と双方に該当するケースも想定し得るということであろう。こうした場合に例外化措置とするか、「慎む」に当たらない場合と整理するかは政治的な判断であり、紛争当時国など武器輸出三原則が輸出を認めない地域を除けば法的には同価値である。いずれにせよ外為法第48条に立ち返り武器輸出許可の可否を判断しているのである。したがって、テロや海賊対策支援に関して武器輸出が生起した場合に、「個別の案件ごとに検討の上、結論を得る」(岩井良行防衛省防衛参事官　衆・経済産業委員会　2009.4.17)[367]というのは当然の整理であり、官房長官談話で例外化の対象と明示しているか否かに関わらず全ての武器輸出案件は外為法に基づいて「個別の案件ごとに検討する」ことは法的に当然のことである。

◆ 第10節　憲法と整合性のある武器輸出三原則 ◆

(1)　基本的人権との調和

　改めて憲法と武器輸出三原則の関係を整理してみよう。まず輸出管理は輸出の自由や学問の自由などの基本的人権を制約する可能性があるものである。したがってこうした基本的人権との調和がはかられる必要があり、外為法では法目的で「必要最小限」の管理が許されると規定している。したがって、たとえ全ての武器輸出が管理される(輸出に許可が必要とされる)としても、武器であることを理由として自動的に不許可とする、輸出を禁止することは憲法上も外為法上も不可能であると言える。したがって、過去に「私どもが堅持してまいりました武器輸出三原則あるいは武器輸出の禁止方針というもの」(畠山襄通産省通商政策局長　衆・予算委員会第六分科会　1991.3.13)[368]という発言がある

---

[366]　第122回国会参議院国際平和協力等に関する特別委員会会議録第4号22頁。
[367]　第171回国会衆議院経済産業委員会議録第8号15頁。
[368]　第120回国会衆議院予算委員会第六分科会議録第3号13頁。

第 10 節　憲法と整合性のある武器輸出三原則

が、「武器輸出の禁止方針」が武器輸出三原則を指すのだとすれば、あくまでも一定の制約や条件の下における「禁止」である。具体的には国際紛争等の助長を回避するという目的に叶う限りにおいてである。したがって、「我が国は、武器輸出三原則等の下、原則として武器を輸出しておりません」(傍点筆者)(高村正彦外務大臣　参・政府開発援助等に関する特別委員会　2008.3.28)[369]という整理がより的確な表現となるし、あくまでも「原則として」という点が憲法や外為法との衝突を避けるために必要な調整弁である。反対にこうした制約や留保を入れずにただ単に「我が国は、憲法が禁ずる武力の行使はいたしません。また、軍縮・不拡散に積極的に取り組みつつ、みずからは核兵器を保持せず、武器輸出を行わないなど、引き続き平和国家としての行動に徹してまいります」(河野洋平外務大臣　衆・本会議　1994.10.4)[370]との発言は不正確との誹りを免れない。発言当時既にPKOが派遣されており、それに伴って武器も輸出されていた。したがって、「原則として」「武器輸出を行わない」こととしているに過ぎず、その原則には例外があることが当然の前提となっていることは既述のとおりである。

(2)　許可制度における武器輸出三原則の位置付け

基本に立ち返って考えてみると許可とは法令によってある行為が一般的に禁止されているときに、特定の場合にこれを解除し、適法にその行為をすることができるようにする行政行為とされている[371]。外為法では第48条で貨物の輸出が、第25条で技術の提供が政令で定められた場合(すなわち輸出貿易管理令別表第1や外国為替令別表に規定されている場合)に禁止されており、許可を取得することでその禁止が解除されるというものである。後述のとおり佐藤榮作総理大臣が外為法による許可制度についてこうした位置付けを示している(第3章第1節参照)。

したがって武器の輸出が「原則として」禁止されていること自体は許可制にされている以上当然のことと言える。こうした位置付けは輸出貿易管理令別表第1に規定される全ての貨物の共通であり、武器以外の汎用品となんら変わらない。他方で外為法第47条に示されるように、外為法の根底には輸出の自由

---

(369)　第169回国会参議院政府開発援助等に関する特別委員会会議録第2号12頁。
(370)　第131回国会衆議院会議録第2号1頁。
(371)　金子宏・新堂幸司・平井宜雄編『法律学小事典(第4版補訂版)』、有斐閣、2008、245頁。

第 2 章　武器輸出三原則と憲法

がある。そのため輸出許可が申請された場合には正当な理由がない限りは申請は許可されなければならない。不当に経済活動の自由を制限してはならないからである。しかし、武器輸出三原則ではこの原則が逆になる。すなわち、武器輸出三原則では武器輸出一般について「慎む」としており、「慎む」ことによって不許可が推定されている点において他の貨物とは原則と例外を逆転させているのである。三木武夫総理大臣は「政府の消極的な態度」（衆・予算委員会1976.2.27）[372]と表明し、田中六助通商産業大臣は「原則としてはだめだということ」（衆・予算委員会　1981.2.14）[373]と表明しているが、いずれも前提は不許可であり、武器輸出三原則は外為法の重大な例外措置となっているのである。輸出の自由や学問の自由などの基本的人権との関係でこの逆転が許されるのか自体はそれ自身大きな論点を形成すると思われるが、少なくとも政府の見解はこのように整理される。もちろん不許可が推定されているだけであるので、「慎む」必要がないと判断される限りにおいては武器輸出は許可される。しかし、武器以外の汎用品は不許可にする理由がなければ許可されるのに対して、武器輸出は許可にする理由がなければ許可されないという点で異なる。

　さらに武器輸出三原則が武器禁輸政策であるかのように思いこまれてきた理由の一つは武器輸出を許可する基準を明示していないかのように思われてきた点にある。そのため許可する場合が全くないかのように思われてきた。許可制度である以上、許可基準を示すことは当然であり、本来自由であるべき貿易取引に禁止の解除条件が明確になっていないと考えられてきたこと自体が問題である。さらに解除条件がないことを当然視し、それを以て「武器禁輸政策」と称することは異常なことである。これまで何度も指摘したように武器輸出三原則上の許可基準は「国際紛争等を助長することを回避する」という目的に整合的であることである。もし、行政庁側に解除条件がないものとして運用する意思があれば憲法上疑義があると言えよう。

　つまり憲法や外為法から見直せば武器輸出三原則こそが「例外」であり、武器輸出三原則の例外化という枠組みは憲法や外為法の「原則」に戻ることである。「国際紛争等を助長する」ことが全くない場合はもちろん、武器輸出の与えるプラス面とマイナス面を評価して「助長することを回避する」という目的に合致すると判断されれば「慎む」必要はなく、武器輸出三原則という「例

---

[372]　前掲第 1 章注[70]。第 77 回国会衆議院予算委員会議録第 18 号 17 頁。
[373]　前掲第 1 章注[17]。第 94 回国会衆議院予算委員会議録第 8 号 30 頁。

第 10 節　憲法と整合性のある武器輸出三原則

外」ではなく憲法や外為法の「原則」に戻って輸出許可の可否は判断されることは法制度上は当然の帰結である。したがって具体的に武器輸出三原則の例外と明示されていない輸出であっても、「慎む」に当たらない場合として憲法や外為法の「原則」に立ち返って許可される事例があることは法制度上は当然のことと言える。瀬谷英行議員（社会党）は「例外があっちゃいけないんですよ、これは。武器輸出をしないと。しないと決めたらどこに対してもしないということでなきゃ、これは原則は通りませんわね。（改行）たとえば、禁煙という以上は、そこでたばこを吸っちゃいけないということなんですよね。だれそれは別だというわけにはいかないですよ」（参・予算委員会　1983.3.10）[374]と指摘する。瀬谷議員の指摘する「禁煙」はもちろん武器輸出三原則（瀬谷議員によれば武器禁輸）であるが、憲法や外為法全体からみれば「喫煙」こそが原則であり、もし例外が認められないのであれば武器輸出三原則自体が存在しえない。まさに武器輸出という「だれそれは別だというわけにはいかないですよ」ということになってしまう。

(3)　外為法が欠落した武器輸出三原則——憲法軽視

　武器輸出三原則の意義として櫻川明巧氏は「原則として認めない体系が作り上げられている。国会論議はそうした枠組みを形成したと同時に、政府の政策実施に際して、一定の歯止めの機能を果たしてきた」と評価する[375]。しかし武器輸出三原則は政府による外為法の運用方針に過ぎず「国会論議はそうした枠組みを形成した」との評価は留保が必要である。すなわち確かに国会での質疑を通じて政府側から見解が示されたという点では評価が妥当するものの、他方で本来立法府の役割の基本である立法行為は行っていない、全て政府側の解釈に委ねていることの裏返しでもある。したがって武器輸出三原則に対して立法府である国会が果たした役割について高く評価することは留保すべきである。

　立法府である国会において武器輸出三原則に焦点を絞って議論された結果、本来議論されるべき外為法における武器輸出管理のあり方についての議論が欠落してしまった。さらには外為法の根底に横たわっている輸出の自由と武器輸出管理に関する議論も欠落している。その結果、憲法を軽視する状況が生起している。輸出の自由をはじめとした基本的人権は憲法の「理念」ではなく条文上の規範である。外為法や基本的人権を無視し、「憲法の精神」だけに依拠し

---

[374]　第 98 回国会参議院予算委員会会議録第 3 号 22 頁。
[375]　櫻川明巧「日本の武器禁輸政策」98 頁。

第 2 章　武器輸出三原則と憲法

て武器輸出三原則を論じることが反対に憲法を軽視し、法の下の行政を軽視することになっていることは皮肉である。こうした外為法が欠落した議論を土井たか子議員（社会党）の発言を振り返ることで検討したい。まず土井議員は次のように主張する。

○　武器輸出の問題については、日本では、もう申し上げるまでもなくこれを取り仕切る取り決めが大きく言って日本国憲法を頂点にして三つございます。
その一つは、武器輸出三原則、その二つは、（昭和）51 年（1976 年）2 月 27 日の政府の方針（筆者注：三木武夫内閣による政府統一見解のこと）、そして三つ目には、言うまでもなく国会決議でございます（括弧内筆者追加）（衆・外務委員会　1983.2.23）[376]

土井議員の議論には外為法が完全に欠落している。外為法が欠落しているので外為法が依拠している憲法も欠落している。

憲法精神主義は皮肉にも憲法の軽視を生む。土井議員は「武器禁輸三原則というものを国会決議とし、政府も統一見解を出し、そうして現にそのことについていままで国是としたり、さらにそのことについて、これを曲げてはいけない、例外をつくってはいけないということでやってきたのではありませんか」（衆・外務委員会　1982.12.18）[377]と指摘した上で武器輸出三原則の根拠について次のように指摘する。

○　いまの武器禁輸三原則にいたしましても、国会決議がよって来るところはやっぱりこの憲法なんですよ。憲法から考えて、武器に対しては例外なくこの三原則に従って考えなければならないということを確かめ、そしてさらに（昭和）51 年の政府統一見解なるものがそれを補強しているというかっこうになっているわけなんですね（括弧内筆者追加）（衆・外務委員会　1982.12.18）[378]

繰り返し検討したとおり武器輸出三原則を根拠づける規定は憲法上はない。あくまでも「憲法の精神」が「国際紛争等を助長することを回避すること」を目指していることから導かれた政策の一つである。土井議員の指摘に対して安倍晋太郎外務大臣は「三原則というのは憲法そのものから発生したものではない。いわゆる憲法そのものが武器の輸出を禁止しているわけではないと私は思うわけでありまして、これはその後の国会の議論、あるいはまたわが国の国際的な政策を進める上においてわれわれがとってまいった基本的な一つの政策であっ

---

[376]　第 98 回国会衆議院外務委員会議録第 1 号 7 頁。
[377]　第 97 回国会衆議院外務委員会議録第 3 号 2、3 頁。
[378]　第 97 回国会衆議院外務委員会議録第 3 号 3 頁。

第10節　憲法と整合性のある武器輸出三原則

て、武器あるいは武器技術そのものを輸出するということが憲法そのものに触れるとかそういうことではない、私はこういうふうに解釈しております」（衆・外務委員会　1982.12.18)[379]と政府の見解を述べる。土井議員は続けて

○　何だか憲法について自分なりの見解を申し述べなければどうにもならないような御気分でその御答弁の席にお立ちになっているがごとき感が私にはあるのですが、そんなことではないのではないですか。憲法論争をやろうというのなら何ぼでもやりますよ。けれども、いまの武器輸出の問題についても、憲法の前文の個所、私はこれを序文と呼んでおりますが、これはいずれでもいいわけです。第1章第1条が始まる以前の個所です。これも憲法の一部なのです。その場所から考えても、第9条から考えても、武器を外国に輸出するなんていうことは憲法自身は認めていないのですよ。これははっきり衆人の認めるところであって、安倍外務大臣の異なる解説をただいま私は聞きましたけれども、そんなことをおっしゃったってそれは通用しない。（中略）政府の統一見解を、国会決議で武器については輸出してはならない、こういうふうに輸出してはならないということを唐突に取り決めたわけではないのです。それ以前に憲法があるから、そういう問題についての認識をお互いが持ち、お互いが具体的に決めるという行動をとり、具体化させた、こういう関係にあるということをはっきり御認識なさることは非常に大切だし、これはだれもが疑わないことだと私は思いますよ。これはもう決まっているのです（傍点筆者）（衆・外務委員会　1982.12.18)[380]

土井議員は安倍外務大臣の答弁を「憲法について自分なりの見解」と評するが土井議員の見解こそが「自分なりの見解」であることはこれまでの検討からも明らかである。武器輸出の憲法上の位置付けは既に検討したので一連の土井議員の指摘で一度も「外為法」という言葉が出てきていないことを最後に強調しておきたい。政府の見解が土井議員の見解とは異なる以上「だれもが疑わないこと」でない。しかも、「これはもう決まっているのです」と議論そのものを認めず封殺してしまう。

こうした検討を踏まえたうえで再度本章冒頭の質疑を振り返ってみたい。

○　土井たか子議員（社会党）：　武器輸出三原則、並びに当委員会でも昭和53年、56年、決議をいたしております経済協力に関する決議、これはいずれも申し上げるまでもなく憲法の前文、憲法第9条に基づくものである、このように御理解なすっていらっしゃいますね。当然だと思いますが、いかがですか。

---

[379]　第97回国会衆議院外務委員会議録第3号4頁。
[380]　同上。

207

第 2 章　武器輸出三原則と憲法

> ○　安倍晋太郎外務大臣：　憲法に基づいて、いわゆる平和国家としての日本の基本的理念に基づくものである、こういうふうに理解しております。
> ○　土井たか子議員：　その基本理念というのは、よって来るところは憲法でしょう。憲法の前文並びに第 9 条でしょう。これは、質問をして御答弁いただくまでもない話だと思いますが、それはそのとおりですよね。
> ○　藤田公郎外務省経済協力局長：　ただいまの御質問、昭和 53 年及び昭和 56 年の国会決議に、平和国家に徹する我が国としてはと書いてございますように、まさに今委員の御指摘の通りだと思います。
>
> （衆・外務委員会　1985.5.22 より関係箇所を一部抜粋）[381]

土井議員の指摘には一度も外為法は出てこない。外為法は完全に無視し、あくまでも「憲法」である。しかも土井議員の指摘する「憲法」は前文と 9 条のみを引用し、基本的人権は全く無視している。

「国是」とは国家としての方針である[382]。仮に武器輸出三原則を「国是」であると言うならば日本では「国是」を憲法でないことはもとより、立法行為でもなく政府見解という形で定式化することが可能であると指摘することに他ならない。岡崎万寿秀議員（共産党）は「これを国是というならば、国是らしくはっきりと法制化する必要がある」（衆・外務委員会　1985.12.13）[383]と指摘する。これに対して安倍晋太郎外務大臣は「国是という、いわば日本の我が政府の基本的な政策でありますでありますから、そうして、これは国民の世論の中で広範に支持されておる、そして周知徹底されておる原則であろうと我々は思っております。したがって、今これを法制化するという考えはありません。」（衆・外務委員会　1985.12.13）[384]と答弁する。「世論の中で広範に支持」され「周知徹底」されていれば立法行為や憲法に規定されていないことでも「国是」にできるのであろうか。

(4)　武器輸出三原則の解釈

　以上の検討を基に改めて三木武夫内閣が表明した政府統一見解を眺めてみたい。

---

(381)　前掲注(2)。
(382)　新村出編『広辞苑（第 6 版）』、岩波書店、2008、987 頁。
(383)　第 103 回国会衆議院外務委員会議録第 4 号 16 頁。
(384)　同上。

第 10 節　憲法と整合性のある武器輸出三原則

◆ 三木内閣政府統一見解[385]

> 「武器」の輸出については、平和国家としてのわが国の立場から、それによって国際紛争等を助長することを回避するため、政府としては、従来から慎重に対処しており、今後とも、次の方針により処理するものとし、その輸出を促進することはしない。
> ① 　武器輸出三原則対象地域については、武器の輸出を認めない
> ② 　武器輸出三原則対象地域以外の地域については、憲法及び外為法の精神に則り、武器の輸出を慎むものとする
> ③ 　武器製造関連設備の輸出については武器に準じて取り扱うものとする

まず、「『武器』の輸出については、平和国家としてのわが国の立場から、それによって国際紛争等を助長することを回避するため」と武器輸出管理の目的が国際紛争等の助長防止であることを明らかにした。その上で武器の「輸出を促進することはしない」と政策を明らかにする。文言からも明らかであるが「輸出を促進することはしない」ことは禁止を意味するものでない。その上で具体的な政策として①～③までの具体的な基準が示されたのである。①は佐藤榮作総理大臣が表明した武器輸出三原則であり、②は「慎む」こととして具体的には田中六助通商産業大臣が「『慎む』ということは、やはり原則としてはだめだということ」（衆・予算委員会　1981.2.14）[386]と指摘したように、武器輸出は不許可を前提として審査をすることとした。ただし、政府は「武器輸出三原則によります武器等の輸出を禁止する、それと、その後に出ました武器輸出に関する政府方針によります武器輸出三原則地域以外の地域に対する武器の輸出を慎む、この点は当然ながら表現上の違いがございまして、同じ意味ではございません。後者の慎むというのは、ケース・バイ・ケースによって判断するという意味合いを含んでおるわけですけれども、現在、基本的な方針といたしましては、原則としてはもう慎んでおる」（杉本信行外務省経済局国際経済第一課経済安全保障室長　衆・内閣委員会　1990.5.29）[387]として、原則としては「慎む」ものの「ケース・バイ・ケース」で認められるものがあることを明らかにしている。具体的には「国際紛争等を助長することを回避する」という目的に叶う限りにおいては「慎む」必要はなく、憲法や外為法の原則に立ち返り武器輸出は許可される。このように政府統一見解は解釈されることになる。高村正彦外務

---

[385] 　前掲第 1 章注(16)。
[386] 　前掲第 1 章注(17)。
[387] 　第 118 回国会衆議院内閣委員会議録第 7 号 7 頁。

第 2 章　武器輸出三原則と憲法

大臣は「政府としては、武器輸出については、平和国家としての立場から、それによって国際紛争等を助長することを回避するとの目的の下で、いわゆる武器輸出三原則及び武器輸出に関する政府見解に基づいて、引き続き慎重に対応していく考え」(傍点筆者)(参・政府開発援助等に関する特別委員会　2008.3.28)[388]であると政府の見解を簡潔に述べている。国際紛争などの助長回避という目的の下で憲法や外為法の例外となる武器輸出三原則は運用されることになる。

すると個別の武器輸出ごとに「慎む」に該当するかどうか、具体的には「国際紛争等を助長することを回避するという目的」に叶うかどうかを判断する必要がある。その判断によって武器輸出の可否は決まることになる。橋本龍太郎通商産業大臣は「通産省としても、防衛生産・技術をめぐる環境変化等の中で、装備、技術面での米国との幅広い相互交流の重要性を認識しており、具体的案件が生じました場合には、その時点で武器輸出三原則等との関係について検討してまいりたい」(衆・本会議　1995.11.2)[389]と答弁している。具体的案件が生じた際には「現状では、将来の米国との共同開発、生産案件、それからテロ、海賊対策等々、これにつきましては、やはり多様なケースが想定されると考えておりまして、やはり、現状、一律の基準ということを定めるよりは、個別の案件ごとに具体的に慎重に、国際紛争の助長を回避するという理念に従いまして判断してまいりたい」(柴生田敦夫経済産業省貿易経済協力局貿易管理部長　衆・安全保障委員会　2005.3.25)[390]としている。

すると武器輸出三原則の運用で残された論点は「国際紛争の助長を回避するという理念」に沿った輸出とはどのようなものなのか、という許可基準になる。もちろん個別の輸出ごとに状況は異なるため「一律の基準」を設けることは不適当であろうが、具体的な事例を踏まえつつ蓄積していくことになろう。

(5)　武器輸出禁止法の合憲性

武器輸出三原則は憲法や外為法から見れば基本的人権を制約する「例外」であり、「憲法の精神」として「国際紛争等を助長することを回避するという目的」に叶う限りにおいて運用が許されているものである。したがって安易な拡大解釈は憲法や外為法と衝突することになる。本多平直議員（民主党）は「海

---

(388)　第169回国会参議院政府開発援助等に関する特別委員会議録第2号13頁。
(389)　第134回国会衆議院会議録第11号4頁。
(390)　第162回国会衆議院安全保障委員会議録第4号11頁。

第 10 節　憲法と整合性のある武器輸出三原則

賊対策であるとかヘルメットであるとか、よさげなもの（ママ）まであえて縛って、苦しいながらも頑張って別なメリットをとっていくのがこの武器輸出三原則の意義だ」（衆・安全保障委員会　2005.3.25）[391]と指摘するが、「よさげなもの」を「縛」ることは外為法上はもちろん憲法上も許されない。

　武器輸出三原則が憲法や外為法からは「例外」と考えられる措置である以上、基本的人権をより制約する武器の完全禁輸を可能にするためには憲法を改正し、経済活動の自由や学問の自由に対する例外として位置付けることが最も適当な方法である。反対に現在の憲法を前提とする限りは武器輸出を全面的に禁止する立法は憲法違反になる可能性がある。渡辺貢議員（共産党）は武器輸出禁止の「法律、制度が必要であるという背景は幾つかありますが、第一に、憲法の前文やあるいは第 9 条で指摘されておりますように、平和国家としての戦後三十数年間のわが国の存立の理念があります」（衆・商工委員会　1981.3.20）[392]と指摘するが、憲法上はむしろ経済活動の自由や学問の自由との関係がより直接的な論点となる。基本的人権の制約を必然的に伴う武器輸出禁止に憲法は否定的である。

　したがって憲法上は武器輸出の「合憲性」よりむしろ武器輸出禁止の「合憲性」が問われることになる。例えば、公明党は 1971 年に「兵器の輸出の禁止に関する法律案」（衆・商工委員会　1971.3.26）[393]を提出している。その中では「第 3 条　何人も、兵器を輸出してはならない」と規定されている。「輸出」の定義が外為法と同義であると仮定するならば輸出の自由はもとより、海外の研究機関と共同研究といった形で武器の研究に従事することも一律に制限されることになり学問の自由も制約する。こうした制限が基本的人権の制約として許されるのかが問われることになろう。なお、他方で同法案では兵器の定義は第 2 条で武器等製造法の規定する武器、戦闘用艦艇、戦闘用航空機、戦闘用車両等で政令で規定するとしており、武器輸出三原則の「武器」より狭いものである可能性がある。武器の範囲が狭くなることで規制の網から漏れるものが出てくることも考えられる。

　共産党も 1982 年に武器輸出禁止法案を提出した[394]。同法案でも「第 3 条

---

[391]　第 162 回国会衆議院安全保障委員会議録第 4 号 39 頁。
[392]　第 94 回国会衆議院商工委員会議録第 6 号 28 頁。
[393]　第 65 回国会衆議院商工委員会議録第 16 号 1 頁。
[394]　『日本共産党の武器輸出禁止法案』「前衛」No.504、1984.3、222～224 頁。

何人も、武器等又は武器等製造設備を輸出してはならない」としている。続いて「ただし、次に掲げる場合は、この限りではない」として例外規定を設けている。「一　武器等又は武器等製造設備を外国において修理し、又は加工してこれを再輸入する目的で輸出する場合」や「二　品質又は数量等が契約の内容と相違するため、輸入された武器等又は武器等製造設備を返送する目的で輸出する場合」として、日本が使用する外国製の武器（や武器製造設備）の修理目的での輸出などを認めている。当然の前提として日本が武装していることを容認した「現実的な」規定である。なお、共産党の法案における「武器等」は第２条で提起されており、概ね輸出貿易管理令別表第１の１の項に準拠したものとなっており、外為法上の武器が規制対象となっており、公明党の法案よりも武器の範囲は広く、規制の網から漏れる懸念は少ない。共産党の法案は同時に外為法の改正も提案しており、第25条で「特定汎用品等」を新たに定義し、「武器等及び武器等製造設備以外の物のうち、車両、電子機器その他機械器具又は装置であって、軍隊の用に供され得るものであり、かつ軍隊の行動等において重要な役割を果たし得ると認められるものとして政令で定めるもの」とされ、さらに第47条の２を新設し、「特定汎用品等が軍隊の用に供されないことを証する書面を提出しなければならない」と規定した。つまり軍事用途に利用される汎用品の輸出までも禁止しようとした意図が垣間見える。提案理由は「日本国憲法の理念に基づき、武器その他の軍用機器の輸出その他国際緊張を高め又は国際紛争を発生させ若しくは助長するおそれのある行為を禁止する必要がある」とした。憲法は武器輸出を禁止しておらず、まして「その他の軍用機器」の輸出を禁止していない。問われるべきはむしろ禁止することが「日本国憲法の理念」に沿ったものであるかである。何よりそうした観点からの議論が立法府や法学界（憲法学）においてこれまでほとんど見られないという点こそが憂慮される。

第3章
◆ 武器輸出三原則の成立過程 ◆

> 武器というものの輸出ということに対しては、非常に慎重でなければならない（田中角栄通商産業大臣　衆・予算委員会第四分科会　1972.3.23）[1]

　これまで武器輸出三原則が外為法の運用方針であるという整理を再三にわたって確認してきたが、こうした基準はどのようにして確立してきたのであろうか。武器輸出三原則が確立していく過程である佐藤榮作総理大臣の武器輸出三原則の表明から三木内閣による政府統一見解の表明に至る経緯を振り返ることにより、日本の武器輸出管理政策がどのような変遷をとげてきたのかにつき確認をしてみたい。

　議論の出発点となるのは次のような指摘である。田岡俊次氏は武器輸出三原則について次のように指摘する。

○　野党議員も知っていた従来の規制を説明しただけなのに、なぜ後に「武器輸出三原則を表明」として定着したのか不思議だ。(19) 76年に三木内閣はこの三原則を強化するとして「三原則地域以外の地域にも武器、製造設備の輸出を慎む」との政府統一見解を出した。これは佐藤氏の答弁とは方向性が逆だった。当時の通産省にとっては総輸出額に比し微々たる武器輸出を許し、国会などで非難されては面倒、なるべく許可したくない。だが産業界と対立するのも嫌だから、あたかも「武器輸出三原則」が故佐藤首相の遺志であり、政府統一見解がその延長線にあるかのように称し、故人の御威光を借りようとしたのが、この神話の起源ではあるまいか、と考える（括弧内筆者追加）[2]

田岡氏は佐藤総理大臣の武器輸出三原則と三木内閣の政府統一見解は「方向性が逆」だと言う。逆に言えば三木内閣の統一見解こそが武器輸出三原則の神髄であり、評価する側からは画期的で、否定する側からは問題とされる内容だということになる。田岡氏の指摘に従うと佐藤総理大臣の武器輸出三原則の表明

---

(1) 第68回国会衆議院予算委員会第四分科会議録第4号24頁。
(2) 田岡俊次「もう一つのマボロシ／故・佐藤首相の『武器輸出三原則』」『AERA』2010.1.18、69頁。

第3章　武器輸出三原則の成立過程

とされる事象は後世の人が「故人の御威光」を借りただけであり、三木内閣の政府統一見解こそが実質的には武器輸出管理政策において画期をなす事象ということになる。こうした指摘を検討するためには佐藤内閣から三木内閣までの武器輸出をめぐる政府の方針につき振り返ることが重要であろう。田岡氏の言う武器輸出に対する「方向性」が変化したのか、変化したのであればいつ、どのように変化したのか、といった点につき確認していきたい。

◆ 第1節　佐藤榮作総理大臣の武器輸出三原則表明 ◆

はじめに佐藤榮作総理大臣が武器輸出三原則を表明した際の質疑を少し詳しく引用してみよう。

◆ 武器輸出三原則表明をめぐる質疑（関連箇所抜粋）

> ○ 華山親義議員（社会党）：　東大のロケットの問題について私が伺ったのでございますが、その中で、東大のロケットをインドネシア、ユーゴに輸出しておる。武器に転換する性格のあるようなものは輸出すべきではないじゃないかということを申したのでございますけれども、（中略）日本国憲法の平和の思想は、国際的な平和の保持によって、その間において日本の平和を維持していこうというのが精神なんだ。そういう立場からいえば、日本において開発しあるいは製造された武器というものが外国に行くということは、私は絶対にやめていただきたいと思う。
>
> ○ 佐藤榮作総理大臣：　私は平和に徹する、こういう考え方を持っております。しかし自衛のために必要なものはわが国自身も持つ。だからどこの国でも平和に徹すると言ったからといって、その国の自衛力、これを否定するというものでないことは御了承いただきたいと思います。私どもが自衛隊を持ち、自衛力を確保する、そうして安全が確保できて初めて日本は平和であるのであります。平和に徹するというのはそういう立場でございます。また、その武器等防衛のために必要なものを国産するということ―これは外国から全部買うのでなしに、国産することがいいことだ、かように思いますので、国産をはかります。また国産をいたしまする以上、防衛的な武器等については、これは外国が輸出してくれといえば、それを断るようなことはないのだろうと思います。（中略）私は一切武器を送ってはならぬ、こうきめてしまうのは、産業そのものから申しましても、やや当を得ないのじゃないか。ことに防衛のために必要な、安全確保のために必要な自衛力を整備する、こういう観点に立つと、一がいに何もかも輸出しちゃいかぬ、こういうふうにはいかぬと私は思います。
>
> ○ 華山議員：　できるだけ戦争は国際的になくそう、こういう立場に立ちな

第 1 節　佐藤榮作総理大臣の武器輸出三原則表明

> がら、戦争のために使われるものを日本から輸出するというふうなことは、これは私は絶対にやるべきではない。何のためにやる。何のために輸出するか。要するに佐藤大臣の言葉からいうならば、いろいろな経済上の、あるいは会社のために、そういうふうにも聞こえる。何のために日本で開発された武器を外国に輸出しなければならないのか。
> ○　佐藤総理大臣：　防衛のために、また自国の自衛力整備のために使われるものならば差しつかえないのではないか、かように私は申しておるのであります。輸出貿易管理令で特に制限をして、こういう場合は送ってはならぬという場合があります。それはいま申し上げましたように、戦争をしている国、あるいはまた共産国向けの場合、あるいは国連決議により武器等の輸出の禁止がされている国向けの場合、それとただいま国際紛争中の当事国またはそのおそれのある国向け、こういうのは輸出してはならない。こういうことになっております。これは厳に慎んでそのとおりやるつもりであります。

(衆・決算委員会　1967.4.21)[3]

一連の質疑からも明らかなように佐藤総理大臣は武器輸出三原則表明の前にまずは各国の自衛権を肯定し、日本も自衛権を保有していると確認する（下線部）。そのための武器の生産や保有も肯定している（点線部）。その上で「一がいに何もかも輸出しちゃいかぬ、こういうふうにはいかぬと私は思います」（波線部）と武器輸出の禁止を明確に否定するのである。これらを前提としたうえで武器輸出について「防衛のために、また自国の自衛力整備のために使われるものならば差しつかえないのではないか」（二重線部）と自衛のための武器輸出は認めても差しつかえないという立場を表明する。そしてそうした自衛用の武器輸出とは認められない事例として武器輸出三原則（太字部）を表明している。したがって、武器輸出三原則を論じる際の出発点は三原則だけでなく、その前提となっている一連の論理構成を認めた上の結論部分だということを認識しておく必要がある。具体的には①日本を含めた各国の自衛権承認、②①から導かれる武器輸出禁止の否定、③自衛用の武器輸出の是認、④③に該当しない場合としての武器輸出三原則、である。武器輸出三原則を議論する際、あるいは変化を検討する際の出発点はまさにこの論理構成にあると言える。

　佐藤榮作総理大臣はこうした論理構成をどのように正当化しているのであろうか。佐藤総理大臣の答弁を検討すると武器輸出三原則表明当時、輸出の自由と武器輸出管理の調和という観点が意識されていたことがよく分かる。

---

[3]　第 55 回国会衆議院決算委員会議録第 5 号 10 頁。

第 3 章　武器輸出三原則の成立過程

○　政府も普通の場合には輸出は自由でございますけれども、武器の輸出については輸出貿易管理令、これによって承認、その手続を必要とする、かように厳重にいたしております（佐藤榮作総理大臣　衆・予算委員会　1967.4.26）[4]

武器輸出は「普通の場合」とは異なり輸出に当たっては承認（1987 年の外為法改正により現在では許可）が必要となっているという制度を紹介する（1987 年外為法改正については第 2 章第 5 節(3)参照）。こうした管理を行う必要性について佐藤総理大臣は翌日の質疑で次のように言う。

○　大体外国へ輸出する品物は自由にできるのです。しかし武器の持つ性格その他から、また、ただいま議論されておりますように、いろいろ誤解を受けたり、また日本の平和的意図をそこなうというようなことがあっては困る、こういうので、武器の輸出は輸出管理令にかけるんだ、こういうことで特に取り扱い方を厳重にしておる、ここが最後の調和点だ（佐藤榮作総理大臣　衆・予算委員会　1967.4.27）[5]

佐藤総理大臣はこのように述べ、武器輸出は「性格その他から」完全に自由に輸出をさせるわけにはいかない。だから輸出貿易管理令で承認を取ることを義務付けて「特に取り扱い方を厳重に」していると整理する。これを佐藤総理大臣は「最後の調和点」と呼んでいる。さらに承認制あるいは許可制であるということの意義について次のように言う。

○　ただいま許可制にしてちゃんとしていることは、これは原則として認めていないということです（佐藤榮作総理大臣　参・予算委員会　1967.5.10）[6]

承認又は許可がない限り輸出できないのであるから、法制度上は「原則として認めていない」ものである（第 2 章第 10 節(2)参照）。つまり外為法上許可対象とされているものは武器に限らず全て「原則として」輸出を「認めていない」ものである。この点につき武器と汎用品の間に法制度上の区別はない。差異があるとすれば許可の取得のしやすさなのである。しかし許可のしやすさが違うとはいえ、武器であっても外為法や輸出貿易管理令の目的に反しないものであれば許可をされるという点については変わらない。その点につき佐藤総理大臣は次のように答弁している。

○　武器そのものが、輸出貿易管理令の運営上差しつかえない範囲におきましては、

---

[4]　第 55 回国会衆議院予算委員会議録第 14 号 8 頁。
[5]　第 55 回国会衆議院予算委員会議録第 15 号 21 頁。
[6]　第 55 回国会参議院予算委員会会議録第 10 号 13 頁。

それは出してもいいのじゃないか（佐藤榮作総理大臣　衆・予算委員会　1967.4.26）[7]

「輸出貿易管理令の運営上差しつかえない範囲」という許可の基準は武器でも汎用品でも変わらない。「差しつかえない」かどうかは外為法の目的や輸出貿易管理令の授権範囲に照らして考えられるべきであり、目的や授権範囲を逸脱して輸出を不許可とすれば違法となることは日工展判決の示すとおりである。

◆第2節　武器輸出三原則の要素◆

(1)　武器輸出三原則の対象

次に武器輸出三原則の要素を見ていこう。佐藤榮作総理大臣の武器輸出三原則の表明から4日後の質疑で政府は武器輸出について次のように答弁した。「通産省で従来から武器に関してましての輸出許可をいたします際には、個別のケースに応じて慎重な判断をいたしておりますが、一通りの思想統一をいたしております原則がございます。これはあくまでも一つの原則でございまして、めどでございます」（高島節男通商産業省重工業局長　衆・予算委員会第三分科会1967.4.25）[8]と答弁し、「従来から」の方針であるという。既述のとおり東京大学のロケット輸出をめぐる質疑でも武器輸出三原則の内容が説明されており、田岡俊次氏が言う佐藤総理大臣の武器輸出三原則の表明が「従来の規制を説明しただけ」という指摘は正しい。その内容として、

○　一つは、共産圏向けのようなココム物資とからんでまいりますような場合、これは非常に簡単なケースでございますが、物によっての問題でございます。これは物により行き先によりまして禁止をいたすたてまえで臨んでおります。

　　それから、国連の決議がある場合がございます。たとえば南アとか南ローデシアというようなところで、国連の決議で、武器的なもの、これは必ずしも武器に限らないものもございますが、そういうところへ輸出をしてはいかぬということが決定されました場合、これを受けまして輸出の許可をいたさないということがございます。

　　それから、第三に、輸出の対象地域と申しますか、それを中心にいたしまして国際紛争等がある場合でございます。この点は、非常に国際紛争というものが流動的でもございますので一がいにはまいりませんが、私の方の内部では、貿易通商担当方面の意見をよく聞き、外務省とも相談をいたしました上で個々の判断を

---

(7)　第55回国会衆議院予算委員会議録第14号6頁。
(8)　第55回国会衆議院予算委員会第三分科会議録第6号14頁。

第 3 章　武器輸出三原則の成立過程

いたしておる次第でございます（高島節男通商産業省重工業局長　衆・予算委員会第三分科会　1967.4.25）[9]

と武器輸出三原則を具体的に紹介する。本答弁からも明らかなように当時の武器輸出三原則は「武器」のみが対象となった原則ではなかった。すなわち第一の共産圏に関してはココムの規制を指している。したがってココム規制対象国に対しては「禁止をいたすたてまえで臨んでおります」という。ココムで規制される物資には武器も含まれているので武器輸出についてもこの原則が適用されるという。第二の国連の決議は、武器禁輸に限らず国連決議によって輸出が禁止された場合、決議で禁止されたものを輸出しないというものである。そして第三の紛争当事国は「国際紛争というものが流動的」なので一概に判断することはできず「外務省とも相談をいたしました上で個々の判断をいたしておる」という。さらに、「これはあくまでも一つの原則でございまして、めどでございます」と述べていることからも明らかなようにこの原則のみが唯一の基準ではないことを明確に答弁している。少なくとも第一の共産圏についてはココムが消滅した時点で規制対象国が消滅しており、現在は空文化していることになる。ココムが消滅している以上、現在の中国が共産圏であるか否かを論じることはこの観点からは無意味である。翌年には椎名悦三郎通商産業大臣が「武器輸出に関しましては、規制上三つの原則を置いておる。第一は共産圏諸国向けの場合。それから国連決議によって武器等の輸出が禁止されておる国向けの場合。第三は国際紛争の当事国またはその当事国となるおそれのある国向けの場合。この三つを規制しておる次第でございます」（衆・決算委員会 1968.5.13）[10]と答弁しており、共産圏からはココムが理由だという説明が抜け落ちているが、国連決議対象国は「武器等」となっており制裁対象が武器以外のものもあり得ることが引き続き示唆されている。

次に武器輸出三原則の対象となる国以外の場合について政府は「事例は少のうございますが、許可をする方針で臨んでおります。ただ、三番目の、紛争を中心としました問題は、非常に流動的でございますので、具体的な個々のケースの判断はそのときそのときにやっていく面が非常に多かろうかと思います」（高島節男通商産業省重工業局長　衆・予算委員会第三分科会　1967.4.25）[11]と述べ

---
(9)　同上。
(10)　第58回国会衆議院決算委員会議録第16号17頁。
(11)　第55回国会衆議院予算委員会第三分科会議録第6号14頁。

218

る。「許可をする方針」とはいえ「輸出貿易管理令の運営上差しつかえない範囲」であればという条件があることは当然のことであるのである（そうでないと許可制にしていること自体が無意味になってしまう）。これらの答弁は輸出の自由との整合性に配慮した答弁であると言えよう。すなわち輸出は原則として自由であるが武器はその性格上自由に輸出させるわけにはいかない。そこで許可制にすることで原則として輸出を禁止している。しかし外為法の目的や「輸出貿易管理令の運営上差しつかえない範囲」であれば「許可をする方針」で過度な権利の制限とならないようにしている。輸出貿易管理令を所掌するのは通商産業大臣であるから「輸出貿易管理令の運営上差しつかえない範囲」を判断するのは通商産業大臣である。しかしココムなどの判断に従って不許可とすることがあり得る。こうした政策的な配慮の是非については既に日工展判決で検討したので、ここではそうした要素を政府がどのように説明していたのかを見てみよう。

○ （輸出）貿易管理令の運用といたしましては、通産大臣がきめます。ただ、前提条件がございますから、その実質の範囲を決めていきますのは、外交上の問題等（筆者注：ココムなどのこと）がありまして、これは外務大臣なり外務省なりの御意見、あるいは、場合によっては総合判断してきめていくということでございます。しかし、輸出についての許可の基準をきめていくのは、あくまでも通産大臣の権限でございます（括弧内筆者追加）（高島節男通商産業省重工業局長　衆・予算委員会第三分科会　1967.4.25)[12]

当然のことであるが輸出貿易管理令の運用は通商産業大臣の権限であるので武器輸出三原則の運用も通産大臣の権限ということになる。換言すれば輸出許可の是非について一義的に説明責任を負っているのは通商産業大臣（現在では経済産業大臣）である。

(2) 国際紛争助長防止

次に武器輸出三原則の目的である国際紛争等の助長防止について見ていこう。菅野和太郎通商産業大臣は、

○ わが国からの武器の輸出によって国際紛争などを助長することは厳に避けなければならないので、ケース・バイ・ケースに慎重に処理しますが、軍隊が使用して直接戦闘の用に供せられる武器の輸出については、三原則－これはこの前申し上げた通り、共産圏あるいは国連が決議した国、あるいは紛争当事国あるいは紛争

[12] 第55回国会衆議院予算委員会第三分科会議録第6号16頁。

第3章　武器輸出三原則の成立過程

同調国、その三原則に抵触する場合は、原則として輸出をしないことにしております」（衆・商工委員会　1967.7.19）[13]

と述べており、武器輸出は基本的には「ケース・バイ・ケースに慎重に処理」するものの、「国際紛争などを助長することは厳に避けなければならない」という目的から武器輸出三原則の対象となる場合には輸出を認めないこととしていると言う。つまり国際紛争等の助長防止という目的に対して武器輸出三原則は一つの手段であり、その他の場合でも国際紛争等の助長防止と言う観点から「ケース・バイ・ケースに慎重に処理」するということになる。佐藤榮作総理大臣も次のように答弁している。

○　兵器の輸出につきましては、従来から国際紛争を助長する結果となる、さようなおそれのある場合には絶対に輸出を認めない、こういう基本的な方針を堅持しております（衆・本会議　1969.2.12）[14]

上記答弁には武器輸出三原則の対象となるか否かについては何ら触れられていない。すなわち武器輸出三原則の適用対象となるか否かに関わらず、「国際紛争を助長する結果となる」おそれがある場合には輸出を認めないという。しかもこうした方針は「従来から」「堅持」している「基本的な方針」という。この点も田岡俊次氏の言う「従来の規制を説明しただけ」なのであろう。そして政府は次のように答弁し、国際紛争の助長を防止することが武器輸出管理の目的だと明確にしている。

○　わが国からの武器の輸出につきましてはこれを規制しておるわけでございますが、これはもっぱらわが国からの武器輸出によりまして国際紛争などを助長することは厳に避けなければならないという考え方に基づいておるわけでございます（赤澤璋一通商産業省重工業局長　衆・内閣委員会　1970.4.21）[15]

その上で武器輸出三原則を紹介し、武器輸出三原則の運用で武器輸出管理は十分であるという姿勢を維持する。そのため武器輸出に関する「特別の法制化」（特に武器禁輸を指すとみられる）は不要であるとする。

○　現在、この三原則にのっとりまして、外国為替及び外国貿易管理法並びにこれに基づきますところの輸出貿易管理令、これの運用上、いま申し上げたような、

---

[13]　第55回国会衆議院商工委員会議録第33号13頁。
[14]　第61回国会衆議院会議録第5号76頁。
[15]　第63回国会衆議院内閣委員会議録第16号19頁。

また従来からご説明しておりますような三原則に抵触いたします場合には輸出承認をしないということで、はっきりとこの方針を固めております。そういったことでございますので、特に武器輸出につきまして何らかの特別の法制化は、いまのところ私どもは必要がない、従来の法律的な運用でもって三原則にのっとってやっていけば十分ではないか（赤澤璋一通商産業省重工業局長　衆・内閣委員会　1970.4.21）[16]

(3)　武器輸出三原則の位置付け

　ここでは外為法と武器輸出三原則の関係について見ていこう。武器輸出三原則は当初から輸出貿易管理令の運用方針として佐藤榮作総理大臣が表明したものであり、その位置付けは一貫して変わらない。中谷鉄也議員（社会党）は「武器輸出に関する三原則にいう武器というのは、通産省の法律では、どこに記載されているのですか」（衆・予算委員会第四分科会　1970.3.17）[17]と武器輸出三原則上の武器を定める法的根拠を質問している。これに対して政府は、「これは別に法律上の定義としてきめておるわけではございません。武器輸出に関する三原則と申しますもの自身が、いってみれば貿管令（筆者注：輸出貿易管理令のこと）の運用上の考え方でございますから、特に法律とか政令その他で、こういったものを武器というのだというふうな形で、いわゆる武器輸出に関する三原則というものがきめられたものではございません」（赤澤璋一通商産業省重工業局長　衆・予算委員会第四分科会　1970.3.17）[18]とあくまでも輸出貿易管理令の運用方針であることを強調にしている。

　したがって、武器輸出三原則が憲法解釈でないことはもちろん、外為法の解釈から論理必然で導き出されるものではなく、あくまでも政策的に導き出された「一つの原則」であるという位置付けになる。大出俊議員（社会党）は武器輸出三原則について「政策的にこういうところには輸出をしない、こういうことでございますな」（衆・内閣委員会　1973.5.10）[19]と確認したのに対して、政府は「これはもちろん政策でございますけれども、現実の運用は個別の輸出案件ごとにチェックをいたしまして、具体的な運用の基準でもあるわけでございます」（山形栄治通商産業省重工業局長　衆・内閣委員会　1973.5.10）と大出議員の指摘を認めている。さらに武器輸出三原則は既述のように「通産省で従来か

---

(16)　同上。
(17)　第63回国会衆議院予算委員会第四分科会議録第4号33頁。
(18)　同上。
(19)　第71回国会衆議院内閣委員会議録第23号13頁。

第 3 章　武器輸出三原則の成立過程

ら武器に関してましての輸出許可をいたします際には、個別のケースに応じて慎重な判断をいたしておりますが、一通りの思想統一をいたしております原則がございます。これはあくまでも一つの原則でございまして、めどでございます」[20]と通商産業省内の武器輸出に関する基準だと位置付けている。武器輸出の許可の可否は通商産業大臣の専権であるので当然通商産業省内の基準となる。その点については次のような答弁がある。

○　国会でいろいろ御議論がございまして、これを紛争当事国であるとか、国連が輸出を禁止した国に出すことは適当ではないではないかという御議論がございまして、通商産業大臣の承認の基準の内規といたしまして武器輸出三原則というものが次第に固まってまいりまして、もう 2、3 年前から確定的な三原則ということで固定的なものになっております（吉國一郎内閣法制局長官　参・予算委員会　1975.11.7)[21]

つまり武器輸出三原則は「通商産業大臣の承認の基準の内規」と位置付けられるものである。しかしながら同時に政府部内でも意思統一が図られており、

○　通産省内部におきます内規でございますが、同時にまた政府としてもこの統一見解で運用されております（吉光久通商産業省重工業局長　衆・商工委員会　1969.7.8)[22]

と武器輸出三原則が通商産業省内の内規として運用されるものの、方針そのものは政府の方針であるという位置付けにある。そもそも佐藤榮作総理大臣が表明した時点で政府の統一方針であることは明らかであるがその点につき再度確認したものと言えよう。さらに 1969 年の時点で通商産業省の内規として運用され、政府部内でも統一見解と位置付けられていたことになり、吉國内閣法制局長官が答弁した 1975 年の時点の「武器輸出三原則というものが次第に固まってまいりまして、もう 2、3 年前から確定的な三原則ということで固定的なものになっております」という指摘よりも早い段階で武器輸出三原則は確立していたとみられる。

　以上の過程を全てまとめた答弁で武器輸出三原則は「通産省が輸出を認める際の運用基準、内規」であり、「共産圏に輸出する場合、ココムリストに該当する品目は輸出承認をしないとか、国連の禁輸対象国になっている場合に、そ

---

(20)　前掲注(8)。
(21)　第 76 回国会参議院予算委員会会議録第 8 号 31 頁。
(22)　第 61 回国会衆議院商工委員会会議録第 40 号 7 頁。

第2節　武器輸出三原則の要素

の禁輸品目については輸出しない。第三点といたしまして、軍隊が使用するものであって直接戦闘の用に供するもの、これを紛争当事国またはそのおそれのある国に輸出するというような場合には、通産省は輸出を承認しない」(堺司通商産業省機械情報産業局航空機武器課長　衆・内閣委員会　1975.12.11)[23]ものであると位置付けている。こうした武器輸出三原則の内容や位置付けについて佐藤榮作総理大臣が武器輸出三原則を表明した1967年以降一貫しており、1975年の時点でもその位置付けに特に変化はない。

(4)　武器輸出三原則上の武器

武器輸出三原則における武器の定義にはどのような変遷があったのであろうか。佐藤榮作総理大臣が武器輸出三原則を表明した翌月には政府は輸出貿易管理令における運用として「軍隊が使用いたしまして、直接戦闘の用に供するという観念」(高島節男通商産業省重工業局長　参・予算委員会　1967.5.10)[24]であるという定義を紹介している。この定義では外為法上の武器なのか、武器輸出三原則上の武器であるかについて明確な区別はなされていない。しかし、すぐ後に先述のとおり菅野和太郎通商産業大臣が「軍隊が使用して直接戦闘の用に供せられる武器の輸出については、三原則（中略）に抵触する場合は、原則として輸出をしないことにしております」(衆・商工委員会　1967.7.19)[25]と述べ、これは現在の武器輸出三原則上の武器の定義と全く異なるところはない。同様に「『武器』とは、軍隊が使用して直接戦闘の用に供するものをさす」(原田明通商産業省貿易振興局長　衆・商工委員会　1968.5.20)[26]との答弁もある。いずれにせよ、武器の定義については武器輸出三原則の当初から現在の運用と違いがないことが分かる。こうした定義が武器輸出三原則上の武器を指していることがより明確に分かる答弁として、1970年には「軍隊が使用いたしまして直接戦闘の用に供せられる武器、こういったものにつきましては、従来からいわゆる武器輸出に関する三原則というものを明らかにしておるわけでございます」(赤澤璋一通商産業省重工業局長　衆・内閣委員会　1970.4.21)[27]というものがある。この答弁からは武器輸出三原則の対象となる武器が「軍隊が使用いたしまして直接戦闘の用に供せられる」ものを指すことは明確である。同様に「武器

---

[23]　第76回国会衆議院内閣委員会議録第9号45頁。
[24]　第55回国会参議院予算委員会会議録第10号8頁。
[25]　前掲注(13)。
[26]　第58回国会衆議院商工委員会議録第31号2頁。
[27]　第63回国会衆議院内閣委員会議録第16号19頁。

第 3 章　武器輸出三原則の成立過程

輸出三原則、そこでの武器というのは、軍隊が使用し直接戦闘に供するもの」（矢島嗣郎通商産業省重工業局長　衆・予算委員会第四分科会　1972.3.23)[28]と、武器輸出三原則上の武器を定義している。このように佐藤内閣を通じて武器の定義に変化はなく、その定義は現在の武器輸出三原則上の武器の定義と同じである。

　また、武器輸出三原則上の武器の定義が武器等製造法における武器の定義より広いことは当時から認識されていたことであり、武器等製造法より武器輸出三原則上の武器の方が「範囲はむしろ広いと申しますか、ばく然とした考え方で、軍隊が使用して直接戦闘の用に供するものというような考え方で輸出の場合に武器というものをどう扱うか、こういうような考え方をいたしております」（赤澤璋一通商産業省重工業局長　参・商工委員会　1970.3.12)[29]と答弁している。

　こうした武器の定義から上記定義に当てはまらないものは武器輸出三原則上の武器には該当しない。矢追秀彦議員（公明党）は「たとえば軍隊に輸出をしても直接戦闘に使われないものであればいいという解釈はそこから出てくるわけですね」と質問したのに対して、政府は「軍隊が使用するものでも直接戦闘の用に供しないものはいいのじゃないか、こういうお考えでございますが、私どもはさように考えております」（赤澤璋一通商産業省重工業局長）と答弁している（参・商工委員会　1970.3.12)[30]。「いいじゃないか」の意味は明確ではないが文脈上武器輸出三原則上の武器ではないので武器輸出三原則が適用されないと解されよう。政府は続けて「武器でないというものであれば、購買者がある国の陸軍あるいは海軍であっても、これは私は輸出の対象として考えてよろしいのではないか、こう考えております」（赤澤璋一通商産業省重工業局長　参・商工委員会　1970.3.12)[31]と答弁する。武器だからといって一概に「輸出の対象」とならないとは言えないが、少なくとも武器輸出三原則における武器でなければ輸出先が他国の軍隊であっても武器輸出三原則は適用にはならないということになる。しかし同時にこの答弁は1970年代に入ると少なくとも武器輸出三原則上の武器は一律に「輸出の対象」ではないと政府が考えていた可能性

---

(28)　第 68 回国会衆議院予算委員会第四分科会議録第 4 号 24 頁。
(29)　第 63 回国会参議院商工委員会会議録第 4 号 12 頁。
(30)　第 63 回国会参議院商工委員会会議録第 4 号 13 頁。
(31)　第 63 回国会参議院商工委員会会議録第 4 号 14 頁。

第2節　武器輸出三原則の要素

も示唆している（第4章第2節(3)参照）。

　このように武器輸出三原則上の武器とは輸出先（利用者）が軍隊であるかどうか、ということは関係がなくあくまでも当該貨物の性能によって評価されることになる。直接戦闘の用に供せられる「目的をもって製造され、その構造なり機能なりが直接戦闘用であるかどうかということは、個々の審査にあたって当然明らかにし得るものと私どもは考えております」（赤澤璋一通商産業省重工業局長　参・商工委員会　1970.3.12)[32]という。この点も現在の運用と同様である。したがって軍隊向けの輸出は武器輸出三原則によって行わないのではないかとの質問に対して政府は「仕向け先がかりに軍隊でありましても、明らかに戦闘用のものとそうでないものが弁別ができますので、したがって、その用途自体が戦闘目的でない、人命救助等々であれば、これは三原則に触れるところはない」（宮澤喜一通商産業大臣　衆・商工委員会　1971.2.23)[33]と答弁している。

　この当時はのちの政府統一見解表明後よりも具体的な武器を対象に武器輸出三原則の武器に該当するものであるかどうかが盛んに議論された。定義が現在と同じである以上は当時の議論は現在でも有効であり、武器輸出三原則上の武器を議論する上で貴重な素材となっている。

　①　トラック　　まず外為法上の武器にも該当しないものの例を挙げてみよう。軍隊が使用するトラックは武器なのかという質問に対して政府は、「トラックの場合でも、たとえば銃座がついておりまして、明らかに軍隊の直接戦闘用に供することがはっきりしているというようなものもないことはないと思います。そういうものは戦略物資に入りますが、それ以外の通常のものは入らないと解釈しております」（原田明通商産業省貿易振興局長　衆・商工委員会　1968.5.20)[34]という。この答弁だけでは「入らない」という意味は外為法上の武器に該当しないのか武器輸出三原則上の武器に該当しないものなのかが判然としないが、続けて、「輸出貿易管理令では『軍用車両及びその部分品』ということになっておりますので、通常の車両は含まれておりません」（原田明通商産業省貿易振興局長　衆・商工委員会　1968.5.20)[35]と答弁しており、「通常の車両」は輸出貿易管理令にいう「軍用車両」には当たらないと明確にする。つ

---

[32]　同上。
[33]　第65回国会衆議院商工委員会議録第3号5頁。
[34]　第58回国会衆議院商工委員会議録第31号3頁。
[35]　同上。

まり「通常の車両」である以上、利用者が軍隊であっても外為法上の武器ではない。したがって、銃座がついているような「明らかに軍隊の直接戦闘用に供することがはっきりしている」トラックでなければ、トラックの輸出先が軍隊であっても武器としては規制対象にはならない（原田明通商産業省貿易振興局長　衆・商工委員会　1968.5.20）[36]。

② **拳銃**　米国向けに輸出していた拳銃について上田哲議員（社会党）は「アメリカは紛争当事国ではありませんか」（参・内閣委員会　1970.4.24）と指摘する[37]。これに対して政府はベトナム戦争中であった米国は「紛争当事国でございます」（赤澤璋一通商産業省重工業局長　参・内閣委員会　1970.4.24）[38]と認めた。すると上田議員は米国に輸出している拳銃が「武器輸出三原則に触れないのですか」（参・内閣委員会　1970.4.24）と質問する。これに対して政府は武器輸出三原則上の武器の定義を紹介した上で、米国に輸出している「護身用の拳銃といったものは、これは軍隊が使用し、直接戦闘の用に供されるものかどうか、この点はいろいろ御議論もあろうかと思いますが、私どもとしては、いわゆる三原則運用上の武器ではない、こういうふうに考えております」（赤澤璋一通商産業省重工業局長　参・内閣委員会　1970.4.24）[39]と答弁した。つまり護身用の拳銃は武器輸出三原則にいう武器ではないという。護身用の拳銃と「軍隊が使用し、直接戦闘の用に供される」拳銃との違いとして政府は「輸出されております拳銃の内容を見てみますと、その威力と申しますか、たとえば有効射程あるいは全体の銃身の長さ等々、あるいは初速、重量、口径、こういった点からいたしまして、いわゆる護身用というものと、それから実際まあ軍隊が戦場で使っております拳銃とはやや違うように思います。値段も非常に違っております」（赤澤璋一通商産業省重工業局長　参・内閣委員会　1970.4.24）[40]という。つまり「護身用」という用途から武器輸出三原則上の武器ではないと結論付けたのではなく、あくまでも「護身用」として製造されたその拳銃が「軍隊が使用し、直接戦闘の用に供される」拳銃と「構造なり機能なりが」異なっていると評価した上で武器輸出三原則上の武器ではないと結論付けている。

---

(36)　第58回国会衆議院商工委員会議録第31号4頁。
(37)　第63回国会参議院内閣委員会会議録第11号27頁。
(38)　同上。
(39)　同上。
(40)　第63回国会参議院内閣委員会会議録第11号28頁。

③　鉄かぶと　　鉄かぶとについても議論となった。田中角栄通商産業大臣は武器輸出三原則上の武器の定義を紹介した上で、「これは相当拡大的にやっておりまして、一つの例を言えば、鉄かぶとはかぶっても武器ではないと思うし、これは装備品というけれども、しかし、これは軍隊が使えば武器の中に数えるというように非常に厳密なきめ方をしております」（衆・予算委員会 1972.3.30)[41]という。ただし、鉄かぶと全てが武器となるのではない。武器輸出三原則上の武器の定義に当てはまる鉄かぶとのみが武器輸出三原則の適用対象となる。こうした「軍用鉄かぶとは、これは一般の、たとえば土建の場合に使う鉄かぶとその他の鉄かぶとと明らかに違いまして、弾丸の貫通を跳ね返す、こういうことをねらいました特殊の材質と構造と形状を持ちました鉄かぶとでございます。これはもっぱら軍用に供するものでございまして、一般民用にはこれは適用いたされない機構、構造を持ったものでございます」（熊谷善二通商産業省機械情報産業局長　衆・予算委員会　1976.2.4)[42]と整理しており、ここでも民生用の鉄かぶととは「材質と構造と形状」や「機構、構造」が異なるものだという。換言すれば「材質と構造と形状」や「機構、構造」が民生用の鉄かぶとと同じであれば、軍隊が使用するものであったとしても武器には当たらない。

④　ヘリコプター　　対潜ヘリコプターをスウェーデン向けに輸出するのではないか、と議論の対象となったことがある。これに対して政府は「大型のヘリコプターでございますが、これは海難救助用のものということで」あると聞いているものの、「これがはたして武器等を搭載いたしまして、要するに攻撃用のものであるかどうか、いわゆる武器という概念に入るかどうかということを、まず内容、構造等から審査をし、かつそれがかりに武器であるということになれば、その際にはいわゆる武器輸出の三原則に照らしまして、これに抵触しない限りは承認をする、こういうことでございます」と答弁している（赤澤璋一通商産業省重工業局長　衆・予算委員会第二分科会　1971.2.19)[43]。ヘリコプターの「内容、構造等から審査をし」て武器に該当するものであるかどうかを判断するという。本件は具体的に輸出案件とはならなかった（成約しなかった）模様でその後詳細な「内容、構造等」に関する議論は行われていない。しかし、

---

(41)　第68回国会衆議院予算委員会議録第21号10頁。
(42)　第77回国会衆議院予算委員会議録第7号27頁。
(43)　第65回国会衆議院予算委員会第二分科会議録第1号16頁。

第 3 章　武器輸出三原則の成立過程

同様の判断枠組みで実際に輸出された台湾向けの輸送艦ではより詳しい議論が行われている（⑥「輸送艦」参照）。

　⑤　**警察用の武器**　軍隊が使用するものではなく警察が使用する武器については佐藤榮作総理大臣が次のように答弁している。

○　ただ単に警察用のものなどは、同じ武器といってもやはり出してよろしいのじゃないだろうか（佐藤榮作総理大臣　衆・予算委員会　1970.2.24）[44]

警察用の武器が武器輸出三原則上の武器ではないと明確には答弁していないが、「同じ武器といっても」と答弁しているので、警察用の武器は軍隊が使用する武器とは区別されて輸出できる（「出してよろしいのじゃないだろうか」）と述べている。こうした警察向けであるかどうかが武器輸出三原則上の武器かどうかの判定において基準となっている事例がいくつか見られるので次に見ていこう。

　⑥　**輸送艦**　台湾向けに建造した輸送艦が問題となった事例がある。これは注文主である台湾（中華民国政府）自身が軍艦だと認識していたという。他方で油を輸送する船という点では一般の輸送船と異なるところはなく、大砲なども装備していない。そうした状況では「砲は全然関係がない。他で調達をするということで、いま御指摘のような砲座といいますか土台をひとつそこへつくっておくれという設計が付いてきた場合」でも「必ずしも違法ではない、いままでの私どもの方針と背馳はしておらぬ」という（藤尾正行通商産業政務次官　衆・内閣委員会　1969.7.24）[45]。武器輸出三原則は法ではないので、三原則に違反すること自体が自動的に「違法」となるものではないが、「いままでの私どもの方針」である武器輸出三原則にも「背馳」していないという。これはどのような整理をしているのであろうか。

　矢山有作議員（社会党）は「本給油艦の注文は、台湾政府の海軍総司令部であり、起工の際には、台湾政府の魏大佐他一名が派遣され、現場で監督していたといいます。この給油艦が戦争目的のためにつくられることは明らかであります。政府は、自分がつくった法律を破り、総理の国会答弁をほごにして、武器輸出を狙っていることは許されません」（参・本会議　1969.7.22）[46]と政府を追及する。まず、「政府は、自分がつくった」のは法律ではなく武器輸出三原

――――――――――
[44]　第 63 回国会衆議院予算委員会議録第 4 号 6 頁。
[45]　第 61 回国会衆議院内閣委員会議録第 42 号 5、6 頁。
[46]　第 61 回国会参議院会議録第 34 号 906 頁。

第 2 節　武器輸出三原則の要素

則という政策であることを付言しておく。法律を「政府は、自分がつくった」のであればその事実自体を国会は追及しなければならない。いずれにせよ矢山議員の追及に対して政府は、

○　御質問の船は、宇品造船所が中華民国海軍から本年 1 月 17 日に受注いたしました給油船であります。本承認にあたりましては、買い手が紛争当事国の海軍であるところから、御承知の武器輸出三原則に照らしまして慎重に検討を行ったのでありますが、民間で使用するタンカーと同種の船室であること、軍艦の場合とその仕様を異にいたしておりますこと、武器も装備していないところから、軍隊が使用して直接戦闘の用に供するものとは認められないので、3 月 4 日に輸出の承認を行った（大平正芳通商産業大臣　参・本会議　1969.7.22）[47]

と答弁する。注文主が海軍であることを認めたうえで、武器輸出三原則上の武器ではないと整理している。そして武器輸出三原則上の武器ではないと整理するに当たっては「民間で使用するタンカー」と船室が同種であり「軍艦の場合とその仕様を異に」していると判断されるからだという。仕様から判断して「軍隊が使用して直接戦闘の用に供するものとは認められない」とされた。

しかし、実はこの給油艦は「武器も装備していない」とは言うものの、先述のとおり「砲座といいますか土台をひとつそこへつくっておくれという設計が付いてきた」のである。つまり輸出時点においては武器を装備していないが、輸出先の台湾で武器を装備することが予定されていたのである。この点について、

○　船首と船尾に約 2.3 メートルくらいの高さの台がございます。これは海上保安庁で乗せておるような軽火器、ああいう種類のものが上げられるようなそういう程度のものがつけてあるわけです（佐藤美津雄運輸省船舶局長　衆・内閣委員会 1969.7.22）[48]

つまり単に武器を装備していないから武器輸出三原則上の武器ではないと判断されたのではなく、たとえ武器の装備が予定されていてそのための砲座を造っていたとしても、その砲座が「海上保安庁で乗せておるような軽火器」程度のものである限りは「軍艦の場合とその仕様を異に」していると判断される。これは巡視艇などで装備している武器は警察用の武器として武器輸出三原則上の武器とは判断していないからであろう。この点は先述のトラックの銃座よりも

---

(47)　第 61 回国会参議院会議録第 34 号 908 頁。
(48)　第 61 回国会衆議院内閣委員会議録第 41 号 12 頁。

229

第 3 章　武器輸出三原則の成立過程

より詳細な整理を行っている。続けて政府は軍艦との仕様の差異を次のように説明する。

○　申請書の図面には確かにそういう砲座がございましたが、これはいわゆる戦闘用ではないという判断のもとに、また一般的な構造といたしましては、もし戦闘に従事するとすれば、鋼材の厚さとか、いろいろな砲座がございますが、そういうことが全然ございませんし、一般のタンカーと全く同じでございます（佐藤美津雄運輸省船舶局長　衆・内閣委員会　1969.7.22）[49]

つまりこの給油艦は鋼材の厚さなどから軍艦として要求されるような仕様を満たしていないと判断されたのである。

　以上の経緯をまとめると次のように指摘できる。第一に民生品（この場合はタンカー）と同種の構造であること、民生品と同種の構造であるという点はその後に議論の対象となるＣ１輸送機などとも同じ整理である。第二に第一の点とは逆に軍隊が使用するものとして要求される仕様を満たしていないこと、第三にたとえ武器を装備していても警察用の武器を装備している限りは「軍隊が使用して直接戦闘の用に供するものとは認められない」こと、が挙げられる。

　こうした政府の整理に対して野党は武器輸出三原則に抵触する旨、政府を批判するが、そもそも武器輸出三原則自体が政府（通商産業省）の内規である以上、政府よりも有権的な解釈を表明できるはずもなく武器輸出三原則の解釈論を続ける以上水かけ論の域を出ない。そこで次のような批判も展開される。浜田光人議員（社会党）は「できるだけわれわれとしては平和憲法下におる日本が疑われるようなことは、やるべきじゃない」と外為法や武器輸出三原則から離れて議論を展開する。その実例として浜田議員は「たとえば、YS11というのは今日では幾らでも輸送機で民間使っておるのですよ。それでも今日はフィリピンへ輸出するのに、これは疑問があるということで中止しておるでしょう」（衆・内閣委員会　1969.7.22）[50]という。フィリピンへ輸出するYS11の懸念についてより具体的に小柳勇議員（社会党）は「フィリピンからYS11を注文されたときに、戦闘機の危険性ということもありましたでしょう、これを拒否しておる」（参・商工委員会　1969.7.8）[51]と指摘する。YS11はもちろん民間航空機であり軍用機ではない。しかし、戦闘機に転用される危険性があったた

---

[49]　同上。
[50]　同上。
[51]　第61回国会参議院商工委員会会議録第17号5頁。

め輸出を拒否したという。戦闘機に転用される危険性の判断により輸出を許可しないという運用は法の授権の範囲内であれば何ら問題はない。他方で「日本が疑われるようなことは、やるべきじゃない」という議論は、与えられている法の授権の範囲内であるかどうかは大いに疑問であり、「平和憲法下におる」という枕詞で全てが裁量となってしまうようであれば「憲法精神主義」の萌芽とも言える議論の展開である。つまりどの程度の転用可能性の危険性を認識していたかの判断において「疑われるようなことは、やるべきじゃない」という基準を持ちこむことは、具体的危険性（当該輸出に伴う具体的な転用可能性）で判断すべきことを単なる論理的可能性（かもしれない）に転化する危険性がある。それでは軍事的に利用可能な民生品（汎用品）の輸出は全て不許可となってしまう。

⑦ **弾薬工場**　フィリピン向けに弾薬工場を輸出した事例がある。これは第二次世界大戦後の日比賠償協定に基づいて提供されたもので、製造された弾薬はフィリピン警察が使用することになっていたという（中谷鉄也議員（社会党）衆・商工委員会　1968.5.20)[52]。政府は「これは軍隊で使うものではないというフィリピン大統領の確認をいただいているという点において武器の三原則にも矛盾をしない」（原田明通商産業省貿易振興局長　衆・商工委員会　1968.5.20)[53]と答弁しているがどう「矛盾をしない」のであろうか。

華山親義議員（社会党）は治安警察が使用するのであれば武器輸出も許されるのか、と質問する（衆・決算委員会　1968.5.13)[54]。これに対して椎名悦三郎通商産業大臣は当該プラントの輸出の経緯について次のように説明した（衆・決算委員会　1968.5.13）。まず当該プラントは1956年に調印された日比賠償協定の付属品目表に「弾薬工場」と明示されており、国会の承認も受けた。その後、同協定の履行に伴い1966年に具体的な契約が成立した。その間、1964年にはフィリピンの大統領から池田勇人総理大臣に対して親書が届き、当該プラントの製品については警察のみが使用し、治安維持等に用いられることが確認されている。その結果、輸出貿易管理令による承認が行われた[55]。しかし、この答弁は単に経緯を説明しているに過ぎず、確かに国会において「弾薬工場」

---

[52]　第58回国会衆議院商工委員会議録第31号2頁。
[53]　同上。
[54]　第58回国会衆議院決算委員会議録第16号17頁。
[55]　同上。

を賠償として提供することが認められていたのだ、という事実は輸出承認に当たっての重要な考慮事項であると思われるが、華山議員の質問に対する直接の回答にはなっていない。警察が使用するのであれば武器輸出は許されるのか、という点につきより直接的な答弁がさらに遡った時期に見られる。政府は「警察が国内の治安の維持及び密輸の取り締まりのために使うたまということで了解して認めた」（武藤武外務省経済協力局賠償課長　衆・商工委員会　1967.12.12)[56]と、警察用なので輸出を認めたと明言する。より具体的には次のように説明されている。

○　金属加工関連機器という名目でフィリピン側から供与の要請があった、そこで口頭をもっていろいろとこの内容を聞いておったのでございますが、そのうち銃弾であるということがはっきりし、かつ、説明で国内治安用の警察に使うということは言っておったのでございますが、最終的にはマカパガル前フィリピン大統領から池田前首相あての親書が参りました。その中ではっきりといま賠償で供与してもらおうと思っておるものは国内治安維持用の警察に限って使うのだ、それを供与してもらうことは、現在マカパガル大統領がやっているフィリピンの経済、社会計画に非常に役立つものだから賠償協定の趣旨に違反しないものと考えるという趣旨の手紙が参りました（武藤武外務省経済協力局賠償課長　衆・商工委員会　1967.12.12)[57]

そもそもは「金属加工関連機器」という名目で供与の要請があったようであり、明らかに用途を偽っている（好意的に表現しても不正確である）。それは銃弾だという用途を正直に言えば輸出してもらえないかもしれないという危惧がフィリピン側にあったのであろうか。いずれにせよ、その後のやり取りで用途は警察用だということが把握されたという。しかし、フィリピンの警察は日本の警察以上に軍隊に近い存在でもあるようでいわゆる「準軍隊」だという。中谷鉄也議員（社会党）は警察用とはいえ「準軍隊が使うたまということになるわけですね」と確認したのに対して、政府はそうであると肯定する（武藤武外務省経済協力局賠償課長）（衆・商工委員会　1967.12.12)[58]。続けて「少なくとも国内の治安の維持と密輸の取り締まりにその警察が従っている、そのためにのみ使用するのだということでございますので、まあ警察用だということになると思います」（武藤武外務省経済協力局賠償課長　衆・商工委員会　1967.12.12)[59]と

---

(56)　第57回国会衆議院商工委員会議録第1号21頁。
(57)　同上。
(58)　第57回国会衆議院商工委員会議録第1号22頁。

答弁する。武器輸出管理を所掌する通商産業省にも見解が求められ、「国内治安維持用に使うということがはっきりと認められましてから決断した」(山下英明通商産業省貿易振興局経済協力部長　衆・商工委員会　1967.12.12)[60]とこれまでの整理を再確認する。

(5)　武器輸出三原則の対象地域以外の場合——外為法の精神に基づき判断

　武器輸出三原則でしばしば議論される対象は本書の冒頭でも指摘したとおり、政府統一見解で表明された「慎む」の部分である。したがって、紛争当時国など武器輸出を「認めない」武器輸出三原則対象地域を議論していても「慎む」部分には関係がない。より運用に影響を与える要素は武器輸出三原則の対象地域以外への武器輸出の扱いである。三木武夫内閣の政府統一見解で「慎む」とされる武器輸出三原則の対象地域以外への輸出はそれ以前にはどのように扱われていたのであろうか。

　既に述べたように佐藤榮作総理大臣が武器輸出三原則を表明した直後には、政府は武器輸出三原則対象地域以外への武器輸出は「許可をする方針で臨んでおります。ただ、三番目の、紛争を中心としました問題は、非常に流動的でございますので、具体的な個々のケースの判断はそのときそのときにやっていく面が非常に多かろうかと思います」(高島節男通商産業省重工業局長　衆・予算委員会第三分科会　1967.4.25)[61]と答弁している。ただし、武器輸出三原則対象地域以外であれば自動的の輸出が許可されるわけではない。同日の答弁で政府は続けて「武器につきましても、一般の商品としての通商政策上の問題も起こることがあるかと思います。しかし、いわゆる武器であるということに伴っての基準といたしましては、この三点の問題で難点がございませんでしたら認めていこう、こういう姿勢でおります」(高島節男通商産業省重工業局長　衆・予算委員会第三分科会　1967.4.25)[62]という。つまり、武器だからといって特別扱いをするわけではないが、「通商政策上の問題」があれば他の商品同様に輸出を認めない場合があると言っている。この答弁だけを見れば当時は武器輸出三原則対象地域以外への輸出は容易に認められそうにも思えるが実際は違ったようである。菅野和太郎通商産業大臣は武器輸出三原則「に反しない場合においては、

---

(59)　同上。
(60)　同上。
(61)　前掲注(11)。
(62)　第55回国会衆議院予算委員会第三分科会議録第6号14頁。

第 3 章　武器輸出三原則の成立過程

武器の輸出はできるかというと、そうはいかぬ、ケース・バイ・ケースによって考えます」という。「原則としてはいまの三つの条件に違反していない場合は輸出は認めるけれども、しかし、現状においては武器の輸出はそう簡単にはいかぬ」（衆・商工委員会　1967.7.11)[63]として、「原則としては」輸出できるが「現状においては武器の輸出はそう簡単にはいかぬ」と現実には輸出が難しいことを示唆している。少なくとも武器輸出三原則を表明した当初から武器輸出三原則対象地域以外への輸出であってもなかなか輸出が認められなかったことが明らかになる。

しかし、「ケース・バイ・ケースによって考えます」とはいえ、具体的にどのような基準で輸出の可否を判断するのであろうか。華山親義議員（社会党）は武器輸出「三原則に該当しない場合については、場合場合によって認めたり認めなかったりするんだというような御趣旨のように思われますが、これについて何か原則がございますか」（衆・予算委員会第四分科会　1970.3.17)[64]と質問する。これに対して宮澤喜一通商産業大臣は「「（輸出）貿易管理令による輸出の許可は一々ケース・バイ・ケースでやっておりまして、その運営の方針はかなり消極的なものでございますということばで申し上げたと思います。すなわち、わが国もいろいろなものを輸出して貿易は盛んにいたしたいと思いますけれども、少なくとも武器を大いに輸出して国を富ましたいというような政治の姿勢というものは、私どもとりたくない。また過去の実績に見ましても、そういう運営の精神は貫かれておるように考えております」（括弧内筆者追加）（衆・予算委員会第四分科会　1970.3.17)[65]と答弁する。つまり「ケース・バイ・ケース」とは言いながら、「運営の方針はかなり消極的なもの」という程度の原則であり、過去の実績からも「運営の精神は貫かれておる」という。つまり武器輸出量が少ないという実績から輸出を認めないという「消極的なもの」という政府の方針が分かるという。宮澤通商産業大臣の答弁を華山議員は高く評価し、「ぜひひとつそういうふうに消極‐もう出さないということを断言することも、私もむずかしいことかと思いますけれども、ぜひひとつ極力消極的な態度であっていただきたいと思います」（衆・予算委員会第四分科会　1970.3.17)[66]と政府の姿

---

(63)　第55回国会衆議院商工委員会議録第28号32頁。
(64)　第63回国会衆議院予算委員会第四分科会議録第4号23頁。
(65)　同上。
(66)　同上。

第2節　武器輸出三原則の要素

勢を評価する。この質疑を見る限りは与野党、政府と国会の波長は奇妙に一致しているのである。つまり法制度上は可能であるにもかかわらず武器を輸出するつもりはないという点で質問する側も答弁する側もそれほどの差はないのである。

　しかしこの整理は一見して明らかなように政府の意図、それも「消極的」という抽象的な意図を表明しているだけで、その法的根拠は全く示されていない。佐藤榮作総理大臣が武器輸出三原則を表明した際の論理構成とどのような関係に立つのかも全く明らかではない。武器輸出一般を「消極的」という一語で表現しているのである。

　繰り返しになるが武器輸出三原則は武器輸出を禁止したものではない。その点は1970年当時も十分に認識されていた。江田三郎議員（社会党）は「将来とも海外へ武器を輸出させないという政策を堅持されるかどうか」と質問するが、佐藤榮作総理大臣は「これは在来からやってきた方針を変える考えはございません」と答弁する（衆・予算委員会　1970.2.21)[67]。「在来からやってきた方針」である武器輸出三原則が「海外へ武器を輸出させないという政策」ではないので、「海外へ武器を輸出させないという政策」を「堅持」することはあり得ないのであるが、続いて宮澤喜一通商産業大臣はより具体的に武器輸出は「（輸出）貿易管理令でこれは制限をしておりまして、ことに紛争当事国に武器の行くようなことはしない。それからわが国が通常使用しておりますようなものについて、余裕がある場合にはそれを許すことはあり得ますけれども、紛争当事国に対してはそういうことは特にしない」（括弧内筆者追加）（衆・予算委員会　1970.2.21)[68]と述べ、武器輸出があり得ることを明示的に示している。つまり法的には武器輸出は可能なのである。それでは武器輸出三原則対象地域以外へは武器輸出の可能性が法的にはありながら政府が「消極的」に対応している、その間を埋める理屈はどのようなものになるのであろうか。佐藤内閣時代でははっきりしないものの、三木武夫内閣発足直後に、その輪郭が明らかになる。

○　武器は輸出貿易管理令による承認品目になっておるわけでございます。その承認をおろすかどうかの是非につきまして、一つの原則として、先ほどお示しの三原則があるわけでございますが、それがすべてではないわけでございます。これらの三つの事項に直接該当する国につきましては、まさにこの原則が適用になり

---

[67]　第63回国会衆議院予算委員会議録第2号7、8頁。
[68]　第63回国会衆議院予算委員会議録第2号8頁。

第 3 章　武器輸出三原則の成立過程

ますが、それ以外の場合のルールにつきましては、いわば外国為替及び外国貿易管理法の目的に照らし運用していくということになろうかと思います（岸田文武通商産業省貿易局長　衆・予算委員会　1974.12.19）[69]

「先ほどお示しの三原則」とは武器輸出三原則のことであり、武器輸出三原則対象地域以外が輸出先の場合には外為法の目的に照らして承認（現在では許可）の要否を判断するとしている。外為法に基づき許可制となっているであるから法制度上当然の整理である。武器輸出三原則自体も外為法の目的に照らして許可すべきでない場合として列挙されていると位置付けられる。これに対して岡田春夫議員（社会党）は、

〇　それはしかし政治方針ですね。閣議の決定でもない限りは、三原則以外にやりませんということはないですよ。それはどういうことなんですか。三原則に基づいて（輸出貿易）管理令の付録にすべて具体的に書いてある。それ以外に韓国には出しません、そういうことが言える根拠はどこにあるのですか（括弧内筆者追加）（衆・予算委員会　1974.12.19）[70]

「政治方針」であることはむしろ武器輸出三原則に当てはまるものであり、外為法の目的に照らして輸出の可否を判断することは法解釈、または法によって与えられた裁量であると言える。武器輸出三原則も閣議決定ではない上、武器輸出三原則の対象地域以外の輸出が一義的に認められないという規定は外為法上ないのであるから武器輸出「三原則以外にやりませんということはない」という岡田議員の指摘は当然である。この質疑において議論となっていた論点は韓国向けの武器輸出の是非であるが、当時、武器輸出三原則対象地域ではない韓国向けに武器輸出はしないと政府は言明していた。そこでその理由が問われることになる（韓国向け武器輸出に関する議論は本章補論参照）。政府はまず武器輸出において通商産業大臣が外為法の「精神に基づきまして判定をして、輸出するかしないかを決する」という一般論を提示する。「その運用方針の一つ」が武器輸出三原則であるという。「したがって、三原則に該当する場合には、絶対輸出承認をいたさないということは確定しているわけでございます。それ以外の場合については個別の判断をいたすわけでございますが、その個別の判断につきましても、佐藤内閣時代に佐藤総理から国会ではっきり答弁をいたし

---

[69]　第 74 回国会衆議院予算委員会議録第 2 号 10 頁。

[70]　同上。

第 2 節　武器輸出三原則の要素

ておりまして、たとえば国内の武器産業のコストを低下をするために輸出をはかる、これは国内の販売価格を低下さすために輸出の分量をふやして、それによってコストを下げようというようなことはいたさないということははっきり答弁いたしておりますが、それ以外の個々の場合につきましては、外国為替及び外国貿易管理法の精神に徴して個々に判断をする。その判断をする裁量は通商産業大臣の裁量権にございますので、その範囲内において処理をいたしておる」という整理を示す（吉國一郎内閣法制局長官　衆・予算委員会　1974.12.19）[71]。したがって、外為法の精神の範囲内で輸出の可否を通産大臣が裁量で判断できることになり、武器輸出三原則はその裁量の一つであるということになる。

　それでは外為法の精神とは一体何であろうか。一つは先ほどの答弁で見られた外為法の法目的である。さらに、

○　外国為替及び外国貿易管理法 48 条におきましては、第 1 項におきまして、特定の貨物、特定の地域向けの貨物、これらにつきましては、特別の場合に「承認を受ける義務を課せられることがある。」ということを規定いたしまして、引き続きまして第 2 項におきまして、「前項の政令による制限は、国際収支の均衡の維持並びに外国貿易及び国民経済の健全な発展に必要な範囲を超えてはならない。」このように規定してあります（岸田文武通商産業省貿易局長　参・予算委員会　1975.11.7）[72]

このように「国際収支の均衡の維持並びに外国貿易及び国民経済の健全な発展に必要な範囲」において承認を受ける義務（現在では許可を受ける義務）を課すことが正当化される。しかし輸出の自由を前提としている。

○　輸出は基本的にはすべて自由であるというのがたてまえである、この旨は外国為替及び外国貿易管理法第 47 条に書いてあるわけでございますが、同じく 48 条によりまして、「国際収支の均衡の維持並びに外国貿易及び国民経済の健全な発展」のために必要があるときには、承認制にかけることができるという旨の条文が用意されております。いわばその運用の一つといたしまして、武器の輸出に関して、従来武器輸出三原則というものが用意されており（岸田文武通商産業省貿易局長　衆・決算委員会　1975.11.20）[73]

と述べ、以下で武器輸出三原則の内容を説明している。政府は輸出の自由を前提に外為法第 47 条が規定されていると位置付けている。その上で「国際収支

---

[71]　第 74 回国会衆議院予算委員会議録第 2 号 11 頁。
[72]　第 76 回国会参議院予算委員会議録第 8 号 29 頁。
[73]　第 76 回国会衆議院決算委員会議録第 4 号 10 頁。

第3章　武器輸出三原則の成立過程

の均衡の維持並びに外国貿易及び国民経済の健全な発展」ために必要な規制として武器輸出を承認制（現在では許可制）としており、その運用方針の一つとして武器輸出三原則が位置付けられている。武器輸出三原則はあくまでも「国際収支の均衡の維持並びに外国貿易及び国民経済の健全な発展」ために必要な規制なのである。したがって、武器輸出三原則に該当しないような場合であっても「国際収支の均衡の維持並びに外国貿易及び国民経済の健全な発展」ために必要であると判断される限りは武器の輸出を承認しない（許可しない）ことが認められるのだ、通商産業大臣にはそのような裁量があると整理する。輸出の自由との調和はここでも意識されていたのである。

○　韓国向けの輸出につきましては、私どもの解釈としましては、この武器輸出三原則に直接該当するものではないが、もっと広い意味において先ほど申しました外国為替及び外国貿易管理法48条の運用上、武器の輸出は当分の間行わないということが適当であると考えてまいっておるわけでございます（岸田文武通商産業省貿易局長　衆・決算委員会　1975.11.20）[74]

このように武器輸出三原則対象地域ではない韓国でも武器輸出を認めないことは外為法の精神から導かれると説明する。

それではなぜ武器輸出を規制することが「国際収支の均衡の維持並びに外国貿易及び国民経済の健全な発展」ために必要であると考えられるのかについて、政府は、

○　わが国の貿易構造は原材料のほとんどを海外に依存し、それを加工して輸出するという形態になっておるわけでございます。したがいまして、わが国の外国貿易及び国民経済の運営自体は、やはり世界が平和であり、そして相互の貿易が円滑に行われるということが、貿易のためにもまた国民経済のためにも必要である（岸田文武通商産業省貿易局長　衆・決算委員会　1975.11.20）[75]

と述べる。つまり円滑な経済活動のためには「世界が平和」でなければならないからだと説明する。後の三木武夫内閣の政府統一見解の表現で言えば日本からの輸出によって「国際紛争等を助長することを回避する」ことが日本経済にとって必要だと位置付けているからこそ、武器輸出管理が正当化され、一定の場合には武器輸出を禁止する武器輸出三原則が正当化されるのである。なお、

---

(74)　同上。
(75)　第76回国会衆議院決算委員会議録第4号10、11頁。

この論理であればココム規制も同様に肯定できる。ココムの合意によって輸出許可が必要となるとしてもその輸出管理によって「世界が平和」になり、「相互の貿易が円滑に行われる」と判断される限りは正当化できることになる。

したがって、国内紛争中の国は武器輸出三原則上の「紛争当事国」に該当しないのではないか、それでは問題ではないかと問われたのに対して河本敏夫通商産業大臣は「三原則対象地域でなくても、政府はかねがね外国貿易管理法（ママ）によりまして、国民経済全体の立場、輸出貿易全体の立場から総合的に判断すべきだ、こういう趣旨が書いてありますので、その精神を生かしまして、できるだけやはりそういう紛争をしておる国に対してはもう輸出しないというのが基本方針でございます。でありますから、仮に武器（輸出）三原則に該当していないという国でありましても、外国為替並びに外国貿易管理法の精神にのっとりまして、そういう国には輸出しない、こういう私は判断を下してしかるべきである」（括弧内筆者追加）（衆・予算委員会　1976.2.6）[76]と答弁する。こうして外為法の精神に則って判断をすることにより様々な案件に柔軟な対処が可能になる。1987年の外為法改正（第2章第5節(3)）により、改正前外為法第48条第2項に規定されていた「前項の政令による制限は、国際収支の均衡の維持並びに外国貿易及び国民経済の健全な発展に必要な範囲を超えてはならない。」は削除されたが、同旨の規定は外為法第1条の目的に規定されている。外為法の精神として既述のとおり法目的も想定されており、外為法第48条第2項が削除されても外為法の精神として外為法第1条（目的）を援用することが可能である。ちなみに外為法の精神とはいえ、外為法の条文上に明文の根拠があるものであり、いわゆる条文上の根拠を持たない憲法精神主義とは異なるものである。ただし、全ての武器の輸出が「国際紛争等を助長」するものとは言えない以上、武器輸出を禁止することを正当化することはできない。

◆ 第3節　武器輸出を「慎む」 ◆

武器輸出三原則対象地域以外への輸出は外為法の精神にのっとって輸出の可否を判断するというのが法的な整理であった。しかしながら実際の運用は「消極的」だと政府自身が明言している。このような「消極的」な姿勢がより明ら

---

[76]　第77回国会衆議院予算委員会議録第9号5頁。

第3章　武器輸出三原則の成立過程

かになるのが田中角栄通商産業大臣の次の答弁である。

○　武器を輸出してはならないという法律が明定はございませんが、これは憲法の精神にのっとりまして、国際紛争は武力をもって解決をしないという精神で、日本から輸出された武器が国際紛争で使われることになれば、これは間接的なものにもなると思いますので、武器というものの輸出ということに対しては、非常に慎重でなければならない（衆・予算委員会第四分科会　1972.3.23）[77]

田中通商産業大臣はこのように述べ、武器輸出一般に対して「非常に慎重でなければならない」と答弁した。さらに同日、田中通商産業大臣は大砲を例示して武器輸出三原則上の武器よりも範囲が狭い武器等製造法による武器という限定がかかっているものの、こうした武器については武器輸出三原則で「きめられた共産国その他の国以外でも、日本の現状では武器の輸出は慎むべきだと思います」（田中角栄通商産業大臣　衆・予算委員会第四分科会　1972.3.23）[78]と答弁する。ここでついに武器輸出全般について「慎む」ものという位置付けが与えられるようになる。田岡俊次氏は「あたかも『武器輸出三原則』が故佐藤首相の遺志であり、政府統一見解がその延長線にあるかのように称し」と、佐藤榮作総理大臣の武器輸出三原則の表明と三木武夫内閣の政府統一見解は「延長線」にはないと指摘しているが、既に佐藤内閣の末期に田中通商産業大臣によって武器輸出全般を「慎む」方針は言明されていたのである。

　佐藤内閣の時代から武器輸出三原則の対象地域以外の場合でも既に「武器の輸出はそう簡単にはいかぬ」状況であった（第4章第2節(3)参照）。田岡氏の言う佐藤総理大臣の武器輸出三原則と三木内閣の政府統一見解が「方向性が逆」ということはない。両者は包含関係にある。武器輸出三原則の対象地域の場合は輸出を禁止し、それ以外の場合は「慎む」という一般論が示されるのである。こうした方向性は既に佐藤内閣の時代から示されていた。一連の経緯を踏まえれば佐藤総理大臣の武器輸出三原則の表明の「延長線」上に政府統一見解を位置づけられるし、「方向性が逆」になるということであれば、そうした相反する（「方向性が逆」）政策が法改正もなく法的に可能であるかどうかが問われることになる。

　田中角栄通商産業大臣、その後の総理大臣の時代に武器輸出三原則は大きな飛躍を遂げる。田中通商産業大臣時代には「武器輸出につきましては、武器輸

---

(77)　第68回国会衆議院予算委員会第四分科会議録第4号24頁。前掲注(1)。
(78)　同上。

240

第 3 節　武器輸出を「慎む」

出三原則がございまして、ほとんど輸出をしておらないということであります」(参・予算委員会　1972.4.4)[79]と、武器輸出三原則によってほとんど輸出しないという見解が表明される。これは武器輸出三原則対象地域以外の輸出の可能性について全く無視している。さらに田中角栄総理大臣時代には、「わが国からの武器の輸出によって国際紛争を助長することは、厳に避けなければならないということでございまして、政府は、従来から武器輸出三原則を設定するなど、きわめて慎重な態度を取ってきております」(田中角栄総理大臣　参・本会議　1973.9.23)[80]と、武器輸出には「慎重な態度」を取っていると確認している。翌年にはより直截に「政府の基本的な考え方は全く変わっておりません。武器は輸出しない」(田中角栄総理大臣　衆・予算委員会　1974.3.29)[81]とまで言明する。憲法や外為法との関係につき触れられることはない。ただ「武器は輸出しない」という方針だけが表明されたのである。したがって、三木武夫内閣成立直後に河本敏夫通商産業大臣は「原則的に、日本は平和国家でございますので、外国に対しては武器の輸出は行わない、こういう基本方針があると承知しております」(衆・予算委員会　1974.12.19)[82]と発言したが、これは必ずしも三木内閣が新たに打ち出した方針であるとは言えない。既に田中角栄通商産業大臣・総理大臣が同趣旨の答弁を何度も行っていたのである。「武器の輸出は行わない」という点について政府の事務方も「武器の輸出につきましては、ただいま通産大臣からお答えがございました通り、輸出の承認制にかけまして、承認を行わないということを基本原則といたしております」(岸田文武通商産業省貿易局長　衆・予算委員会　1974.12.19)[83]と説明している。「消極的」は「承認を行わないということを基本原則」にするに至ったのである。まさに政府統一見解後の「慎む」に対する運用と同一である。したがって、田中通商産業大臣・総理大臣時代の発言は必ずしも軽口を叩いたというものでもなく、政府内部にも浸透していた考え方のようで、「武器輸出三原則に従いまして、わが国としましては、現在のところは武器輸出は考えられない」(傍点筆者)(山口衛一防衛庁装備局長　参・予算委員会　1973.4.3)[84]とまで断言している。武器輸出

---

(79)　第 68 回国会参議院予算委員会会議録第 4 号 12 頁。
(80)　第 71 回国会参議院会議録第 37 号 1021 頁。
(81)　第 72 回国会衆議院予算委員会会議録第 32 号 35 頁。
(82)　第 74 回国会衆議院予算委員会会議録第 2 号 9 頁。
(83)　同上。
(84)　第 71 回国会参議院予算委員会会議録第 16 号 21 頁。

三原則対象地域以外には武器輸出は法的に可能であるにもかかわらず「考えられない」と議論する以前に一蹴している。このように武器輸出三原則を拡大して世界中に武器を輸出しない、と言明するようになってきたのである。

　一連の議論から明らかなことは三木武夫内閣の政府統一見解の要素は田中角栄内閣の時代までに出揃っていた。三木内閣は当時の政府部内の共通認識を「政府統一見解」として発表したに過ぎない。この点は換言すれば三木内閣の政府統一見解がなくなれば武器輸出三原則は緩和される、という議論の妥当性に対する重大な留保となる。すなわち政府統一見解の前後において武器輸出管理の運用方針に変化がなかった可能性があるのである。三木内閣の政府統一見解の有無にかかわらず、政府統一見解で示された内容と同じ運用が既に行われていたことが伺えるのである。田岡氏の言う「佐藤首相の遺志」かどうかはともかく、武器輸出三原則は佐藤内閣中の田中角栄通商産業大臣時代には強化され、武器輸出三原則の対象地域以外への輸出も「慎む」ものとした。その実質は武器輸出を原則として許可しないという運用であり三木内閣成立時には既に定式化されていた（1974年12月19日の答弁は三木内閣成立後10日であり、既に定式化されていたものと考えられる）。こうした運用は輸出の自由を前提としつつも外為法の精神を踏まえ通商産業大臣の裁量権の範囲内であると整理されていた（本章第2節(5)参照）。さらに田中角栄総理大臣の発言からは明らかに裁量権の範囲を超える武器輸出を全面的に禁止するという方向性をも包含していた。

◆ 第4節　武器製造設備 ◆

　最後に三木武夫内閣の政府統一見解で示される武器製造設備についても見てみよう。武器製造設備については既に1968年の段階で「武器を製造する設備も武器に準じて武器輸出の三原則に照らしまして、紛争のおそれのある国といったようなものについては、もちろん出さないということになろうかと思います」（原田明通商産業省貿易振興局長　参・商工委員会　1968.5.24）[85]と武器輸出三原則に準拠することが示されている。1975年の答弁でも「武器製造の専用設備につきましても武器に準じて扱うという運用で今日までやってきてお

---

[85]　第58回国会参議院商工委員会会議録第22号29頁。

る」(岸田文武通商産業省貿易局長　衆・決算委員会　1975.11.20)[86]としており、政府統一見解が表明されるかなり以前から武器製造設備についても武器と同じ扱いをしていたことが分かる(反対にそうでなければ先ほどのフィリピン向け弾薬工場(武器製造設備)が武器輸出三原則の問題として議論の対象とはならないであろう(本章第2節(4)⑦参照))。

第5節　政府統一見解

　これまで見てきたように三木武夫内閣の政府統一見解も「従来の規制を説明しただけ」(田岡俊次氏)なのである。当時三木武夫総理大臣はむしろ武器輸出管理を緩和するのかと野党側から攻められていたのである。三木総理大臣は武器輸出について「製造した武器を輸出することを禁止するという規制はないわけですけれども、日本の平和国家であるという立場から考えて、武器を輸出産業に育成するということは好ましいことではないと私は考えておりますから、武器を大々的に輸出するような、そういう方針はとらない」(傍点筆者)(三木武夫総理大臣　衆・予算委員会　1975.6.9)[87]と田中角栄総理大臣よりはるかに法的整合性に配慮した方針を表明している。「武器を輸出することを禁止するという規制はない」と明言しておりこの方針であれば外為法上も齟齬をきたすことはない。だからといって「武器を大々的に輸出するような、そういう方針はとらない」とも述べ、「消極的」な姿勢は堅持する。この武器輸出を奨励しないという立場はその後も繰り返し指摘し、政府統一見解でも触れられている。政府統一見解を表明した際の発言でも三木総理大臣は「政府がずっと-田中通産大臣のときですかね、その速記録も読んでみて、慎むという態度、その中に政府が進んで武器の輸出を奨励しようというような立場ではないのだけれども、やはり慎重にこの問題に対処していこうということで、そういうことを政府はずっと方針としてきておるわけで、やはりこれを踏襲していきたい」(三木武夫総理大臣　衆・予算委員会　1976.2.27)[88]と、先述の田中角栄通商産業大臣の答弁を引合いに出しつつ、武器輸出を「慎む」ことは輸出を奨励しないことだという立場を示す。この奨励しないという立場は具体的にどのようなものであ

---

(86)　第76回国会衆議院決算委員会議録第4号14頁。
(87)　第75回国会衆議院予算委員会議録第23号46頁。
(88)　第77回国会衆議院予算委員会議録第18号17頁。

るかについて、三木総理大臣は本答弁の3週間前の質疑で防衛産業を「輸出産業として育成する考えは持ってないのですよ。また、この不況だから、不況というものの解決を武器輸出に求めるという考えも持ってない」(三木武夫総理大臣　衆・予算委員会　1976.2.6)[89]と述べている。それこそが武器輸出三原則の狙いであり、さらに武器輸出によって地域紛争を助長するようなことはしないという(三木武夫総理大臣　衆・予算委員会　1976.2.6)[90]。こうした考え方は野党側にも共有されていたようで内藤功議員(共産党)は「外国に戦争の火種があったときに、それを求めむさぼるように日本の企業が人殺しの武器を輸出しないというのが、この三原則の趣旨だと思う」(参・予算委員会　1975.11.7)[91]と指摘する。「戦争の火種」を「求めむさぼるように」輸出してはいけないと言うだけで全ての輸出が禁止されるわけではない。

本章の最後に政府統一見解が出る直前における国会質疑をみておきたい。これまで検討してきた一連の流れを踏まえて考えてみたい。まず河本敏夫通商産業大臣は武器輸出三原則の対象地域以外への武器輸出について「外国貿易管理法(ママ)の48条の趣旨に基づきまして、ケース・バイ・ケースで処理することになっております」(衆・予算委員会　1976.1.29)[92]と答弁する。従来の整理からの逸脱はない。

次に楢崎弥之助議員(社会党)は田中角栄通商産業大臣・総理大臣の答弁との食い違いを糾弾する。楢崎議員は「田中答弁では慎むんだからやらないということなんです」(衆・予算委員会　1976.2.4)[93]と武器輸出は禁止されているのではないかと指摘し、続けて「三木総理は、田中前総理の、慎む、つまりやらない、憲法の精神から、これをあなたは訂正するんですか、ケース・バイ・ケースということで」(衆・予算委員会　1976.2.4)[94]と批判し、武器輸出を禁止しないのであれば方針変更ではないかと政府を追及する。これに対して三木武夫総理大臣は「原則的にはなるべくこの武器の輸出というものは抑制していきたいというのが私の基本でございます」(傍点筆者)(衆・予算委員会　1976.2.4)[95]と、「消極的」な姿勢は堅持するものの輸出しないとは明言しない。

---

(89)　第77回国会衆議院予算委員会議録第9号3頁。
(90)　第77回国会衆議院予算委員会議録第9号5頁。
(91)　第76回国会参議院予算委員会会議録第8号28頁。
(92)　第77回国会衆議院予算委員会議録第2号19頁。
(93)　第77回国会衆議院予算委員会議録第7号26頁。
(94)　同上。

楢崎議員が糾弾したように三木総理大臣は田中総理大臣よりも武器輸出禁止に対して抑制された答弁で一貫している。武器輸出は禁止されていない以上、武器輸出三原則対象地域以外であれば輸出貿易管理令による通商産業大臣の許可を取得すれば武器輸出は可能なのか、との正木良明議員（公明党）の質問に対しては、河本通商産業大臣は「そのとおりであります」と断言している（衆・予算委員会　1976.2.4）[96]。法制度上当然の回答である。その後、正木議員は様々に質問を変えて武器輸出三原則対象地域以外の地域への武器輸出について質問を繰り返すが、三木総理大臣は武器輸出「三原則以外の武器の輸出、これも全部禁止してしまえというふうな解釈ではなくして、三原則を厳重に履行していこうというのが政府の考えでございます」とか、「政府は武器の輸出に対してはできるだけこれを抑制していこうという立場ですから、個々のケースの許可を与える場合に、第三項の規定というものを厳重に解釈いたして、そして武器輸出というものが日本の産業というものに対して大きなウエートを占めるようなことには持っていかないようにしたい」と述べ、武器輸出に対して「消極的」な姿勢ではあるものの最後まで武器輸出の全面禁止には同意しない（なお「第三項の規定」とは武器輸出三原則の３つ目の原則である紛争当事国に対する武器輸出禁止のことである。）（衆・予算委員会　1976.2.4）[97]。武器輸出を禁止する法的根拠がないので当然の整理であるが、いずれにせよ三木総理大臣又は三木内閣が武器輸出管理を厳しくしたという指摘は必ずしも妥当ではない。三木内閣はむしろ佐藤内閣以来の武器輸出管理政策と外為法との整合性を図ろうとしていたとも言えるのである。

　三木内閣の政府統一見解がそれまでの武器輸出管理政策とは異なる画期をなす政策だと位置付けることも「神話」なのである。

　（補論）　韓国向け武器輸出の可否——武器輸出三原則対象地域以外への武器輸出
　武器輸出三原則対象地域以外の輸出を認めない場合として韓国が議論の対象となっていた。韓国向けの武器輸出の可否については国会でも多くの質疑がある。武器輸出三原則対象地域以外の例として韓国向け武器輸出についてどのように扱われてきたかを振り返ってみたい。

---

[95]　同上。
[96]　第77回国会衆議院予算委員会議録第７号２頁。
[97]　同上。

第 3 章　武器輸出三原則の成立過程

　古くは 1960 年代初めから、すなわち韓国との国交回復の頃から韓国向け武器輸出が議論の対象となっている。穂積七郎議員（社会党）は日韓国交回復に伴い経済援助等を通じて「韓国に対して日本で生産された武器を輸出するかしないか、あの国へ送るか送らないか、これは重要な問題なのです」（衆・外務委員会　1961.11.10）と質問する[98]。これに対して小坂善太郎外務大臣は「現在の貿易ではそういうことは全然考えておりません。そういう体制にないときに、そんなことを約束するはずがないと思います」（衆・外務委員会　1961.11.10）[99]と政府に意図がないことを理由に否定する。武器輸出三原則表明前でもありこの時点では法的な整理は行われていない。

　その後、韓国は武器輸出三原則の対象地域ではないものの武器輸出は認めないとする答弁が現れてくる。河本敏夫通商産業大臣は「韓国は三原則に該当するものとは考えていない。外国為替及び外国貿易管理法第 48 条第 2 項の『外国貿易及び国民経済の健全な発展』をはかる見地から、従来も承認をした例はありませんし、今後も承認するつもりはありません」（衆・予算委員会　1975.12.19）[100]と述べる。こうした整理を可能にするものが先述のとおり外為法の精神なのである（本章第 2 節(5)参照）。したがって、「武器（輸出）三原則にいうところの対象地域でなくても、外国為替管理法並びに外国貿易管理法（ママ）に基づきまして国民経済全体の立場から、また貿易全体の立場から考えまして、これは十分慎重に考慮すべきものでありますので、ただ単に武器（輸出）三原則によりまして輸出を禁止するとかとめるとか、そういうことではなくして、さらに二重にチェックするという意味におきましてこの外国為替管理法並びに外国貿易管理法（ママ）の精神を十分生かしまして慎重に対処をいたしておるわけでございます。そういう意味から韓国に対しましては、武器の輸出も、武器（輸出）三原則の対象地域ではありませんけれども、輸出をしていないというのが現状でございます」（括弧内筆者追加）（河本敏夫通商産業大臣　衆・予算委員会　1976.2.4）[101]と整理される。そのため一方で韓国は武器輸出三原則の対象地域ではないと明確にしつつ、運用上は武器輸出三原則の対象地域と同様の扱い（武器輸出を「認めない」）をするということになる。政府は「韓国につき

---

(98)　第 39 回国会衆議院外務委員会議録第 12 号 3 頁。
(99)　同上。
(100)　第 74 回国会衆議院予算委員会議録第 2 号 12 頁。
(101)　第 77 回国会衆議院予算委員会議録第 7 号 24 頁。

ましては、いわゆる紛争当事国あるいはそのおそれのある国ではございませんが、この政府の統一見解に従います紛争当事国に準じた扱いをいたしております」(熊谷善二通商産業省機械情報産業局長　衆・商工委員会　1977.3.22)[102]と整理し、「準じた扱い」だと言う。韓国を武器輸出三原則に「準じた扱い」とすることで韓国向けの武器輸出は許可しないという運用方針を明らかにする。

　しかし、いずれにせよ武器輸出が許可されないのであれば武器輸出三原則の対象地域と「三原則地域と準じてと、一体どういう違いがあるのですか」と疑問が呈される(工藤晃議員(共産党)　衆・商工委員会　1977.3.22)[103]。これに対して政府は韓国について「全く緊張状態がないかと言えば、そうではございません。将来そういった事態も全くなしとはしないということから、武器(輸出)三原則の対象地域ではございませんが、それに準じた扱いをする」(括弧内筆者追加)(熊谷善二通商産業省機械情報産業局長　衆・商工委員会　1977.3.22)[104]と整理する。韓国は紛争当事国とは言えない、しかし緊張状態にある上に、紛争当事国になる可能性もあることから「準じた扱い」をしているのだという。

　同時期に田中龍夫通商産業大臣は「兵器の輸出等、その軍備等々に関しましては、日本はさようなことをしないという特段の政府の意思決定をいたしておるのでございまして、武器、兵器、弾薬等のことは、これは軍事面の協力はすべきではございません」(衆・商工委員会　1977.4.6)[105]という。これは工藤晃議員(共産党)から「日韓軍事協力と言うべき姿がここに出てくるのではないかとどうしても思わざるを得ないわけでありますが、この点につきまして、そういうことでいいのかどうか」(衆・商工委員会　1977.4.6)[106]という指摘を受けたものであり、韓国に対して「軍事面の協力はすべきではございません」と政府は判断する。しかし、韓国向けに限定するにせよ「すべきでは」ないという判断は法解釈ではなくあくまでも政策である。韓国を武器輸出三原則の対象地域に「準じた扱い」をするという政策(「政府の意思」)を指しているものと解されよう。

　以上の議論をまとめて政府は「韓国はいわゆる武器輸出三原則の対象国では

---

(102)　第80回国会衆議院商工委員会議録第6号20頁。
(103)　同上。
(104)　同上。
(105)　第80回国会衆議院商工委員会議録第9号19頁。
(106)　同上。

第3章　武器輸出三原則の成立過程

ございませんけれども、紛争の起こる可能性が高いというほどではございませんが、一種の緊張状態が存在していると考えているわけでございます。したがいまして、かかる状態にある国に武器を輸出し、それによって武力紛争のおそれが生ずるのも、国際的な平和協調を願いとするわが国に取りまして、好ましくないわけでございますので、武器輸出につきましては行わないという方針で、従来から臨んでいる次第でございます」(柏木正彦通商産業省貿易局輸出課長　参・外務委員会　1977.11.22)[107]と韓国向け武器輸出を認めない理由を説明する。武器輸出三原則に当てはめれば韓国の置かれた「一種の緊張状態」を「慎む」に当たる理由として解することも可能であるし、武器輸出三原則だけが唯一の基準である必然性はないので、別の基準として韓国向けは「輸出しない」という基準であると解することも可能であろう。政府が韓国向け武器輸出を認めないことは韓国の置かれた「一種の緊張状態」に理由が求められる以上、韓国が韓国であることを理由として武器輸出を認めないものではない。さらに論理的には日本からの武器輸出によって「武力紛争のおそれが生ずる」ことがない、又はおそれを減じることができると考えられるならば、「一種の緊張状態」に置かれた韓国向けの武器輸出も可能であると考えられる。少なくとも武器輸出三原則の対象地域ではないことから伊東正義外務大臣の「韓国につきましても、三原則等にあるように、武器の輸出については慎重に考えていくという地域でございまして、従来からこれは慎重に考えますと答弁を申し上げたとおりでございます」(衆・予算委員会　1981.2.10)[108]との発言も武器輸出三原則の観点からは当然の整理である。韓国も武器輸出三原則上は「慎む」対象に過ぎない。しかし、韓国向け武器輸出を認めないはずだったとする野間友一議員(共産党)は「これはおかしな答弁だと思いますね。従来国会では、武器の輸出は行わないとはっきり答弁されておるわけですよ。どうでしょうか、外務大臣。たとえば昭和52年(1977年)11月22日参議院の外務委員会で、はっきりこういう答弁があるわけですね」(括弧内筆者追加)(衆・予算委員会　1981.2.10)[109]と、先述の1977年(昭和52年)の答弁を引き合いに伊東外務大臣を批判する。これに対して田中六助通商産業大臣は「ただいま総理が申し上げましたように、武器輸出三原則と政府方針にのっとって、しないことになっております」とし

---

(107)　第82回国会参議院外務委員会会議録第8号23頁。
(108)　第94回国会衆議院予算委員会議録第7号4頁。
(109)　同上。

た上で、「そういうことにのっとって韓国への武器輸出というものはやらないようになっております」と答弁し、野間議員も「韓国への輸出はやらない、対象国だということを通産大臣は確認したわけであります」と応じて議論が収束している（衆・予算委員会　1981.2.10）[110]。しかし、ここまでの検討からも明らかなように韓国が武器輸出三原則の対象国ではないことは明らかであり、その点では伊東外務大臣の発言が最も正確である。韓国のように武器輸出三原則の対象国でなくとも外為法の精神から武器輸出を「認めない」ことが可能だということである。なお、田中六助通商産業大臣が引用した「ただいま総理が申し上げました」こととは伊東外務大臣の直前の答弁で鈴木善幸総理大臣が「紛争を助長するような武器の輸出」について武器輸出三原則や政府統一見解に基づいて厳格に対処すると述べたものである[111]。

　以上の検討を踏まえて最後に次の質疑を見てみたい。金子満広議員（共産党）は「韓国に対する援助の問題です」として、「園田外務大臣は、韓国の防衛、軍事費のために協力することはどのような場合でも不可能だ、こういうようにきょう答弁されているわけですね」と確認する（衆・外務委員会　1981.9.2）[112]。これに対して園田直外務大臣は「いま申し上げましたことは私の信念ではなくて、国会、憲法その他の規定でできないことでありますから、できないことを変えるわけにはまいりません」（衆・外務委員会　1981.9.2）[113]と答弁する。さらに金子議員から「できない」根拠を確認されたのに対して園田外務大臣は「憲法では、一貫した平和憲法であります。したがいまして、武器輸出とかあるいは軍事援助はできないのは当然であります」（衆・外務委員会　1981.9.2）[114]と答弁している。韓国向けに武器輸出をしないことは憲法の規定や国会の決議ではなく、あくまでも外為法の解釈から導かれたものである。その点園田外務大臣の発言は極めて不正確である。しかもこの質疑はあくまでも韓国向けの議論であった。したがって、武器輸出一般が禁止される根拠として園田発言を引用することはできない（第2章第1節(1)における聴濤弘議員（共産党）の発言参照）。

　これだけ韓国向け武器輸出は議論されており、第2章第8節で検討した「武

---

[110]　同上。
[111]　同上。
[112]　第94回国会衆議院外務委員会議録第21号22頁。
[113]　同上。
[114]　同上。

第 3 章　武器輸出三原則の成立過程

器輸出三原則に関する国会決議」も韓国向けに武器が無許可で輸出されたことが契機となっていた。他方で「一種の緊張状態」に置かれたもう一方の当事者である北朝鮮に対する議論ははなはだ低調であり、佐藤観樹議員（社会党）が「武器の問題は別として、汎用品に至ってはなかなか範囲が確定できない。例えば、この前問題になっておりましたけれども、北朝鮮、朝鮮民主主義人民共和国にトラックを送って、それを軍隊が使うということになるとこれもいけないのか」（衆・外務委員会　1987.8.19）[115]と述べ、軍隊向けでもトラックの輸出くらい問題ないという指摘がある程度である。佐藤議員の指摘は軍隊が使用するという理由でトラックが武器に当たるわけではないという意味で武器輸出三原則上は正しい指摘である。他方で、国会での議論における韓国と北朝鮮に対する認識の温度差は今日の視点から見ると大変興味深い。

---

[115]　第 109 回国会衆議院外務委員会議録第 2 号 10 頁。

第4章
◆ 国内政治と武器輸出 ◆

> わずかばかりの武器の輸出によって、全体の貿易を破壊するようなことは、これは通産省としては絶対にいたしたくない（石橋湛山通商産業大臣　参・本会議　1956.4.27）[1]

　第3章では佐藤榮作総理大臣の武器輸出三原則の表明から三木武夫内閣の政府統一見解に至る武器輸出管理の法的側面を中心に検討してきた。武器輸出三原則が外為法の運用方針であるという位置付けから、こうした法的側面が検討の中心となることは当然であるが、武器輸出三原則が法的に武器輸出禁止を定める規範でないことは明らかであるにもかかわらず、根強く武器輸出禁止の規範だと主張され、そうした主張が一定程度受け入れられる背景には武器輸出を忌避する姿勢が政治的にあったものと推測される。こうした観点から武器輸出三原則が国内で受け入れられていく政治的背景も考察する必要があると考える。そこで本章では武器輸出三原則の背景にあった武器輸出に対する政府の姿勢を中心に検証する。武器輸出三原則はどのような政治的状況の中で生まれ、強化されてきたのだろうか。

◆ 第1節　武器輸出の歴史 ◆

　戦後の日本では武器輸出は行われていた。これまでの検討からも明らかなように武器輸出は合憲であり、合法なものである。武器輸出を禁止する明示的な規範が憲法に存在せず、外為法上は武器輸出が許可制であることは外為法が制定された1949年以降基本的に変化していない。戦後の武器輸出について田村重信氏は「戦後の日本は平和憲法の下で、粛々と武器輸出をしており、これは決して憲法違反でもなく、『武器輸出三原則は国是』といったものでもなかった」と指摘する[2]。戦後の武器輸出は1953年にタイ向けに榴弾と徹甲弾を輸

---

[1]　第24回国会参議院会議録第41号602頁。

出したことに始まる[3]。したがって「今まで60年以上にわたって、日本が歯を食いしばって武器は輸出してこなかった」(犬塚直史議員（民主党）　参・外交防衛委員会　2007.12.27)[4]との指摘は事実とは異なる。首藤信彦議員（民主党）はイラク戦争を開始した米国を日本政府が支持したことを批判して「武器輸出をしたことがないというような経験を踏まえて、日本がもっと主体的にリーダーシップをとって平和に導くことが可能であった」(衆・憲法調査会2003.3.27)[5]と指摘するが日本のリーダーシップの源泉が武器輸出を「したことがないこと」に求めるのであれば、日本はリーダーシップを発揮できない。いかに日本の武器輸出管理が厳しいことを高く評価するにせよ、事実と異なる見解を事実であるかのように表明すること、しかもそれを国会議員が国会の場において指摘することには問題があると言わざるを得ない。誤った事実に基づく議論はいかに真摯なものであったとしても議論の方法として適切なものとは言えない。

　日本の武器生産は朝鮮戦争開始後の「米軍の特需として伸びて参ったわけでございます」(鈴木義雄通商産業省重工業局長　参・外務委員会　1956.4.25)[6]という（第2章第7節(4)、本章第2節(1)参照）。こうした経緯は武器等製造法案の審議でも触れられていたとおりである。厳密には日本に駐留していた米軍（進駐軍）向けの出荷は国内出荷に当たるので外為法上の輸出には当たらない。しかし武器輸出を考える出発点は武器生産がまさに外需から始まっていたという事実を忘れてはならない。新治毅氏は朝鮮特需が日本の経済復興の契機となったと指摘した上で日本の防衛産業も「このように特需向けという形で再出発した。特需は、直接的には、朝鮮戦争のためのものであり、そこで生産された兵器は我が国の再軍備とは結びつかなかった」[7]と指摘する。こうした当時の武器生産のあり方は次節で詳しく検討するがここでは日本の軍備と結びつかない武器生産や武器輸出があったという側面に留意しておきたい。論理的には日本の軍事大国化を問題視する視点からは日本で使わない武器の輸出であれば問題がなくなってしまう。したがって外需向けの武器生産を野放しにしてよいか、とい

---

(2)　田村重信「意義ある武器輸出3原則の見直し」『世界週報』2005.2.22、21頁。
(3)　櫻川明巧「日本の武器禁輸政策」84頁。
(4)　第168回国会参議院外交防衛委員会会議録第16号7頁。
(5)　第156回国会衆議院憲法調査会議録第5号18頁。
(6)　第24回国会参議院外務委員会会議録第9号7頁。
(7)　新治毅「防衛産業の歴史と武器輸出三原則」『防衛大学校紀要第77号』1998、223頁。

第 1 節　武器輸出の歴史

う論点は日本の軍事大国化防止という論点からは直接に導けない。朝鮮戦争から半世紀を経て小渕恵三総理大臣は「我が国としては、いわゆるそうした形での経済に対する貢献ということはなし得ないとしておるわけでございまして、特に武器の輸出については全く（武器）輸出三原則を堅持しておるわけでございますから、そういった意味での経済に対する役割というものは一切否定をしておるわけでございます」（括弧内筆者追加）（参・予算委員会　1999.3.1)[8]と指摘するものの、歴史的には武器輸出が経済的な役割を果たすことを「一切否定」をしてきたわけではなかったことになる。もちろん進駐軍向けの出荷だったので輸出ではない、という議論も可能であるが過度に形式的であろう。外需向けの武器生産が経済に貢献していたという時期は戦後の一時期にあったことは事実である。1952 年から 56 年 1 月までの合計として武器関係の特需は合計で 478 億円に上ったという（鈴木義雄通商産業省重工業局長　参・外務委員会 1956.4.25)[9]。もっともその後の政府答弁では特需実績は 1959 年までの 8 年間合計で約 470 億円としており、1956 年当時の答弁よりも金額が減っている。いずれにせよ 1956 年以降は特需は少なくなったようで、1960 年以降は武器関係の特需はないという（山野正登通商産業省重工業局航空機武器課長　衆・外務委員会　1971.3.19)[10]。

　進駐軍向け以外の武器輸出としては先述のとおり 1953 年にタイ向けに砲弾を輸出したことに始まる。石橋湛山通商産業大臣は 1953 年から 55 年までの武器輸出の実績につき表 1 のように答弁している（参・商工委員会　1956.5.15）。

表 1：日本の武器輸出 1953〜55

年度	輸出先	武器
1953	タイ	戦車砲弾 5 万発
1954	台湾	山砲弾体 10 万発
1955	ビルマ	小銃弾 95 万発

出典：石橋湛山通商産業大臣答弁を基に筆者作成[11]

その後の武器輸出について政府側からの答弁はないが、岡田春夫議員（社会

---

(8)　第 145 回国会参議院予算委員会会議録第 7 号 11 頁。
(9)　第 24 回国会参議院外務委員会会議録第 9 号 7 頁。
(10)　第 65 回国会衆議院外務委員会会議録第 10 号 16 頁。
(11)　第 24 回国会参議院商工委員会会議録第 31 号 10 頁。

第 4 章　国内政治と武器輸出

党）の指摘によれば表 2 のとおりである（衆・予算委員会　1974.12.19）。

表 2：日本の武器輸出 1958〜68

年度	輸出先	武器
1958	南ベトナム	銃弾
1959	インドネシア	射撃管制装置
1960	インドネシア	機銃部品
	インド	訓練用機雷
1961	インドネシア	機銃部品
1962	米国	ピストル
1963	米国	ピストル
	インドネシア	機銃部品
1964	米国	ピストル
1965	タイ	ライフル
		銃弾
1966	タイ	ライフル
	米国	ピストル
1967	米国	ピストル
1968	フィリピン	銃弾プラント

出典：岡田春夫議員（社会党）の指摘を基に筆者作成[12]

1960 年代後半になると再び政府側の答弁が出てくる。政府側の答弁をまとめると表 3 のようになる。

表 3：日本の武器輸出 1965〜1968

年度	輸出先	武器
1965	米国	拳銃約 6000 丁（護身用）
	カナダ	
	スイス	
1966	タイ	小銃 5000 丁（警察用）
	米国	拳銃 7466 丁（護身用）
	スイス	拳銃 74 丁（護身用）
	カンボジア	拳銃 1 丁（護身用）

[12]　第 74 回国会衆議院予算委員会議録第 2 号 10 頁。

第 1 節　武器輸出の歴史

	ノルウェー	拳銃 1 丁（護身用）
	イギリス	拳銃 2 丁（護身用）
1967	米国	拳銃約 12000 丁（護身用）
	イギリス	
	西ドイツ	
	オーストラリア	
1968	米国	拳銃約 8400 丁（護身用）
	イタリア	

出典：菅野和太郎通商産業大臣、原田明通商産業省貿易振興局長、吉光久通商産業省重工業局長の答弁を基に筆者作成[13]

　岡田議員の指摘と政府側の答弁で多少のズレが見られるものの、概ね傾向は一致している。すなわち砲弾から始まった日本の武器輸出は次第に拳銃に収斂してきたのである（その例外がフィリピン向けの弾薬工場となろう）。なお、金額としては 1953 年以降 1969 年までで最も多かった年が 1965 年で 3 億 1500 万円であり、1969 年には 400 万円にまで落ち込む（高島節男通商産業省重工業局長　参・予算委員会　1967.5.10、赤澤璋一通商産業省重工業局長　衆・内閣委員会　1970.4.21）[14]。元々細々と続いていた武器輸出は 1960 年代の後半にかけていよいよ減少していったのである。なお、フィリピン向け弾薬工場（武器製造設備）は「武器」ではないので「武器輸出」額としては計上されていないものと思われる。大出俊議員（社会党）によれば同プラントは 16 億 4900 万円相当だったとのことである（衆・内閣委員会　1973.5.10）[15]。
　これらの事実は言えることは何か。まず第一に武器輸出を行っていたこと、第二に外為法の規制の下、許可（承認）を得ていたこと、である。外為法上武器輸出は禁止されていないのであるから特段驚く事実ではないが、現在と同じ法体系の下で武器輸出が行われていたことは改めて指摘しておきたい。第 3 章

---

[13]　第 55 回国会衆議院予算委員会議録第 14 号 9 頁（菅野和太郎通商産業大臣　1967.4.26）、第 57 回国会参議院予算委員会議録第 2 号 22 頁（原田明通商産業省貿易振興局長　1967.12.16）、第 61 回国会衆議院商工委員会議録第 40 号 7 頁（吉光久通商産業省重工業局長　1969.7.8）。

[14]　第 55 回国会参議院予算委員会議録第 10 号 8 頁、第 63 回国会衆議院内閣委員会議録第 16 号 18 頁。

[15]　第 71 回国会衆議院内閣委員会議録第 23 号 14 頁。

の冒頭でも触れたように佐藤榮作総理大臣は武器輸出三原則を表明するに当たって、武器輸出そのものが禁止されていないことを確認している（第3章第1節参照）。この当時の日本を法的に、また国際政治的にどのように評価するかは武器輸出管理を検討する上では重要な出発点であるはずである。例えば武器輸出禁止が「国是」であるとする立場であれば、この当時の政府の姿勢は違法なのかが検証されなければならないし、「死の商人」であったという批判を浴びせなければならない、あるいは当時においてそうした批判を国内外から浴びていたはずだということになろう。

◆ 第2節　武器輸出に対する政府の姿勢 ◆

前節からも明らかなように戦後の日本は武器輸出をしていた。したがって武器輸出禁止という国是はなかった。武器輸出三原則が武器輸出を禁止していないことはこれまで検討したとおりである。そのため例えば渡辺美智雄外務大臣の「日本は武器輸出禁止という国是を持っております」（衆・予算委員会 1993.2.4）[16]といった発言は不正確である。渡辺外務大臣は外交演説では「政府が武器やその製造に関連する設備の輸出を慎むという極めて先進的な政策をとってきている」（衆・本会議、参・本会議　1992.1.24）[17]と正確に表現している。しかし言い回しの問題として単に正確・不正確だと片付けるだけなく、こうした発言が行われるという事実自体に政府や国務大臣をはじめ国会議員自身も一部では「国是」だと思っていたのではないかということを考える契機にもなる。なぜ法的根拠もなく歴史的事実としても誤りであることが明白な「武器輸出禁止という国是」という思想が政府で受け入れられたのか。そのためには戦後の武器輸出に対する政府の姿勢を検証していくことが有益であると考える。国是とは言わないまでも瓦力防衛庁長官も「我が国が防衛政策上、武器輸出につきましてはおのずから禁じております」と断言している（衆・決算行政監視委員会第二分科会　2000.4.21）[18]。法的には「おのずから」禁止されているのではな

---

(16) 第126回国会衆議院予算委員会議録第5号6頁。渡辺外務大臣はこの他にも「日本は武器の輸出は行わないという大原則を政府の方針として持っている」（衆・予算委員会 1992.11.25）（第125回国会衆議院予算委員会議録第3号6頁）、「外国には武器は輸出しないという国是を持って実行しておる」（参・外務委員会　1992.5.12）（第123回国会参議院外務委員会会議録第8号5頁）と発言している。

(17) 第123回国会衆議院会議録第1号6頁、第123回国会参議院会議録第1号9頁。

第 2 節　武器輸出に対する政府の姿勢

い。それでも瓦防衛庁長官は断言するのである。

　そこで武器輸出三原則の背後にあるこうした認識が形成されていく過程を戦後の武器輸出に対する政府の姿勢を振り返ることにより検討していきたい。武器輸出三原則の背後にある日本の政治的・社会的要因についての次のような指摘がある。まず松村博行氏は「（武器輸出）三原則が制定された背景には、それぞれの時期において政権の基盤が不安定であったという政治的要因と、世論や野党が日本の武器輸出を許さないという厳しい意見を持ち、それを表明してきた社会的要因があった」（括弧内筆者追加）と指摘する[19]。次に相原三起子氏は社会的要因として次の三点を指摘する[20]。第一に紛争巻き込まれ論である。武器を輸出することで紛争に巻き込まれるといった議論は現在でも根強い。第二に武器輸出が紛争を激化させるというものである。例えば喜納昌吉議員（民主党）は「軍産複合体が政府に圧力を掛け、絶えず新しい武器を製造し、古い武器を消費するため戦争を求めている、これが米国の姿だと思っています」（参・外交防衛委員会　2006.5.30）[21]と指摘し、武器輸出が紛争を激化させると米国を批判している。第三に武器輸出が日本の軍国主義化や徴兵制復活につながるという批判である。相原氏はこれを「日本における武器輸出論議において最も特徴的なこと」と指摘する。他方で「『自国の武器や軍事技術が敵国の手に渡り安全保障を脅かす』という、欧米諸国が武器移転規制の第一の根拠として挙げる主張は我が国においては（少なくとも表向きには）ほとんど皆無であった」と相原氏は指摘する[22]。さらに「最も重要な点は、通産省内で防衛産業の拡大と武器輸出に対して慎重な見解が多数派となっていた」[23]ことを指摘する。確かに国会の質疑でも通商産業省の「消極的」な姿勢が野党側から「評価」されている。例えば、渋谷邦彦議員（公明党）は「通産省の方としてはむしろこの問題については（筆者注：対米武器技術供与のこと）きわめて消極的である、むしろ外務省と防衛庁の方はきわめて積極的である」（参・安全保障特別委員会　1982.8.10）[24]と述べているのである。

---

[18]　第 147 回国会衆議院決算行政監視委員会第二分科会議録第 2 号 17 頁。
[19]　松村博行「武器輸出三原則の緩和を巡る一考察」『立命館平和研究』第 6 号、2005、120 頁。
[20]　相原三起子「武器輸出三原則──その背景と課題」『外交時報』No.1340、1997、39、40 頁。
[21]　第 164 回国会参議院外交防衛委員会会議録第 20 号 7 頁。
[22]　相原三起子「武器輸出三原則──その背景と課題」40 頁。
[23]　相原三起子「武器輸出三原則──その背景と課題」38 頁。

第 4 章　国内政治と武器輸出

こうした指摘は果たして妥当するのか、妥当する場合にはいつ頃からこうした認識が醸成されてきたのであろうか。武器輸出に対する政府の姿勢を振り返る際に念頭に置きながら考えてみたい。

(1)　昭和 20 年代(1945〜1954)の議論

政府は武器輸出に対してどのような姿勢を示してきたのであろうか。戦後の復興の過程において武器の生産が再開され、その納入先が米軍(進駐軍)であったという出発点から見直してみよう。1949 年に外為法が制定された際、輸出許可(当時は承認)対象となる品目は現在と同様に政令である輸出貿易管理令に委ねられていた。当時はどのような品目が輸出貿易管理令で承認対象となる品目として考えられていたのであろうか。政府は外為法の審議において輸出貿易管理令で規定する品目は「現在のところ予想されておりまする承認品目といたしましては、需給関係の特に逼迫しておるような商品と、それから日本が現在特殊な占領下にありまする関係上、諸外国への輸出につきまして、特殊の配慮をしなければならない商品にだけ限定」すると表明しており、具体的には「例えば贋造通貨であるとか、贋造紙幣であるとか、或いは風俗を害するような書籍類、書画類、麻薬類とか、或いは武器、火薬その他の爆発物とか、或いは国宝なり重要美術品とかいう種類の、現在特殊の法規によって許可を要することとなっておるものも、合せて許可品目に掲げられております」(松尾泰一郎通商産業省通商局次長　参・通商産業委員会　1949.11.24)[25]と答弁している。当初から武器が輸出承認の対象とされていたことが分かる。ただ、その理由がこの答弁からは判然としないが「諸外国への輸出につきまして、特殊の配慮をしなければならない商品」に当てはまるのであろう。外為法では当初から武器を管理の対象としていた。さらに経済法と言いながら「諸外国への輸出につきまして、特殊の配慮をしなければならない商品」も含めることが予定されていたのである。1987 年の外為法改正時に議論されたような政経分離の発想は制定当初はなかったのである。さらに武器に関しては次のような答弁がある。

○　通産大臣が輸出を許可するその特定の場合、何を輸出禁止するかという問題でありますが、輸出許可品目の中に、たとえば贋造紙幣とか、贋造通貨とか、あるいは武器弾薬の類とか、あるいは猥褻文書とか図書とかいうようなものが相当掲げられておるのであります。そういうものにつきましては、原則として輸出禁止

---

(24)　第 96 回国会参議院安全保障特別委員会会議録第 5 号 16 頁。
(25)　第 6 回国会参議院通商産業委員会会議録第 7 号 3 頁。

第 2 節　武器輸出に対する政府の姿勢

になるだろうと思いますが、その他のものにつきましては、その取引條件が公正であればそういうことはなかろうと思います（松尾泰一郎通商産業省通商局次長　衆・経済安定委員会　1949.11.26)[26]

武器の輸出は原則として禁止されると明言している。憲法で武器輸出が禁止されていないことは既に検討したとおりであり、制定当初から外為法では第47条で輸出は「最少限度の制限の下に」許容されていた。当初から輸出の自由は標榜されていたのである。それではなぜ武器が「原則として輸出禁止になる」のであろうか。まずは次の質疑を参照したい。猪俣浩三議員（社会党）は次のように質問する。

○　日本の国内において、飛行機あるいは毒ガスその他の兵器を製造することができないことは申すまでもないと思うのでありますが、外国会社が日本においてかような兵器製造をすることは、これは、憲法9條2項の解釈上許されることであるやいなや（衆・法務委員会　1950.2.14)[27]

これに対して殖田俊吉法務総裁は、

○　国内におきまして、ただいまお話のごとく兵器を製造することは許されておりません（衆・法務委員会　1950.2.14)[28]

と答弁し、この質疑だけを見れば武器の生産が憲法9条によって否定されているとも解釈できるのだが、「兵器を製造することは許されておりません」というのは解釈ではなく当時の現実なのである。武器等製造法の制定過程を思い出してみたい。敗戦後、「兵器航空機等生産制限に関する件というポツダム共同省令によりまして、全面的にこれが生産を禁止された」（葦沢大義通商産業省重工業局長　参・予算委員会　1953.2.26)[29]のである。この当時、依然として占領下にあった日本では進駐軍の命令（ポツダム共同省令）の効力が先にあり、日本国憲法の制定以前から効力を持っていた。だからこそ、「兵器を製造することは許されておりません」という答弁になるのである。この当時、武器の生産禁止は憲法解釈ではなく進駐軍の命令だった。だから武器輸出の問題は原理的に発生していなかった。日本が西側世界における武器生産を引き受けてはどう

---

(26)　第6回国会衆議院経済安定委員会議録第5号13頁。
(27)　第7回国会衆議院法務委員会議録第7号5頁。
(28)　同上。
(29)　前掲第2章注(260)。

第 4 章　国内政治と武器輸出

かという質問に対して、周東英雄経済安定本部総務長官は「輸出の問題でありますが、これは日本としても軍需品の内容というものにいろいろと誤解があるといけませんが、日本が武器等をつくることは許されないはずであります」（衆・予算委員会　1951.5.23）[30]と事実上議論を門前払いにしていた（ちなみに質問者は若き日の中曽根康弘議員である）。日本の武器生産の議論はポツダム共同省令から始まるのであり、憲法制定以前に遡るのである。

　ポツダム共同省令によって武器生産が禁止されていたので、憲法が武器の生産を禁止していない以上、同省令が廃止されれば武器の生産は可能となる。ポツダム共同省令が廃止されたのち、一時的に武器生産を規制する法がない状態に陥っていたことは武器等製造法の制定過程で検討したとおりである。武器生産再開当時は「現在ほとんど9割9分までは外国の注文でありまして、従って私どもはこれを輸出産業の一つとして扱っておる次第でございまして」（小笠原三九郎通商産業大臣　衆・通商産業委員会　1953.2.23）[31]と、防衛産業を「輸出産業」として扱っていたのである。なぜ「輸出産業」として扱われるかと言えば、「武器生産は、わが国自体のものというよりも、その99％あるいはそれ以上が駐留軍発注にかかるものであります。わが国全体のただいまの経済のあり方、特に貿易のあり方等から考えましても、御承知の通り、ようやくこの特需関係をもって一般輸出入のアンバランスを補っておるといったような状況下でございますので、こういう面からいたしましても、ただいまの日本経済にとりましては、これは相当一つの役目を持った事業だと考えておる」（小平久雄通商産業政務次官　衆・通商産業委員会　1953.2.26）[32]と評価しており、当時の日本においては重要な外貨獲得源として位置付けられていたのである。進駐軍の発注があったものは「銃弾、榴弾、照明弾、迫撃砲弾というような銃弾関係が大部分」であったという。さらに先述のとおり「現在武器の生産は駐留軍の発注にかかるものが99％と申しても過言じゃない」ため、「武器の生産につきましては積極的に国家が指導して特別に助成をするということではございませんけれども、今申しましたような駐留軍の、輸出産業に準ずる一つの産業」だと政府は位置付けたのである（葦沢大義通商産業省重工業局長　参・予算委員会　1953.2.26）[33]。武器等製造法の制定過程で検討したが、武器生産は政府の意思

---

(30)　第 10 回国会衆議院予算委員会議録第 25 号 17 頁。
(31)　第 15 回国会衆議院通商産業委員会議録第 23 号 8 頁。
(32)　第 15 回国会衆議院通商産業委員会議録第 25 号 2 頁。

第 2 節　武器輸出に対する政府の姿勢

とは別個のところから進駐軍の発注を受けて始まった。そのため需要はほとんどが進駐軍向けであり、他方で政府が積極的に助成・育成するという関係にもならなかったのである。武器等製造法も「骨子が、輸出産業と申しますか、駐留軍の注文に応じて現実に生産が行われている事態に即しまして法案が作られている」（葦沢大義通商産業省重工業局長　参・予算委員会　1953.2.26)[34]として、現実に対応して後追いで法律を制定しているという経緯を率直に述べている。現在の状態からは隔世の感があるが、この当時は「現実の問題として輸出に準ずる産業として日本の経済、特に外貨の獲得という点で相当貢献いたしておりますことは、これは事実でございます」（小平久雄通商産業政務次官　衆・通商産業委員会　1953.3.3)[35]と政府は評価していた。なお、進駐軍からの注文に応じて生産し納入するということは、進駐軍は日本国内に駐留していることから進駐軍に納入している限りは国内納入となり、外為法上は輸出ではない。したがって、「駐留軍の注文がおもなものでありますので、輸出といってもほんとうのエキスポートではありません」（小笠原三九郎通商産業大臣　衆・通商産業委員会　1953.2.23)[36]という答弁がある。上記答弁でも「輸出産業に準ずる」と厳密には輸出産業ではないという位置付けになっているのもこのためであろう。こうした防衛産業の置かれた状況について政府は「武器の需要は現在こういった駐留軍関係が殆んどその主体でございまして、ただこれがドルを以て一応支払われておりますので、一面貿易上から見ますと特需という名を以て称せられておりますが、ドル収入になるという意味において一つの貿易に準ずる産業である」（葦澤大義通商産業省重工業局長　参・通商産業委員会　1953.6.24)[37]と位置付ける。他方、外為法上の輸出に当たるような海外からの引き合いは少なかったようで、1953 年当時「タイから発注のありました日本製鋼所が受注いたしました砲弾 5 万発の引合に対する製造をいたす」（葦澤大義通商産業省重工業局長　参・通商産業委員会　1953.6.24)[38]ことが決まったにとどまっている。さらに武器輸出については「日本の国際的な、殊に東南アジア等諸国に与えるいろいろな再軍備をするのであるかどうか、そういったようないろいろな政治

---

(33)　第 15 回国会参議院予算委員会会議録第 24 号 13、14 頁。
(34)　第 15 回国会参議院予算委員会会議録第 24 号 14 頁。前掲第 2 章注(264)。
(35)　第 15 回国会衆議院通商産業委員会会議録第 27 号 1 頁。
(36)　第 15 回国会衆議院通商産業委員会会議録第 23 号 10 頁。
(37)　第 16 回国会参議院通商産業委員会会議録第 6 号 5 頁。
(38)　同上。

第 4 章　国内政治と武器輸出

上の問題もあろうかと思いますので、武器の輸出につきましては、たとえ引合が海外からありましても、これをどう受けるかということはよほど慎重を要するのではないか」(葦澤大義通商産業省重工業局長　参・通商産業委員会　1953.6.24)[39]と慎重な姿勢を見せている。外為法上は「いろいろな政治上の問題」も考慮して輸出承認を与えるかどうかを判断するが「よほど慎重を要するのではないか」と消極的な姿勢を見せている。つまり武器輸出に関して言えば日工展判決が言う政治的な考慮を当初から判断要素として組み込んでいたことになる上、武器輸出に対しては敗戦からあまり時間が経過していない当時は政治的な問題を考慮すれば消極的に対応せざるを得ないと位置付けていたのである。もし、政治的な問題を考慮することが許されないということであれば、既にポツダム共同省令が廃止された 1953 年の時点以降、外為法によって武器輸出が承認対象となっていたことは違法だということになる。なぜなら武器輸出が「日本が現在特殊な占領下にありまする関係上、諸外国への輸出につきまして、特殊の配慮をしなければならない」のであれば占領が終了した時点で武器輸出を管理する理由はなくなる。ポツダム共同省令が廃止され、日本が独立を果たして以降は、武器輸出が管理されるのは日本政府自身が「特殊の配慮」が必要であると考えるからであり、そうした「配慮」として「政治的な問題」を考慮することは当然に想定されていた。

　日本が「配慮」すべき「政治上の問題」には次の二種類に分けられる。すなわち、上記のように政府は武器の輸出を進めることによって「現在の日本の政治的な情勢等から見まして、好戦国民というか、或いは侵略国民というか、そういうような海外からの思惑等を考慮いたさなければなりません」(葦沢大義通商産業省重工業局長　参・通商産業委員会　1953.7.27)[40]と指摘し、武器輸出に当たって「配慮」が必要であるとする。しかし必要な「配慮」は輸出だけにとどまらない。日本が「再軍備」することに伴う懸念は武器輸出だけでなく武器生産こそ武器輸出にも増して「配慮」が必要とされるはずであり、ポツダム共同省令でも武器の生産が禁止されていた。先述のとおり武器等製造法の提案理由の中に海外に対する政治的な配慮が含まれていた。こうした海外に対する政治的な配慮について岡野清豪通商産業大臣は「まだフィリピンとか、インドネシアとか、まあ元いわゆる敵国でありましたところの濠州とかいう方面におき

---

(39)　同上。
(40)　第 16 回国会参議院通商産業委員会会議録第 20 号 8 頁。

第 2 節　武器輸出に対する政府の姿勢

ましては、日本が再軍備をして、又軍国主義的になりやせんかということを非常に心配されたことは、これは事実でございます。そういうような方面に刺戟を与えるというようなことはよくないということを、我々として非常に配慮したその結果でございます」（参・通商産業委員会　1953.7.28）[41]と説明する。したがって当然のことながら武器生産そのものも「配慮」の対象と考えられていた。つまり武器輸出に当たって「政治上の問題」を「配慮」する必要があったことに加え、武器生産も同様の「配慮」が武器輸出にもまして必要であると考えられていたのである。

　日本の武器生産は進駐軍向けの需要から始まったことから当初は国内需要は非常に少なかった。「需要が一定の国自身が需要するというような態勢にはなっておりません」（葦澤大義通商産業省重工業局長　参・通商産業委員会　1953.6.24）[42]と、政府は国自身が武器の需要者になっていないことを認めている。国自身が購入していたのは「金額は非常に少ないのでありますが、国警の使うピストルを製造するとか、内国需要といたしましても多少はあるわけでございますが、大部分は御指摘のように駐留軍である」（葦澤大義通商産業省重工業局長　参・通商産業委員会　1953.6.24）[43]と述べている。さらに「只今のところは保安庁関係は全然ない」（古池信三通商産業政務次官　参・通商産業委員会　1953.6.24）[44]と断言しており、保安庁のちの防衛省・自衛隊からの需要は皆無だった。こうした状況であったからこそ防衛産業は進駐軍向けの「輸出産業に準ずる」位置付けを与えられていたのでもあった。もちろん武器等製造法に「保安隊の武器を造ってはいかんという規定は何もないわけでございますが、ただ現在までのところ保安隊からは発注がない」（葦沢大義通商産業省重工業局長　参・通商産業委員会　1953.7.27）のが実情であり、その背景としては保安隊が使用する武器を「日本の財政上日本で賄えるということはなかなか困難だろうと思います」（木村篤太郎保安庁長官　衆・予算委員会　1954.4.14）[45]と述べている。警察予備隊から保安隊の草創期における装備は米国から供与されたものであった。まだ自らの武器を自ら購入する財政力はこの当時はなかったのである。

---

(41)　前掲第 2 章注(279)。
(42)　第 16 回国会参議院通商産業委員会会議録第 6 号 5 頁。
(43)　第 16 回国会参議院通商産業委員会会議録第 6 号 10 頁。
(44)　同上。
(45)　第 19 回国会衆議院予算委員会議録第 29 号 11 頁。

第 4 章　国内政治と武器輸出

　こうした防衛産業の置かれた状況から通商産業省は「大々的な武器製造国となって、大いにこれを海外に輸出して行こうというほどの積極的な意図もないものと考えております。又国内の保安隊警備隊等をこの武器製造能力の拡大によって、飛躍的な拡張を図ろうというような意図も、通産省としては勿論持っておらんのであります」（古池信三通商産業政務次官　参・通商産業委員会　1953.7.1)[46]と、輸出産業として育成することも、保安隊等の国内需要を支える産業という位置付けもどちらも否定するのである。武器生産の唯一の目的は「何としてもこの外貨を獲得して経済の安定に寄与せしめねばならんという観点から、この際需要があれば、相当な程度においてこれに応じ得る製造業を育成していくということは、現下の段階としては必要且つ適当であろう」とし、武器等製造法を提出した理由もそこにあるという（古池信三通商産業政務次官　参・通商産業委員会　1953.7.1)[47]。防衛産業は現時点における貴重な外貨獲得源という以上の将来的な展望はなかったのである。しかも外貨の獲得は国内にいる進駐軍からであるので「大いにこれを海外に輸出」せずに稼げる外貨だったのである。だから海外に輸出するということを否定しつつ、外貨を獲得するという方針を両立できた。西田隆男議員が「日本の保安隊や警備隊が使うものを主として日本国内で製造するのだ、そうして余力があれば、海外に輸出をするのだという考え方で制限をされるのか、或いは海外に輸出をすると、今あなたがおっしゃったように、大いに外貨を獲得するということのために武器を生産するのを基準におかれるのか」（参・通商産業委員会　1953.7.1)[48]と二択で質問している。西田議員は海外輸出と外貨獲得を同一に論じている。進駐軍からの発注という特殊な事情がなければ当然の議論にも見受けられるが、政府は「海外に大々的にこれを輸出いたしまして外貨獲得をしようという意味よりも、むしろ現在日本には駐留軍が滞在しておるのでありまして、その必要とする武器を我が国において製造して提供する、この意味において外貨の獲得に役立つ」（古池信三通商産業政務次官　参・通商産業委員会　1953.7.1)[49]と答弁し、あくまでも海外に大々的に輸出せずに「外貨の獲得」を図るものとしての防衛産業を明確に示している。当時の経済情勢は「少くとも今日の生活水準を維持しておら

---

(46)　第 16 回国会参議院通商産業委員会会議録第 8 号 11 頁。
(47)　同上。
(48)　第 16 回国会参議院通商産業委員会会議録第 8 号 12 頁。
(49)　同上。

第 2 節　武器輸出に対する政府の姿勢

れる国民経済というものは、よかれあしかれ特需によってささえられる」(岡野清豪通商産業大臣　衆・通商産業委員会　1953.7.24)[50]状態だったのである。だからこそ「武器を製造いたしております主たる目的は、目的と申しますか、現在発注は駐留軍からの発注でありまして、これがドルによって支払われますので、一面特需といたしまして貿易に準ずる産業という意味合いからこの武器製造産業というものを我々は見ておるわけであります」(葦沢大義通商産業省重工業局長　参・通商産業委員会　1953.7.27)[51]と位置付けることが可能だったのである。

　ただし進駐軍の受注はあくまでも一時的なものであったという認識が当時の政府にはあり、「このテンポラリーの受注によって、日本の産業構造というものが乱されても困る」(岡野清豪通商産業大臣　衆・通商産業委員会　1953.7.21)[52]とも考えていた。このことが武器等製造法を提出する背景となっていたことは既述のとおりである。また注文が不安定だからこそ防衛産業をあまり大きくしすぎないようにしようという配慮も働いていた。岡野清豪通商産業大臣は「域外の注文が相当長く続いて、ある程度 5 年、8 年もしくは 10 年くらいというように、対外武器輸出というか、そんな註文が安定してあるという見通しが完全につきますならば、それに対してわれわれはある程度の用意をしてもよいと思います。しかし何さまただいまのところはそういう見通しがついておりません」(衆・通商産業委員会　1953.7.21)[53]と輸出の見通しがないことを率直に認めている。だから武器等製造法を成立させても「この法案によってぐんぐんと兵器生産を奨励するという意味ではございません。むしろ消極的な意味におきまして、注文があっても先の見通しのきかない商売を、また生産業者をつくってはいかない、濫立を防ぐ、こういうような意味合いにおきまして消極的に出ておるのでありますけれども、しかしながら日本の輸出貿易を進展させていきます上におきまして、もし注文があるならばその商品を日本でつくって、輸出に資して行きたい、こういうことが私の念願でございます」(岡野清豪通商産業大臣　衆・通商産業委員会　1953.7.21)[54]と述べる。つまり武器等製造法制定当初から政府は武器輸出以前に防衛産業そのものの拡大に対して「消極的」

---

(50)　第 16 回国会衆議院通商産業委員会議録第 24 号 23 頁。
(51)　第 16 回国会参議院通商産業委員会会議録第 20 号 7 頁。
(52)　第 16 回国会衆議院通商産業委員会議録第 21 号 13 頁。
(53)　第 16 回国会衆議院通商産業委員会議録第 21 号 14 頁。
(54)　第 16 回国会衆議院通商産業委員会議録第 21 号 15 頁。

な姿勢を示していたのである。そのため防衛産業は「進駐軍の発注を契機に生産は急に活況を呈し、安値受注等の弊害も生じましたが、第16国会において成立した武器等製造法により、企業の濫立を防止して需給に適当な調整を加え、その健全な発達を図る考えであります」（岡野清豪通商産業大臣　衆・通商産業委員会　1953.12.3)[55]と需給調整に重点を置く姿勢を示す。しかし、国内需要がほぼ皆無であったことから海外の需要に応えて武器を生産することを想定していた。こうした姿勢が武器も「注文があるならば」「日本でつくって、輸出に資して行きたい」という位置付けになる。したがって、岡野通商産業大臣が「全体の産業構造の上から行きまして、できるだけバランスのとれた、必要限度だけの製造をして行けるような構造にして行きたい」（参・通商産業委員会1953.7.28)[56]と答弁した際の「必要限度」とはこの当時は国内需要が全くなかったことを踏まえれば、国内需要だけでなく輸出も含まれていたとみることが自然である。しかも「日本の鉱工業生産の全体から申しますと、5％くらいに当たっておる」（岡野清豪通商産業大臣　参・通商産業委員会　1953.7.28)[57]とも述べており、外貨獲得源として重要であっただけでなく国内の産業構造上も当時は重要な位置を占めていたのである。

　したがって、岡野清豪通商産業大臣は「通産省は、その施策の重点を第一に輸出の振興により国際収支の均衡」を図ることを目指すと述べる（衆・通商産業委員会　1953.12.3)[58]が、通商産業省が輸出振興を図る際に武器の輸出も排除されてはいないのである。吉田茂総理大臣は武器の輸出に対する否定的な見解を否定する。吉田総理大臣は「軍器の輸出はやめるがいいというようにも伺えますが、これは国内産業とも関連いたしますし、又政治的にもよその国の叛乱軍を助けるというようなことになるのは当然いけないことでありますが、正統政府といいますか、日本と平和関係にある国からして註文があったという場合に、戦争に関する資材であるからといって直ちに輸出禁止をするというまでの極端な措置をとって、そうして輸出振興とか何とかいろいろ考えておるときに、率直に申しますが、或いは武器製造業者があるときに、而も輸出が不振のときに、武器に関することだからして輸出はとめるということも、ときによっ

---

(55)　第18回国会衆議院通商産業委員会議録第2号5頁。
(56)　第16回国会参議院通商産業委員会議録第21号3頁。
(57)　同上。
(58)　第18回国会衆議院通商産業委員会議録第2号3頁。

第 2 節　武器輸出に対する政府の姿勢

ては困ることもできやしないかと思います」(参・外務委員会　1954.4.12)[59]と述べ、輸出産業が不振のときに武器だからといって輸出を止めることはないとしている。

　この当時の議論で特徴的なことの一つは防衛産業と輸出産業というものを区別しているように見受けられることである。つまり前者は国内需要で後者が国外需要を指しているように思われる質疑が散見される。愛知揆一通商産業大臣は進駐軍からの需要に依存している防衛産業の規模について「日本自体において、或いは外国から域外発注を受けること確実と思われるものをこなす程度のものにとどめたい。それから特に域外発注その他につきましては、仮に域外発注が将来なくなった場合においても、国内的にこれを維持することが適当であるという程度のものに考えて見たい」(参・通商産業委員会　1954.4.27)[60]と答弁している。進駐軍からの発注がなくても維持できる規模としているが当時は国内需要がほとんどない状態であり、進駐軍からの発注がなくなれば維持できないのではないかとも考えられる。愛知通商産業大臣は同日の質疑でさらに防衛産業について次のような見解を述べる。

○　本来この防衛産業といいますか、軍需産業、兵器産業ということになりますと、本来の意味においてのさような産業においては、政府が相当の助成措置を講じなければ、私は無理だと思うのであります (参・通商産業委員会　1954.4.27)[61]

つまり防衛産業というものは自然発生的に起こり発展していくものではなく政府が「助成措置」を講じないとならないと指摘する。しかし続けて政府にそのような意思はないと指摘する。

○　併し私どもは、現在のところさような意味の、本来の意味における兵器産業というようなものは、まだ考える段階でもございませんし、私どもはそこまで考えておりません。そこで現在の外国から来るところの域外発注については、やはり一種の輸出産業と同じように考えるべきではないかと思う (参・通商産業委員会 1954.4.27)[62]

愛知通商産業大臣は「本来の意味における兵器産業」として政府が需要者となったり「助成措置」を講じたりして防衛産業を支えることは「まだ考える段

---
[59]　第 19 回国会参議院外務委員会会議録第 20 号 15 頁。
[60]　第 19 回国会参議院通商産業委員会会議録第 36 号 3 頁。
[61]　第 19 回国会参議院通商産業委員会会議録第 36 号 4 頁。
[62]　同上。

階でもございません」として時期尚早だと述べている。つまり「助成措置」などを通じて国内需要を喚起することはできないので、輸出（進駐軍からの受注）によって成り立つ産業として考えているという。だからこそ、「あんまり現在発注があろうからといって、無理をして、いわゆる防衛生産の規模を特に不均衡に拡大するというようなことになりますと、国内の経済の経済単位としても如何かと思います」と指摘し、「防衛産業というものについては、私は今日のところ消極的だと言われるような態度がこの際必要ではないか」とも指摘するのである（愛知揆一通商産業大臣　参・通商産業委員会　1954.4.27）[63]。昭和20年代後半における政府は貴重な外貨獲得源として防衛産業を位置付けていたものの、それは一過性のものでありその後安定した国内需要を見込めない（政府が防衛支出を増やせない）と考えていたため、進駐軍の需要が一巡した後の安定した需要の見通しを持てなかった。そこであまり規模が大きくなりすぎないようにしたい、輸出産業としてやっていける程度でというのが当時の本音として透けて見える。したがって武器輸出に当たっては東南アジア諸国等への政治的配慮をしつつ、防衛産業を外需に依存して成り立たせようとしていたという難しいバランスが垣間見える。

　昭和20年代、特に武器等製造法を審議する過程で明らかなことは相原氏が指摘する3つの要素、すなわち①紛争巻き込まれ論、②武器輸出が紛争を激化させる、③武器輸出が日本の軍国主義化や徴兵制復活につながる、という点につき整理すると、①及び②は全く顕在化していない。朝鮮戦争の当事国である米国（進駐軍）向けに武器を生産していたのであるからむしろ①や②の性向とは反対である。③は武器生産が過大になることによって日本の再軍備が進むことを防ぐという意味において意識されていた。ただし、この当時は保安隊向けの武器生産は行っていないことから実際にこうした点が問題になることはなかった。さらにこの時期の通商産業省は「一種の輸出産業」という位置付けを防衛産業に与えていたのであるから、武器輸出に「消極的」とは言いつつも外貨獲得源としても防衛産業を位置付けていたのである。

(2)　昭和30年代（1955〜1964）の議論

　昭和30年代に入ると武器輸出をめぐる議論は変化を見せる。鳩山一郎総理大臣は「武器の輸出に関しましては、これにより国際紛争に巻き込まれること

---

[63]　同上。

第 2 節　武器輸出に対する政府の姿勢

を避ける意味において、きわめて慎重に取り扱わなければならないと考えております」（参・本会議　1956.4.27）[64]と述べ、武器輸出は「きわめて慎重に取り扱わなければならない」という。その理由として武器輸出によって「国際紛争に巻き込まれることを避ける」と指摘する。武器を輸出した先の国際紛争を助長するからではなく、日本が「巻き込まれる」ことを避けるという消極的な理由が示されるのである。さらに続いて石橋湛山通商産業大臣は「一般の貿易市場をくずすがごとき、混乱に陥れるがごとき武器の輸出、しかもその武器の輸出は、おそらく大したものではないでありましょうから、そういうわずかばかりの武器の輸出によって、全体の貿易を破壊するようなことは、これは通産省としては絶対にいたしたくない」（参・本会議　1956.4.27）[65]と答弁する。石橋通商産業大臣の答弁は昭和 20 年代にはなかった特徴がある。それは武器輸出によって「一般の貿易市場をくずす」ことがあり、武器輸出は「おそらく大したものではない」から「わずかばかりの武器の輸出によって、全体の貿易を破壊するようなこと」は避けたいとする。つまり昭和 30 年代に入り、進駐軍からの発注は激減した。したがって武器生産による外貨獲得は減少する一方、「一般の貿易」は伸びていた。だから「一般の貿易」を振興する立場から武器輸出によって「一般の貿易」が阻害されるようなことは避けたいという主張である。自らの輸出促進に邪魔となる武器輸出は控えるという姿勢が示される。ここに経済的利益の確保が武器輸出を抑制する理由として登場する。経済的利益の確保という観点から再度鳩山総理大臣の答弁を考えてみれば、経済復興に邁進する日本が「国際紛争に巻き込まれる」ことは避けたかったことであろうことも容易に想像される。したがって輸出先の情勢を危惧するのではなく、日本が「巻き込まれる」ことを危惧する姿勢も経済的利益の確保という観点を踏まえれば整合性がある。つまり通商政策上、武器輸出は抑制すべきものと位置付けられたことになる。

　他方で国内の需要は安定的に推移を始める。石橋湛山通商産業大臣は「防衛力を持つ限りはやはり防衛生産というものが必要だと思っておりますから、これはしなければならぬだろうと思います」と指摘し、国内需要を満たすために防衛産業が必要だと述べる一方で「それによってその防衛生産のものを特に日本の輸出品として海外へ大いに売るというような構想もただいま持っておりま

---

(64)　第 24 回国会参議院会議録第 41 号 601 頁。
(65)　第 24 回国会参議院会議録第 41 号 602 頁。

第4章　国内政治と武器輸出

せん。これはそう簡単には取り扱えないことであります」（衆・内閣委員会 1956.5.9）[66]と述べ輸出には消極的な姿勢を示す。武器生産を「一種の輸出産業」と位置付けた1954年の答弁からわずか2年後には国内需要と輸出に対する扱いが完全に逆転しているのである。石橋通商産業大臣の武器輸出によって他の貿易を妨げることを避けるという通商政策に由来する武器輸出抑制方針は答弁で一貫している。

○　わずかばかりの砲弾か何かを輸出して、それで国際関係を悪化する、あるいはあそこはほかの貿易も日本はありますから、相手国を刺激してその貿易の方を妨げるということも好ましくありませんから、通産省としては、非常に厳重に、なるべくなら武器などは輸出したくない、こういう立場で行きたいと思います（石橋湛山通商産業大臣　衆・外務委員会　1956.5.19）[67]

と「なるべくなら武器などは輸出したくない」と断言する。「輸出産業」としての武器輸出は一般の貿易を阻害する要因として位置付けられたのである。したがって、「初めから輸出を目的にして武器を作るなどということは不可能な話です」とも述べ、外需向けの武器生産を否定する（石橋湛山通商産業大臣　衆・外務委員会　1956.5.19）[68]。

しかしながら昭和20年代の防衛産業の位置付けは完全に放棄されたわけではなかった。高碕達之助経済企画庁長官と江田三郎議員（社会党）の間で行われた次の質疑は昭和20年代の防衛産業政策と昭和30年代の防衛産業政策の間の議論とも位置付けられる。江田三郎議員（社会党）は「普通の産業のような輸出とこの武器の輸出というものは相当違ってくるわけですから、従って防衛産業の規模というものは、これはそう普通の産業と同じように考えることは私は不可能だと思うのです」（参・内閣委員会　1956.5.25）[69]と指摘し、防衛産業は輸出を前提とした産業規模にしてはならないと説く。これに対して高碕達之助経済企画庁長官は「設備の都合によって、たとえばある一つの戦車を作るといった場合には、これは日本の需要だけでは引き合わぬ、これではそろばんが合わぬという場合には、ある程度輸出産業として立つべきものはやはりこれは輸出はすべきものだ。この輸出をすることによって世界の平和を攪乱するとい

---

(66)　第24回国会衆議院内閣委員会議録第43号7頁。
(67)　第24回国会衆議院外務委員会議録第46号14頁。
(68)　同上。
(69)　第24回国会参議院内閣委員会会議録第52号4頁。

第 2 節　武器輸出に対する政府の姿勢

うふうなことになれば別でありますけれども、全体がある程度の自衛力を持つというようなことがどの国においても必要だということになれば、これはある程度輸出もする、こういうふうに考えてきたいと思っております。従いましてできるだけ従前のごとく、ある防衛産業というものはある防衛庁の直轄に属するとか、そういうふうなことに相ならぬように、一般産業の中に溶け込ませるということが、将来私は国としてとるべき一番大事な方針だと存じております」（参・内閣委員会　1956.5.25）[70]と答弁する。高碕経済企画庁長官の答弁は石橋通商産業大臣の答弁とは微妙に意味合いが異なる。つまり、高碕経済企画庁長官は輸出できるものは輸出産業として成り立たせるべきであり特別な扱いをすべきではない。この発言の背景には「従前のごとく」と戦前のように政府が防衛産業に深く関与するのではなく「一般産業の中に溶け込ませる」ことが重要だという認識がある。したがって、高碕経済企画庁長官の議論は必ずしも輸出促進なのではなく、政府が特別扱いする産業としての防衛産業を否定するのである。つまり愛知揆一通商産業大臣が昭和 20 年代に指摘していた政府が助成する「本来」の防衛産業にはしないと主張している。江田議員は「一般産業のためにそういう優秀な技術を持っておらなければならぬとなると、これは個人の資本家的企業ということじゃ無理なんじゃないか。当然そこには国有という問題が出てくるのじゃないかと思いますが、そういう国有なり国営なりという問題についてはお考えはございますか」（参・内閣委員会　1956.5.25）[71]と質問し、防衛産業の維持には国営の工廠といった政府の介入が不可欠ではないかと問う。高碕経済企画庁長官は「これを国有にするとか、国営にするとかいうことは考えておりませんが、トップ・レベルのものを作ることによって生産量も少いと、従ってそれはそろばんに合わぬけれどもやらなければならぬということになれば、そういう場合は新規産業としてこれを助成する方法を別に講じたい」（参・内閣委員会　1956.5.25）[72]と述べ、戦前に見られた国営工廠を完全に否定する。したがって、続けて江田議員から「特殊なものについてはそういうような特別の措置を講ずるが、一般的にはこれはその他の産業とひっくるめての民有民営、こういう方式ですね」と確認を求められたのに対して、「その通りでございます」（高碕達之助経済企画庁長官）と答弁している（参・内閣委

---

[70]　同上。
[71]　同上。
[72]　同上。

271

第 4 章　国内政治と武器輸出

員会　1956.5.25)[73]。防衛産業は民有民営で行われると確認した。

　次に江田三郎議員（社会党）は武器輸出の見通しについて質問した。高碕達之助経済企画庁長官は、

○　どういう兵器が日本の防衛上必要であるんだということについては、専門家の意見を聞いて、これをどういうふうな規模において生産するかということを考え、この種類に応じて日本の技術が進んでおって、外国の方においてこれを買いたいというような希望があれば、これをよく打ち合わせておいて、そして生産計画を立てるということに持っていきたいのでありまして、今余ったからといって、これはちょっと売れぬでしょうね、ほかの食料品と違って（参・内閣委員会　1956.5.25)[74]

と答弁し、生産計画を立てる際に輸出の見通しも組み込むことを提案する。武器であれば在庫調整のようには売れないという点は高碕経済企画庁長官も認識していた。その上で「われわれの五カ年計画と東南アジアの五カ年計画とをマッチさせて行きたい」（参・内閣委員会　1956.5.25)[75]と述べ東南アジアへの輸出を念頭においていたことが伺える。ところが江田議員は「いささかの兵器を輸出したために、そのために外交関係を混乱させて、戦争に巻き込まれぬまでも、ほかならぬ平和産業の輸出というものが阻害を受けるおそれは多分にある」と指摘し、「よほど兵器の輸出ということは慎重でなければならぬ」と主張するのである（参・内閣委員会　1956.5.25)[76]。江田議員の議論が石橋湛山通商産業大臣と同じ方向性であることが分かる。つまり武器輸出によって最も避けるべきは「戦争に巻き込まれ」ることであり、たとえ巻き込まれなくても「平和産業の輸出というものが阻害を受ける」ことは避けなければならないと言う。ここに政府の石橋通商産業大臣と野党の江田議員に差はない。同日の質疑では江田議員の上記指摘の後昼食休憩があり、休憩後には高碕経済企画庁長官の答弁が変化する。「輸出をするということは単に経済的な問題だけを考慮すべきものじゃない」と述べ、さらに「武器をどこかに商売だから、もうかるから供給しておる、それによって平和を攪乱するというようなきっかけを作るということは、厳に慎まなければならないと思っておるわけでございます」と江田議員の主張に歩み寄った答弁に変化している（高碕達之助経済企画庁長官

---

(73)　第 24 回国会参議院内閣委員会会議録第 52 号 5 頁。
(74)　同上。
(75)　同上。
(76)　同上。

第 2 節　武器輸出に対する政府の姿勢

参・内閣委員会　1956.5.25)[77]。ただ、高碕経済企画庁長官の答弁は武器輸出によってあくまでも輸出先の「平和を攪乱する」ことを避けるという趣旨であり、「巻き込まれる」や他の貿易に支障を来たすから武器輸出を抑制するという趣旨では必ずしもない。他方で江田議員の前半の質問にあった防衛産業のあり方としての政府の介入、特に工廠の可否については高碕経済企画庁長官の主張通り、その後も民有民営となったのである。

つまり昭和 30 年代に入り防衛産業は一方では国内需要が見込める産業として成長するが、他方では輸出は貿易一般を妨げないようになるべく輸出をしないという方針に切り替わっていく。しかし同時にこうした防衛産業の特殊性を踏まえ政府による支援や工廠の復活などは基本的に行わないという原則は昭和 20 年代の方針から変化はなかったのである。

昭和 20 年代にはタイ向けの輸出が実績として挙げられていたが、昭和 30 年代に入ると中東諸国からの引合いがあった。このうちシリアからの引合いについて石橋湛山通商産業大臣は、「輸出する場合は、これは商品ですから、兵器として輸出するというよりは、商売で輸出するということであります。ただしこれは同じ商品であっても、ある程度世間でにらまれますから、たとえばシリアに何か輸出するというような、特にその場所が国際関係上紛争でも起しているようなところであると、これは特別の考慮をしなければならぬ」(衆・外務委員会　1956.5.19)[78]と述べ、国際紛争の当事国には「特別の考慮」が必要だとしている。この答弁では石橋通商産業大臣は「特別の考慮」と言っているだけであるが、その後シリアへの武器輸出について「通産省にくる場合には、これは普通の貿易品として参るわけでありますから、貿易品として差しつかえない限りにおいては、これは必ずしも禁止しなければならぬということもないかと思いますが、しかしながら、シリアとかあの辺には、ほかの貿易もございますので、これはうっかり片方にわずかばかりの武器を輸出して同時に大きな貿易のじゃまになるということも、これは通産省としては困りますから、これはやりたくない」(石橋湛山通商産業大臣　参・内閣委員会　1956.5.28)[79]と意思を明確に表明する。「やりたくない」という意思は外為法の解釈ではない。法的には「貿易品として差しつかえない限りにおいては、これは必ずしも禁止しな

---

(77)　第 24 回国会参議院内閣委員会会議録第 52 号 10 頁。
(78)　第 24 回国会衆議院外務委員会会議録第 46 号 13 頁。
(79)　第 24 回国会参議院内閣委員会会議録第 54 号 7 頁。

273

第4章　国内政治と武器輸出

ければならぬということもない」と認めながらも、あくまでも通商政策上「ほかの貿易」に支障をきたすので「やりたくない」と考えているのである。既にこの時点で通商産業省の武器輸出に対する消極的な姿勢は明確であった。次にサウジアラビアへの武器輸出の可能性について、政府は「全面的に輸出しないということは申し上げられないと思いますが、いやしくもあの方面の形勢について緊張の度を加えるようなおそれのあるものにつきましては、なるべく外務省としてはやめてもらうようにしたい」（牛場信彦外務省経済局長　衆・予算委員会第一分科会　1958.2.14）[80]と述べ、国際紛争を助長することを回避することが外交政策上望ましいという判断を示す。松本瀧藏外務政務次官は通商産業省と打合せの結果を報告するとして、サウジアラビアから武器輸出の照会があったことを認めたうえで、「中近東地域は、国際紛争の非常に多いところ」であるため、「これらの地域に武器を輸出することによって、かえって紛争を激化するようなことがあってはなりませんので、こういう問題を十分勘案いたしまして、慎重対策を講じたい」と答弁する（参・外務委員会　1958.2.19）[81]。こうして通商政策上の輸出促進と外交政策上の国際紛争の助長の回避は武器輸出の抑制という点で一致する。もちろんこれらは表裏の関係にあり、武器輸出によって国際紛争を助長することで「ほかの貿易」に支障をきたすと考えられていたのである。

　その結果、政府は武器の輸出を禁止しているとは明言しないが武器輸出については「慎重に」対応することとし、その内実は武器輸出に対して非常に消極的であったのである。松本瀧藏外務政務次官は武器輸出に関する政府の方針として次のように述べた。

○　一般的に申しまして、政府としては、武器を絶対にそれでは輸出しない方針を堅持しているのかというこの問題に関しましては、特別の輸出制限をこれに加えているわけではございませんので、今日のところ、兵器を絶対に輸出しないということを申し上げることはできないと思うのであります。しかし、商品のいろいろな性質上、先ほど申しましたごとく、国際情勢あるいはわが国と相手国との関係の問題、いろいろな微妙な問題等あたりありますので、これらの問題は、個々の具体的なケースについて関係省と密な連絡をとりまして、今後処理していきたい（参・外務委員会　1958.2.19）[82]

---

(80)　第28回国会衆議院予算委員会第一分科会議録第2号13頁。
(81)　第28回国会参議院外務委員会会議録第6号1頁。
(82)　同上。

第 2 節　武器輸出に対する政府の姿勢

憲法や外為法といった法制度上は武器輸出が禁止されていないことはこれまで何度も見てきたとおりである。「しかし」として「いろいろな微妙な問題等」があるので個々に判断していきたいとし、

○　紛争地帯に介入することは、好ましいことではないと、私も思っておるのであります。(中略) 輸出については、慎重に考えなければいかぬ (前尾繁三郎通商産業大臣　衆・商工委員会　1958.3.19)[83]

と政府は考えていた。さらに武器輸出三原則では国際紛争等の助長回避が目的となっているが、昭和30年代から国内紛争であったとしても武器輸出によって紛争が拡大することは防止すべきだと認識されており、松本瀧藏外務政務次官は「国内のいろいろな紛糾を増大するような輸出ということはもちろんわれわれ警戒すべきであり、政府としては断固としてこういう処置をとらないように政策をすすめるべきである」(参・外務委員会　1958.3.27)[84]と答弁している。

昭和30年代に入り、鳩山一郎総理大臣や石橋湛山通商産業大臣は相原氏が指摘する3つの要素のうち①紛争巻き込まれ論を強く意識していた。さらに通商政策的には②武器輸出が紛争を激化させることを懸念したというよりも武器輸出によって他の貿易が妨げられることを懸念した。ただ同時に外交政策的には国際紛争を助長する回避することが望ましいとされたことから、この観点からも武器輸出は忌避された。通商政策と外交政策が一体となり武器輸出を忌避させる方向に向かった。③武器輸出が日本の軍国主義化や徴兵制復活につながる、という点は具体的な問題が生起していないからか顕在化はしていない。

このように1956年 (昭和31年) から1958年 (昭和33年) までの質疑で今日まで続く武器輸出に対する一般的な姿勢がいくつか明確になっていた。それは武器輸出一般に対する政府の消極的な姿勢であり、武器輸出による国際紛争の助長を回避するという基本原則である。今日の目から見るとそれほどの変化はないが、そのわずか数年前である昭和20年代末期の議論からは大きな変化を遂げていた。それは日本の経済復興、すなわち輸出の増大と符合していたのかもしれない。このように昭和30年代の前半に武器輸出は議論されたもののその後国会での質疑は全くと言っていいほどなくなってしまう。まさに経済復興の陰で武器輸出の議論が忘れ去られていく過程とも言える。昭和30年代後半

---

[83]　第28回国会衆議院商工委員会議録第19号6頁。
[84]　第28回国会参議院外務委員会会議録第12号7頁。

に入ると防衛産業は国内の需要を賄うために生産しており、輸出の可能性すらも議論しないという考え方がより明確になっていた。政府は「武器の生産の問題でございますが、御承知のように、この問題には従来から輸出の問題がございますが、私どもといたしましては、輸出とか特需とかいう問題はどうしても不安定になりがちな問題でございます。したがいまして現在の武器生産の体制といたしましては、大体防衛庁の調達計画を基礎にいたしまして、確実な需要のもとに生産を持っていく、こういう考え方を持っております」（熊谷典文通商産業省重工業局次長　参・決算委員会　1962.10.30）[85]と武器の生産は国内需要を満たすことが基準であることが明確になっていた。

(3)　昭和40年代（1965～1974）の議論

①　**武器等製造法との関係**　昭和40年代に入ると再び武器等製造法が武器輸出との関係で脚光を浴びる。菅野和太郎通商産業大臣は「輸出用に武器を製造するということは、これは許さぬ」（衆・商工委員会　1967.7.11）[86]と述べたことが武器輸出の全面的な禁止を言うのではないかと議論になった。この数ヶ月前に佐藤榮作総理大臣が武器輸出三原則を表明した前後の議論であり、佐藤総理大臣は武器輸出三原則では明確に武器輸出の禁止を否定していたのでその整合性が問われた。もはや単に需要がない、あるいは不安定だから武器輸出をしないといったことではなく、昭和40年代に入って防衛産業は国内需要を賄うためだけに存在すべきである、存在しなければならないのではないかと議論されたのである。

はじめに石橋政嗣議員（社会党）は「自衛隊だけを相手に武器をつくるんじゃなくて、これを輸出するという面をあわせて考えていけばコストダウンがはかれる、こういう議論があるわけです。お認めになるつもりですか」と質問する（衆・予算委員会　1967.3.25）[87]。これに対して菅野和太郎通商産業大臣は「いま方針といたしましては、海外へ出す武器はつくらせないという方針でおります」と答弁した（衆・予算委員会　1967.3.25）[88]。一見すると武器輸出の全面的な禁止を考えているようにも見える。外為法上、武器輸出の全面的な禁止を整合的に説明することが困難なことは既述のとおりであるが、このときの意

---

(85)　第41回国会参議院決算委員会会議録第6号15頁。
(86)　第55回国会衆議院商工委員会議録第28号32頁。
(87)　第55回国会衆議院予算委員会議録第5号15頁。
(88)　同上。

第 2 節　武器輸出に対する政府の姿勢

図として菅野通商産業大臣は「国産する武器は自衛隊用のものであり、コストダウンのために計画的に輸出をはかるような方策はとらない」(衆・予算委員会第三分科会　1967.4.25)[89]という方針を表明する。当時は第三次防衛力整備計画(三次防)で自衛隊の装備が次第に国産の装備品で整備されている途上であった。そこで武器等製造法において「三次防は三次防の注文範囲内においての武器の製造は認めるけれども、それ以外にそれをコストダウンするという計画的な意味で輸出するという場合は、これは認めるわけにはいかない」(菅野和太郎通商産業大臣　衆・予算委員会第三分科会　1967.4.25)[90]と述べる。つまり菅野通商産業大臣が言う「海外へ出す武器」とは「最初から輸出の用に武器をつくる、こういうことはさせない」(佐藤榮作総理大臣　衆・予算委員会　1967.4.26)[91]という意味だと政府は整理する。武器の生産は「自衛隊で使うのが本来の趣旨」であるものの、「その設備に余力がある、こういう場合に、生産したものを外国へ送り出す、それが輸出貿易管理令、この運用上差しつかえないものと、こういうように考えております」と述べる(佐藤榮作総理大臣　衆・予算委員会　1967.4.26)[92]。さらに佐藤総理大臣は「自衛隊用につくったという、その自衛隊用に作ったもの、その品物じゃなくて、自衛隊用の武器をつくるその設備に能力がある場合、こういうことを実は申しておる」(衆・予算委員会 1967.4.26)[93]と述べ、最初から輸出用に武器を生産することは許さないが、国産用に生産している施設に余力があればその余力で生産した武器を輸出することは許されているという。菅野通商産業大臣は冒頭の石橋議員との質疑を振り返り、「私は石橋委員のコストダウンのために輸出する、そういうことは許しませんということを申し上げたので、一般的に武器の注文があった場合には、それは三原則以外のところへは輸出を許す」と答弁している(衆・予算委員会 1967.4.27)[94]。

　この菅野和太郎通商産業大臣が使った「許しません」「許す」という言葉はそれぞれ意味合いが異なっている。前者の「許しません」は武器等製造法による武器製造を許さないということである。つまりはじめからコストダウンのた

---

(89)　第 55 回国会衆議院予算委員会第三分科会議録第 6 号 13 頁。
(90)　第 55 回国会衆議院予算委員会第三分科会議録第 6 号 14 頁。
(91)　第 55 回国会衆議院予算委員会議録第 14 号 7 頁。
(92)　同上。
(93)　同上。
(94)　第 55 回国会衆議院予算委員会議録第 15 号 20 頁。

第 4 章　国内政治と武器輸出

めに武器の生産規模を拡大し、生産拡大した分は海外への輸出用にしたいという申請が出てきても許可はしないという武器等製造法の運用方針を明らかにしたものである。後者の「許す」は外為法による輸出許可申請であり武器輸出三原則に当てはまらない場合は「許す」(正確にはケース・バイ・ケースで「許す」であろう) と表現したものに過ぎない。武器等製造法の制定趣旨から考えても需要の不安定な輸出にだけ依存した武器の生産を認めないことは法律上も認めるものであろうし、外為法による輸出許可とは議論の次元が異なっている。

　このように武器生産と武器輸出の関係について武器等製造法による防衛産業の規模を国内需要をまかなう程度にとどめ、生産規模を拡張せずに生産余力があった場合、その余力は輸出に回してもよいという整理が示される。菅野和太郎通商産業大臣は防衛産業について「防衛庁需要に対応することを基本としており、今後においてもその方針を変更する考えはありません。したがって、武器の製造設備も、防衛庁需要に対応して整備していく方針であり、特に輸出のために設備を新増設することを認めようという考えはありません」とする。したがって、「輸出する武器は防衛庁用の武器の製造設備に余力がある場合にこれを利用して製造するということになります。この意味で輸出する武器は防衛庁用の武器と同種類のものであります」となる (衆・商工委員会　1967.7.19)[95]。ただし、警察用の武器のように自衛隊が使用していない武器も輸出されていたことは既述のとおりである。その輸出に当たっても「わが国からの武器の輸出によって国際紛争などを助長することは厳に避けなければならないので、ケース・バイ・ケースに慎重に処理しますが、軍隊が使用して直接戦闘の用に供せられる武器の輸出については、三原則——これはこの前申し上げた通り、共産圏あるいは国連が決議した国、あるいは紛争当事国あるいは紛争同調国、その三原則に抵触する場合は、原則として輸出をしないことにしております」(衆・商工委員会　1967.7.19)[96]として、武器輸出三原則を確認する。そしてその目的が国際紛争などの助長を回避することであることも明確にする。その結果、「政府といたしましては武器輸出を特に奨励しているのではないのです」という (衆・商工委員会　1967.7.19)[97]。昭和 30 年代以来の武器輸出に対する消極的な姿勢が堅持されている。菅野通商産業大臣が言う「余力がある場合」

---

(95)　第 55 回国会衆議院商工委員会議録第 33 号 13 頁。
(96)　同上。前掲第 3 章注(13)。
(97)　同上。

第 2 節　武器輸出に対する政府の姿勢

というのは、「同じものを 50 つくるよりも 100 つくったほうが安くつくという場合があります。そういう場合には、国内の自衛隊へ売る場合それだけ価格を安くすることができますから、そういう場合には——あるいは製造メーカーというものはそういうことを考えるものでありますから、そういう場合には、同じつくるのであれば、そういうように安くつくったほうがいいというようなことで、あるいはつくった場合もあり得ると思うのです。そういう場合には、三原則に反せざる場合にはそれは売ってもいいということを申し上げておる次第であります」(菅野和太郎経済企画庁長官　衆・商工委員会　1969.10.8)[98]と述べる。しかしながら、「初めから海外へ輸出するという目的での生産拡張はわれわれは認めないのであって、自衛隊の注文に応じて製造する場合に、いま申し上げたとおり、機械の設備や何かの関係で 70 つくるところを 100 つくっても、つくったほうが割り安になるというようなことは、メーカーでも当然考えられると思うのです。そういう場合には、それだけの余力があれば販売してもいいという意味で申し上げている」(菅野和太郎経済企画庁長官　衆・商工委員会　1969.10.8)[99]のだと整理する。つまり自衛隊向けの製造設備も常にフル稼働しているわけではない。そこで自衛隊向けの設備で遊休となっている設備を稼働させたり、稼働率を高めて生産した分は「余力」として輸出が認められる（武器等製造法上は輸出以前に生産が認められる）と言うのである。

　一連の経緯で武器輸出を抑制するために武器等製造法で武器生産自体を抑制するという方針が明確となり、生産規模はあくまでも自衛隊向けの国内需要を賄う程度にとどめるという基準が示されたのである。

　②　**武器輸出と防衛産業——「輸出を奨励しない」**　法制度上は武器輸出は禁止されていないものの、政策的は武器輸出をしたくないという意図が昭和 30 年代から見られたが、昭和 40 年代になるとさらに明確な姿を見せてくる。

　佐藤榮作総理大臣は「わが国で使っておるもの、それを主体にし、あるいは同種類のもの、こういうようなものが外国から注文があればそういうものを送る、これは差し支えないと思います。しかし、それにしても、特殊の場合にはそれに条件をつける、加えるのはこれは当然だ。たとえば、共産圏だとかあるいは紛争当事国であるとかあるいは国連で決議をした国、そういうところへ日本が幾ら商売が自由だからといってどんどん送ること、これはよくない。だか

---
[98]　第 61 回国会衆議院商工委員会議録第 49 号 10 頁。
[99]　同上。

第 4 章　国内政治と武器輸出

らこそちゃんと通産省がそういうことを許可する、こういうことにしてあるのです」（参・予算委員会　1967.5.10）[100]と答弁し、法制度上は通商産業省の許可を取得すれば輸出できることを明確にする。同様に「余力があるところで輸出をするということ、これがしかも輸出貿易管理令の許しを得てやるということ、これは何ら不都合ではないと思う」と述べるものの、同時に「佐藤内閣は、私はまた、死の商人たる歩みをするものではございません」とも付言する（佐藤榮作総理大臣　衆・本会議　1967.5.23）[101]。つまり佐藤総理大臣は「通常兵器の輸出ということは差しつかえない」とはしつつも、「ただいま私どもがつくっておる武器、これはいわゆる輸出が目標ではございません。いわゆる余力のあるものは出しても差し支えないというような程度」であり、武器輸出が法的に「可能だということを申し上げておるので、そう積極的にわが国の輸出産業に寄与するとかいうような大きなものではない」と述べる（衆・内閣委員会　1967.7.5）[102]。つまり法的に武器輸出は可能であると繰り返し答弁しているものの、政府として積極的に武器を輸出するつもりはなく、もし輸出されたとしても大した量（額）ではないだろう、と述べているのである。さらに政府は防衛産業の規模も自衛隊向けの需要を賄う程度であるため、それ以上に防衛産業を育成する意図がないことも明確に示す。佐藤総理大臣は「防衛産業はあくまでもわが国の防衛力をささえるものとして、防衛庁の防衛需要に対処し得る体制を考えているものであり、武器の輸出を振興することによって防衛産業を振興するようなことは考えておりません」（参・本会議　1969.7.22）[103]と答弁し、武器輸出の振興をしないという方針を明確に示す。同様に大平正芳通商産業大臣は「日本の防衛産業は、御案内のように、自衛隊の装備のうち国産化し得るものを国産化するというところが一応の目安でございまして、それ以上に輸出向けに防衛産業を育成しようというような考えは毛頭ございません。そういう方針でやってまいりまして、万一余力があった場合は、いまの三原則を順守して、それに抵触しないものは輸出を認めておるものもあります」（衆・商工委員会　1969.7.8）[104]と答弁する。1970 年前後にはこうした整理が確立したようで後任の宮澤喜一通商産業大臣も同様の整理を示す。宮澤通商産業大臣は「生産

---

(100)　第 55 回国会参議院予算委員会会議録第 10 号 8 頁。
(101)　第 55 回国会衆議院会議録第 15 号 383 頁。
(102)　第 55 回国会衆議院内閣委員会会議録第 28 号 28 頁。
(103)　第 61 回国会参議院会議録第 34 号 907 頁。
(104)　第 61 回国会衆議院商工委員会会議録第 40 号 7 頁。

能力に余裕があるというような場合に、わが国の自衛隊が必要といたしますのと同じような種類の程度の装備、器具等の生産があって、そしてそれを輸出していいかどうかというようなことが起こりましたならば、私どもは御承知の武器の輸出についての三原則というものにのっとって、ケース・バイ・ケースで処理をしていくべきものでございますが、本来輸出を目的に防衛産業を育てるというようなことについては、私はそうあるべきことではない」（宮澤喜一通商産業大臣　参・商工委員会　1970.3.12)[105]と、前段では法的には「ケース・バイ・ケース」で対応すると言っているので武器輸出が可能であることを示しつつも、後段では「輸出を目的に防衛産業を育てる」ことを否定する。

　③　武器輸出に否定的な通商産業省　　宮澤喜一通商産業大臣は単に「輸出を目的に防衛産業を育てる」ことを否定するのみならず、武器輸出そのものにも消極的な姿勢をより明確に示す。宮澤通商産業大臣はまず武器輸出について「私どもがいままで兵器の輸出というものを少なくともあまり奨励するような政策をとってこなかった」と総括する。その結果「いわゆる兵器の専業メーカーというものが多数育つような政策をいままでやってまいらなかった」ので、「輸出を頭においてすべきではないということは、おそらく大きな専業メーカーは育たないということになるだろうと思いますが、私はそれでいいんだというふうに考えております」と述べ、防衛産業政策として「専業メーカー」が育たないことを評価している（参・予算委員会第二分科会　1970.4.15)[106]。

　その上、「余力」があれば可能だという整理からさらに踏み込んで武器輸出一般に「消極的」という見解が示される。しかもそれは新たな政策ではなく従来からの政策を総括したものとして表明されている。上記の宮澤喜一通商産業大臣の「いままで兵器の輸出というものを少なくともあまり奨励するような政策をとってこなかった」という見解に加え、次のような見解が示される。華山親義議員（社会党）が武器輸出「三原則に該当しない国は、申請があればいつでもどこにでも輸出されていいということになるのか」との質問に対して、宮澤通商産業大臣は武器輸出「三原則に該当しないものは、いつ、どこへでも武器を出すのかというお尋ねでございましたが、さようではございません。御承知のように（輸出）貿易管理令のもとで一つ一つケース・バイ・ケースで認可する、認可しないをきめておりまして、事実問題として政府の認可にあたっての

（105）　第63回国会参議院商工委員会会議録第4号12頁。
（106）　第63回国会衆議院予算委員会第二分科会議録第3号17頁。

態度は、在来かなり消極的でございます。この数年の実績を見ておりますと、許したものは大部分が護身用の拳銃でございまして、その金額も大きなものではございません」と答弁する（括弧内筆者追加）（衆・本会議　1970.3.10）[107]。つまり、武器輸出三原則の対象地域以外への武器輸出は「ケース・バイ・ケース」で判断するという一般論を示すが、政府は「在来かなり消極的」だという。つまり許可をすることに対して「消極的」だという見解が示される。次の宮澤通商産業大臣の答弁と比較すれば当時の政府が二重の意味で「消極的」だったことが伺える。

○　自衛隊が必要といたします装備等々につきましては、できるだけ国産化を進めていくというのが政府の基本方針でございますので、その限りでは防衛産業というものはそういう目的をもって育てていくべきものと考えております。ただ、それを越えまして、たとえば輸出というようなことに重点を置いて防衛産業を育てるべきかということになりますと、私といたしましては、その点は比較的消極的に考えるべきものと思っております（宮澤喜一通商産業大臣　参・商工委員会　1970.3.12）[108]

上記の答弁は防衛産業を輸出向けに育成することに対して「消極的」だと言っているもので、大平正芳通商産業大臣が示した見解から継続したものであったが、宮澤通商産業大臣は武器輸出そのものに対しても「消極的」だという見解を示した。つまり防衛産業の規模を過大なものにせず生産「余力」があまり生じないように「消極的」であるだけでなく、たとえ生産「余力」があって海外に武器を輸出する能力があったとしても、その輸出許可には「消極的」だと言っており、ここに政府ははっきりと武器輸出一般に対して否定的な態度を明らかにする。

　武器輸出一般に対して否定的な態度を取る宮澤喜一通商産業大臣はその理由として「兵器を輸出してかせぐというようなことはあんまり私どもは気が向きませんので、ほかに輸出するものが幾らでもございますから、あまり輸出というようなことを考えて兵器産業を助成するというようなことはいたしたくございません」（傍点筆者）（参・内閣委員会　1970.4.24）[109]と述べる。「ほかに輸出するものが幾らでもございます」ので武器輸出に「気が向きません」と言う。

---

(107)　第63回国会衆議院会議録第8号141、142頁。
(108)　第63回国会参議院商工委員会会議録第4号12頁。
(109)　第63回国会参議院内閣委員会会議録第11号24頁。

気が向かないというのは政策であって法解釈でないことは言うまでもない。気が向かないからと言って武器輸出を否定することが法的に可能であるかどうかの議論は一切行わず、政府の意図を表明しているのである。つまり武器輸出をしたくないという政府の「本音」が外為法という「建前」とは関係なく表明されるようになってくるのがこの時期である。「ほかに輸出するもの」があることは法的に武器輸出を許可しない理由にはならない。この点については「国の内外からつまらぬ疑いを受けるようなことは、これはつまらぬことでございますから、そういうこともよく考えていったほうがいいなという気持ちを持っておるわけでございます」（宮澤喜一通商産業大臣　衆・商工委員会　1971.2.23）[110]と述べる。つまり「つまらぬ疑いを受ける」ことを避けたいのだと言う。石橋湛山通商産業大臣が「わずかばかりの武器の輸出によって、全体の貿易を破壊するようなこと」は避けたいと述べていたこととも通じるものがあり、通商産業省の武器輸出に対する消極的な姿勢を垣間見ることができる。しかもここに至って通商政策上の理由もあいまいとなり単に「つまらぬ疑いを受ける」ことを避けたい、つまり武器輸出そのものを政治的な問題として取り扱いたくないという「本音」が表明されてくるのである。

　こうした経緯を検討すると第3章で検討した田中角栄通商産業大臣の武器輸出に対する否定的な発言はこの延長線上で捉えることも可能であろう。田中通商産業大臣は武器輸出をしたくないという政府の「本音」を「武器の輸出は慎むべきだ」と一般化し、さらには「武器は輸出しない」とまで言明するに至ったとも捉えられる。三木武夫内閣の政府統一見解は法的には武器輸出は禁止されていないという「建前」の上に、武器輸出をしたくないという「本音」の妥協点が「慎む」だったとも言えるかもしれない。こうしてみると政府統一見解は「本音」と「建前」との間に齟齬をきたさないための言い回しになっている。

　④　**武器輸出禁止法に対する否定的な姿勢**　昭和40年代の議論に特徴的な点は政府の「本音」が次第に明確になり、武器輸出一般に否定的な態度を露骨に示すようになってくる。その意図は法解釈とは無関係に展開されており、外交政策や通商政策といった昭和30年代に展開された議論も中心的な理由としては述べられなくなってくる。むしろ結論として武器輸出をしたくない、武器輸出案件を扱いたくないという意思表明だけが独り歩きし始める過程でもある。

---

[110]　第65回国会衆議院商工委員会議録第3号5頁。

第 4 章　国内政治と武器輸出

しかしながら同時に政府は武器輸出禁止法の制定に対しては否定的な見解を取り続ける。

　1970 年前後になると野党側から武器の生産や輸出を禁止すべきではないかという主張が目立ってくる。浜田光人議員（社会党）は「少なくとも、軍事生産とか武器輸出は断じて禁止すべきであります。それが平和憲法の精神であるというべきであります」（衆・本会議　1969.6.27）[111]と指摘し、武器の生産や輸出は禁止すべきであると主張する。浜田議員の主張は「平和憲法の精神」を持ち出し、政策論を憲法論化しようとする「憲法精神主義」の観点からも興味深い。正木良明議員（公明党）は「日本はほんとうに平和国家として武器は輸出をしないのだというために武器輸出禁止法をつくろう、こういうお考えはないかどうか」（衆・予算委員会　1970.2.24）[112]と質問する。これに対して佐藤榮作総理大臣は「いまとっております武器輸出についての三原則、これで私は事足りておるように思います」（衆・予算委員会　1970.2.24）[113]と答弁し、武器輸出三原則以上の規制には否定的な見解を示す。佐藤総理大臣は繰り返し武器輸出三原則以上の規制強化を考えていない旨表明する（衆・本会議　1970.3.26、参・本会議　1970.4.10）[114]。また「いわゆる三原則で明らかなとおりであります。外国為替及び外国貿易管理法、及びこれに基づく輸出貿易管理令の運用上、これに抵触する場合は輸出を認めないことになっておりますので、特に武器輸出禁止の法制化は考えておりません」（佐藤榮作総理大臣　衆・本会議　1971.2.16）[115]と答弁し、武器輸出三原則が適用される場合以外でも外為法や輸出貿易管理令の運用により武器輸出を管理することを明確にしている。したがって「憲法精神主義」的な主張にも与しない。峯山昭範議員（公明党）は「武器輸出については、平和憲法のたてまえから言っても、軍縮の促進という意味からも、武器輸出三原則を一歩進めて、全兵器の輸出禁止を断行すべきであると考える」と指摘するが、佐藤総理大臣はそれにも与せずに「武器輸出については、いわゆる三原則においてきびしく規制しておりますので、これによって所期の目的は達成している」とだけ答弁する（参・本会議　1971.2.24）[116]。

(111)　第 61 回国会衆議院会議録第 53 号 1289 頁。
(112)　第 63 回国会衆議院予算委員会議録第 4 号 6 頁。
(113)　同上。
(114)　第 63 回国会衆議院会議録第 13 号 382 頁、第 63 回国会参議院会議録第 11 号 345 頁。
(115)　第 65 回国会衆議院会議録第 7 号 136 頁。
(116)　第 65 回国会参議院会議録第 6 号 114、115 頁。

しかし、この時期も法的には外為法で武器輸出は許可（当時は承認）を取得しなければならない、許可を取得すれば輸出できるという構図に変化はない。既に繰り返し検討してきたように外為法は武器輸出を禁止するものではなく、憲法上も輸出の自由が認められるということが外為法の前提となっている。上述の「平和憲法のたてまえ」からも憲法は武器輸出を禁止していないため、たとえ外為法以外の法で武器輸出を管理しても輸出の自由からは解放されない。武器輸出の全面的な禁止は憲法上も容易ではない。むしろ武器輸出禁止法という形で「建前」を「本音」化すると「本音」部分の憲法整合性がより問題になる。それでは「本音」と「建前」――武器輸出をさせるつもりがないという政府の「本音」と法的には武器輸出は可能だという「建前」――の両立がより困難になると判断されたのであろうか。しかし「本音」と「建前」の乖離はその乖離を埋めるものが必要となってくる。その役割を果たすのが政府統一見解に結晶する「慎む」なのである。

　⑤　**防衛産業の存在の是非**　野党側はさらに議論を進めつつに防衛産業の存在そのものを疑問視するに至る。政府は自衛隊の需要を賄う程度としてきた防衛産業の規模も不十分だという指摘が続出する。北村暢議員（社会党）は「兵器産業の宿命として、武器の海外輸出に向かうことは明らかであり、同工業会（筆者注：日本兵器工業会（当時）のこと）、すでに東南アジアへの武器輸出の実現を総会で決議しているのであります。政府は、日本兵器工業会のこの要請に対し、いかなる見解を持ち、どう対処しようとするのか、通産大臣の今後の兵器産業に対する方針を承りたい」（参・本会議　1969.7.22）[117]と質問し、防衛産業はその「宿命」として武器輸出に向かうのではないかと指摘する。これに対して政府は従来の方針を答弁し、大平正芳通商産業大臣は「わが国の経済力並びに技術力の許す範囲内におきまして、自衛隊の装備の国産化をはかることを目安としまして、防衛産業を指導育成して、防衛装備の自主的充足体制を漸進的に整備してまいるという方針でございます」と、防衛産業の規模を自衛隊の装備の国産化を目安とする一方で武器輸出を目的とした防衛産業の育成を否定するという従来の方針を繰り返し答弁する。さらに生産余力がある場合は「その輸出によりまして国際紛争を助長するということは厳に慎まなければなりませんので、従来とってまいりました兵器輸出の三原則というものは、厳正

---

[117]　第 61 回国会参議院会議録第 34 号 922 頁。

に今後も貫いてまいる所存でございます」(大平正芳通商産業大臣　参・本会議1969.7.22)[118]と整理している。つまり政府は野党側の防衛産業の存在そのものに対する批判はこれを否定しているのである。国内需要を賄うために防衛産業の存在を肯定しつつ、同時に武器輸出に対しては防衛産業の拡大という観点から否定的なだけでなく、武器輸出一般にも否定的な見解を示すようになっていくことは既述のとおりである。

　国内需要を賄う防衛産業の存在を肯定するかどうかは野党議員の間でも微妙に立場が異なる。華山親義議員(社会党)は「専守防衛ならば専守防衛で、自分の国を守るための武器、それにつとめるべきだ」(衆・予算委員会第二分科会1971.2.19)[119]と指摘し、国内需要のための防衛産業の存在に対しては肯定的な見解を示す。峯山昭範議員(公明党)は「装備の国産化の促進は、将来、供給力の過剰を招き、日本の防衛産業をアジアの兵器廠にしようとする危険性が含まれていると考える」と防衛産業が存在している限りは武器輸出をしようとするので防衛産業の存在自体に否定的な見解を示し、日本の防衛産業が「武器輸出禁止三原則に縛られ、もっぱら国家財政による防衛費に依存」しているため、「今後の経済成長と防衛費の伸びを、自主防衛の名で結びつけるならば、自衛隊の通常兵器だけでは使い切れず、行きつくところ、武器輸出、核装備とエスカレートすることは、当然予想されるところであります」と核武装と武器輸出を同列に論じ、防衛産業の「行きつくところ」だと指摘する(参・本会議1971.2.24)[120]。これに対して佐藤榮作総理大臣は「平和を国是とするわが国がアジアの兵器廠になるようなことは絶対にありません」と防衛産業の拡大に否定的な見解を示した上で、先述のとおり「武器輸出については、いわゆる三原則においてきびしく規制しておりますので、これによって所期の目的は達成している」と答弁している(参・本会議　1971.2.24)[121]。つまり国内に防衛産業があっても武器輸出は厳しく管理しているので大丈夫だと答弁している。換言すると武器輸出を厳しく規制することで国内の防衛産業の存在を肯定しているとも言える。中曽根康弘防衛庁長官も防衛産業が「健全に成長するということは国のためにも必要である」としつつも、「大事なことは、いわゆる産軍複合

---

(118)　第61回国会参議院会議録第34号923頁。
(119)　第65回国会衆議院予算委員会第二分科会議録第1号17頁。
(120)　第65回国会参議院会議録第6号114頁。
(121)　第65回国会参議院会議録第6号115頁。

第 2 節　武器輸出に対する政府の姿勢

体というようなものができて、政治にプレッシャーをかけるということは、これは絶対回避しなければならない。したがって日本の国力の中において、防衛産業というものが節度を持った必要限度の力に成長していくようにわれわれは厳重に監視をしていくべきであると思っております」と防衛産業が軍産複合体のようになることを否定する（衆・内閣委員会　1970.4.21）[122]。そのために防衛産業を一定の規模以内にしておくことが適切だという考え方を示す。さらに中曽根防衛庁長官は「兵器を国産化するということは望ましい」としつつも、「それが輸出圧力という関係になったりあるいは外国に対して兵器を輸出するという方向に安易に流れるということはこれは戒めなければならぬと思います。特に兵器の輸出につきましては、三原則を順守しまして慎重にやらなければいかぬと思います」とも述べ、武器生産の国産化推進の歯止めを武器輸出の抑制に求めているのである（衆・予算委員会　1971.1.29）[123]。

　さらに、自衛隊や日本の武装を肯定する以上、武器生産の国産化を否定する議論は武器の輸入を肯定する議論と紙一重になる。坂井弘一議員（公明党）は防衛産業が生産過剰になりがちだと指摘した上で、国産化を進めていけば「武器の輸出ということに必然的につながっていくおそれが多分にある」と危惧を示す（衆・決算委員会　1975.6.20）[124]。同時期の政府側の答弁では早期警戒機（AEW）導入について「どう考えましても 15 機以上の必要性はない。それを国内開発ということになりますと、防衛庁においてそれだけの需要しかない。しかも御案内のように、武器輸出ということはできませんので、結局、採算上の問題がございまして、結論的には国内開発は望ましくないという答申案が出ております」（丸山昂防衛庁防衛局長　衆・内閣委員会　1975.6.13）[125]と述べ、自衛隊が AEW 機を輸入することを正当化する理屈として需要が少ないことを挙げている。さらに民間企業が武器を生産するから輸出圧力がかかるという議論は防衛産業の国有化を肯定する議論にもつながっている。八木昇議員（社会党）は「やはり兵器が民間の営利の目的で生産されている限りは、どうしてもいま言ったような原理（筆者注：コスト低減→海外輸出→紛争を望む）が好むと好まざるとにかかわらず将来作用する。したがって、兵器を国が直接生産する

---

[122]　第 63 回国会衆議院内閣委員会議録第 16 号 16 頁。
[123]　第 65 回国会衆議院予算委員会議録第 2 号 27 頁。
[124]　第 75 回国会衆議院決算委員会議録第 14 号 19 頁。
[125]　第 75 回国会衆議院内閣委員会議録第 23 号 12 頁。

という、昔はそういった工廠、海軍工廠だとか何とかいうようなことをある程度やりまして、営利目的で、兵器生産でもうかることの方がおもな目的のために、筋の曲がった方面に政治がころんでいくことを戒めておった」(衆・予算委員会第一分科会　1967.4.21)[126]と指摘し、戦前の工廠制度を評価するのである。

　昭和40年代の議論で顕著な点は相原氏が指摘する3つの要素のうち①紛争巻き込まれ論や②武器輸出が紛争を激化させることといった点はそれほど前面には出ず、③武器輸出が日本の軍国主義化や徴兵制復活につながる、という点が強調されるのである。政府側もこうした批判に対応して防衛産業を適正な規模に維持するために輸出をしない程度の規模の防衛産業にすると説明する。武器輸出をしないことで防衛産業の規模を管理するという政策が表明されるのである。自衛隊の装備品を次第に国産化できるようになり武器輸出を抑制することが防衛産業の歯止めとして使われていたのである。さらに、こうした政策の背景として通商産業省の武器輸出に対する消極的な姿勢が際立ってくる。通商産業省の態度は武器輸出一般に否定的な態度を次第に強めていた。こうした状況の中で表明されたのが三木武夫内閣の政府統一見解なのである。

(4)　昭和50年代(1975〜1984)の議論

①　政府統一見解──「本音」の「建前」支配　　三木武夫内閣の政府統一見解はそれ自身は従来からの整理を改めて政府統一見解にしただけのものであったが、政府の武器輸出をさせたくないという「本音」を憲法や外為法という「建前」との間にできた乖離を埋める役割を果たしたという側面は無視できない。すなわち、「本音」の「やりたくない」を「建前」の「できない」という表現にすり替えるための巧妙な変換装置だったのではないかという側面である。法制度上はこれまで繰り返し指摘してきたように政府統一見解も含め武器輸出三原則は武器輸出が「できない」ものではない。しかしながら、政府統一見解表明前後になると武器輸出は「できない」とする答弁が一気に増えてくるのである。政府統一見解により「武器輸出三原則により武器輸出はできない」というマジックが完成する。

　このマジックに重要な役割を果たしているのは政府統一見解で表明された武器輸出全般を「慎む」ことであり、政府統一見解が表明された後では、「慎む」

---

[126]　第55回国会衆議院予算委員会第一分科会議録第3号5頁。

第 2 節　武器輸出に対する政府の姿勢

を禁止だと読み替えていた可能性がある。政府は「武器の輸出は禁止いたしますので、そのために武器を輸出する場合には承認を求めよ、こういう義務を課しております」(宮本四郎通商産業省通商政策局長　参・大蔵委員会　1979.12.6)[127]と、「武器の輸出は禁止」と断言している。大来佐武郎外務大臣も「武器の禁輸、これはもともと日本がとってきている方策でございます」(衆・外務委員会　1980.4.25)[128]と述べ武器禁輸が日本が「もともと」とってきた政策だと言う。イラン革命後のテヘランの米国大使館占拠事件に対して日本は「ECと歩調を合わせて武器の輸出はやらない。これは御存じのとおり、わが国は以前から武器の輸出はどの国に対してもやっておりませんので、その点は単なる確認でございます」(国広道彦外務省経済局外務参事官　参・エネルギー対策特別委員会　1980.5.7)[129]と武器輸出は「以前から」「どの国に対してもやっておりません」と述べる。これは単なる事実確認なのか、法規制として答弁しているのか定かではないが世界中に武器禁輸をしていることを前提であるかのように答弁している。この点がより明確な答弁として同じくテヘランの米国大使館占拠事件に対してイラン向けの「武器の輸出禁止でございますが、これにつきましては、日本は従来から武器の輸出をとめておりますので、従来の方針をそのまま堅持する」(柴田益男通商産業省通商政策局国際経済部長　参・大蔵委員会　1980.5.6)[130]という答弁がある。武器の輸出禁止は「従来の方針」だと言う。

　憲法や外為法上も武器輸出に対する政府の姿勢の変遷からもこの時期の武器輸出禁止答弁こそが外為法体系やそれまでの政府の武器輸出管理政策からの逸脱である。憲法の輸出の自由に由来する外為法では原則として輸出は認められるものである。それを許可制にすることにより法制度上は原則不可となった。もちろん許可制にすることの是非は論じる余地はあるものの、合理的な理由があれば法的には可能である。ところが政治的に武器輸出に対して消極姿勢となり、輸出したくないという「本音」が次第に明確になったが、武器輸出の「禁止」(一切許可をしない)まで許される裁量は憲法上も外為法上も政府(通商産業省)には与えられてはいない。実際に「禁止」で運用していれば違憲・違法

---

[127]　第 90 回国会参議院大蔵委員会会議録第 1 号 22 頁。
[128]　第 91 回国会衆議院外務委員会会議録第 18 号 15 頁。
[129]　第 91 回国会参議院エネルギー対策特別委員会会議録第 5 号 20 頁。
[130]　第 91 回国会参議院大蔵委員会会議録第 15 号 30 頁。

だった可能性が高い。そういった観点から「実際の運用では、ほぼ全面的に武器輸出を禁止してきた」(畠山襄氏)[131]という指摘を考えると当時の通商産業省の「本音」を感じることもできる。「原則として」許可しないという運用の「原則として」が抜け落ちてしまったのが「本音」の議論だったのである（第２章第10節参照）。

　②　**自縄自縛——対米武器技術供与をめぐる思考停止**　こうした武器輸出の禁止という姿勢はついに通商産業省を自縄自縛に陥れる。法的にも、歴史的な経緯からも通商産業省の内規だった武器輸出三原則を通商産業省自身が運用しきれなくなっていく。すなわち武器輸出三原則の運用が武器輸出の全面的な禁止以外の解釈を認められなくなり、運用の柔軟性を失っていくのである。武器輸出三原則でありながら武器輸出が認められる場合を通商産業省自身が考えられなくなっていく過程でもあった。「慎む」に必然的に含まれるはずの「慎まない」場合を想定できず、それは武器輸出三原則という名の下における武器輸出全面禁止の正当化であり、もはや武器輸出管理の放棄とも言える。本来の「国際紛争等の助長」を防止するという武器輸出三原則の目的は完全に捨象され、武器輸出の禁止それ自体が自己目的化してしまった時期と言える。李娜𠎝氏は対米武器技術供与に当たって武器輸出三原則を例外化する際、米国向けの武器技術供与を「許可するなら、国会を説得する理由が必要だった。通産省は許可の権限は持っているが、政策を立てる部署ではない。防衛問題は防衛庁、米国との問題は外務省の分野だから、これらの省庁が国会を説得できる材料を提供してくれることを望んでいた」と指摘する[132]。仮に輸出者が個別取引の許可申請に当たって輸出案件の詳細につき説明し、当該輸出には問題がないことを説明するという意味では妥当である。しかしながら、ある輸出案件に問題があるかどうかを説明するためにはどのような輸出が問題なのかを示す、すなわち許可基準を示すことは必須である。この許可基準を提供できるのは許可官庁であることは明らかであり、許可基準を提供してほしいという意味であれば完全な通商産業省の責任転嫁と言える。つまり米国に対して武器技術を提供する際、どのような提供ならば認められ、どのような提供ならば認められないか、について通商産業省は基準を示すことが当然に必要である。その基準に従って個別案件の際には輸出の可否が審査されるはずである。武器輸出三原則に従え

---

(131)　前掲第１章注(227)。

(132)　李娜𠎝「日本の対米軍事協力メカニズム」111頁。

第 2 節　武器輸出に対する政府の姿勢

ば「国際紛争等を助長することを防止する」という目的に叶うものであるかどうかということになるが、当時の通商産業省がこうした基準を自ら検討した形跡はない。対米武器技術供与において武器輸出三原則の例外化が決定される一年半ほど前、米国への武器技術供与について通商産業省は次のように答弁している。

○　通産省といたしましては、基本的に米国につきましても武器輸出三原則及び政府統一方針に基づいて対処する考えであることは当然でございますけれども、対米関係につきまして日米安保条約との関係という問題がございまして、これにつきましては外務省が検討を行っているという段階でございまして、その検討については当省が参加しておるという状況ではございません。外務省の見解が出ますれば、それを踏まえてどういうふうに三原則との関係を考えるかということになる（中澤忠義通商産業省貿易局長　衆・商工委員会　1981.11.20)[133]

武器技術供与を武器輸出三原則に基づき対処するというのは例外化措置が決定される以前としては当然のことである。しかし「対米関係につきましては……外務省が検討を行っている」としてその見解を受けて武器輸出三原則との関係を考えると言う。「外務省の見解」とは何を求めているのだろうか。対米武器技術供与が必要だ、という結論さえ示されればあとは「武器輸出三原則との関係」は通商産業省が全て整理するという意味なのであろうか。少々時期を遡って対米武器技術供与に対する通商産業省の姿勢を検証してみたい。

上記発言の約10日前に「『対米武器輸出』政府見解」[134]という新聞記事について問われて園田直外務大臣は「今言われております案というものは、政府の案ではございません。また、外務省の最終案でもなくて、外務省で検討している経過でございます。一案でございます」（衆・外務委員会　1981.11.11)[135]と答弁している。この新聞記事に掲載されたという「見解」について通商産業省は「このような考え方につきましては、いままでのところ、どこからも説明を受けておりませんし、わが省としても検討をしておりません」（広海正光通商産業省貿易局為替金融課長　衆・外務委員会　1981.11.11）と述べる。外務大臣と通商産業省の答弁から明らかになることは対米武器技術供与における武器輸出三原則の扱いについて検討をしているのが外務省であるという事実である。武器

---

[133]　第95回国会衆議院商工委員会議録第3号11頁。
[134]　1981年11月11日付日本経済新聞1、4面。
[135]　第95回国会衆議院外務委員会議録第2号10頁。

第 4 章　国内政治と武器輸出

輸出三原則は外為法の運用方針であり、外為法の解釈は通商産業大臣の所掌である。したがって外務省が所掌外の外為法の運用方針について有権的な解釈を示せる法的権限はなく、通商産業省は本来は外務省の勝手な検討を抗議すべき場面である。しかし通商産業省は「どこからも説明を受けておりません」と他人事のように言う。外務省が外為法の解釈を示すことができないことは外務省自身が認めており「外務省が関連する側面は、主として安保条約とか相互防衛援助協定、それの解釈でございます」(淺尾新一郎外務省北米局長　衆・決算委員会　1981.10.16)[136]と述べている。外為法の所管官庁である通商産業省としては対米武器技術供与と武器輸出三原則に関する説明を聞く立場ではなく、自らが説明をしなければならない。しかし、「わが省としても検討をしておりません」と言いきる。当時の通商産業省が対米武器技術供与について全く知らされていなければ検討の余地はない。この当時の通商産業省は果たして対米武器技術供与に関して全くの蚊帳の外だったのか。上記外務省の答弁を受けて通商産業省は「条約等との関連というものを外務省で検討するやに聞いておりますが、まだ結論が出てないと承知しております。結論が出た段階で政府全体としてどう対処するかということが検討されることになろうと思いますけれども、通産省といたしましては、武器輸出三原則、政府統一方針、国会決議を基本といたしまして対処する考えでございます」(広海正光通商産業省貿易局為替金融課長　衆・決算委員会　1981.10.16)[137]と「結論が出た段階」で検討すると繰り返すのみである。「条約等との関連」で出た結論を「政府全体としてどう対処するか」を検討する際にひっくり返すことができると思っての答弁か、前者の結論が出るときまでに後者の結論も一緒に考えてほしいという意思表示なのであろうか。

園田直外務大臣の答弁から遡ること一週間、田中六助通商産業大臣は「私ども関係各省の結論を待って対処したいというふうに考えております」(参・行財政改革に関する特別委員会　1981.11.4)[138]とあくまでも結論を待って武器輸出三原則との関係を考えると表明しているが、「関係各省」に通商産業省自身が含まれているという自覚はない。その点につき田中通商産業大臣は「条約関係でどういうふうになっていくかということの結論を検討中であるということを実は申し上げたかったわけでございますけれども、そういう結論を待った上で、

---

(136)　第 95 回国会衆議院決算委員会議録第 1 号 3 頁。
(137)　同上。
(138)　第 95 回国会参議院行財政改革に関する特別委員会議録第 3 号 8 頁。

第 2 節　武器輸出に対する政府の姿勢

さらに具体的な案件が出ればそれに対処するということも必要ではないか」（参・行財政改革に関する特別委員会　1981.11.4)[139]と述べる。つまり日米安全保障条約上、対米武器技術供与に踏み出すかどうかについての結論を得て、その上で「具体的な案件」を待って武器輸出三原則との関係を考えると述べている。ところが対米武器技術供与は既に「関係省庁」が必要性を肯定していた。防衛庁は「大村長官がアメリカに行きましたときに、相互交流につきましては原則としてこれを認めます」（和田裕防衛庁装備局長　衆・行財政改革に関する特別委員会　1981.10.21)[140]と大村襄治防衛庁長官が既に米国との武器技術交流を原則として認めていたのである。だから通商産業省としてはこの時点で検討を開始することは十分にあり得たし、政府としてはそうすべきであった。少なくとも「原則として」認めるとした対米武器技術供与が現行の国内法上どこまで認められるのか、あるいは認められないのかを示す責任があるのは外為法の所管官庁である通商産業省である。しかし、上記答弁に対して田中六助通商産業大臣は「具体的に私どもはそれを受けておりませんし、通産省といたしましては、あくまで武器輸出禁止三原則（ママ）並びに慎重にという決議、国会の決議もございますし、それを尊重する腹でございまして、いまこの件については、外務省それから防衛庁で協議中だということは聞いておりますけれども、私どもといたしましては、あくまで武器輸出三原則にのっとって対処していきたい」（傍点筆者）（衆・行財政改革に関する特別委員会　1981.10.21)[141]と答弁している。田中通商産業大臣が「武器輸出禁止三原則」と述べていることからも明らかなように通商産業省は武器技術を提供できる余地はないことと示唆している。少なくとも武器輸出三原則に従えば「慎む」に当たるかどうかの判断基準を示す必要があるのだが、当時の田中通商産業大臣は「慎む」に当たる場合を想定していなかったことは既述のとおりである（第1章第2節(4)参照）。田中通商産業大臣が言う「受けておりません」とはどのような意味であろうか。外為法の解釈に関係することを通商産業省を除外して決定することはできない。この点もむしろ所管官庁として抗議を示すべき場面だが田中通商産業大臣の答弁からはこの案件に関与したくない、という意図も感じられるのである。可能な限り武器輸出三原則との関係を触れたくない、武器輸出三原則に関係する案件に関わ

---

[139]　同上。
[140]　第 95 回国会衆議院行財政改革に関する特別委員会議録第 8 号 32 頁。
[141]　同上。

第4章　国内政治と武器輸出

りたくないという意図が感じられるのである。

田中六助通商産業大臣が「受けておりません」という日米武器技術交流案件について、この答弁の前月に既に通商産業省は質問を受けていた。井上一成議員（社会党）は「日米軍事技術協力の推進について防衛庁長官がワインバーガー国防長官との会談で話された。このことについては通産大臣は当然報告を受けていると思いますけれども」（衆・決算委員会　1981.9.8）[142]と確認する。これに対して通商産業省は「米側の希望は持ち帰って政府部内にて検討してみたいというふうに報告されております。本件については、関係各省で検討をするということになっております」（中澤忠義通商産業省貿易局長　衆・決算委員会　1981.9.8）と答弁している。田中通商産業大臣の「受けておりません」と本答弁を整合的に解釈すれば通商産業省は「関係各省」ではないと宣言しているに等しい。武器輸出三原則との関係が議論の中心であるにもかかわらず、である。しかし、実は同年7月には「基本的には、米国に対する武器技術輸出につきましても、従来どおり武器輸出三原則及び政府統一方針に準じて対処するという考えでございます。また、今後関係省庁の間で問題が生ずれば共同して研究してまいりたいと思っております」（中澤忠義通商産業省貿易局長　衆・安全保障特別委員会　1981.7.15）[143]と答弁していた。しかも同日の質疑では大村襄治防衛庁長官が「今後さらにどのような協力が可能か、関係省庁の間で検討する必要があるということを帰国後の閣議でも報告し、その了承を得た」（衆・安全保障特別委員会　1981.7.15）[144]と述べている。つまり通商産業省は対米武器技術供与の可能性につき「検討する必要」があった。しかしその後の答弁を振り返れば通商産業省は「共同して研究」はせずに明らかに結論を待っていただけであった。本答弁と4カ月後の田中六助通商産業大臣の答弁を比較すれば対米武器技術供与をめぐる際の当時の通商産業省の姿勢は外為法の所管官庁としての責任を果たしていたとは言い難い。通商産業省は最後まで外為法上は許可があれば武器輸出は可能だという法制度上の枠組みを国会では明言しない。外為法という「建前」は武器輸出をしたくないという「本音」に完全に覆い隠されている。

改めて第1章の対米武器技術供与における武器輸出三原則の例外化をめぐる

---

[142]　第94回国会衆議院決算委員会議録第17号12頁。
[143]　第94回国会衆議院安全保障特別委員会議録第9号18頁。
[144]　第94回国会衆議院安全保障特別委員会議録第9号42頁。

質疑を見直してみると驚くほど外務省の答弁が多い。武器輸出三原則という外為法の運用方針に関する質問であるにもかかわらず外務省関係者の答弁が多いことに気付かされるのである。

　昭和50年代、特に政府統一見解の発表後は相原三起子氏が指摘する3つの要素、すなわち①紛争巻き込まれ論や②武器輸出が紛争を激化させる点に関する議論は全く影を潜め、武器輸出は「しないことになっている」と既成事実であるかのように「神話」が語り出される過程である。「事実」として武器輸出を「しないことになっている」ので③武器輸出が日本の軍国主義化や徴兵制復活につながる、といった議論も低調であった。もはや議論と呼ぶに値するものがなくなり思考停止に陥った時期とも言える。そのため対米武器技術供与という案件に対してもはや通商産業省は外為法との関係を整理することができなくなっていた。さらに全ての期間を通じて相原氏が指摘する通り「『自国の武器や軍事技術が敵国の手に渡り安全保障を脅かす』という、欧米諸国が武器移転規制の第一の根拠として挙げる主張は我が国においては（少なくとも表向きには）ほとんど皆無であった」のである[145]。

◆ 第3節　武器輸出三原則の光と影 ◆

(1)　防衛産業の肥大化防止

　武器輸出三原則に象徴される日本政府の武器輸出に対する消極的な姿勢が残した遺産について考えてみたい。相原三起子氏は「日本の武器禁輸政策（筆者注：武器輸出三原則のこと）は、少なくとも防衛産業が巨大化し、武器の生産拡大→輸出の増大→防衛産業の拡大という循環に陥ることを避けたという点では、軍産複合体の形成を防止したということができるだろう」と指摘する[146]。確かに武器輸出を厳しく制限することで防衛産業の規模の拡大を抑えた効果を評価することはできよう。ただし相原氏は同時に武器輸出三原則を「防衛依存度の少ない日本の産業構造」の「背景なくしては……三原則を維持していくことは困難であっただろう」とも評価しており、そもそも防衛産業に依存していない日本の産業構造があったからこそ武器輸出三原則は維持できたと指摘しており、武器輸出三原則によって防衛依存度が低下したわけではなく、鶏と卵とい

---

[145]　前掲注(22)。
[146]　相原三起子「武器輸出三原則──その背景と課題」45、46頁。

第 4 章　国内政治と武器輸出

う議論も可能である[147]。中曽根康弘防衛庁長官は 1970 年の時点で「いわゆる防衛産業の生産高は、日本の工業総生産高の 0.5％以内でありまして、くつや何かの皮革産業と同じくらいの生産額にすぎない」（衆・内閣委員会　1970.4.21）[148]と答弁しており、日本の産業に占める防衛産業への依存度の低さを示している。こうした状況は現在でもほとんど変わっていない。しかしながら戦後間もなくは事情が異なっていたのである。さらに根本的にはなぜ防衛産業の規模を武器輸出の可否という議論に置きかえたのかという点である。より正面から防衛産業そのものの規模や中身を論じることなく「武器輸出をしない規模」という基準であれば防衛産業の存在は当然視され、防衛産業そのもののあり方は議論されることはなかったのである。換言すれば輸出をしない限り防衛産業の存在は正当化されるのであり、自衛隊が必要なものは何でも国内で賄うことを可能とする論理でもある。

　あくまでも自国で不必要なまでに拡大しないという程度の防衛産業であるから、防衛産業の存在そのものは肯定される。したがって「日本の自衛力を保つために一定の防衛装備というものを確保しなければならない。（中略）一定の防衛産業のレベルを維持していくことは日本の安全保障にとって不可欠である」（額賀福志郎防衛庁長官の発言　参・外交防衛委員会　2006.5.30）[149]といった指摘と武器輸出三原則は全く矛盾しない。むしろ防衛産業の存在を前提として武器輸出三原則は存在している。田中直毅氏は「武器生産ゼロがいいかということになりますと、何らかの外からの侵略まがいのことがないとは言えないわけですから、最低限のものは維持するということについては国民的な合意があるんだろうというふうに思います」（衆・規制緩和に関する特別委員会　1995.5.24）[150]と述べ、防衛産業の維持には「国民的な合意がある」とする。ただし、自衛隊が必要である限りは何でも賄える論理であるのでその規模が「最低限のもの」であるかどうかは武器輸出三原則は担保していない。

　当然のことであるが武器輸出三原則は武器輸出の原則であり防衛産業のあり方を定める原則ではない。したがって防衛産業のあり方はそれ自体独立して検討される必要があり、武器輸出三原則はその一部に過ぎない。政府は「わが国

---

(147)　相原三起子「武器輸出三原則——その背景と課題」41 頁。
(148)　第 63 回国会衆議院内閣委員会議録第 16 号 17 頁。
(149)　第 164 回国会参議院外交防衛委員会議録第 20 号 7 頁。
(150)　第 132 回国会衆議院規制緩和に関する特別委員会議録第 9 号 24 頁。

の防衛産業のあり方といったものは、わが国の今後の防衛政策というものと密接不可分の関係があるということでございまして、わが国のその防衛政策を支えるいわば生産の基盤ということで、と申しますか、それの十分防衛政策の目指すところを果たしうるような基礎が確立されている必要があるだろう」（坂本吉弘通商産業省機械情報産業局航空機武器課長　参・決算委員会　1982.3.1）[151]と述べており、この中で武器輸出三原則の占める役割は中心的なものではない。

したがって武器輸出三原則が防衛産業の肥大化をどの程度防止したかどうかについて検証することはそれほど容易なものではない。こうした主張を展開するためにはさらなる論証が必要となろう。

(2) 軍事大国化防止・紛争巻き込まれ防止

相原三起子氏が「日本における武器輸出論議において最も特徴的なこと」と指摘した武器輸出が日本の軍国主義化や徴兵制復活につながるという批判も検証される必要がある[152]。武器輸出三原則によって日本の軍国主義化が防がれたという評価は多い。典型的な議論は村山富市総理大臣による社会党の自衛隊合憲論である（第2章補論参照）。同時期に上原康助議員（社会党）は「我が国の戦後史の一端を顧みて、日本が専守防衛や非核三原則、武器輸出禁止など抑制された防衛政策の基本を確立し、これを基盤に我が国の平和と安定が維持されてきたことは否定できません。その側面で、日米安保の運用を厳しくチェックし、憲法の理念と精神を尊重する立場から、軍事大国化を阻止してきた社会党の果たしてきた役割も大きかった」（衆・本会議　1994.10.5）[153]と自賛する。

こうした効果を実証することは意外と難しい。武器を輸出する国が軍事大国ということになるのであれば日本の周辺国（米国・中国・韓国・ロシア）は全て軍事大国ということになる。しかし、こうした主張を展開する論者はなぜか日本以外の国については全く論じない。せいぜい米国を批判する程度である。さらに、軍事大国化を防止するという論理からは日本が使わない武器を生産し輸出する限りは日本が軍国主義化する恐れは全くない。これは単なる論理的な可能性や頭の体操という話ではなく歴史的な事実である。すなわち武器生産が始まった当初は進駐軍向けに武器を生産していたのである。そして国内需要はほぼ皆無であった。そうした武器生産が日本の軍国主義化に向かうことはないの

---

(151)　第96回国会参議院決算委員会会議録第3号7頁。
(152)　前掲注(20)。
(153)　第131回国会衆議院会議録第3号13頁。

第4章　国内政治と武器輸出

である。つまり日本の軍事大国化を防止するという論理は武器輸出三原則の目的である「国際紛争等を助長することを防止する」こととは直接関係がないのである。特に軍事大国化が危惧される対象は自国（日本）のことであり、「国際紛争等を助長することを防止する」対象は基本的に武器の輸出先である他国である。前者と後者は完全に一致するものではない。

　武器輸出三原則の緩和が日本を紛争に巻き込むといった批判も同様の観点から検証する必要がある。山田朗氏は「米軍への武器技術の供与を突破口とし、米軍への物資（武器・弾薬含む）補給と自衛隊が使用する武器の追加輸送という形式で、武器を輸出する道は開かれ、『武器輸出三原則』の空文化はさらに進行した」と指摘する[154]。また、喜納昌吉議員（民主党）は「日本が米国のように軍産複合体の影響で戦争をせざるを得なくなるような事態を招くことを良しとするのか」（参・外交防衛委員会　2006.5.30）[155]と武器輸出三原則の緩和に危惧を表明する。吉川春子議員（共産党）も同様に「MD（筆者注：ミサイル防衛のこと）に参画する上で武器輸出三原則が邪魔になってきた、武器の共同開発、生産、核兵器の製造、輸出につながりかねない圧力が武器商人から掛けられています」（参・憲法調査会　2004.11.10）[156]と武器輸出三原則の緩和へ向けた動きは「武器商人」の「圧力」と断じている。

　しかし、武器輸出だけが日本を戦争に巻き込むのではない。山田朗氏が指摘する点は武器輸出三原則の緩和が問題なのではなく、日米一体の運用こそが問題なのではないか。そうであればその点を議論すべきであり、武器輸出の可否に議論を絞ることは形式的である。軍産複合体や「武器商人」の「圧力」も武器輸出が問題というより防衛産業が存在していることに伴う論点であり、武器輸出だけを制限すればそうした問題が解消されるわけではない。武器輸出三原則を緩和することが日本を紛争に巻き込むという議論も印象論以上の実証はないのである。何より武器輸出国がどの程度紛争に巻き込まれているか、それも武器輸出により紛争に巻き込まれているのかが検証されなければならない。日本の歴史を振り返れば武器生産が始まったときに進駐軍向けに武器を生産していたことから紛争に巻き込まれたことが問題だったのか、が問われることになる。

---

(154)　山田朗「『武器輸出三原則』の問題点」『軍縮地球市民』2006No.4、102頁。
(155)　第164回国会参議院外交防衛委員会会議録第20号7頁。
(156)　第161回国会参議院憲法調査会会議録第3号6頁。

第 3 節　武器輸出三原則の光と影

(3)　「盾」になる側面――武器輸出三原則の隠れた「意義」

　法的には可能である武器輸出を「できない」と断言するための方便になった武器輸出三原則は、海外から武器の引合いがあったときの格好の断り文句としての役割も果たすことになった。政府は「武器輸出につきましては禁輸の三原則（ママ）ということを決定をいたしておりますので、各国から時たま要望のあることもございますけれども、それは個々に日本側で武器に該当するかどうかということを判断いたしまして、武器に該当するものにつきましては輸出は行わないというふうに先方の政府に対して理解を求めております」（手島冷志外務省経済局長　衆・外務委員会　1980.3.17）[157]と答弁し、武器輸出三原則のために武器輸出ができないと引合いを断っているという。具体的な事案でも同様の対応を見せ、安倍晋太郎外務大臣も対米武器技術供与によって米国に対しては武器技術を提供できるにもかかわらず ASEAN 諸国にはなぜ提供できないのかと問われ、「日本は武器輸出三原則あるいは政府見解というものをもって、日本は国の政府の基本方針として武器の輸出はしないあるいは武器技術の輸出はしないということを堅持している、そういう基本方針を堅持しているので、これはできないのだ、こういうことを言っておるわけであります」（衆・外務委員会　1983.5.13）[158]と ASEAN 諸国へ武器技術を提供しない理由を武器輸出三原則に求めている。このように断れば相手先に関わらず、しかも日本の制度上武器輸出ができないという印象を相手方に与えられるので外交関係上も好ましいことは言うまでもない。つまり政府も武器輸出三原則を武器輸出を断る方便としてきたということである。何よりこの方便は断っている側（日本政府）が相手を騙すための方便としてではなく本気でそう思っている（思い込んでいる）のだから何よりも説得的である。米国から航空母艦を建造してほしいと依頼を受けたらどうなるかと問われ、政府は「航空母艦は、直接戦闘の用に供せられる武器そのものでございますから、当然武器輸出三原則及び統一見解に従って処理される、適用になるということですから、できないということです」（豊島格通商産業省機械情報産業局長　衆・予算委員会　1982.2.1）[159]と述べ、武器輸出三原則が「適用になるということですから、できないということです」といとも簡潔に「できない」と答弁している。制度上は「慎む」の対象で

(157)　第 91 回国会衆議院外務委員会議録第 7 号 13 頁。
(158)　第 98 回国会衆議院外務委員会議録第 8 号 19 頁。
(159)　第 96 回国会衆議院予算委員会議録第 2 号 33 頁。

あるが「できない」と断言している。安倍晋太郎通商産業大臣も「武器輸出の三原則あるいはまた政府の基本方針というのがあるわけですから、そしてわれわれはそれによって武器並びに武器技術については輸出または提供はできないということになっております」(衆・商工委員会　1982.2.23)[160]と答弁している。ただ単に不正確な表現とか方便と切り捨てることも可能であるが、こう言い切ってしまう背景として、政府自身が武器輸出三原則によって武器輸出が「できない」と整理していた可能性は十分にあり、前節の対米武器技術供与をめぐる議論における通商産業省の姿勢にも反映していると言えよう。少なくともこの時期に「慎む」に当たらない場合を検討している形跡はない。

　反対に同時期においては対米武器技術供与に対して通商産業省は消極的であったと野党側から「評価」されている。清水勇議員（社会党）は「伝えられるところによると、外務、防衛両省の条約優先論などという考え方に対して、通産の反発、批判がかなり強い」(衆・商工委員会　1982.2.23)[161]と指摘する。井上一成議員（社会党）も「対米武器技術供与について通産省が武器輸出三原則を盾に大変渋ってきた」と指摘した上で「国内産業保護の立場から通産省が渋ったその理由は、私なりによく理解しているつもりです」と評価している（衆・予算委員会第六分科会　1984.3.12)[162]。つまり武器輸出三原則は国内産業保護のための「盾」となる側面があったということになる。具体的にはどのような「盾」か。その点について清水勇議員（社会党）は「通産省は終始一貫して条約優先論にくみせず、日本の開発をした大事な技術を安易に提供するというようなことは反対である、こういう立場を貫いてこられた」(衆・予算委員会第六分科会　1983.3.7)[163]と評価する。つまり武器輸出三原則を「盾」にすることで日本の技術流出を防ぐことができる側面を指摘するのである。これに対して山中貞則通商産業大臣は「通産省が反対をしていたという過去の経緯について、私は詳しく知りません。しかし、通産省はそのたてまえは貫いております。すなわち、アメリカのペンタゴン、国防省からの要請等がいろいろなルートであるでしょうが、日本の民間企業が開発したものとか、そういうものに対しての要請であった場合に、取り決めに基づいて取り次ぎはいたします。しかし、

---

(160)　第96回国会衆議院商工委員会議録第3号18頁。
(161)　同上。
(162)　第101回国会衆議院予算委員会第六分科会議録第2号43頁。
(163)　第98回国会衆議院予算委員会第六分科会議録第3号22頁。

民間産業がノーと言った場合には強制しませんから、どんな条件でも、合意しないものを出しなさいとは言いませんから、通産省の政策は変わっていない」（衆・予算委員会第六分科会　1983.3.7）[164]と答弁している。「たてまえは貫いて」と言うが、民間企業に対米武器技術供与を強制しないというだけであり、武器輸出三原則を「盾」にすれば民間企業の意思とは関係なく「ノー」と言うことができたのであり、確かにその差は大きい。

　武器輸出三原則を「盾」にすることで日本から（特に米国への）技術流出を阻止するという側面は通商産業省と当時の野党側に見解の一致があったのかもしれない。上田哲議員（社会党）は「誤解があるかもしれないのを私もかなり勇気を持って言っているつもりなんです。軍事技術として限定されて使われている場合はいいけれども、これは非常に変な言い方になるのですが、私どもは軍事技術供与には反対なんですから、それとは別に、くどいようですけれども、日本の民生技術のいわばノーハウというのがそういう形で吸い上げられてしまうということを守る」（衆・商工委員会　1983.5.18）[165]と述べ、対米武器技術供与そのものにも反対するだけでなく、「武器技術供与」の名の下に民生技術が流出していくのではないかと危惧を表明する。矢田部理議員（社会党）は「特に技術の場合にはこれは普遍的なものでありますから、技術というのは。生の武器と違ってどんどん外に流れる可能性が非常に強いわけであります」（参・予算委員会　1983.3.9）[166]と原理的に複製が自由な技術の流出は武器そのものの輸出よりも深刻な問題を孕んでいると指摘する。矢山有作議員（社会党）は「武器技術の供与を求めておるアメリカの本当の意図というのは、先端技術の優位性を確保する、そしてみずからの軍事技術、兵器技術の優位性、独占的支配力を維持して日本の技術の優位性を封じ込める、そこにあるのじゃないか（中略）。日本の兵器産業を米独占体の下請として位置づけ、同時に、米国製兵器の対日輸出を確保しようというところにあるのじゃないか」（衆・予算委員会第二分科会　1984.3.12）[167]と米国側の意図を推察する。このように技術流出防止の議論は単に日本企業の利益を守る側面だけでなく、日本の技術の独自性や優位性を維持することが米国からの相対的な独立性を確保するという議論にも

---

(164)　同上。
(165)　第98回国会衆議院商工委員会議録第15号20頁。
(166)　第98回国会参議院予算委員会会議録第2号11頁。
(167)　第101回国会衆議院予算委員会第二分科会議録第2号28頁。

派生する。こうした野党側の議論はいわゆる「人道的」な議論とは全く異なる国益を重視した議論であり、逆説的であるが日本の安全保障を正面から捉える可能性のある議論であった。さらに技術流出防止といった側面からの議論に対して政府の答弁は無策であると認めるに等しいものであった。軍事転用可能な民生技術（汎用技術）の管理について当時の政府は問題の所在を認識していなかった可能性も十分にある。上野建一議員（社会党）は「アメリカの産業が要求するそういう日本の先端技術がアメリカの技術の中に組み込まれてしまう。そして利用されるということになりかねない。最初は軍事目的で向こうは秘密を守るということになるのでしょうけれども、しかし向こうの軍備と産業の関係は先ほど申し上げたとおり密着していますから、アメリカの民間の会社に日本の先端技術が皆行ってしまう。その行ったものがさらに第三国に流れていくということは当然考えられる」（衆・科学技術委員会　1985.6.20）[168]と危惧を示す。しかし、政府側の答弁は「民間企業が持っております技術を対外的に供与するかどうか、これは商業的な取引関係であると私どもも思っておりまして、その技術を保有する企業の商業的判断で決定されるものであるし、これが尊重されるべきであると考えております」（白川進通商産業省貿易局輸出課長）や、「汎用技術ということになれば、よほど特殊な理由がない限り、それを移転してはいかぬということは非常に難しい」（竹内黎一科学技術庁長官）といったものであった（衆・科学技術委員会　1985.6.20）[169]。もちろん法的根拠なく民間企業が保有する技術の海外移転を規制することはできない。しかし、この当時、立法政策として技術流出の防止策が検討されていた形跡はない。

(4)　「委縮効果」——自粛を求める「空気」

　武器輸出三原則の効果を防衛産業の規模や軍事大国化の防止といった点に求めると因果関係を含め実証することは難しい。しかし、付随した「目に見えない」効果も指摘されているのである。相原三起子氏は「武器輸出に対する懸念が、今や政府よりむしろ企業イメージのダウンを心配する民間企業側に大きい」と民間企業が武器輸出を忌避する傾向ができたと指摘する[170]。民間企業が武器輸出を忌避する傾向はさらに進み、武器かどうか判然としない汎用品の輸出にも慎重になっていると政府は認識していた。「従来我が国では、武器輸

---

[168]　第102回国会衆議院科学技術委員会議録第10号9頁。
[169]　第102回国会衆議院科学技術委員会議録第10号10頁。
[170]　相原三起子「武器輸出三原則——その背景と課題」46頁。

第 3 節　武器輸出三原則の光と影

出三原則によりましていわゆる武器専用技術についてはどの国に対しても供与を非常に制限的に、ほとんど禁止的な形でしか行われてなかったというような状況がありましたために、汎用技術で武器の製造に使われるかもしれないような技術の取引は本来自由であったわけでございますが、そこのところが明確にできないようなこともございまして、日本側の企業はそういう話がありましてもそれの供与について非常に慎重な態度をとらざるを得なかった」(木下博生防衛庁装備局長　衆・内閣委員会　1984.3.27)[171]と武器輸出三原則の「委縮効果」を指摘する。こうした政府の認識と裏腹に山田英介議員（公明党）は「例えば防衛産業界など、供与する技術が明らかにならないとすれば武器技術の供与を促進する上で非常にプラスになる、むしろ非公開、公表しないことが非常にありがたいことだというようなとらえ方をされる向きが強いようでございます。例えば、武器技術をアメリカに輸出している企業だよという形で国民から認識されることに非常に配慮して、自分の企業としては武器技術をアメリカに出すのはイメージが悪くなるから控えようという企業側の意識とか行動は当然あるわけだと思います。そういう意味での一種の歯止めも、これ（筆者注：対米武器技術供与の内容）が公表されないことになりますと外されてしまうという懸念がございます」（衆・内閣委員会　1984.3.27)[172]と指摘する。民間企業が米国へ武器技術を供与することが公表されると二の足を踏むので非公表の方が積極的に武器技術を供与するという。民間企業が委縮することが問題なのか、公表されないことで技術の供与が進むことが問題なのかという問題の設定に違いがあるだけで政府も野党側も民間企業が武器技術の供与に慎重であったという認識は同じなのである。

　しかも、こうした「委縮効果」を政府も野党側も必ずしも問題視しているのではない。確かに上記の木下防衛庁装備局長はこうした「委縮効果」を問題視しているようにも見受けられるが必ずしも政府全体が問題視していたわけではない。杉山弘通商産業省機械情報産業局長は軍向けのヘリコプターに関して、「ヘリコプターで、その需要先が仮に外国の軍隊でございましても、汎用性のあるものでございましたならば、これは三原則との関係では何ら問題がないわけでございます。(改行) ただ、一般的な風潮からいたしますと、取引先が外国の軍隊であるということになりますと、どうしても商売を進めるのをちゅう

[171]　第 101 回国会衆議院内閣委員会議録第 3 号 9 頁。
[172]　第 101 回国会衆議院内閣委員会議録第 3 号 10 頁。

ちょするというような趣はあるのかもしれませんが、法制的な面で申しまして、汎用的なものであるならば武器三原則との関係は特に問題はない」（傍点筆者）（参・商工委員会　1986.4.10）[173]と指摘する。通商産業省の杉山局長は「一般的な風潮」であるとして武器輸出三原則上は「何ら問題がない」取引（第1章で述べたとおり軍向けに輸出する民生ヘリコプターであれば外為法上も武器輸出三原則上も「武器」ではない）であっても「商売をちゅうしょする」という。そうしたことをただ事実として言及しているのであり特段問題だとは指摘していない。

(5) 超法規的行政指導――憲法精神主義の本質

　企業が「商売をちゅうしょする」ことを当時の通商産業省がどのように考えていたのであろうか。通商産業省はこうした企業の自粛ムードを単に事実として受け止めていただけではなく、むしろ歓迎していたとも見受けられるのである。李娜丌氏はかつての通商産業省では「民間で開発された技術は、汎用技術であっても軍に使われることが明白な場合は武器輸出三原則に接触するという見解」[174]があったと指摘する。事実であれば明らかに武器輸出三原則に反する見解である。憲法上や外為法上の疑義は言うまでもない。少なくとも国会答弁を見る限りではこうした見解が公に表明されたことはない。しかしながら、非公式にこうした見解を披歴して企業側に「自粛」を求めていたとすれば過剰な行政指導であり、「委縮効果」を通商産業省自身が誘導していた可能性もある。

　野党側も企業側の「自粛」を求める行政指導を要求していた。例えば井上一成議員（社会党）は「現行の輸出貿易管理令別表第1についての例示があるわけですけれども、それだけでいわゆるブラックリスト、いまのリストだけで完全にカバーできるのであろうかどうか。むしろ、灰色的なゾーン、そういう分野に置かれる――もちろん、行政指導なり厳しいチェック機能があるとお答えになるかも分かりませんけれども」（衆・決算委員会　1980.4.25）[175]と指摘する。言うまでもなく輸出貿易管理令別表第1に列挙されている品目は限定列挙であり、別表第1に規定のない品目は許可を取得する必要はない。したがって井上議員の指摘する「例示」は誤りである。しかし、井上議員は「例示」されている品目だけでは全体を網羅できないので「灰色的なゾーン」は「行政指導なり

---

(173)　第104回国会参議院商工委員会会議録第6号30頁。
(174)　李娜丌「日本の対米軍事協力メカニズム」111頁。
(175)　第91回国会衆議院決算委員会会議録第18号8頁。

第 3 節　武器輸出三原則の光と影

厳しいチェック機能がある」のではないかと暗に行政指導を求めるかのような指摘をする。外為法第 48 条第 1 項で許可が必要な場合は輸出貿易管理令別表第 1 に規定されている品目を輸出する場合であり、それ以外の場合に「行政指導」で輸出許可を求めることが許されるはずはない。するとこの場合の「行政指導」は何を目指すのであろうか。田中寿美子議員（社会党）はイラン・イラク戦争中のイラクに乗用車などが輸出されたことに対して、「日本への発注がイラクが戦争を始めて間もなく、（中略）大量発注が日本のトヨタとかそれから日産などに来ている。乗用車のみならずトラックとかランドクルーザーとか、いままで年間三、四百台だったものが四千台になった。（中略）これは現地に行けば武器に転用できますね。軍用車にすることもできる。そういうような状況になっていることについて政府側はどういう指導をなさったのか」（傍点筆者）（参・外務委員会　1980.10.16)[176]と質問する。これに対して通商産業省からはその年だけの特殊事情ではなく、前年にも同様の発注があり、必ずしもイラン・イラク戦争とは関係がない旨の答弁があった（横山太蔵通商産業省機械情報産業局自動車課長）後、伊東正義外務大臣は「乗用車とかトラックを輸出することが、それが武器（輸出）三原則に反するかと言われれば、そうじゃない」と答弁する（括弧内筆者追加）（参・外務委員会　1980.10.16)[177]。伊東外務大臣の指摘は民間で使われているトラックが武器ではないという当然の答弁であり、イラク向けの乗用車などの輸出に武器輸出三原則が適用されない旨を答弁している。しかし田中議員はそのようなことを質問していない。「政府側はどういう指導をなさったのか」と問うているのである。

　通商産業省側はどのように考えていたのであろうか。矢野絢也議員（公明党）は外国の軍需メーカーから「引き合いがあり、見積もりを頼まれ、見積もりを引き受けるということはこれはいいことですか、悪いことですか」（衆・予算委員会　1981.2.4)[178]と質問する。「いいことですか、悪いことですか」という質問自体が非常に興味深い。違法・合法で問うてはいないのである。これに対して田中六助通商産業大臣は「非常に悪いことで、（中略）ひどいことが起こっているものだというふうに考えておりまして、悪いことだと思います」（衆・予算委員会　1981.2.4)[179]と断罪する。しかし「悪いこと」であると判断

---

(176)　第 93 回国会参議院外務委員会会議録第 1 号 11 頁。
(177)　同上。
(178)　第 94 回国会衆議院予算委員会会議録第 3 号 17 頁。

305

される法的な根拠はない。続けて坂井弘一議員（公明党）が「見積もりを出すということ、兵器製造メーカーが相手国のこれまた兵器製造メーカー、軍需工場であります。それに向こうとこちら、相手国は軍人さん、こちらも軍人紹介、向こうは立ち会い、そういうもとで武器の見積もりを出す行為は、憲法上あるいは三原則上あるいは政府の大方針上あるいは輸出貿易関連法上問題はない、こういう答弁ができますか」（衆・予算委員会　1981.2.4）[180]と法的に問題ではないかと指摘する。田中六助通商産業大臣は「そういう行為はやはり問題があると思います」（衆・予算委員会　1981.2.4）[181]と答弁しているが何の問題があるのであろうか。田中大臣はさらに「見積もりを出したこと自体が違反であるかどうかということでございますけれども、（中略）私は違反ではないと思います」（衆・予算委員会　1981.2.4）[182]と答弁する。見積もりを出す行為は輸出ではないため、それ自体が外為法違反になる余地はない[183]。田中通商産業大臣を補足して古田徳昌通商産業省貿易局長は「見積もりを引き受ける、あるいは見積書を作成するというようなことにつきましては、武器輸出三原則あるいは政府の方針といったものには抵触しておりません」（衆・予算委員会　1981.2.4）[184]と武器輸出三原則上問題とはならないことを明確にする。それでは一体何が「問題がある」のであろうか。矢野絢也議員（公明党）は再び「見積もりを出して、条件が合えば契約に至り、契約が結ばれれば物を取引する、そういう商行為をするための実行段階のこれは行為でございます。その見積もりが法制度上違反でないなどということでは、これは抜け穴だらけでございます」（衆・予算委員会　1981.2.18）[185]と外為法を批判する。これに対して田中六助通商産業大臣は次のように答弁した。

○　武器輸出禁止（ママ）の法律上の観点から申しますと、武器そのものではないことになるわけでございますので、三原則あるいは方針に基づく貿管令違反（筆者注：輸出貿易管理令のこと）だというふうに直ちに直結することはなかなか困難でご

---

(179)　同上。
(180)　第94回国会衆議院予算委員会議録第3号19頁。
(181)　同上。
(182)　同上。
(183)　外為法上の輸出については第1章第1節参照。なお、論理的には見積もりの際に何らかの武器技術の提供（例えば設計図を提供する等）があれば、見積もりを提出することが武器技術の提供となることはあり得る。
(184)　第94回国会衆議院予算委員会議録第3号19頁。
(185)　第94回国会衆議院予算委員会議録第11号15頁。

第 3 節　武器輸出三原則の光と影

ざいます。しかし、やはりそれは、見積書が武器というものに関連している限り、これは私に言わせますと、法律違反と直ちにとられなくても、全く好ましくないことでございますので、それに準ずるようなものではないかというふうに考えられますし、(中略) それぞれのそういう事業者に対しましても、(輸出) 貿易管理令に基づいて十分自粛自戒させて万全の措置をとりたいというふうに考えております (括弧内筆者追加) (田中六助通商産業大臣の答弁　衆・予算委員会　1981.2.18)[186]

「事業者に対しましても、(輸出) 貿易管理令に基づいて十分自粛自戒」させると言う。輸出貿易管理令に見積もりを「自粛自戒」させる根拠はない。しかし、事業者に対して明確に自粛を求めていたのである。武器を輸出させないことから派生し軍需業者から見積もりの依頼を受けることまでを「自粛」するよう求めるようになっていたのである。外為法はもちろん、武器輸出三原則も大きく外れ、もはや法的根拠もなく「全く好ましくない」と断じるのである。これが企業が「商売をちゅうしょする」ことを仕向けるものではなかったか。そこには法はなく武器輸出に限らず武器に関係することを忌避するイデオロギーであり、行政指導により担保しようと政府も野党側も考えていた節があるのである。

　法律上可能な行為を行うかどうかを判断するのは各私人 (や企業) の自主的な判断である。それを「自粛」させるように仕向けることは法治国家として適切なやり方ではない。実際に輸出許可申請を行い、不許可処分が下されれば不許可処分取消を求める訴訟を提起することは可能である。不許可処分取消訴訟となれば外為法で許される裁量の範囲も明確になる。しかし、こうした広範な「自粛」を求める「委縮」した「空気」の中で企業は不許可処分取消訴訟を起こすだけのリスクはとれるであろうか。武器生産の占める割合の低い企業であればこうしたリスクは取らないのが「賢明」な選択となっていたであろう。さらに「自粛」を求める行政指導を外為法を越えて要求していた事実からは外為法の範囲内ではさらに露骨な「自粛」を求めていた可能性がある。本節冒頭で示した李娜兀氏が指摘する「民間で開発された技術は、汎用技術であっても軍に使われることが明白な場合は武器輸出三原則に接触するという見解」[187]を企業側に非公式に示すことで輸出許可申請自体を「自粛」させる効果があったかもしれないのである。李氏は「消極的だったのは、通産省、中でも輸出管理を担当する貿易局だった」[188]とも指摘している。「自粛」は「自ら」判断するこ

---

[186]　同上。
[187]　前掲注(174)。
[188]　李娜兀「日本の対米軍事協力メカニズム」108 頁。

307

第4章　国内政治と武器輸出

とであるので企業側が「自粛」する以上、「自粛」した判断自体の是非を論じる必要はない。しかし、「自粛」することが立派なことで「自粛」しないことが悪いことだと断じることは法的には不当である。法的には「自粛」しなければならない義務はない。

　こうした武器輸出三原則が武器禁輸という「神話」化し、さらには武器に関係することを忌避するイデオロギーと化していく過程は、同時に武器輸出三原則が外為法から離脱し武器禁輸を超法規的な行政指導によって担保しようとして行く過程でもあったのである。そこに法治国家の姿はなく、法治国家における武器輸出三原則のあり方が問われることもなかった。別の見方をすれば「憲法精神主義」という法を無視したあり方を可能にする手法こそが「超法規的行政指導」であったのかもしれない。だから「憲法精神主義」論者が「超法規的行政指導」を問題視することはなかった。だとすれば武器輸出三原則が抱える本質的な問題は法の軽視という点に帰着する。

第5章
◆ 国際政治と武器輸出 ◆

> 夫れ兵は不祥の器にして、天道は之を悪（にく）む。已むを得ずして之を用うるは、是れ天道なり（眞鍋呉夫訳『三略』）[1]

第3章までは武器輸出三原則の国内法的側面に焦点を当ててきた。武器輸出三原則が外為法の運用方針であるという位置付けから法的側面の検討は全ての議論の前提となる。第4章では国内政治上の位置付けを検討した。本章では武器輸出三原則の国際社会における意義に焦点を当てる。武器輸出三原則は政策としてどのような効果が期待できるのかについて国際政治や国際法的な側面から検討してみたい。議論の出発点は井上一成議員（社会党）の次の指摘である。

○ 唯一の原爆被爆国であるわが国、戦力の放棄あるいは平和憲法を持つわが国が、戦争あるいは国際緊張を助長していく、そういうことにつながる武器輸出については、厳に慎み、絶対にこれを行うべきではない（衆・決算委員会　1980.4.25）[2]

一見して何の異論もない議論である。しかし井上議員はこの後武器輸出規制の緩和を「非常に危険な方向」と指摘して反対している。したがって同議員は「戦争あるいは国際緊張を助長」するような「武器輸出」を規制すべきだと主張しているのではなく、「武器輸出」は全て「戦争あるいは国際緊張を助長」すると主張していることになる。したがって井上議員の主張は一つの仮定を前提としている。そこでここでは井上議員の仮定である武器輸出が全て国際紛争を助長するものなのか、という観点を中心に検討していきたい。もし全ての武器輸出が国際紛争を助長するものだ、という仮定を肯定できれば少なくとも政策的には武器輸出三原則によって「慎む」とされる武器輸出に「慎まない」場合は想定できないと整理することも可能になる（法的な規制がどこまで可能であるかについては第2章参照）。

---

[1] 眞鍋呉夫訳『三略』、中公文庫、2004、98頁。
[2] 第91回国会衆議院決算委員会議録第18号7頁。

第5章　国際政治と武器輸出

◆　第1節　国際社会における武器の保有や輸出の位置付け　◆

(1)　大量破壊兵器と通常兵器

　国際的に国家が武器を保有することは認められている。ここでは大量破壊兵器と通常兵器の区別が重要である。大量破壊兵器は一般的に核兵器、生物兵器、化学兵器を指すことが多い。これらの兵器は国際条約で一般的に保有が禁止されている。もちろん核兵器については核不拡散条約（NPT）上、核兵器国は核兵器の保有が認められているといった不平等性はあるものの、核兵器国を除いては保有は禁止されている。これに対して大量破壊兵器を除くその他の兵器一般である通常兵器の保有を全面的に禁止する国際条約はない。むしろ国連憲章第51条では加盟各国の自衛権を認めている。したがって、国際法上はまず大量破壊兵器と通常兵器が区別されているということを確認しておきたい。海部俊樹総理大臣は所信表明演説で湾岸危機の再発を防ぐために「軍備管理・軍縮の推進が極めて重要であり、核、化学・生物兵器などの大量破壊兵器やミサイルの拡散を防止するとともに、通常兵器の移転につき、その透明性、公開性を増大させていくことが必要であります」（衆・本会議、参・本会議　1991.8.5）[3]と述べているが、大量破壊兵器は「拡散を防止」し、通常兵器は「透明性、公開性を増大」させることが必要とそれぞれの対応を区別しているのである。

(2)　自衛権と武器の保有・輸出の合法性

　通常兵器の保有を全面的に禁止する国際規範がなく、国連憲章上自衛権が認められているという前提では、各国が大量破壊兵器など保有が禁止されている武器を除けば、武器を保有することは基本的に禁止されていないことになる。上田耕一郎議員（共産党）は「外国に対する武器輸出はもう全面的に禁止するということを日本としても呼びかけるということをおやりになるつもりはございませんか」（参・予算委員会　1991.3.20）[4]と国際的に武器輸出を禁止してはどうかと提案する。これに対して海部俊樹総理大臣は次のように答弁する。

○　日本は日本の独自の政策として、武器輸出三原則というのを踏まえて世界に紛争を助長しないようにしなければならぬという意味で禁止してきましたけれども、大量破壊兵器と通常兵器の問題はこれは分けて考える必要があろうと思いますし、

---
[3]　第121回国会衆議院会議録第1号5頁、第121回国会参議院会議録第1号7頁。
[4]　第120回国会参議院予算委員会会議録第9号26頁。

第 1 節　国際社会における武器の保有や輸出の位置付け

極めて実効あるものにしていかなきゃなりませんから、私は通常兵器に関しては、これはそれぞれの国の独自の自衛権の問題、もちろんバランスを欠くようなたくさんの輸出輸入を認めることはいけませんから、世界の機関でそれぞれ納得できるような公開性、透明性というものを高めていきませんと、武器製造能力を持っていない第三世界とか、自国の防衛のために最小限度必要なものをすべて輸入に頼っておった国の立場というようなものなどを今一挙に直ちに全面的にゼロということにするのはかえって秩序に混乱が起こる（参・予算委員会　1991.3.20）[5]

海部総理大臣は武器輸出三原則により、日本は独自に国際紛争を助長しないようにという観点から禁止してきた（全面的な禁輸でないことは繰り返し指摘してきたとおり）が、国際的に見れば大量破壊兵器と通常兵器は区別されるべきだし、通常兵器の保有は各国の自衛権の範囲内であれば保有が認められる。したがって、武器生産の能力を持たない国が輸入できないようにすることはむしろ「混乱が起こる」としている。河野洋平官房長官は「地域によって、どうしても生存のために一定の武器が必要だと考えて、その武器を何とか取得したいとお思いの国もいっぽうにはある」（衆・予算委員会第一分科会　1993.3.5）[6]と指摘する。こうした国の希望は「間違っている」ものとして全面的に否定されるべきものなのであろうか。渡辺美智雄外務大臣は「現実の問題としてそれぞれ自国の防衛のために必要最小限度の武器が必要だと、これを否定することはなかなかできません」（参・外務委員会　1992.5.12）[7]と指摘する。少なくとも武器輸出を国際的に禁止すべきと議論するには国連憲章上の自衛権や内政不干渉原則との関係につき整理する必要が出てくる。政府はむしろ武器の保有を肯定する立場からあくまでも「過度な」保有を防ぐことが重要だと指摘するのである。武藤嘉文外務大臣は「国家として自衛権が認められている以上は、自衛のための必要最小限の範囲の防衛力整備を否定するということはできないと思います。一方、武器移転などが過度に増大することによりまして国家間の不信感や懸念が高まったり地域の不安定化を招くようなことは避けなければならないのは当然でございます」（参・本会議　1993.4.28）[8]と述べ、あくまでも「過度に増大」することに懸念を表明する。換言すれば「適度に」保有されている限りは問題がないと言っているのである。国連憲章上の自衛権や内政不干渉原則、

---

[5]　同上。
[6]　第 126 回国会衆議院予算委員会第一分科会議録第 2 号 11 頁。
[7]　第 123 回国会参議院外務委員会会議録第 8 号 5 頁。
[8]　第 126 回国会参議院会議録第 14 号 12 頁。

通常兵器の保有を全面的に制限する国際条約の不存在といった現行の国際法を前提とすれば、国際法上武器の保有が全て違法であるとすることは非常に困難であろう。武器の保有が違法でない以上、武器を購入すること（輸入すること）も違法ではない、したがって武器を売却すること（輸出すること）も基本的には違法な行為とは考えられていない。

したがって現行の国際法を前提とすれば武器輸出は原則として合法である。政府も武器輸出は一般的に禁止されていないという立場を取っている。山口哲夫議員（社会党）は「国連で武器輸出禁止決議をするよう強く要求するものであります」と質問したのに対して、海部俊樹総理大臣は「武器輸出の規制に関する問題をめぐっては、各国が自衛のために必要な範囲内で行う武器調達、各地域における軍事バランスの確保といった複雑な要素が絡んでおり、非同盟諸国を初めとして多くの国が自国の安全保障の観点からこの問題には慎重に対応しております。(改行) かかる現状を踏まえた場合、ご質問の武器禁輸決議は必ずしも支持が得られるとは考えられず」(参・本会議　1990.10.18)[9]と述べ、国際的な武器輸出の全面的な禁止には否定的な見解を表明する。海部総理大臣も「非同盟諸国を初め」と指摘するように武器輸出の全面的な禁止は、輸出国の側だけでなく輸入国の側からも必ずしも賛同が得られないことが示唆される。宮下創平防衛庁長官は「武器の輸出入につきましては、主権国家であります以上自衛権を有しておりますし、合理的水準の安全保障体系を確保するというための武器の輸入ということは一般的には認められてしかるべきものと存じます」(衆・安全保障委員会　1992.4.14)[10]と答弁しており、主権国家である以上武器輸入は一般的に認められるものだとしている。田英夫議員（社会民主連合）は「通常兵器の軍縮問題に私が触れましたら、終わった途端に発展途上国の人たちが何人もやってきまして、ああいうことを言われちゃ困る、我々は必要とするんだという抗議を受けて大変驚いたことがあります。ですから、死の商人の側、大国、武器輸出国というものを規制することがまず第一に必要じゃないでしょうか。そっちをとめないと、発展途上国は国の発展ということイコール武力の増大、軍事力の増大というふうに思っている国も多いわけですから」(参・外務委員会　1990.9.19)[11]と指摘する。発展途上国が武器の保有を求めて

---

(9)　第119回国会参議院会議録第3号17、21頁。

(10)　第123回国会衆議院安全保障委員会会議録第2号4頁。

(11)　第118回国会参議院外務委員会会議録第1号13頁。

第1節　国際社会における武器の保有や輸出の位置付け

いるので制限に反対するということに「大変驚いた」という。田議員の指摘は発展途上国は「国の発展ということイコール武力の増大」と思っているので輸入国側は規制できない、だから輸出国側を規制しようと提案している。この主張は一見すると「死の商人」の規制を求めているように見えるが、実は発展途上国に規制の必要性は理解できないから輸出国の側で規制をして輸入できないようにしようという提案であり、ある意味で途上国を蔑視した主張である。本当に途上国が自国の安全保障のために必要とする武器は何か、という視点が全く欠けており、武器製造能力のない国が自衛のために武装することを否定するかのようである。同様に玉城栄一議員（公明党）もアフガニスタンにソ連が侵攻した後に「パキスタンのアフガン難民の実情視察に参りました際に、こっちも大変びっくりしたわけでありますが、あの難民の方々が武器を送ってくれということを強く訴えておられたわけですね」（衆・外務委員会　1980.10.15)[12]と述べる。本当に「大変びっくりした」のであるとすればアフガン難民がなぜ「武器を送ってくれ」と訴えていたのか全く理解できていないことになる。つまり武器は必ずしも売りつけられるものではなく、ほしがる人たちもいるということを前提に考えなければならない。武器をほしがることに正当な理由があることなのかが検討されるべきであり、もちろんアフガニスタンのように過剰な武器の蓄積がさらなる混乱を招くような事態も危惧される。しかしながら、自衛権の存在を前提に考えれば武器を必要とすること自体が全面的な悪だと決めつけることはできない。武器をほしがることを全面的に悪だとは言えないことになれば、あとはどのような武器の保有ならば認められるかという議論に移行し、そうした議論では武器輸出が全面的に禁止されなければならないという議論は展開しない。可能な限り武器の保有は少ない方がいいと主張することと、ゼロでなければならないと主張することとの含意は国際法的にも国際政治上も全く異なる。

　したがって国際的には全面的な武器輸出禁止に対する支持は少ない。政府は「一般論として、世界で武器輸出を禁止するという考え方は実はとり得ないという考え方は、私は、国連の多数国の考えていることだと思うのです。日本自身も御承知のとおり、アメリカから日本の安全保障のために装備を購入しておるわけなんで、そういう意味で、各国家の安全保障ということを考えますと、

---

[12]　第93回国会衆議院外務委員会議録第1号14頁。

第 5 章　国際政治と武器輸出

一概に全部禁止するというのはなかなか難しい」（丹波實外務省国際連合局長　衆・外務委員会　1991.3.1)[13]と指摘し、国際的にも武器輸出の全面的な禁止は支持が得られないという。したがって、「国連を含みますところの国際社会の考え方は、武器を輸出することはいけないという考え方ではございませんで、一定地域の軍事バランスを崩すような武器の輸出というものに問題があるという考え方であろうかと思います。(改行) 一国一国の立場をとりますと、国として自衛権というものがある、その自衛権を全うするためにはある程度の武器は必要であるという考え方に国際社会は立っているわけでございまして、これは例えば 1988 年の国連総会の『国際兵器移転』というタイトルの決議が採択されておりますけれども、その中で『地域の特種事情を考慮に入れた上で、国家の安全保障上必要な合法的なもの以上の』、つまり合法的なものがあり得るという考え方に立っておりまして、『合法的なもの以上の武器の獲得を抑制する手段・方法』というものを検討していこうじゃないか、そのために『全世界的な武器移転に関する公開制・透明性』というものを高めようじゃないかということをこの決議は言っております。(改行・中略) 国家そのものから見た場合に合法的に自衛権を全うするための武器の獲得と言うことがあり得る、問題なのはその必要な以上の獲得が問題なんだ、それを抑制するために公開性、透明性というものを高めていこうじゃないかという決議でございます」(丹波實外務省国際連合局長　衆・決算委員会　1991.5.15)[14]と指摘する。国際的には通常兵器の移転の透明性を高めることが重要であり、全面的な輸出禁止が目指されているものではないのである。

(3)　国連軍備登録制度

　こうした背景の中で採択された国連軍備登録制度も武器輸出の禁止を目指したものではない。国連軍備登録制度は、1991 年に日本が EC 諸国とも協力しつつ国連総会に提出し、圧倒的多数により採択された「軍備の透明性」に関する決議により設置された制度である。目的は湾岸危機においてイラクの過大な武器の蓄積が地域の不安定化につながったという反省も踏まえ、兵器移転を中心とする軍備の透明性・公開性を向上させ、もって各国の信頼醸成、過度の軍備の蓄積の防止等を図ることである[15]。国連軍備登録制度は武器の輸出入を登録することで「透明性・公開性を向上」させることを目的としており、究極的

---

(13)　第 120 回国会衆議院外務委員会議録第 4 号 4 頁。
(14)　第 120 回国会衆議院決算委員会議録第 6 号 45 頁。

第 1 節　国際社会における武器の保有や輸出の位置付け

にも武器輸出の禁止が目指されているものではない。この当時の国会での質疑を振り返ってみても日本政府の意図が武器輸出の禁止ではなかったことは明らかである。武器輸出管理と武器輸出禁止には大きな違いがある。

　大木浩議員（自民党）は「通常兵器を含めた武器輸出の禁止」について質問したが、海部俊樹総理大臣は「通常兵器の移転についても、透明性、公開性の増大や各国による適切な管理の強化が必要であると訴えております」（参・本会議　1991.3.1）[16]と述べ、必要なことはあくまでも武器輸出の「透明性、公開性」であり武器輸出の禁止ではないとする。したがって「武器輸出三原則というものの考え方や精神を今こそ国連を中心にしながら国際社会で皆がひとしくこれに対して共通の認識を持って、そういう立場に立ってもらうことが大切だと考えております」（衆・予算委員会　1991.3.14）[17]という海部総理大臣の発言も、「そういう立場」とされる「武器輸出三原則というものの考え方や精神」とは武器輸出の禁止ではない。あくまでも国際紛争を助長しないことと解される。既述のとおり武器輸出三原則と国際紛争の助長防止は手段と目的の関係にある。国際紛争の助長を防止する手段は武器輸出三原則に尽きるものではなく、国連軍備登録制度もこうした目的に資するものであろう。仮に武器輸出を禁止する以外に国際紛争の助長を防止する手段を許容しないのであれば、国連軍備登録制度も日本は認められないということになってしまう。繰り返しになるが武器輸出三原則は武器輸出を禁止するものではないので、中山太郎外務大臣も「武器輸出の三原則を堅持して、国際紛争地点に対する武器の輸出を一切やってこなかった」（傍点筆者）（衆・安全保障特別委員会　1990.10.5）[18]と正確に武器輸出三原則の運用を指摘している。当時海部総理大臣が「我が国は武器輸出に対しては、三つの原則を踏まえてやってまいりました。同時に、紛争を助長するような武器の移転はしないということも世界に向かって日本の政策として述べてきました」（参・予算委員会　1991.4.10）[19]と武器輸出三原則と紛争の助長防止をそれぞれ別個の独立した政策であるかのように説明したこともあるが、

---

[15]　外務省「国連軍備登録制度の概要」、2007.10、
　　〈http://www.mofa.go.jp/mofaj/gaiko/arms/touroku/gaiyo.html〉（最終訪問日：2010 年 12 月 13 日）。
[16]　第 120 回国会参議院会議録第 11 号 6、7 頁。
[17]　第 120 回国会衆議院予算委員会会議録第 23 号 9 頁。
[18]　第 118 回国会衆議院安全保障特別委員会会議録第 7 号 2 頁。
[19]　第 120 回国会参議院予算委員会会議録第 18 号 6 頁。

既に明らかなように両者は手段と目的の関係にある。

　国連軍備登録制度は湾岸危機が発端となっているが、その関係について海部俊樹総理大臣は「湾岸危機の反省に立って、その地域で自衛の限度を超えたずば抜けた武力保有国をつくらない」(参・予算委員会　1991.8.23)[20]ことが必要だと指摘していた。そのため前年の所信表明演説で海部総理大臣は「今回のイラクのクウェート侵攻の背景の一つには、イラクに対する大量の武器輸出があったことは否めないと考えられます。これまで厳格な武器輸出規制を行ってきた我が国としては、核、化学、生物兵器などの大量破壊兵器やミサイルなどの国際的な不拡散体制を一層全地球的なものとし、その維持強化を図るとともに、通常兵器の輸出についても適切な抑制が行われ、あわせて一層の透明性、公開性が確保される必要があることを国際社会に訴えたい」(衆・本会議、参・本会議　1990.10.12)[21]と表明していた。政府はイラクに対して「ソ連、中国、フランス等の一部の国の大量の武器輸出があった」と考えているものの、「通常兵器につきましては各国が自衛のために必要な範囲内で行う調達というものも、軍事バランスということを考えればある程度までは認める必要がある、非同盟諸国を初めとして多くの国が自国の安全保障上そういうことが必要だということを言っておる」として、武器の全面的な取引禁止とは一線を画するのである（丹波實外務省国際連合局長　衆・外務委員会　1991.3.13）[22]。つまり湾岸危機の再発防止と自衛権とのバランスの結果が「透明性、公開性」の向上という結論であり、その方向の延長線上に武器輸出の全面的な禁止はない。したがって、国連軍備登録制度に向けた日本の役割を海部総理大臣は「通常兵器についてはそれぞれの国の自衛権とか武器製造能力のない国の問題とかいろいろあるでしょうけれども、それらをきちっと認め理解しながら、さらにそれを乗り越えて、武器の無節操な移転とか無秩序な移転をしないということを、今度のイラクのあの強大国をつくり上げた事実に対する反省に立って移転の公明性とか明朗性というものを、これこそ国連の場において国際社会の合意の中できちっと明らかにしていくことが将来の防止に対して日本のなし得る今の具体的な第一歩である」(参・予算委員会　1991.4.10)[23]と位置付けている。あくまでも

---

(20)　第121回国会参議院予算委員会会議録第1号21頁。
(21)　第119回国会衆議院会議録第1号3頁、第119回国会参議院会議録第1号5頁。
(22)　第120回国会衆議院外務委員会議録第7号35頁。
(23)　第120回国会参議院予算委員会会議録第18号6頁。

第1節　国際社会における武器の保有や輸出の位置付け

「武器の無節操な移転とか無秩序な移転をしない」ために「透明性、公開性」の向上に向けた「第一歩」であり、国連軍備登録制度は全面的な武器輸出禁止のための「第一歩」ではない。

　和田静夫議員（社会党）は「通常兵器の国際移転問題では、ただ全面禁止というだけでは、兵器の輸出国だけではなくて、自前の兵器生産能力を持たない第三世界の国々の賛成を得ることも難しいでしょう。また、日本が率先して兵器を輸入している以上、この問題については日本政府としてもそれ相応の覚悟が私は必要であろうと思うんですね」（衆・予算委員会　1991.3.27）[24]と質問した。おそらく質問の趣旨は日本も武器輸入を減らすべきだということであったと推測されるが、この質問には別の含意がありその点を答弁で衝かれてしまう。政府は「各国は国連憲章51条によりまして個別的自衛権というものを持っておりまして、その自衛権を実効あらしめるために武器の取得ということを必要としている面があるわけでございます。それから、地域の軍事的なバランスを維持するという点の問題もございますので、一律に世界的に武器の取引を禁止するということが現実的でないことは先生まさにご指摘のとおりでございます」と、和田議員が武器輸出の全面禁止が途上国などと賛成を得るのは難しいとはからずも言及している点を指摘し、だからこそ「まず当面武器移転の公開性というものあるいは透明性というものを高めていこうではないか」と趣旨を説明する（丹波實外務省国際連合局長　衆・予算委員会　1991.3.27）[25]。

　さらに全面的な武器輸出の禁止は湾岸危機の再発防止という目的からはむしろ好ましくない結果を生む危険性がある。海部俊樹総理大臣は「特定の地域においてずば抜けた大量破壊兵器を持つ、いわゆる強大な力を持つ国が出ることも危険であれば、極端に弱い国が出て力の真空地帯ができてしまうこともまた危険である」（衆・予算委員会　1991.2.4）[26]と述べ、「強大な力を持つ国」だけでなく「極端に弱い国が出て力の真空地帯ができてしまうこと」も同様に危険だと指摘する。つまり過剰な武器の保有が問題であることは当然であるが、統治能力に問題が出るほどの過小な武装（典型的には非武装）も問題だと指摘する。特に後者の指摘は現在国内での統治能力を失ったいわゆる「破綻国家」といった問題を考える際には示唆に富む指摘である（(7)参照）。

---

[24]　第120回国会衆議院予算委員会議録第24号7頁。
[25]　同上。
[26]　第120回国会衆議院予算委員会議録第5号15頁。

(4) 武器貿易条約（ATT）

　既に検討したとおり大量破壊兵器とは異なり通常兵器全般の取引を規制する国際条約はない。現在、国連などの場で武器貿易条約（ATT）に関する議論が盛んに行われている。武器貿易条約構想とは、通常兵器の輸出入及び移転に関する国際的な共通基準を確立する国際約束の作成を通じて、通常兵器の国際的な移転管理強化を目指すものであり、これまでの議論では、国連憲章違反、国際人道法・人権法の重大な違反等が移転基準の要素の一つとして挙げられているという[27]。武器貿易条約もあくまでも武器輸出管理の強化であり、武器輸出を全面的に禁止することが目的ではない。日本政府の立場も「各国の正当な防衛上の必要性に基づく武器の貿易に影響を与えることなく、非合法的な武器貿易を排除するために、条約の対象（スコープ）、移譲に関する国際基準及びそれを担保する措置が体系的に規定されるべきである」というものである[28]。

　武器貿易の規制に積極的に取り組んでいるアムネスティ・インターナショナル（アムネスティ）は2006年に公表した報告で中国の武器輸出を非難している。しかしながら、アムネスティが非難したのは中国が武器輸出をした事実そのものではなく、輸出先が人権侵害国でありながら輸出したという点に非難を向けている。同時に武器貿易自体は合法であり、主権国家の権利であると断じている[29]。アムネスティは2010年に公表した報告では冒頭で次のように指摘する。

○ 提案される武器貿易条約（ATT）は許可を受けないもの（unauthorised）や、無責任な国際的武器、弾薬及び関連資機材の移転を防止するように設計されるべきである。
The Proposed Arms Trade Treaty（ATT） should be designed to prevent unauthorised or irresponsible international transfers of weapons, munitions and related equipment internatoinally[30]

---

(27) 外務省「武器貿易条約（ATT）構想」、2010.8、
　　(http://www.mofa.go.jp/mofaj/gaiko/arms/att/kousou.html)（最終訪問日：2010年12月13日）。
(28) 外務省「武器貿易条約に向けて：通常兵器の輸入、輸出及び移譲に関する国際基準の設定について（日本の見解）」、2007.4、
　　(http://www.mofa.go.jp/mofaj/gaiko/arms/att/kenkai.html)（最終訪問日：2010年12月13日）。
(29) Amnesty International, "Document – China: Sustaining conflict and human rights abuses: The flow of arms continues", 10 June 2006,
　　(http://www.amnesty.org/en/library/asset/ASA17/030/2006/en/c01fbab0-d42b-11dd-8743-d305bea2b2c7/asa170302006en.html)（last visited December 13, 2010）.

アムネスティが武器貿易条約で規制しなければならないと考えている取引も適切に許可を受けていないものや無責任な取引であり、武器貿易全般を悪と捉えているわけではない。

(5) 軍縮義務

現在国連憲章を含め国際法上、通常兵器全般を縮小又は廃絶することを義務付ける規定はない。国連憲章第26条では「世界の人的及び経済的資源が軍備のために転用されるのを最小限にするため、安全保障理事会は、軍備規制の方式を確立するための計画を、軍事参謀委員会の支援を得て、作成する責任を負う」と規定するのみで、こうした「計画」もこれまでのところ作成されていない。ところが、国際連盟規約には軍縮義務が課せられていた。国際連盟規約第8条では「聯盟国ハ、平和維持ノ為ニハ、其ノ軍備ヲ国ノ安全及国際義務ヲ協同動作ヲ以テスル強制ニ支障ナキ最低限度迄縮少スルノ必要アルコトヲ承認ス」と規定されていたのである。国際連盟規約より国連憲章の方が軍縮面で「後退」しているように見受けられる点について、今井隆吉氏は「第二次世界大戦後は、ドイツと日本という悪者の退治という意識での集団安全保障であったから軍縮が重視されなかったのは当然である」[31]と指摘する。この指摘を踏まえれば敗戦国である日本（やドイツ）だけが軍備に大きな制約を課されることも理解が可能であるが、他国に同じことを要求する理屈にはなり得ない。国連憲章第51条で規定されている自衛権とも相まって国際社会は武装した諸国家の並立を前提としている。さらにそうした前提は「力の真空地帯」を避けるという観点から見れば必ずしも必要悪という訳でもない。武器の存在（又は武装した諸国家の併存状態）により肯定的な評価を与えることも可能である。

(6) 武器の位置付け

以上のような検討を踏まえれば国際政治上はもちろん、国際法上も武器は必ずしも悪とは考えられていない。さらにこの半世紀余りの間で武器が全て存在悪だという観念も国際的な広がりを見せているわけではない。国連憲章第1条第1項の目的にも「平和の破壊の鎮圧のための有効な集団的措置をとること」がある。国連が想定していた集団安全保障に武器は不可欠であることを踏まえ

---

(30) Amnesty Internatoinal, "Deadly Movements – Transportation Controls in the Arms Trade Treaty", July 2010,
(http://www.amnesty.org/en/library/asset/ACT30/015/2010/en/7898d591-f17a-4d8b-9836-17c3b9a11df3/act300152010en.pdf)（last visited December 13, 2010).

(31) 今井隆吉『武器の逆襲』、東洋経済新報社、1992、148頁。

れば国連憲章は世界中の非武装を目指しているわけではないと考えられる。田中明彦氏も「我が国は武器を供給することはとにかく望ましくないということで武器輸出の三原則を守っておりますけれども、この認識は必ずしも世界中に広く行き渡っている見方とは言いにくい面があります」と指摘し、「軍備近代化が必ず安全保障に不安定感をもたらすというわけではないかもしれない」という。田中氏は続けて「西欧諸国ではこれはみずからの国の武器輸出を正当化するために言っている面もあるんですが、軍事力が均衡を欠く場合に弱い側に武器を輸出するのは正しいことだという意見を持つ方々が西欧諸国のみならずほかの国にもかなりいると思います」と指摘し、具体例としてボスニア紛争の際にムスリム勢力に武器禁輸をしているのは「道義的に間違い」であるという意見を言う人が多かったと紹介する（参・国際問題に関する調査会 1997.2.5)[32]。

　武器が全て存在悪だという前提に立てば武器輸出も全て悪だという論理の展開は容易である。しかし武器が全て悪というわけではないとするとどのような武器輸出が悪と考えられるのかを議論しなければならない。武器貿易条約に対する日本政府の立場である「各国の正当な防衛上の必要性に基づく武器の貿易に影響を与えることなく、非合法的な武器貿易を排除する」こととも一致する。これまでの国会での議論でも「死の商人」にはならないといった議論がしばしば行われてきたが、全ての武器が悪であるわけではないという立場からは全ての武器輸出がすなわち「死の商人」ということには必ずしもならない。志苫裕議員（社会党）が「不況脱出に軍備の増強とか武器輸出とかいう意見が台頭しておることについてどう思いますか」と質問したことに対して、福田赳夫総理大臣は「わが国は平和国家であり、死の商人というようなことになっては断じて相ならぬと確信をいたしております」と答弁している（参・予算委員会 1978.3.14)[33]。福田総理大臣は不況脱出のために武器輸出をすることは「死の商人」と捉えていることになろう。石破茂防衛庁長官は「死の商人」について「死の商人になるとはどういうイメージかというと、例えば、対立しているＡという勢力、国でもいいですが、それとＢという国、Ｂという勢力がある。そのどっちにも武器を売って大もうけしちゃう。世界じゅうに、頼むから戦争が起こってくれないかというふうに願って、一番ひどいのは、両方に武器を売って大もうけするなどというのが一番典型的な死の商人なのでしょう」と指

---

(32) 第140回国会参議院国際問題に関する調査会会議録第1号18頁。
(33) 第84回国会参議院予算委員会会議録第10号15頁。

第1節　国際社会における武器の保有や輸出の位置付け

摘する。その上で「いずれにしましても、兵器の輸出によって戦争が起こることをこいねがい、そのことによって金銭的な利益を多分に得るというのが死の商人のイメージなのかなというふうに私自身は思っております」という（衆・安全保障委員会　2004.2.26）[34]。一つの見識であり異論もあろうが少なくとも石破防衛庁長官は全ての武器輸出が「死の商人」と考えられるわけではないことは指摘している。もっとも武器を輸入している日本政府が売主を「死の商人」と考えるはずはない。さらに武器が存在悪で全ての武器輸出が「死の商人」であるという前提からは議論の対象は武器輸出ではなく武器生産から議論されるべきであり、武器生産は認めるが武器輸出は全て「死の商人」だから許されないという議論は論理的な一貫性を欠いていることになる。石破防衛庁長官はこうした「死の商人」と武器輸出三原則との関係についても発言しており、「我々は手を血で汚しません、手を血で汚して外国にそんなものを輸出するようなことはいたしません、死の商人みたいなことはいたしませんという誠に美しい話であって武器輸出三原則というものはできたわけでございます。結果として、それは日本の国の武器によって紛争が助長されることもございませんでした。日本が死の商人というふうに非難されることもございませんでした。そのことの精神は私は今後も尊んでいかなければならないと思っております」（参・国際テロリズムの防止及び我が国の協力支援活動等に関する特別委員会2003.10.8）[35]と述べている。石破防衛庁長官は国際紛争を助長することが「死の商人」だと指摘しており、換言すれば国際紛争を助長しない限りにおいては武器輸出に対して「死の商人」という非難は当たらないと指摘している。これに対して宮澤喜一外務大臣の次の指摘は武器輸出が全て悪だという前提に立っている発言であるように受け取れる。

○　たとえ何がしかの外貨の黒字がかせげるといたしましても、わが国は兵器の輸出をして金をかせぐほど落ちぶれてはいないといいますか、もう少し高い理想を持った国として今後も続けていくべきなのであろう。（中略）いやしくも、疑わしい限界まで近づいていくことも私としては消極的に考えるべきではないか（衆・外務委員会　1976.5.14）[36]

---

[34]　第159回国会衆議院安全保障委員会議録第2号21頁。
[35]　第157回国会参議院国際テロリズムの防止及び我が国の協力支援活動等に関する特別委員会会議録第4号16頁。
[36]　第77回国会衆議院外務委員会議録第8号4頁。

第 5 章　国際政治と武器輸出

武器を輸出することが一律に「落ちぶれて」いるのであれば武器を輸入することや生産すること、保有することが「落ちぶれて」いることにならないのかという点が当然に問われるはずなのである。武器や武器輸出を絶対悪だと言いきることは国際法上も言えない上に国際政治的にも受け入れられてはいない。

(7)　武器が必要な場面

佐藤正久議員（自民党）は「湾岸戦争当時は、医師や記者たちが自己防護のためにヘルメットや防弾チョッキを日本から携行しようとしましたが、これは武器として認定され駄目だったという例がございました」（参・外交防衛委員会2007.12.20）[37]と指摘する。第1章で検討したとおり「駄目」（携行できない）ではなく許可を取得して携行するというのが外為法の枠組みである。ただ、佐藤議員の指摘からは二つのことが考えられる。すなわち武器が必要な場面（この場合は防弾チョッキの携行）というものがあり得るのではないか。武器を全て存在悪と捉えればこうした議論は認められない。第二に防弾チョッキが武器であることがおかしいのではないか、という議論も可能でありこの点は後述する（本章第3節(5)参照）。ここでは武器が必要な場面があり得るのかという点につき確認してみたい。藤原帰一氏は軍隊と警察の差異は相対的なものだと指摘する。警察の武装が軍隊の武装よりも軽微なのは犯罪者やゲリラなどの国内における武器の入手可能性のためであり、警察と軍隊の役割に本質的な違いがあるからではないと指摘する[38]。換言すればどちらか一方が武装することは当然で、他方が武装することが絶対悪だと主張することはできない。武器輸出禁止という価値を突き詰めれば全世界的な非武装を目指すことになるが、警察でさえ武装している現実を絶対悪だと断言できるであろうか。藤原氏は警察は国内において圧倒的な暴力を独占している一方で、国際社会は暴力が拡散しているとしつつも、こうした差異も相対的なものであり、国内における暴力独占を失った「破綻国家」などを念頭に置くとこうした差異も揺らぎ始めていると指摘する[39]。さらに、鈴木基文氏は内戦の勃発と凄惨さは治安の悪化に相関していることが示されており、内戦防止の処方箋として、治安回復を目的とした司法、警察、軍隊の整備が提起されていると指摘する[40]。つまり一定程度の暴力装置

---

(37)　第168回国会参議院外交防衛委員会会議録第14号20頁。
(38)　藤原帰一「軍と警察」山口厚・中谷和弘編『安全保障と国際犯罪』、東京大学出版会、2005、31頁。
(39)　藤原帰一「軍と警察」32、33頁。
(40)　鈴木基文『平和と安全保障』、東京大学出版会、2007、174、175頁。

第1節　国際社会における武器の保有や輸出の位置付け

の存在が国家を国家たらしめ、国際社会を成立させているという側面をどのように捉えるのかが問われるのである。こうした立論は武器を存在悪とする立場からは決して容認できないものであり、そうした立場に立って武器を存在悪とする場合には何らかの代替案を提示する必要がある。

　さらに武器を存在悪とする立場に立つといわゆる「人道的介入」といった議論自体を否定することにもなる。杉田敦氏は「日本の場合には、従来、いわゆる９条護憲の方々ほど、この問題（筆者注：人道的介入のこと）については国家という枠組みを重視するという、ねじれとまでは言えないまでも、皮肉なことになっています。いわゆる人道的介入については、これを極めて懐疑的に見る。平和を普遍主義的に指向するがゆえに、軍事を伴う普遍主義的なアプローチに対しては懐疑的だということになっています」[41]と指摘する。同じ特集で阪口正二郎氏は「いままでの９条論というのは、極めて単純に言えば、人権を守るためには武力を使わないのが最適だという話で、しかもこれが単に日本のためという話ではなくて、未来の立憲主義のあり方を示すものであるという議論をしてきました。人道的介入というものとは逆方向を向いていた議論だと思うのです」[42]と指摘する。こうした指摘に見られるように従来の憲法９条の議論では日本がこうした「人道的介入」に参加することを否定的に解するものであり、国際社会が「人道的介入」を肯定するかどうかは必ずしも憲法から直接導かれるものではない。もちろんこうした議論の延長では日本のみならず国際社会の「人道的介入」論に対しても否定的な傾向を持つのであろうが、武器輸出禁止論は「人道的介入」を全面的に否定するだけでなく、大規模な人権侵害が行われている場所において抵抗を目指す人に対して武器の提供を原理的に拒否する点において、彼らの抵抗権自体を否定する要素を孕んでいることになるのでさらに極端な結論を導く（あえて言えば「逃げてこい」と言っていることになろうか）。特に「破綻国家」や大規模な人権侵害などを想定した場合に「武器があるから戦争になる、だから武器があってはいけない」という議論は国内で既に武装した勢力が割拠し大規模な人権侵害等が行われているようなケース（かつてのルワンダやカンボジアを想起したい）では何の説得力も持たない。もちろん安易にいわゆる「人道的介入」といった形で「介入」が正当化されてはいけないことは当然であるが、安易に認められてはならないということと、いかなる

---

[41]　長谷部恭男他「座談会・グローバル化する世界の法と政治」19頁。
[42]　長谷部恭男他「座談会・グローバル化する世界の方と政治」21頁。

第5章　国際政治と武器輸出

場合でも正当化し得ないと主張することには大きな差がある。武器を存在悪と捉え、武器輸出の全面的な禁止に拘泥するとこうした議論を展開することが原理的に不可能となってしまう。問われるのは武器が必要な場面を全面的に否定することは可能かという論点である。少なくとも国際社会においてそうした考え方は主流とはなっていない。

　こうした武器や武力行使の必要性について米国のオバマ大統領はノーベル平和賞の受賞演説で様々な指摘をしている[43]。まずオバマ大統領は「まずは厳しい現実を認めるところから始めなければならない」として「依然として我々は暴力的紛争を根絶していない。単に必要だからだけではなく倫理的に正当化されて国家が個別に又は協調して武力の行使をする時があるだろう」とする。さらに、キング牧師の暴力に反対する姿勢を高く評価した上で「しかし国家を防衛することを誓った国家元首として、こうした例だけに導かれることはできない」とする。「世界に悪は現に存在する。非暴力的な運動はヒトラーの軍を止めることはできなかった。交渉ではアルカイダの指導者たちに武器を置かせることができなかった。軍事力が時には必要かもしれないということは皮肉屋の声ではない。歴史認識なのである」と軍事力の必要性を肯定する。そして現在では「自国政府によって民間人が虐殺されることをどのように防ぎ、暴力や苦痛が地域全体を巻き込む可能性がある内戦をどのように止めるかという困難な問題にますます直面している」と問題意識を示し、「軍事力は人道の名の下に正当化することができる、バルカン半島での事態や戦争によって傷ついている他の場所のように。不作為は我々の良心を引き裂き、後になって介入することでよりコストが高いものとなり得る。だからこそ全ての責任ある国家は明確な指示を与えられた軍隊は平和を保つ役割を果たすのだという役割を認識しなければならない」と軍隊の平和に対する役割を積極的に評価している。「平和がいいと考えるだけで平和を達成することは稀である。平和には責任が伴う。平和には犠牲を伴う」と指摘する。

　オバマ大統領の指摘には賛否両論あると思われるが、少なくとも武器が必要な場面を肯定する状況が国際社会にはあるということは言えよう。

---

[43]　The White House, "Remarks by the President at the Acceptance of the Nobel Peace Prize", December 10, 2009,
　　(http://www.whitehouse.gov/the-press-office/remarks-president-acceptance-nobel-peace-prize)（last visited December 13, 2010）.

（補論）　ODA 大綱

　日本政府は政府開発援助（ODA）の根幹的な政策として政府開発援助大綱（以下、「ODA 大綱」という。）を策定している[44]。1992 年に初めて ODA 大綱を定めた後、2003 年に改訂されている。2003 年の ODA 大綱では援助の実施に当たっては、「国際連合憲章の諸原則（特に、主権、平等及び内政不干渉）及び以下の諸点を踏まえ、開発途上国の援助需要、経済社会状況、二国間関係などを総合的に判断の上、ODA を実施するものとする」として、「以下の諸点」として次の 4 点が挙げられている。

⑴　環境と開発を両立させる。
⑵　軍事的用途及び国際紛争助長への使用を回避する。
⑶　テロや大量破壊兵器の拡散を防止するなど国際平和と安定を維持・強化するとともに、開発途上国はその国内資源を自国の経済社会開発のために適正かつ優先的に配分すべきであるとの観点から、開発途上国の軍事支出、大量破壊兵器・ミサイルの開発・製造、武器の輸出入などの動向に十分注意を払う。
⑷　開発途上国における民主化の促進、市場経済導入の努力並びに基本的人権及び自由の保障状況に十分注意を払う。

このうち⑵及び⑶は武器輸出三原則の理念と重複する要素がある。そこで ODA 大綱で示されたこれらの原則がどのように運用されているかについて確認しておくことは武器輸出三原則のあり方を考える上でも参考になろう。

　はじめて ODA 実施における 4 つの原則（以下、「ODA 4 原則」という。）が示されたのは海部俊樹内閣においてであった。海部総理大臣は「今後我が国 ODA の実施に当たっては次の四点」として、「被援助国における軍事支出の動向」、「核兵器等の大量破壊兵器及びミサイルの不拡散努力を強化するという観点から、被援助国におけるこれらの兵器の開発製造等の動向」、「国際紛争を助長しないという観点から、被援助国の武器輸出入の動向」、「民主化の促進及び市場志向型経済導入の努力並びに基本的人権及び自由の保障状況』といった諸点に対し十分に注意を払」うとし、ODA 4 原則を表明した（参・予算委員会 1991.4.10）[45]。このうち「国際紛争を助長」しないという点は武器輸出三原則

---

[44] 外務省『2009 年版政府開発援助（ODA）白書－日本の国際協力』資料編、2009、（http://www.mofa.go.jp/mofaj/gaiko/oda/shiryo/hakusyo/09_hakusho/index_shiryo.html）（最終訪問日：2010 年 12 月 13 日）。

第 5 章　国際政治と武器輸出

の目的と同じである。ODA 4 原則が示された背景には「湾岸戦争の教訓からいっても、当然、武器の輸出国は経済援助の対象から外すというきっぱりした態度をとるべきであります」(不破哲三議員 (共産党)　衆・本会議　1991.8.8)[46]といった指摘があった。国連軍備登録制度同様に湾岸戦争が契機となっていたのである。同様に久保亘議員 (社会党) は「軍拡を進める国及び武器輸出をする国には援助を保留する」べきではないかと質問する (参・本会議1992.11.5)[47]。これに対して宮澤喜一総理大臣は「援助を受ける国が非常に過大な武器購入をする、あるいは軍備をするというようなことについては、援助の決定の際にそれを我々の考慮に入れるということは既に政府の大綱にも盛られておる」(参・本会議　1992.11.5)[48]と述べるに止まる。すなわち武器輸出国は「援助の決定の際にそれを我々の考慮に入れる」に過ぎず、ODA が供与されないわけではない。それはなぜであろうか。政府は三浦久議員 (共産党) が「武器輸出国に関しては、私は ODA は供与しない」と主張したのに対して、「紛争を助長しないというような視点から武器輸出入というものをトレンドでとらえ (中略) 武器を輸入したいという国が、国の安全保障上あることも事実でございますので、安全保障の権利というものはどこの国もあるわけでございます」として、「やや難しい側面もあろうか」(川上隆朗外務省経済協力局長) と整理する (衆・内閣委員会　1992.3.12)[49]。すなわち武器輸出や武器輸入は全て悪いのではなく、輸入国の安全保障上の権利も同時に考慮するのだと言う。武器輸出に対する国際的な位置付けに則った整理と言えよう。したがって、武器輸出国や武器輸入国には一律に ODA を供与しないのではなく、「ODA の供与に当たっても、相手国の軍事支出の動向及び武器輸出入の動向にも十分に注意を払いながら、ただ、相手国の置かれた安全保障環境を含めた国際情勢、あるいは相手国の安全保障にかかわる固有の問題等をも念頭に置きながら、二国間関係を通じて総合的に判断し援助を決定」(海部俊樹総理大臣　衆・本会議1991.8.8)[50]することになる。武器の輸出入や軍事支出などはあくまでも「総合的に判断」する際の要素に過ぎない。そしてこうした「判断」は国によって

---

(45)　第 120 回国会参議院予算委員会会議録第 18 号 10 頁。
(46)　第 121 回国会衆議院会議録第 3 号 11 頁。
(47)　第 125 回国会参議院会議録第 2 号 3、4 頁。
(48)　第 125 回国会参議院会議録第 2 号 8 頁。
(49)　第 123 回国会衆議院内閣委員会議録第 4 号 19 頁。
(50)　第 121 回国会衆議院会議録第 3 号 13 頁。

異なることになる。「軍事支出あるいは武器輸出入の動向といったようなものもどの国にどの程度のレベルが適切かといったような判断はそれぞれ国際的な状況に置いて、それぞれの国が置かれている状況というのはまちまちでございますので、一律にその基準を設けるといったようなことはなかなか困難かと思われます」（畠中篤外務大臣官房外務参事官　衆・決算委員会　1991.5.15）[51]と政府は整理する。つまり、「各国ともみずからの安全保障をみずから確保するという権利、防衛の権利というものは持っているわけでございますから、やはり安全保障といった観点からも本件は慎重に判断しなければいけないということでございます。（改行）したがって、武器輸入を行っている、これはまさにみずからの防衛政策の一環でございましょうから、そういう国に対して直ちに援助をどうこうするということでは必ずしもなくて、やはりだれが見ても、その国のある地域における安全保障上の地位からかんがみ、あるいはトレンドから見てその国の武器輸入というものが課題である、不必要に過大であるといったような判断をするときには、我々としてその旨を先方に指摘し何らかの措置を考えることがある」（川上隆朗外務省経済協力局長　参・外務委員会　1991.4.9）[52]に過ぎず、武器輸入が「不必要に過大である」であるかどうかが問われており、たとえ「不必要に過大である」と判断したとしても「何らかの措置」とは必ずしもODAの供与停止とは限らないことになる。つまり原則として武器輸入は自国の防衛の観点から認められるべきものであり、その限りにおいて武器輸出も認められるのである。あくまでも「不必要に過大」かどうかが問われているのである。ODA 4原則は武器の輸出入を否定していないのである。だから中尾栄一通商産業大臣も「みずからの国を防衛する権利は当然尊重されるべきものでありましょうが、国民生活をさておいて膨大な軍事支出を使って武器を大量に輸入しているような国があるとするならば」経済協力を行うに当たって斟酌すると言うに止まるのである（衆・予算委員会　1991.3.27）[53]。伊佐山建志通商産業省通商政策局長は「通産省の観点」として「武器の輸出入等に十分注意を払うといいますのは、武器を積極的に他国に輸出しているような国にあって、我が国の援助が武器製造等に使われる可能性のあるようなケースについては極力慎む」（参・経済・産業委員会　1998.4.7）[54]という。換言すればODA供与国

---

(51)　第120回国会衆議院決算委員会議録第6号40頁。
(52)　第120回国会参議院外務委員会議録第5号25、26頁。
(53)　第120回国会衆議院予算委員会議録第24号25頁。

が武器輸出国でも日本のODAが直接使われなければいいと言う。中尾通商産業大臣が指摘した「みずからの国を防衛する権利」はODAではなく自費で賄えばよいということであろうか。「極力慎む」だけであるので「慎む」必要がない場合が武器輸出三原則同様に認められよう。ただ、「みずからの国を防衛する権利は当然尊重されるべき」であるにもかかわらず、自衛のためにODAを利用することを「極力慎む」理由は不明である。

　こうした考え方に立って具体的なODA供与事例について見てみよう。まず南アフリカが武器輸出をしているがODAを供与してもよいのかと問われたことに対して政府は「南ア側からは、武器輸出は紛争を助長することのないように極めて限定的に行うという方針の説明を受けておりまして、我が国の対南ア援助政策上基本的に問題はないと考えております」（畠中篤外務省経済協力局長　衆・外務委員会　1995.11.21）[55]として、南アフリカの武器輸出を問題視しない。

　中国の武器輸出に対しては「（ODA）大綱原則の性格上、画一的基準で判断するのではなくて、発展途上国との経済状況や安全保障状況等を踏まえて、また、過去の状況と比較しつつ考慮する必要がある」（括弧内筆者追加）（阿南惟茂外務省アジア局長　衆・外務委員会　1998.4.17）[56]として、中国が武器輸出していてもODA供与は可能であるとする。ODA 4原則からは特に問題のない答弁であるが、続いて小渕恵三総理大臣は「何といっても、日中の両国間の友好関係を深めてまいりまして、今後の両国間のよりよき関係を維持していくということ、そのためには、中国におきまして国内的な発展のために我が国としての協力を惜しまないという立場にある」（衆・外務委員会　1998.4.17）[57]と中国向けODAに関してはより「好意的」な答弁をする。言外に中国の武器輸出は日中友好に比べれば大した問題ではないとも受け取ることができる。少なくとも世界的に武器輸出を全面禁止すべきだとする立場を取るならば、小渕総理大臣の姿勢は厳しい批判にさらされなければならない。

　さらに1995年に中国が実施した核実験を受けてODA供与を停止すべきではないかと指摘される。これに対して政府は「日中関係というものは日本にとって非常に重要な関係でございます。それは、今後十年、十五年、中国がど

---

(54)　第142回国会参議院経済・産業委員会会議録第7号29頁。
(55)　第134回国会衆議院外務委員会会議録第6号5頁。
(56)　第142回国会衆議院外務委員会会議録第9号8頁。
(57)　同上。

ういう国になっていくのかということは、日本にとって大変重要な国際環境の一翼をなすものでございます。そういう観点から、仮に引き続き多くの大量破壊兵器をさらに作るというようなことはやはり日本にとって大変重要な関心事になる（中略）。先般の核実験につきましては、そういうことで、これを考慮に入れて見直しを行った（筆者注：無償資金協力の圧縮）わけでございますけれども、今の時点ではそれ以上、個別のミサイルの今後の実験等々につきましては、これはその状況を見ながらODA大綱の全体の中で総合的に判断するということまででございまして、こういう実験があったからこれだけ減らすとか、そういうやりとりは必ずしも考えていない」（川島裕外務省アジア局長　衆・安全保障委員会　1995.6.9）[58]とも述べ、核実験でさえODA供与に当たって考慮要素の一つに過ぎない。河野洋平外務大臣は対中ODAについて「我が国と極めて近い地理的条件もございますし、また歴史的にも文化的にも深い関係があって、国と国との長い関係のある中国、その中国について、我が国は今後子々孫々に至るまでこの友好を深めていこうと決意をして、日中関係の重要性を考えているわけであります。我が国は、中国の改革・開放路線を支持するということを基本として中国に対してさまざまな協力を行ってきている、その協力の中にODAもまたその一つとしてあるわけでございます。（中略）このことによって日中関係というものを非常に悪い方に向かって進めるということがあってもいけない、その辺の判断を非常に重要と考えて、丁寧にといいますか慎重にといいますか、我々としてはやっている」（衆・外務委員会　1995.6.7）[59]と言う。ODA供与の是非は機械的に判断できないという点は政府のODAの考え方に一貫している。武器輸出が「国際紛争を助長」するかどうかの判断は機械的にはできない点はODAと同様であり、こうした判断枠組みは武器輸出の是非についても検討する際にも比較することが可能であろう。

第2節　日本の独自性

(1)　日本の「道義性」

　国際的に武器輸出が認められるとしても日本が武器輸出三原則を掲げる国際政治的な意義として「日本の道義的地位」といったものが強調されることがあ

---

[58]　第132回国会衆議院安全保障委員会議録第4号21頁。
[59]　第132回国会衆議院外務委員会議録第19号7頁。

第5章　国際政治と武器輸出

る。第1章でも紹介した猪口邦子氏は武器輸出三原則は「良心の灯台」であるとして、「モラル・ハイグラウンド（道義的高み）」にあると指摘する[60]。逢沢一郎外務副大臣は軍縮や不拡散の分野において「日本が国際社会の中にあってある意味ではリーダーシップを発揮してまいりましたけれども、その背景にはご指摘の三原則が厳然として存在しておる」（衆・安全保障委員会2005.3.25)[61]と指摘し、武器輸出三原則の存在が日本の「リーダーシップ」発揮に寄与しているとしている。反対に榛葉賀津也議員（民主党）は武器輸出三原則を緩和すれば「日本は実態として、国際的に最先端の兵器開発にかかわっているというイメージがつくられていき、拡散していきます。こうした一連のことで、日本が軍縮外交や核廃絶の取組をこれまでどおり、あるいはこれまで以上に展開することに影響は全くないと考えるでしょうか」（参・本会議2005.3.18)[62]と危惧を表明し、武器輸出三原則の堅持を主張している。同様の指摘として浅尾慶一郎氏は「日本が武器輸出を始めることで国際社会における評価が変わるかもしれない。いままで武器を一切輸出していなかったことが『平和国家』というイメージにつながっている」[63]と指摘する。こうした指摘からは具体的に日本がどのような「リーダーシップ」を発揮したのか不明であるが、青井未帆氏は「国連軍備登録制度設置において日本がイニシアティブをとることができたのは、各国から日本が『死の商人ではない』と認められていたことにより、クリーンな立場で導入を働きかけることができたためであった」[64]と指摘する。ただし先述のとおり全ての武器輸出が「死の商人」とは考えられないことからこうした意義は武器輸出の全面禁止のみを支持するものでは必ずしもない。同様に豊下楢彦氏も「武器輸出三原則によって少なくとも公的には兵器輸出を行ってこなかった唯一の国と言える日本のユニークな立場こそが」「紛争地域への兵器輸出を規制する国際的な枠組み形成に乗り出す十二分の資格を日本に付与している」[65]と指摘するが、「兵器輸出を規制する」ことは禁止することではないことは本章で繰り返し指摘するとおりである。猪口邦子氏も「良心の灯台」としつつも「兵器の非合法拡散の暗黒の海原を照らす」

---

[60]　前掲第1章注(228)。
[61]　第162回国会衆議院安全保障委員会議録第4号10頁。
[62]　第162回国会参議院会議録第8号3頁。
[63]　前掲第1章注(242)。
[64]　青井未帆「武器輸出三原則を考える」101頁。
[65]　豊下楢彦「集団的自衛権とは何か」184頁。

第2節　日本の独自性

灯台だと指摘しており、合法的な移転についても一切禁止しなければならない理由にはならない[66]。したがって、こうした主張は現在の武器輸出三原則を肯定する論拠とはなりえても武器輸出禁止を主張する論拠とはならない。

　さらに、こうした議論は一見して説得的であるようにみえるものの何ら実証的に論証されていない。例えば、1970年頃まで武器を輸出していた「過去」から政府統一見解表明後の時代、さらに対米武器技術供与により武器輸出三原則の例外が認められるようになった時代にそれぞれどのように日本の「イメージ」が変わったのであろうか。「いままで武器を一切輸出していなかったことが『平和国家』というイメージ」と指摘されるがそもそも事実関係として「いままで武器を一切輸出していなかった」ことが誤りである上、「『平和国家』というイメージ」というイメージは一体どのようなものであるのか、こうした点も検討する必要がある。「イメージ」だけで論じてはならない。こうした議論の前提では何より武器輸出国は「平和国家」ではないというイメージが国際的に広がっているはずであり、「死の商人ではない」からこそ国連軍備登録制度導入に役割が果たせたということであれば、武器輸出国はこうした役割が果たせなかったという点が立証されなければならない。しかし実体上武器輸出国の賛同が得られなければこうした制度は実効性を持たないことは言うまでもない。最後に言うまでもないことだが武器輸入国である日本は不問に付されるのであろうか。少なくとも国連軍備登録制度の議論に日本がイニシアティブを発揮できるのであれば、武器輸入国であるという実態は不問に付されるということであろう。武器輸入国は不問に付され、武器輸出国だけが糾弾される理由があることになる。

　こうした実証抜きにただ単に武器を輸出しないことが「いいイメージ」という議論は印象論に過ぎない。城地豊司議員（社会党）は「平和を愛する国家は、戦争の道具をどんどん輸出するというようなことは精神的な面からいっても問題なのではないかというふうに考えるわけだし、信頼しうるに足る国家というのは、やはりこの国は十分信頼できる、いろいろな意味で頼れるということになるためにも、武器輸出をどんどんするような国であったのでは信頼し得る国家にはならないと思いますし、それらが軍国主義国であるとか、あの国は好戦的であるというレッテルを張られることにつながるのではないかと思います」

---

[66]　前掲第1章注(228)。

331

（衆・商工委員会　1981.2.27）[67]と指摘するが、そうした「レッテル」を貼っているのは誰なのであろうか。武装した諸国家は城地議員が言う「平和を愛する国家」に当たらないのだとすれば多くの国家は平和を「愛していない」という「レッテル」を貼っていることになるが、こうした「レッテル」を貼ることが国際的に好ましいことであるかは疑問である。

(2)　日本の交渉力強化

　武器輸出を厳しく規制することが単に「道義的」に優れているだけでなく、日本が「リーダーシップ」を発揮することを可能にする、すなわち日本の交渉力を強化するという指摘も検証する必要がある。日本が武器輸出に関する議論でイニシアティブを発揮できるというのはそれほど当然の帰結であろうか。もしそうであれば核兵器を保有せず、非核三原則を有している日本は核軍縮でもイニシアティブを発揮できるはずである。しかし米ソの核軍縮交渉を1980年代後半にジュネーブの軍縮代表部日本政府代表であった今井隆吉氏は興味深い指摘をしている。今井氏は米ソの核軍縮交渉は当時国間で交渉されるものであり、日本は米ソ間の交渉の詳細を全く入手できなかったという。今井氏は当時米ソ間で交渉されていた中距離核戦力（INF）交渉や戦略兵器削減（START）交渉、戦略防衛構想（SDI）交渉とは日本政府が全く無関係で、こうした交渉をニュースで見た日本人から激励を受けて返答に窮してしまったという[68]。核軍縮交渉は核兵器保有国で行うという前提は最近でも各所で指摘されている。2009年に国際原子力機関（IAEA）のエルバラダイ事務局長もインタビューで「米露両国が500～1000発くらいにまで核弾頭を削減すれば、他の核兵器保有国（英・仏・中・イスラエル・インド・パキスタン・北朝鮮）も軍縮をせざるを得なくなるだろう」と予測する[69]。こちらもあくまでも変数として想定されていることは核兵器保有国間の保有数であり、非核兵器国の交渉力は想定されておらず、想定されているとしても本質的な要素ではない。米国のシンクタンクである外交評議会（CFR）の報告書では米露間で核軍縮が進んでも保有量の少ない中国が軍備管理交渉に応じる可能性は低いとの見方を示している[70]。こうした見方を裏付けるかのように2010年5月、岡田克也外務大臣が中国の核兵器

---

(67)　第94回国会衆議院商工委員会議録第3号6頁。
(68)　今井隆吉『武器の逆襲』150頁。
(69)　Bulletin of Atomic Scientists Interview with Mohamed ElBaradei, 1 September 2009, (http://www.iaea.or.at/NewsCenter/Transcripts/2009/bas010909.html) (last visited December 13, 2010).

の数量を削減又は増やさないことを求めたことに対して、中国政府は次のように反発した[71]。すなわち、岡田外務大臣の発言を無責任なものだとした上、中国は国家の安全保障のため引き続き最小限の核兵器を維持する。さらに、そうした核保有という事実自体が国際的な核軍縮における中国の独自の貢献となる。そして岡田外務大臣に対してはこうした事実を尊重することを希望するという[72]。非核兵器国である日本側の要求を完全に否定した上に核兵器を保有するからこそ独自の貢献ができるとまで言う。しかもそうした事実を尊重することを望むという中国側の姿勢に日本側が行使できた影響力はあまりにも少ない。少なくとも非核兵器国であるが故の交渉力は全く感じることはできない。むしろ核兵器国だからこそ交渉力があるのだと中国側は主張する。核兵器だけでなく化学兵器でも同様の指摘がある。化学兵器禁止条約の締結交渉の間、米国は一時的に生産を停止してきた化学兵器の生産を再開したといわれている。その理由の一つとして化学兵器禁止条約締結に向けた対ソ交渉力の強化が指摘されている。すなわち、交渉に消極的だったソ連を交渉に引きずり出すための手段という側面があったという[73]。国際政治においてはつまり兵器を保有しているからこそ交渉の余地があるという側面があるのである。

　武器輸出についても同じ側面が指摘できる。もちろん交渉力強化のために武器輸出をした方がよいという趣旨ではない。ただ、武器輸出をしなければその分だけ交渉力が強化されるということは論理必然で言えるものではない。湾岸戦争後に中山太郎外務大臣はイラクに中国が武器輸出していたことから「中東の安定及び世界全体の安定のために、中国が武器を輸出する、武器輸出国の大きなシェアを占めておられる、これを自粛してもらいたいということを要請しました」という（参・外務委員会　1991.4.9）[74]。しかし中国側の回答は「この

---

(70)　William J. Perry & Brent Scowcroft, Chairs, Charles D. Ferguson, *Project* Director, "U.S. Nuclear Weapons Policy", Council on Foreign Relations, April 2009, pp. 43, 45,（http://www.cfr.org/publication/19226/us_nuclear_weapons_policy.html）(last visited December 13, 2010).

(71)　外務省「日中外相会談（概要）」、2010.5.15、(http://www.mofa.go.jp/mofaj/area/jck/g_kaigi/jc_1005_gai.html)（最終訪問日：2010年12月13日）。

(72)　中国外交部「外交部发言人马朝旭就日本外相在核裁军问题上无端攻击中国答记者问」、2010.5.16、(http://www.fmprc.gov.cn/chn/gxh/tyb/fyrbt/dhdw/t694884.htm)（最終訪問日：2010年12月13日）。

(73)　新井勉『化学軍縮と日本の産業』、並木書房、1989、7頁。

(74)　第120回国会参議院外務委員会会議録第5号3頁。

第 5 章　国際政治と武器輸出

地域への武器の輸出というものは、いわゆる安保理常任理事国が 80％以上を占めている。ここで中国だけが武器の輸出をやめろ、自粛しろと言われても、他の国の問題がここに存在しているということの指摘がございました」（中山太郎外務大臣　衆・決算委員会　1991.5.15）[75]という。岡田克也外務大臣の核兵器に関するやり取りに通じるものがある。「クリーンな立場」が説得力を増すのであればこうした議論にはならないはずである。しかし現実に日本政府が中国政府に行ったことは「自粛を要請」しているだけであり、本来の交渉ではない。中国政府が指摘する「他の国の問題」の有無にかかわらず日本の「クリーンな立場」が説得力を持つのであれば中国政府は応じるはずであるが、中国政府が日本の立場とは一線を画していることは明らかである。

　日本の交渉力強化を主張する論者におけるより本質的な問題は、仮に日本が「道義的地位」があり「交渉力が強化」されていると主張することは、武器輸出国は「道義的地位」がなく交渉の当事者たり得ないと主張していることに通じる。これら武器輸出国を交渉当事者に加えずに交渉事がそもそも成立するのであろうか。そもそも交渉とはお互いの譲歩から成り立つものであり、根本的に譲歩の余地なく最初から「放棄」している者こそが当事者ではない、という立論も同様に可能なのである。そもそも日本が影響力を発揮したと言われる国連軍備登録制度も EC 諸国と協力しつつ提案したものであった。EC 諸国には英仏独をはじめとして世界的な武器輸出国が中心的な構成国である。武器輸出国でありながら国連軍備登録制度の提案に日本とともに行動した EC 諸国の役割を軽視することにならないのだろうか（本章第 1 節(3)参照）。

　したがって、国連軍備登録制度に EC 諸国も影響力を発揮したように武器輸出国であることと、武器輸出管理の強化を追求することは矛盾しない。武器貿易条約（ATT）も全面的な武器貿易の禁止を目指したものではない。したがって、ATT に武器輸出全面禁止の規範を持ち込むことが必ずしも日本の交渉力や影響力として多くの国から評価されるとは限らないし、日本政府の交渉姿勢もそのようなものではない（本章第 1 節(4)参照）。

　むしろ武器輸出によって交渉力を強化できるという指摘もある。石破茂防衛大臣は「アメリカにしてもあるいはロシアにしても中国にしてもあるいはドイツ、フランス、イギリスにしても、いろいろな国に武器を輸出することによっ

---

(75)　第 120 回国会衆議院決算委員会議録第 6 号 45 頁。

第 2 節　日本の独自性

てこれを外交の道具として使っているというのは、これは間違いない事実。いい悪いは別の話」(参・外交防衛委員会　2007.12.13)[76]だと指摘する。石破大臣は「いい悪いは別の話」と言うものの、武器輸出を外交上の交渉力として使うことは必ずしも否定的に捉えているわけではない。石破大臣は「武器輸出をするその国が非常に国際の平和や秩序に対して良からぬ動向に出た時にはもうそれは止めてしまって、その国がそういう挙に出られないようにする」(参・外交防衛委員会　2007.12.27)[77]ことも理論的には可能である旨、指摘する。確かに「いい悪いは別の話」であるものの、「日本は外交的手段としての武器移転を放棄することによって、他国に対する影響力行使の手段を一つ自ら失った」[78]という側面もあるのである。

(3)　日本の「模範性」

　日本の「道義性」を主張する延長としてたとえ現在は武器輸出をしている国であったとしても日本が武器輸出をしなければいずれ日本を見習うといった主張も可能である。したがって、現時点においては効果がなくとも長い間模範として行動し続けることが重要だと指摘することになる。こうした主張を展開することも実証的に検証する必要がある。

　武器輸出ではないが前田哲男氏は日本の「軍拡」が中国の軍拡に波及していると指摘する。中国の軍事費増加は日本の軍事費増加に刺激を受け、10年ほど遅れて始まったという見方を示す[79]。換言すれば日本が「軍拡」を止めれば中国も止めるということになるのだが、既に核兵器保有の箇所で見てきたとおり日本が保有していない核兵器の保有を中国が放棄するようには見受けられない。同様に中国の武器輸出も日本の武器輸出に「刺激を受け」ているようには見受けられない。日本が武器輸出をすれば他国を「刺激」して武器輸出を行うという立論が必ずしも正しいわけではないことは、中国が武器輸出をしながら日本が「刺激」を受けているわけではないということからも反証することが可能である。

　日本の態度が「模範」とされているかどうかを検証する一つの方法として隣国である中国や韓国が武器輸出管理において日本を「模範」としているかどう

---

(76)　第168回国会参議院外交防衛委員会会議録第12号38頁。
(77)　第168回国会参議院外交防衛委員会会議録第16号7頁。
(78)　相原三起子「武器輸出三原則－その背景と課題－」46頁。
(79)　前田哲男『自衛隊』144、187頁。

かを確認してみたい。既に指摘したとおり中国は湾岸戦争前のイラクに対する武器の主要供給国の一つだったのであり、戦争前の5年間で供給された武器は「ソ連と中国とを合わせると、これで72％になります」（海部俊樹総理大臣　衆・予算委員会　1991.2.4）[80]という指摘もある。中国はイラクだけでなくサウジアラビアにも武器輸出をしていたようであるが、渡部一郎議員（公明党）が国連で中国大使に問い合わせたところ「我々はサウジアラビアに対してシルクワーム（筆者注：中国製のミサイル）をいち早く送った、だからこそ今回イラクに侵略されなかったのである、何が悪いのですかという恐ろしい答弁をいただいて、私は愕然とした」という（衆・予算委員会第二分科会　1991.3.12）[81]。確かにイラクとサウジアラビア双方に武器輸出をしたことは典型的な「死の商人」的輸出だったかもしれない。他方で中国大使の指摘を原理的に否定することもそれほど容易なことではない。少なくとも当時中国が日本の武器輸出政策も「模範」としていた形跡は全くない上、自らの武器輸出を「非道義的」と認識していることもない。もちろん現在でも有数の武器輸出国である。

　今から20年前に既に韓国や北朝鮮も武器輸出国だという指摘がある（鈴木佑司氏　参・外交・総合安全保障に関する調査会　1991.4.12）[82]が、現在の韓国は武器輸出を積極的に推進している。日本の武器輸出管理を「模範」とする姿勢が見られないだけでなく、そうした韓国政府の政策は「道義的」に悖るという批判は、管見の限りあまり見かけることはない。

　他国の政策が日本の政策によってのみ影響されていると考えることがどの程度妥当性があるのかという点が本来は検証されるべきであろう。例えば中国がパキスタンに核拡散をしてきたと指摘されているが、こうした核拡散に日本がどのように影響しているだろうか。また中国のこうした政策に日本の政策がどの程度影響しているのであろうか。ある国の政策が別の国の政策の直接のきっかけになるというほど国際政治は単純ではない。複雑な要素が絡み合って各国は政策判断をしているのである。こうした思考は単線的であるとの指摘を免れない。

　日本が模範となっているかという議論はやはり他国が事実としてどのような行為を行っているかということで検証されなければならない。そもそも日本一

---

[80]　第120回国会衆議院予算委員会議録第5号15頁。
[81]　第120回国会衆議院予算委員会第二分科会議録第2号15頁。
[82]　第120回国会参議院外交・総合安全保障に関する調査会会議録第3号19頁。

第2節　日本の独自性

国の政策を他国が模範とするほど日本に影響力があるのか、という点から問われるべきであろうし、他国の行動を観ている限りはそのような影響力は残念ながら認められない。

(4)　日本の「負の道義性」

　必ずしも他国が「模範」とするかどうかに関わらず日本だけは武器輸出を禁止すべきだという主張もある。こうした議論においては近隣諸国の感情や過去の歴史を踏まえるべきだという議論が見られることがある。こうした「負の道義性」とも言える理由について検討してみたい。近隣諸国の感情や過去の歴史といった要素は日本に特有の「負」の過去であり、日本独自の政策を肯定する要素になり得る。こうした指摘は根強く脈々と語り継がれている。伊藤惣助丸議員（公明党）は同党が提出した武器輸出禁止法案の提案理由として「アジア諸国の国民は、巨大な生産力と高度の科学技術を持つわが国において、兵器産業が急激に伸びている事実と過去の戦争経験を考え合わせ、暗い不安と危惧を感じている」（衆・商工委員会　1971.3.26）[83]と指摘する（公明党が提案した武器輸出禁止法案は第2章第10節(5)参照）。浅尾慶一郎氏は武器輸出が「アジアとの関係ではマイナス材料になる」[84]と指摘する。又市征治議員（社民党）は中国や韓国で反日運動が高まっていることに対して、「これらの背景には、相次ぐ有事法制の強行、あるいはイラクの多国籍軍への自衛隊の派遣、武器輸出緩和の動きなど、日本が平和憲法を捨てて戦争のできる国へと向かって憲法改正論議を重ねているんではないか、こうしたアジア諸国の警戒心があることは明らかであります」（参・憲法調査会　2005.4.6）[85]と指摘し、武器輸出を「緩和」することが中韓両国における反日運動を高める効果があるという。暉峻淑子氏は「もし日本が9条を持っていなかったら、日本は好戦的なアイデンティティを持つ強大な軍事国家とみなされて、反省のない国として、韓国を初めとする近隣諸国の日本に対する憎しみは解消できず、日米の産軍複合企業は武器の売買で利益を上げ、マスメディアは相変わらず不十分にしか批判的な意見を持ち得ず、独立性も持てないままになっただろうというのは、日本の憲法を研究しているアメリカの憲法学者の本に書いてあることです」（衆・憲法調査会公聴会

---

(83)　第65回国会衆議院商工委員会議録第16号1頁。
(84)　浅尾慶一郎「国防のタブーを破り『武器輸出三原則』見直しの議論をするべきときがきた」94、95頁。
(85)　第162回国会参議院憲法調査会議録第6号18頁。

第 5 章　国際政治と武器輸出

2004.11.11)[86]と指摘する。「アメリカの憲法学者」の指摘として自説ではないとはしているものの、憲法 9 条がなかったら武器輸出で利益を上げ、近隣諸国の日本に対する憎悪が消されなかったという。同様に藤井治夫氏は「少なくとも今日までとってきた政策、つまり非核三原則とか専守防衛とか、あるいはまた武器輸出禁止とか宇宙の平和利用とか、そういうふうな原則を守り抜いていくことが日本の安全にとって、またアジアの安全にとって一番寄与する道じゃないか」と指摘し、その理由として「日本は加害者としてアジアに対して向かったわけでありまして、かつそのことについての何の反省あるいは償いもしていない、そういう部分もあるわけです。したがいまして、中国にしろ朝鮮にしろあるいは東南アジアにしろ、そういう立場（筆者注：藤井氏が指摘するところの「平和主義」や「護憲」）で関係を深めていくことが求められているし、もしそういうふうにすれば、（中略）日本とアジアの間にある溝、そういうものをやっぱり埋めていくことができる。そういうふうになれば日本の平和政策というものがアジア諸国と一体化できるんじゃないか」という（参・日米防衛協力のための指針に関する特別委公聴会　1999.5.18)[87]。日本が武器輸出禁止することがアジアの安全に「一番寄与する道」だという。少なくとも藤井氏が指摘する「日本の平和政策」の一つが武器輸出禁止であるとすれば、藤井氏が期待する「アジア諸国と一体化」が行われていないことは中国や韓国の武器輸出の実績からも明らかである。こうした指摘は古くからおこなわれており、稲葉誠一議員（社会党）は「アジアの国々その他の国々から、一体日本は平和国家なのか、何を一体目指しているのか、また昔の大東亜共栄圏というか、そういうふうなものを目指しておるのではないかという誤解を非常に受けますから、あらゆるところからの要請があっても武器の輸出三原則というものはしっかり守る」（衆・予算委員会　1980.10.11)[88]と指摘するが、稲葉議員の議論を展開すれば武器輸出三原則を堅持していない（そもそもそのような政策がない）中国や韓国（もちろん北朝鮮も）「平和国家」ではないことになってしまう。さらに古くは川崎寛治議員（社会党）は「日本に余裕ができたならば武器輸出もするのだ」という方向にあり武器輸出を可能とするような選択を広げようとしている

---

[86]　第 161 回国会衆議院憲法調査会公聴会議録第 1 号 7 頁。
[87]　第 145 回国会参議院日米防衛協力のための指針に関する特別委員会公聴会会議録第 1 号 37 頁。
[88]　第 93 回国会衆議院予算委員会議録第 2 号 38 頁。

と批判し、「そういうことが今日アジアから日本が誤解をされる根本だ、こう思います」と指摘する（衆・予算委員会　1970.2.24）[89]。誰が、何を、どのように誤解するのであろうか。川崎議員の指摘からは判然としないが、中国や韓国が、日本の武器輸出を、「平和国家」ではない証拠、と「誤解」することは、自らの武器輸出政策を踏まえる限り考えられない。それはとりも直さず自国の政策を否定することに他ならないからである。

なお、こうした「負の道義性」を考える際には同じく第二次世界大戦の敗戦国であるドイツがしばしば引き合いに出される。ドイツの戦後が日本とは違うといった形で称賛されることも多いが、武器輸出に対してもドイツの対応は日本とは異なる。ドイツは日本とは違い武器輸出を積極的に行っている。ストックホルム国際平和研究所（SIPRI）の報告によると、2005～2009年におけるドイツの武器輸出額は2000年から2004年までの前5年間から倍増し、米露両国に次ぐ世界第三位の武器輸出国に成長したという[90]。

過去の歴史に対して近隣諸国の感情に関わらず自ら反省すべきなので武器輸出を自制すべきだという議論も根強い。もちろん近隣諸国の感情を踏まえたうえで自国の過去の歴史を反省するのであろうから、こうした議論は当然並立し得る。小柳勇議員（社会党）は「わが国の基本姿勢であった武器輸出禁止三原則の緩和を図り、武器輸出への道を求める声があります。あの痛ましい敗戦を経験したわが国民は、二度と戦争を繰り返すまいと、平和憲法維持に日夜努力をし、平和外交確立のために粉骨砕身しておるところであります。たとえどんな理由があろうとも、軍備拡大の一翼を担って戦争の火種を投ずる役割を絶対に演じてはならないと信じます」（参・本会議　1976.1.27）[91]と指摘し、武器輸出三原則の緩和が「軍備拡大の一翼を担って戦争の火種を投ずる役割」だと言う。同様に矢田部理議員（社会党）は「第二次大戦のあの惨禍、日本のとった態度を反省して、再び日本は死の商人にはならないという誓いを込めた方針がこの武器原則だったのではないか」（参・予算委員会　1983.3.9）[92]と指摘する。こうした議論は巷間でもしばしば見られるところであるが、一見して間違って

---

(89)　第63回国会衆議院予算委員会議録第4号25頁。
(90)　Paul Holtom, Mark Bromley, Pieter D. Wezeman and Siemon T. Wezeman,"Trends in International Arms Transfers, 2009", SIPRI Fact Sheet, March 2010, pp.2,3, (http://books.sipri.org/files/FS/SIPRIFS1003.pdf)（last visited December 13, 2010）。
(91)　第77回国会参議院会議録第3号2頁。
(92)　第98回国会参議院予算委員会会議録第2号8頁。

第5章　国際政治と武器輸出

いることは第二次世界大戦時の「日本のとった態度」は「死の商人」だったのではない。自ら武器を使用したのである。したがって、「再び日本は死の商人にはならない」という立論は奇妙である。少なくとも小柳議員や矢田部議員の指摘する「反省」をするのであれば自国の武装水準をどうすべきか、という観点から議論が行われるのが当然であり、武器輸出の是非という形で論じることは本来おかしい。自国の武装を肯定する一方で武器輸出を禁止することは第1章でみたとおり自国が武装している武器を他国が武装させない政策であり、こうした政策を肯定することが自国の「軍備拡大」を防ぐことになり、「日本のとった態度を反省」することになるということになるのだろうか。

　こうした議論は必ずしも野党側からだけ提起されていたものではない。対米武器技術供与をめぐる中曽根康弘総理大臣と山中貞則通商産業大臣のやりとりはこうした観点から大変興味深い。

◆ 武器輸出に関する政府統一見解（抄）[93]

> 　武器そのものの対米輸出については従来どおり、武器輸出三原則等により対処することとしたものである。
> 　中曽根内閣としては、これまで再三にわたり武器の共同生産を行う意図のないことを国会で答弁していることからも明らかなとおり、武器そのものの輸出についての従来のからの方針に何ら修正を加える考えはありません

中曽根内閣では対米武器技術供与に対する武器輸出三原則の例外化に際して、武器輸出は従来通り武器輸出三原則によるとした政府統一見解が発表されたが、その背景には次のようなやりとりがあった。当時、議論の対象となっていたことは対米武器輸出の可能性であった。対米武器技術供与によって武器技術の供与は武器輸出三原則の例外とされた。それに対して武器輸出そのものはあり得るのか、という点が論点であった。少なくとも法的には第1章で検討したように「慎む」に当たらないと判断されれば輸出は可能であるし、武器輸出を例外化することももちろん可能である（実際、その後日米物品役務相互提供協定（ACSA）や弾道ミサイル防衛（BMD）などで対米武器輸出が例外化されていることは第1章で検討したとおりである）。しかし、山中貞則通商産業大臣は対米武器輸出を全面的に否定する。「将来、理論的には武器そのものの輸出もあり得るという答弁を聞きまして、私はこれは詰めに詰めた問題の逸脱である。理論的

---

[93] 前掲第1章注(94)。

第 2 節　日本の独自性

にであっても、そのような武器そのものの輸出は、これは通産大臣としてでもそうでありますが、私は一政治家として、私自身の信念がございます、自分たちの子や孫のためにいまどのようなことをしておかなければならないか、してはならないか。その意味で、幾ら条約上の解釈の論理的な問題であるといっても、武器そのものを輸出する可能性を否定しないということは申し合わせに反するものでありますので、直ちに本朝、外務省ととりまとめをいたしました官房の方に連絡をして、いかなることがあっても承知できない、そのことは論理的な仮説であっても、私は承知しない。したがって、武器の輸出は、いかなる形であっても、将来とも絶対にしないということをやらない限り承知しないと、激しいけんまくで申し入れております」(山中貞則通商産業大臣　衆・予算委員会第六分科会　1983.3.5)[94]と述べるのである。「理論的」に可能であっても認めないという立場を明確にする。本来、法的には通商産業大臣にそうした裁量があるかどうかが検討されるべきであるが、山中通商産業大臣は対米武器輸出は認めないという立場を鮮明にしていた。当時の「各関係省庁集まっての詳細なる事前の討議、その中に武器というものは入っていなかった。ただ技術の終結点としての試作品としてそれを提供しなければ、受け取る方が技術が完結しないということがあった場合に、それは技術の終結点として試作品を認める」(山中貞則通商産業大臣　衆・予算委員会第六分科会　1983.3.5)[95]としており、それ以上の武器輸出は認められないという。こうした経緯については既に第 1 章で検討しているので、ここでは山中通商産業大臣の発言の背景について考えてみたい。

山中貞則通商産業大臣は

○　私たちは、第二次大戦から何を学んだかということを考えなければならない。だから、日本は未来永劫外国に殺人手段たるべき武器そのものを輸出しない国にする、輸出することのない国であるということを明確にさせておきたい (衆・予算委員会第六分科会　1983.3.5)[96]

と述べ、敗戦国である日本が「何を学んだか」として「武器そのものを輸出しない国にする」ことだと指摘する。既に検討したとおり戦後の日本は武器輸出を行ってきたので山中通商産業大臣の指摘は日本政府の一貫した政策ではない。

---

(94)　第 98 回国会衆議院予算委員会第六分科会議録第 2 号 22 頁。
(95)　第 98 回国会衆議院予算委員会第六分科会議録第 2 号 28 頁。
(96)　第 98 回国会衆議院予算委員会第六分科会議録第 2 号 29 頁。

しかしながら山中通商産業大臣は次のようにその心情を吐露する。

○　第二次大戦に生き残った人間として亡くなった人々に対する申し開きのできる人生として政治家の道を選んだ（中略）。私たちはいまここで自分たちの子や孫のことも考え、いまの日本が平和で豊かであると思っているならば、その豊かさ、平和さを残してやりたいというためには、人を殺傷するためにつくられた武器というものを人間を伴わなくても輸出するということ、そのことが私の-少なくとも平和な豊かな日本を子供たちに残してやりたい、そして、いまこの時代の政治家である私が何をなすべきか、何をなしてはならないか、何を残すべきかの選択をしなければならない重大な責任を持っていると思うのです（衆・予算委員会1983.3.8）[97]

こうした戦争経験が武器輸出を否定する「思想」につながったと主張するのである。しかし、同じく戦争経験を経てきた中曽根康弘総理大臣は異なる見方を披歴する。

○　戦争経験を経ました私たちの世代におきましては、もう戦争ぐらい愚劣なものはない、こういう悲惨なものは二度と繰り返してはならぬというのは肝に銘じておるところでございます。そういう点においては山中通産大臣、私も同じような経験をしてまいりまして、そういう考え方においては一致しております。再び日本を戦場にしてはならぬし、ああいう戦争のような愚劣な中へ日本を巻き込んではならぬ、これは私たちの個人的な、政治家としての信条でございます。
　　ただ、それをどういうふうに具体的に確保していくかという問題になりますと、やはり日米安全保障条約というものを片っ方に控えて日本の安全を守ろうという立場を自民党政府あるいは自民党は持ってきて、それでいままで平和は維持されてきている実績もあるわけでございます。（以下略）
　　自民党の将来やあるいは次の内閣あるいはいろんな状況変化が起きた場合のときまで、いままで想定できないような問題も起こるかもしれませんから、そういうときまで一内閣が縛っておくということは越権である（衆・予算委員会1983.3.8）[98]

つまり同じく敗戦という経験を経て戦争の悲惨さについては山中通商産業大臣と意見を一にする。しかし、日本の安全を守るために（中曽根総理大臣の表現では「どういうふうに具体的に確保していくかという問題」）日米安全保障条約があり、日米同盟の中で日本の安全は保たれてきたと指摘する。だから日本の安全を守るためにはどのような状況になるか予想はできない。したがって、武器

---

(97)　第98回国会衆議院予算委員会議録第18号9頁。
(98)　第98回国会衆議院予算委員会議録第18号14頁。

輸出管理政策を将来的にも拘束し続けることは「越権である」とする。この「越権」という点について井上計議員（民社党）は山中通商産業大臣が「わが国は未来永劫殺人手段である武器を輸出しない、これは私はこの件に政治生命をかける、こう言われました」と指摘し、「あたかも山中永久内閣が出現したのか、こういう印象を実は受けたわけでありますが、ただ 8 日に政府の統一見解が出され、それによって修正されておりますけれども、現在の通産大臣のお考えをまず承ります」と質問している（参・予算委員会　1983.3.11）[99]。これに対して山中通商産業大臣は「政治家としての私の信念は終生変わりません。魂魄この世にとどまりたいという気持ちまで持っております」と述べ、武器輸出に反対する立場に変わりはないと述べる。「しかし、それは通産大臣としての立場から言えば、個人の見解でもって中曽根内閣全体の決定について逆らおうというんならば、それは辞任するしかありません」と続け、「したがって、中曽根内閣の間は、結論は武器を出さないということにおいて一致するわけでありますから、それに私は従った」と述べる（参・予算委員会　1983.3.11）[100]。つまり山中通商産業大臣は個人の政治信念としては一貫して武器輸出に反対である。そのため中曽根内閣の一員としてこうした信念に反する決定が出れば辞任するしかないものの、政府統一見解で中曽根内閣の間は武器を輸出する意図はない、と表明しており、それであれば自分の信念とも矛盾しないと述べている。こうした事情を中曽根総理大臣は、「国政全般という面から見ますと、個人のその信念だけで突き通すわけにいかない諸般の問題が出てくる」とした上で、「中曽根内閣である間は輸出はやらないようにしよう」と決め、山中通商産業大臣との間で妥協を図る。同時に「しかし、ほかの内閣まで私が縛る権限はない」と述べ、「客観情勢によっていろいろな問題も将来起こりうる可能性はあると思う。平和憲法の理念や、あるいは日米安保条約に示されている国連憲章尊重、あるいは平和維持を行うという理念はあくまでこれは貫いていかなければならぬ、これは基本原則である。しかしながら、具体的な運用の問題になるとさまざまな問題も将来起こりうる。そういう意味において、（中略）将来の内閣を縛ったりすることは、これは慎まなければならぬ」と指摘し、将来的な武器輸出管理政策に変更の余地を残したのだと言う（参・予算委員会　1983.3.11）[101]。

---

[99]　第 98 回国会参議院予算委員会会議録第 4 号 23 頁。
[100]　同上。

343

山中貞則通商産業大臣はその後も「これは私の政治哲学でして、生涯を貫くものです」（参・商工委員会　1983.3.24）[102]と発言しており、強固な信念だったことが伺える。単純に図式化すると戦争体験に基づくハト派の山中通商産業大臣とタカ派の中曽根康弘総理大臣とも受け取れるが、中曽根総理大臣も同じく戦争経験を有しており、「私は、特攻隊員として実戦に参加しました。多くの戦友、同僚、教え子、部下を雲流るる果てに散華させました。無残なことです。戦死した戦友の一人に中曽根良介君がいます。これは中曽根総理大臣の実弟でございます」（田中六助議員（自民党）の指摘　衆・本会議　1983.1.27）[103]といった指摘もある。戦争をしないように日本が「どういうふうに具体的に確保していくかという問題」に対する解は必ずしも明確ではないが、少なくとも論理必然的に武器輸出禁止が導かれることはない。

(5)　日本の「高い評価」とは

　日本が戦後発展を遂げたのは武器輸出をしなかったからだという指摘もある。事実として異なることは改めて指摘するまでもないが、塩出啓典議員（公明党）は「わが国は戦後平和憲法を守り、武器輸出をしないという方針をとってきたわけであります。資源のないわが国が貿易を通して発展してきた大きな原因の一つは、わが国が武器輸出を行わず、すべての国と交流してきた結果であると、私はそのように思うわけであります」（参・予算委員会　1983.3.31）[104]と指摘する。塩出議員の指摘に対する見解を問われて山中貞則通商産業大臣は「それは直接の因果関係とは言えないのじゃないでしょうか。武器を売らない国だから日本のものを買ってやろうという国があるわけじゃありませんから、それによって日本の経済が戦後発展したのではなくて、むしろアメリカの武力の庇護のもとに、安保条約のもとで侵入してくる敵がない限りは戦いということを念頭に置かないで、アメリカでよく言われていた安保ただ乗り論的な姿の経済発展、いわゆる経済の発展に没頭できたということの方がメリットとしては大きかったのじゃないかと思います」（参・予算委員会　1983.3.31）[105]と答弁している。山中通商産業大臣は直前の質疑で「日本は兵器を売ることによって栄えるとか富むとかいう手段を絶対にとってはならない国だ」（参・予算委員会

---

(101)　同上。
(102)　第98回国会参議院商工委員会会議録第5号29頁。
(103)　第98回国会衆議院会議録第3号38頁。
(104)　第98回国会参議院予算委員会会議録第13号19頁。
(105)　同上。

第 2 節　日本の独自性

1983.3.31)[106]と武器輸出に対する否定的な認識を示しているが、山中通商産業大臣の武器輸出禁止論は経済発展に貢献したと主張する論を肯定するものではなかった。

　こうした武器輸出禁止をすれば日本に経済的利益があるという主張の他にも日本の武器輸出禁止によって日本の評価が高まるといった効果を指摘する発言も見られる。川橋幸子議員（民主党）はカンボジアでの地雷除去作業に立ち会い、「地雷の生産国に安保理の五大国の名前があり、あるいは韓国も北朝鮮の製造元の印もあるというようなものを見たときに、地雷除去作業の人たちがいかに日本をたたえてくれたか、日本を頼りにしてくれたかということを個人的には非常に体験論として強く感じております」と指摘した上で、「武器輸出をしないということがいかに日本の在り方、国際社会の中における日本の在り方を強くアピールするものであったか、現地の住民の方々からいかに信頼されるものであったかということを私はお伝えさせていただきたい」（参・憲法調査会 2004.4.7)[107]と指摘する。川橋議員の指摘に従えばカンボジアでは中国（五大国）や韓国製の地雷が埋まっており、そのために両国は「現地の住民の方々」から「信頼」を受けていないということである。そうした不信や批判がどの程度湧き上がっているのか、中国や韓国とカンボジアとの二国間関係がそれほど対立的なのか、実証的に検証する必要があろう。さもなければ印象論の域を出ない。

　そもそも武器を輸出しないことで批判を受けることはまれである。自発的に競争しない相手を批判する競争相手はいない。大原亨議員（社会党）は「日本は、自動車とか戦車とかあるいは軍艦とか戦艦とかそういうものをつくって皆さんと競争すれば皆さんの市場を席巻するかもしれない、それで皆さん方が文句を言うかもしれない、しかし日本はそういう市場には出ないということで規制をしておるのだ」（衆・内閣委員会　1986.11.20)[108]と指摘する。こうした「規制」を批判する者は日本の武器を購入したい場合に限られる。通常、武器輸出国は競争相手が減るのであるから称賛こそすれ日本を競争に迎え入れるようなことはしないであろう。「高い評価」とは何であるのかが見直されるべきであり、「高い評価」を受けていないはずの武器輸出国はどのような「評価」

---

(106)　同上。
(107)　第 159 回国会参議院憲法調査会会議録第 5 号 14 頁。
(108)　第 107 回国会衆議院内閣委員会議録第 6 号 6 頁。

を受けているのかを同時に比較検証しない限り、「高い」評価とはいかなるものであるのかを検証することはできない。

(6) 他国の非武装を目指す「道義性」

　武器輸出禁止に「道義性」を主張する議論が根本的に問われるべき論点は自国の武装を容認しながら、同様の武装を他国が行うことを否定するという側面の「道義性」である。全ての武器生産国が武器輸出禁止を行えば、原理的には武器製造能力のない国の非武装を強要することができる。したがって、原理的には自国が非武装政策を追求するのでない限りは政策としてダブルスタンダードになってしまう。公明党や共産党の武器輸出禁止法案も自国の保有する武器に関するものは「例外」扱いであった（第2章第10節(5)参照）。伊藤惣助丸議員（公明党）は同党が武器輸出禁止法案を提出する際に「わが国における兵器生産は、平和憲法の下の自衛の範囲内において行われるべきであり、これを越えて過大な兵器生産をし、輸出することは厳重に禁止すべきものと考える」（衆・商工委員会　1971.3.26)[109]と述べており、自国で武器を生産することや日本が武装することは当然の前提となっていた。つまり自衛権をはじめとして自国の武装を容認しながら武器輸出だけを禁止する政策とは、「武器が必要な場面もある」と自国自身が思っているにも関わらず他国には武装させない政策と言える。こうした要素を武器輸出の全面禁止は政治的に内包しているのであり、発展途上国（武器の輸入国）が武器輸出の制限に反対することもこうした観点からは理解できることである。過去の国会においてもこうした指摘がなされている。木村睦男議員（自民党）は「日本はアメリカから武器を買っている、その日本が、日本の武器は外国へは輸出しちゃいかぬと、これは一体どういうことなんだという素朴な質問をよく受ける」と指摘し、「日本は専守防衛である、侵略戦争をしない、だから武器を輸入して日本の防衛のために持って当然ではないか、こう答えますというと、それでは、日本がどの国へも武器を輸出をしないというのは、日本以外の世界どの国を挙げても日本のような専守防衛の国はなくて、全部侵略国家ばかりだという裏返しになるが、それを一体日本政府は何と説明するんだというふうに私はよく聞かれます」と言う（参・予算委員会　1982.3.10)[110]。玉置和郎議員（自民党）は憲法前文が「平和を愛する諸国民の公正と信義に信頼して、われらの安全と生存を保持しようと決意した」、

---

(109)　第65回国会衆議院商工委員会会議録第16号1、2頁。
(110)　第96回国会参議院予算委員会会議録第4号24頁。

また「われらは、いづれの国家も、自国のことのみに専念して他国を無視してはならない」と規定されていることを指摘した上で、「これからいくなら、自衛のために日本が外国から武器を輸入することができるということはこれは定着しておるのです。であるならば、日本と同じように他国を侵略する意図はない。(中略) 専守防衛で今度も国是としてやりたいんだが、何とかしてひとつ払い下げるような駆潜艇というものを日本がくれないものだろうかということになれば、私はこの憲法前文の自国のみ考えて他国を無視してはならぬということに当てはまると思いますよ」と指摘する (参・予算委員会　1981.3.9)[111]。玉置議員は、もしある国が日本と同じような防衛政策を有するのであれば、日本が武器を輸入し保有できるように、その国も日本から武器を輸入できるのは当然ではないかと問いかけている。こうした指摘に対する回答はそれほど容易なものではない。日本の武器輸出が周辺諸国の警戒感を招くという議論でも、本当に周辺諸国は日本の武器輸出に対して警戒感を持つようになるのかが検証される必要がある。大出俊議員 (社会党) は日本の小銃は「短いし、銃床にジュラルミンをつけてあるのですから軽い。もう800メートルも離れて、いま使っている鉄かぶとをぽんと撃ち抜く威力があるわけでありますから、東南アジア各国がほしがるのはあたりまえです。(中略) さすがにかつてたくさん武器をつくっていた日本ですから、優秀な武器ができるのはあたりまえです」と指摘した (衆・内閣委員会　1969.10.8)[112]。つまり周辺諸国の中には日本の武器を購入したいと考えている国があるかもしれない (なお、「周辺諸国」とは中国と韓国だけが対象で東南アジア諸国は「周辺諸国」ではないという立論も論理的には可能である)。大出議員は周辺諸国には必ずしも日本の武器輸出を否定していない国もある可能性を指摘している。最近でもインドネシアへの巡視艇供与に見られるように日本の武器を導入したいと東南アジア諸国が考えたときに、一義的に拒否をすることが果たして「道義的」であるのかどうかが問われることになる。

　しかしながら、こうした議論は国会質疑全体でみると極めて低調であり、こうした側面を国会が真剣に議論した形跡は見られない。およそ全ての武器輸出が「道義性」に欠けるとは言えず、武器輸出の「道義性」が問われるべきは輸入国において自衛権の行使に当たって必要とされる武装かどうかを判断しな

---

[111]　第94回国会参議院予算委員会会議録第4号24頁。
[112]　第65回国会衆議院内閣委員会会議録第46号13頁。

場合であるはずである。徒に紛争を助長するような武器輸出を慎むべきであり、はじめてその「道義性」が問われるものになる。それは武器輸出三原則の目的である国際紛争の助長を防ぐこととも一致する。

　武器輸出全面禁止思想は一見すると人道的であり、普遍的な平和を追求するものに見える。しかし、その実像は他国の実情を全く考慮の対象にすら入れていないもので極めて一国主義的なものであり、その背景には他国の自衛権そのものを否定しかねない徹底的な不信感が横たわっている。他国の事情を一切考慮せず一方的に武器輸出を認めない姿勢は「日本版ユニラテラリズム」とも称することができる側面も有しているのである。

◆　第3節　武器の範囲　◆

(1)　武器の範囲は狭いか

　武器輸出管理をめぐっては「武器」の輸出だけを規制すれば足りるのか、という問題がある。換言すると武器輸出だけを規制（あるいは禁止）すれば国際紛争を助長するという心配はないのであろうか。第1章の冒頭で武器と汎用品の区別を論じたが汎用品も武器に利用され得るものであるから輸出管理の対象となっている。しかしながら、その管理の程度は武器が武器輸出三原則によって厳格に管理されていることと比べれば、武器輸出三原則が適用されない汎用品の輸出管理は武器より緩やかである。そこで武器にも利用される汎用品も武器並みに管理を厳しくすべきではないかという議論が生起する。井上普方議員（社会党）は「日本は武器輸出を禁止している。まして、軍隊が使おうとするようなコンピューターに対しましては、日本は国の政策としてもこれをやめるのは当然のことなんです」（衆・外務委員会　1985.12.6）[113]と主張する。議論の前提は繰り返しになるが日本は武器輸出を禁止しているのではないことである。しかし軍隊が使用するコンピュータの輸出は第1章で検討したように汎用品である限り（武器専用品でなければ）は武器輸出三原則が適用されることはない。最近でも「少なくとも軍用に使用されるとわかった段階で輸出を禁じるのが、武器輸出三原則の本来の考え方にもとづいた判断となる」[114]といった指摘が見られる。この指摘は軍事用途であれば輸出を許可しないのが武器輸出三原則の

---

(113)　第103回国会衆議院外務委員会議録第3号6頁。
(114)　前掲第1章注(24)。

「本来の考え方」と言うが、武器ではない汎用品は武器輸出三原則の対象外であるのでこの指摘は妥当しない。ただ武器に利用される（又はされ得る）汎用品を武器並みに厳しく管理すべきかという論点は十分に検討に値する論点である。

　武器に利用される汎用品の輸出管理を武器並みに厳しくすべきだという意見には武器輸出三原則に言う「武器」の範囲を拡大しようという主張もある。工藤晃議員（共産党）は「武器輸出三原則ということをつくったときの武器の定義ということですね、これは見直すべきである。非常に狭い」と指摘し、武器輸出三原則上の「武器」の範囲が「狭い」と批判する。続けて工藤議員は「武器三原則の精神は何かというと、憲法に定められている平和主義に基づいて戦争に科学は使わない、あるいは技術を使わない、あるいは軍需産業をそういう形にしないということになるわけであります」とし、そのため「いわゆる汎用ということを含めて明らかにアメリカの国防省に行くというような技術まで抑えなければ武器輸出三原則の精神が貫かれない」と主張するのである（衆・商工委員会　1985.2.22）[115]。工藤議員の言う「武器三原則」または「武器三原則の精神」と称するものが武器輸出三原則でないことはこれまでの検討からも明らかであり、新たな政策を提示しているものであるが、だからといって自動的にその妥当性が否定されるものではなく、その妥当性については新たな輸出管理政策として別途検討する余地がある。工藤議員はさらに「日本国の憲法の理念ということを貫くとすると、原子力には基本法で平和利用ということがある。それから宇宙は、事業団法でともかく平和利用があり、国会決議もある」と指摘したうえで、「広く今の科学技術の平和利用を貫くということを国是にしていかなければいけない」と主張している（衆・商工委員会　1985.2.22）[116]。言うまでもなく現行の外為法や武器輸出三原則の大きく超えた政策提言であり、その妥当性や可能性が検討される必要がある。外為法に「平和目的」の限定は法目的にもその他の条項にもない（第2章第7節参照）。武器等製造法も同様である。そもそも「平和目的」を非軍事と解すると武器等製造法の存立の余地はあるのであろうか。こうした議論は本来武器輸出管理のあり方から問われるべき論点であり、第2章で検討した経済活動や学問の自由といった基本的人権との調和等を踏まえつつ立法措置を検討すべきであり、武器の範囲の広狭によっ

---

[115]　第102回国会衆議院商工委員会議録第3号42頁。
[116]　同上。

て調整されるべき論点ではない。何より安易な定義の変更は法的安定性を害するものであり、法改正や新規立法が考えられるべきである。法改正や新規立法に当たってはそうした措置が妥当なのか、可能なのか、といったことが厳しく検討されるべきである。

　武器輸出三原則を武器に利用される汎用品にも拡大すべきという議論と、武器輸出三原則が適用される武器の範囲を拡大すべきという議論は本質的には同じ内容である。ただ、いずれの場合も外為法第1条や第47条に言う「必要最小限」の管理であるかどうかにつき、厳しく検討されなければならない。憲法上も外為法上も武器輸出三原則の「拡大」を要請する規範はない。他方で輸出の自由をはじめとした基本的人権は武器輸出三原則を「制約」する方向で働く。他方で、国際条約上も国際政治上もこうした要請はない。したがって、こうした武器輸出三原則の「拡大」を正当化する根拠は乏しいと言わざるを得ない。既に武器輸出三原則で憲法や外為法の原則から「例外」扱いを認めているが、こうした「例外」扱いの拡大には慎重であるべきであろう[117]。

　(2)　武器の範囲は広いか

　武器の範囲が狭いという主張がある一方で武器の範囲が広いという主張もある。例えば先述のとおり佐藤正久議員（自民党）は「湾岸戦争当時は、医師や記者たちが自己防護のためにヘルメットや防弾チョッキを日本から携行しようとしましたが、これは武器として認定され駄目だったという例がございました」（参・外交防衛委員会　2007.12.20）[118]と指摘したが、佐藤議員はヘルメットや防弾チョッキが武器として扱われていること自体も問題視しているように見受けられる。少なくともこうした「自己防護のため」に持参したものを武器輸出三原則の対象とすることを問題視しているようである。町村信孝外務大臣の「そもそもヘルメットも防弾チョッキも、それは戦争のときに使うものだから武器だといえば武器かもしれませんが、別に何も人をぽんぽん殺傷しようというものじゃありませんよね。こういうものは見直してもいいのではないか」（衆・安全保障委員会　2005.3.25）[119]との指摘も同様である。また軍隊が利用するからといって厳しい輸出管理をすべきではないという意見はかつての社会党

---

(117)　森本正崇「大量破壊兵器と通常兵器を対象とする輸出管理－輸出管理実務における比較検証－」『国際安全保障』第36巻第4号、2009.3、49頁。
(118)　前掲注(37)。
(119)　第162回国会衆議院安全保障委員会議録第4号39頁。

からも指摘されていた。佐藤観樹議員（社会党）は「武器の問題は別として、汎用品に至ってはなかなか範囲が確定できない。例えば、この前問題になっておりましたけれども、北朝鮮、朝鮮民主主義人民共和国にトラックを送って、それを軍隊が使うということになるとこれもいけないのか」（衆・外務委員会1987.8.19)[120]と主張する。北朝鮮軍が使用するものであっても「これもいけないのか」と問うており、そのくらいは問題がないという主張であろう。当時の社会党の姿勢は外為法改正に対する反対理由からも汎用品を輸出管理の対象とすること自体を問題視しており、こうした指摘は必ずしも違和感のあるものではない。確かに北朝鮮軍が使用するトラックであっても軍事専用品と考えられるような特殊な加工が施されていないトラックであれば、武器輸出三原則が適用されることはない。ただし、ほぼ同時期の井上普方議員（社会党）の先述のコンピュータに関する指摘と全く正反対の立論であり、当時の社会党の政策に一貫性があったのか、という疑問を呈する余地は十分にある。北朝鮮のような友好的な国に対しては好意的な対応をしていたのではないかとの疑念は残る。これが米軍向けのトラックでも同様の指摘を社会党は行えたのかは疑問である。

(3) 攻撃的な武器と防御的な武器

　武器輸出三原則の武器の範囲が広いとする論者には「武器の概念を攻撃的なもの」に限定すべきではないかとの指摘がある（久間章生防衛庁長官　参・外交防衛委員会　2006.11.30)[121]。「攻撃的な」武器に限定すれば上記のヘルメットや防弾チョッキ等が武器として扱われることはなくなるという趣旨であろう。久間章生防衛大臣は武器の範囲が広すぎる例として具体的には次の4つの事例を挙げている（衆・安全保障委員会　2007.5.15)[122]。①湾岸戦争後、新聞記者を連れていく際防毒マスクを持っていくことになった。ところが防毒マスクが武器だということになり輸出ができない。②地雷探知機も武器となっている。③化学防護服を国内で製造すると武器になる。④中国の遺棄化学兵器の処理をするための装置が武器輸出三原則に抵触するのはおかしい。これらの事例を列挙した上で久間防衛大臣は「だから武器という概念自体が非常に広く」と指摘し、武器の範囲が広すぎると批判している。ただし久間防衛大臣は続けて「これは条約上の武器だそう」[123]とも指摘しており、この点については後述する（(5)参

---

(120)　前掲第3章注(115)。
(121)　第165回国会参議院外交防衛委員会会議録第6号12頁。
(122)　第166回国会衆議院安全保障委員会会議録第9号4頁。

第 5 章　国際政治と武器輸出

照）。①や③は既に第 1 章で検討した内容である。ここでは②の地雷探知機をめぐる議論につきさらに詳しく見ていきたい。

(4)　対人地雷除去機材をめぐる議論

既に第 1 章で検討したとおり対人地雷除去活動に関連する資機材は 1997 年に武器輸出三原則の例外化の対象となっていた。2002 年には対人地雷のみを処理する車両や地雷探知機については、その仕様等からみて「軍隊が使用し直接戦闘の用に供されるもの」という武器輸出三原則等上の武器の定義にあたらないとし、さらには外為法上の武器からも外され、結果として輸出に際し許可を要しないこととなった[124]。繰り返しになるが武器輸出三原則の例外の対象となるものはあくまでも武器である。1997 年の時点では対人地雷除去機材は武器であった。しかし 2002 年以降は対人地雷除去機材は武器ではないという。外為法上は、武器輸出三原則の例外化の対象となること以上に、武器ではないと扱われることは重大な差異をもたらす。武器ではない以上、武器輸出三原則の対象とはなり得ないからである。1997 年の対人地雷除去活動に関する武器輸出三原則の例外化は新聞紙上をはじめ耳目を集めた（第 1 章第 2 節(5)③）が、2002 年の措置に関してはあまり知られていない。ここでは 2002 年の経緯について振り返ってみることで武器の範囲について考えてみたい。

山口那津男議員（公明党）は「地雷除去をするための処理の機械、具体的にはショベルカーの先にロータリーカッターを取り付けて、植栽を取り除き、そして地面を掘り返し、同時に埋設地雷を破壊すると、こういう作業ができる、そんな機材も調査、視察してまいりました」として、その中で「感じたこと」の一つとして「武器輸出三原則との関係でありまして、これは、この原則は外務省の所管ではありませんけれども、しかしこれは従来厳格に管理されてきた、これはこれでよろしいと思いますけれども、人道目的による支援については、私はもう少し柔軟な、かつ武器輸出三原則の趣旨を曲げない、そういう対応が必要であろうかと思います」と指摘する（参・外交防衛委員会　2002.4.9）[125]。「武器輸出三原則の趣旨を曲げない」限り武器輸出が許可されるのは当然のことである。「武器輸出三原則の趣旨」とは国際紛争を助長しないことであり、「人道目的による支援」が国際紛争を助長しないかどうかを確認の上、助長し

---

(123)　第 166 回国会衆議院安全保障委員会議録第 9 号 5 頁。
(124)　外務省軍縮不拡散・科学部編『日本の軍縮・不拡散外交（第四版）』110 頁。
(125)　第 154 回国会参議院外交防衛委員会議録第 6 号 16 頁。

第 3 節　武器の範囲

ないようであれば許可される。これは武器輸出三原則の例外とされる以前から武器輸出に共通の対応であり、山口議員の指摘は当然の確認である。もし山口議員がたとえ「人道目的による支援」で「武器輸出三原則の趣旨を曲げない」武器輸出であっても許可されないと考えていたのであれば武器輸出三原則に対する誤解であるし、または過去にそうした事例があったとすれば武器輸出三原則の適用を誤っていると言える。山口議員は外務大臣の所見を問うたのだが時間切れで回答は二日後に持ち越された。上記の質問に対して川口順子外務大臣は「世界で使われる地雷除去のための、あるいは探知のための機械や技術を開発していくことは、我が国の貢献として重要であると考えております」(参・外交防衛委員会　2002.4.11)[126]と答弁している。答弁の時点において対人地雷除去や探知の機械や技術には武器や武器技術に当たるものがあった。したがってこうした武器や武器技術の開発が「我が国の貢献として重要である」と指摘したことになる。したがって本答弁は少なくとも「我が国の貢献」すべき武器開発があり得ることを指摘していることになる。山口議員はさらに「地雷処理機あるいは探知ロボット等を開発するに当たって、爆発物である地雷との関連、耐久性とか実際の効果とか、これを検証する必要がありまして、是非、防衛庁として演習場あるいは技術者等を活用して頂きまして協力をできるようなそういう道を開いていただけるともっと効果的な支援ができると思う」(参・外交防衛委員会　2002.4.11)[127]と防衛庁の協力を求めている。これに対して中谷元防衛庁長官も前向きの答弁を行っているが、防衛庁の協力が必要だとする理由は山口議員が指摘するように対人地雷除去機材の開発には武器技術が必要な場合があることを示している。これらの質疑を見る限りは対人地雷除去機材に武器に当たるものがあることについては当然のことのように思われる。

　ところが松あきら議員（公明党）は 2002 年の経緯について「平成 14 年（2002 年）に私が経済産業大臣政務官をさせていただいていたときに、(中略)掃除機の先についているような探査機、除去機は武器じゃないけれど、あとはすべて武器だったんです。これを外すのに死ぬ思いをしました」(括弧内筆者追加)(参・政府開発等に関する特別委員会　2007.2.27)[128]と振り返る。「死ぬ思いをして」外すと言うが政府統一見解等が出された形跡はなく、もちろん外為法

---

(126)　第 154 回国会参議院外交防衛委員会会議録第 7 号 12 頁。
(127)　同上。
(128)　第 166 回国会参議院政府開発援助等に関する特別委員会会議録第 4 号 10 頁。

353

第5章　国際政治と武器輸出

改正も行われていない。対人地雷除去機材が武器であるかどうかをめぐる判断は既に第1章で整理したとおりであるのでここでは簡単に整理しておくと、まず武器に当たるかどうかが判断される。この際まずは外為法第48条を受けて輸出貿易管理令別表第1の1の項に規定するものであるか（外為法上の武器）を判断し、さらにそれが武器輸出三原則上の武器に当たるかどうかが判断される。したがって、全ての対人地雷除去機材が武器輸出三原則上の武器と考えられるわけではない。しかし、「従来の武器輸出三原則の規制に阻まれて輸出できなかった日本の地雷探知機及び除去機につき、これらを武器規定から外し、輸出を可能とするよう我が党は強く求めてまいりましたが、昨年（筆者注：2002年）8月にようやくそれが実現されました」（浜四津敏子議員（公明党）参・本会議　2003.2.5）[129]と対人地雷除去機材が武器輸出三原則によって輸出できなかったと評価する。武器輸出三原則が武器輸出禁止の規範であるという間違いの典型である上、対人地雷除去機材は既に武器輸出三原則の例外とされており浜四津議員の指摘は全く当たらないはずである。武器輸出三原則の誤った理解が招いた事態の典型ともいえる措置が対人地雷除去機材をめぐる議論である。武器輸出三原則によって対人地雷除去という人道支援に支障をきたすと考えられたのである。武器であるからといって輸出できないものではないことはこれまでも繰り返し述べてきたとおりであるが、輸出できるようにするためには武器という扱いではよくないという逆転した議論が行われていたことになる。見方を変えれば武器輸出三原則の例外化という状態では対人地雷除去機材の輸出によって日本が武器を輸出していることになってしまうので、日本からは武器を輸出していないことにしておくための措置であったとも言える。

　対人地雷除去機材が武器であるならば対人地雷除去機材の研究開発は武器の研究開発であるから自粛すべきという議論はあったのであろうか。結論から先に言えば全くなかった。つまり対人地雷除去機材の研究開発は進められ、しかも文部科学省が率先して行っていた。つまり文部科学省が武器技術の研究開発に従事していたことになる。このことは武器というものの意味合いが「単なる殺傷道具」以上の広がりを持っていることを示している。対人地雷除去機材をめぐる議論が持つ到達点の一つは、武器には役に立つものもある、さらに敷衍すれば世の中に広めた方がいい（輸出も含め）武器の存在を肯定することにな

---

[129]　第156回国会参議院会議録第6号2頁。

第 3 節　武器の範囲

るか、あるいは対人地雷除去機材のような「役に立つ」ものが武器であることがおかしい、ということになる。後者の武器の範囲については後述するとしてここでは文部科学省による研究開発の経緯につき簡単に振り返っておく。

　山口那津男議員（公明党）が文部科学省が「ロボット技術を使って、地雷の探査技術の開発研究ということに今年度から乗り出しました」と紹介したところ、山元孝二文部科学省科学技術・学術政策局長は「文部科学省におきましては、今年（筆者注：2002 年）の 1 月に研究会を発足させまして、5 月の末に報告書を取りまとめ、その中で、我々として研究開発を進めるべき技術課題として大きく二つ、一つは対人地雷を 100％探知できるような高度な先進技術、それから二つ目はセンサーを地雷原に持ち込みまして、安全かつ効率的に地雷の探知・除去活動を行うためのアクセス・制御技術、この二つの技術課題に焦点を当てて進めていこうと」していると説明し、「科学振興事業団におきまして、既存の研究開発制度、これを活用いたしまして、広く研究公募を行っている」と答弁した（参・外交防衛委員会　2002.7.23）[130]。なぜ文部科学省がこうした技術の研究開発に従事するかという点については「人道的な観点、こういうことから、地雷の探知のみならず除去技術も含めまして、より安全かつ効率的に実施できるようにするためには先端的な科学技術を駆使した技術を開発することが重要だろう」（山元孝二文部科学省科学技術・学術政策局長　参・外交防衛委員会　2002.3.19）[131]という認識を示している。より具体的には「大学においてロボット技術の研究成果が結構進んでございますので、この辺の成果も含めまして、踏まえまして、我が国が得意とする科学技術分野における技術開発というふうな形で貢献ができるんではなかろうかという方向で現在検討を進めておるところでございます」（山元孝二文部科学省科学技術・学術政策局長　参・外交防衛委員会　2002.3.19）[132]と説明している。つまり「人道的な観点」から大学における研究成果を活用すべく研究開発が進められている。大学の研究成果の中には武器に応用可能な技術があるだけでなく、「人道的な観点」からむしろ文部科学省が積極的に研究開発を進めていた。実際、最近でも文部科学省は安心・安全科学技術として対人地雷に限らず広く爆発物検知や放射性物質や生物剤・化学剤の検知技術などの研究開発を積極的に推進しており、こうした研究

---

(130)　第 154 回国会参議院外交防衛委員会会議録第 28 号 10 頁。
(131)　第 154 回国会参議院外交防衛委員会会議録第 2 号 28 頁。
(132)　同上。

開発も同様の議論が可能であろう（第2章第6節(2)⑦参照）[133]。

(5) 武器とは何か

　対人地雷除去機材をめぐる議論から浮かび上がる構図の一つは「役に立つもの」は「武器」ではないはず、という素朴な議論である。特に「役に立つ」に「人道的」が加わるとより強力な議論に見える。しかし、対人地雷除去活動をめぐるそもそもの議論を想起したい。1997年に対人地雷除去活動に関連して武器輸出三原則の例外とされた際の議論において政府は「地雷除去装置といえども軍事的に利用される可能性のあるものでございます」（栗山信也通商産業省貿易局輸出課長　衆・外務委員会　1997.4.22)[134]と答弁している。地雷除去機材が「軍事的に利用される可能性」とはどのようなことを指しているのだろうか。最も分かりやすい例は北朝鮮に対人地雷除去機材を「人道支援」することの意義であろう。北朝鮮から「朝鮮戦争中に米軍によって埋設された地雷を除去するために『人道支援』してほしい」という話が持ち込まれたとしたらどのように考えるべきであろうか。日本でも未だに不発弾が見つかることから実際にそうした地雷が見つかるという可能性は否定できない。しかし、韓国が対人地雷禁止条約に加入していないことは広く知られている。韓国が対人地雷問題に関心が低いわけではない。韓国は自国の防衛、すなわち北朝鮮からの侵攻を抑止するために依然として対人地雷が必要だと考えているからである[135]。そうした状況にある中で北朝鮮に「人道支援」と称して対人地雷除去機材を日本から大々的に輸出することが「武器輸出三原則の精神、これは平和国家としての我が国の立場から、武器輸出によって国際紛争を助長することを回避する、こういうことでございますので、そうであれば、地雷探知機や探知技術を輸出することは、平和国家としての我が国の立場から大いに必要があると私は思います」（島聡議員（新進党）　衆・外務委員会　1997.4.22)[136]という議論はナイーブに過ぎる議論であろう。

　結局、対人地雷除去機材も使われ方次第で「国際紛争等を助長する」可能性もあるのであり、武器は存在悪だと言えないことと同様に、対人地雷除去機材も「役に立つ」だけの存在ではないのである。そうした危険性があったからこ

---

(133)　前掲第2章注(245)。
(134)　前掲第1章注(174)。
(135)　外務省軍縮不拡散・科学部編『日本の軍縮・不拡散外交（第四版）』108頁。
(136)　前掲第1章注(173)。

第 3 節　武器の範囲

そ武器として厳格な輸出管理が実施されていたのである。対人地雷除去機材が武器はおろか、武器輸出三原則の例外の対象ともなっていなかった時期に、白浜一良議員（公明党）はカンボジアPKOから自衛隊が戻ってくる際に自衛隊が現地にそのまま置いてくるものがあったことに対して、「置いてくるものの中には、いわゆる武器と言われる定義がございますね、これ、そういうものは当然入らないわけですね」と確認したのに対して、政府は「いわゆる武器に相当するものにつきましては置いてくる考えは持っておりません」（畠山蕃防衛庁防衛局長）と答弁している（参・予算委員会　1993.5.28）[137]。たとえ自衛隊がカンボジアに持ち込んだものの中に対人地雷除去機材のように「人道的」な観点から「役に立つ」かもしれない武器があったとしても「当然」持ち帰るという整理をしていた。

　このように「役に立つ」とか「人道的」であるかどうかは武器であるかどうかを判断する決定的要素にはならない。既に検討してきたように外為法と武器輸出三原則にはそれぞれ武器の定義（又は範囲）が定められている。既述のとおり外為法であれば輸出貿易管理令別表第1の1の項に規定されているものが外為法上の武器であり、武器輸出三原則上の武器は外為法上の武器のうち、「軍隊が使用するものであって、直接戦闘の用に供されるもの」をいうとなっている。対人地雷除去機材でもこれらの定義に当てはまるかどうかを確認することによって武器であるかどうかが判断されるものであり、そこに本来「人道的」といった要素は入り込む余地はない。こうした枠組みがあるにもかかわらず徒に武器の範囲を変更することは法的安定性を損なう上に恣意が入り込む要因ともなることから避けるべきことである。河本敏夫通商産業大臣はこうした点について「武器（輸出）三原則に言う、これが武器であるかどうかという御質問がありました場合に、私どもはこれを無理に拡大解釈したりあるいはまた縮小解釈したりしないで、そのものの性能に即しまして純粋に技術的にこれは武器であるとかないとか、そういう一応判断を下すだけでございまして、そのことと現実に武器を輸出することとは別問題でございまして」（括弧内筆者追加）（衆・予算委員会　1976.2.4）[138]と述べている。

　同様に武器の範囲を「攻撃的」なものと「防御的」なものに分類する論者がいる。しかし、どこまでの武器が「攻撃的」なものなのかという点については

---

[137]　第126回国会参議院予算委員会会議録第17号5頁。
[138]　第77回国会衆議院予算委員会会議録第7号6頁。

曖昧なままである。先の例を敷衍すれば北朝鮮が韓国侵攻に対人地雷除去機材を利用した場合に対人地雷除去機材は「防御的」なのであろうか「攻撃的」なのであろうか。佐藤榮作総理大臣は「日本の武器は、(中略)他国を脅威するような武器ではございません。これはどこまでも防衛産業、いわゆる防衛的な立場から製造するものでございます。でありますから、日本の武器そのものは、外国へ行きましても、日本で攻撃的な機能を持たないのですから、外国へ行っても、やはり攻撃的な機能は持たないのです」(衆・決算委員会　1967.4.21)[139]と答弁している。佐藤総理大臣の整理に従えば日本が生産・保有している武器は全て「防御的」ということになり、全く歯止めがないことになる。実際、佐藤総理大臣は「非常に通俗的」としつつも「自衛のために使っているものは、これはもう防御的な武器だ」と述べている(衆・予算委員会　1967.4.26)[140]。さらに「攻撃的」な兵器については「積極的に他に攻撃を加える場合には、これは非常な弱い武器にいたしましても相手方に攻撃的な脅威を与えるということになると思います。したがいまして、まず第一は心がけの問題で、いまの憲法に忠実であるかどうか、この忠実であるかどうかがまず第一の、まあ尺度ではございませんが、兵器ではなくて、兵器を使う側において憲法の条章を完全に守る、これを忠実に守る、これが必要だと思います。これでない限りにおいては、どんな武器だろうが、いつも攻撃的なものになるんじゃないだろうか」(佐藤榮作総理大臣　衆・予算委員会　1967.4.26)[141]と指摘する。佐藤総理大臣は「心がけの問題」と言うが「兵器を使う側」によって「どんな武器だろうが、いつも攻撃的なものになるんじゃないだろうか」と指摘している。要するに使われ方次第であるということである。武器そのものの性質から「攻撃的」・「防御的」と分類することは容易ではない。

　次に外為法上の武器について考えてみたい。外為法上、輸出許可が必要とされている貨物は武器も含め国際的に調和が取れたものとなっている。具体的には武器が規定される輸出貿易管理令別表第1の1の項には、国際的な輸出管理の枠組み（国際輸出管理レジーム）であるワッセナー・アレンジメントの合意に従って武器（Munitions List）とされるものが規定されている（第1章第1節

---

[139]　第55回国会衆議院決算委員会議録第5号10頁。なお、佐藤榮作総理大臣のこの答弁は武器輸出三原則表明の直後の質疑におけるものである。
[140]　第55回国会衆議院予算委員会議録第14号7頁。
[141]　第55回国会衆議院予算委員会議録第14号8頁。

参照)。ワッセナー・アレンジメントでは mines として地雷が規制対象とされ、さらに探知する装置（detecting）や除去する装置（sweeping）も規制対象とされている。対人地雷除去機材だけが明示的に除外されていない。ただし、ワッセナー・アレンジメントではその中でも軍用（military use）に設計されたものだけが対象となると規定されている[142]。したがって、本来は軍用設計性を確認した上で武器として規制対象となるかどうかを判断すべきであり、対人地雷除去機材だから自動的に武器ではないという規制ではない。もちろんワッセナー・アレンジメントは国際条約ではなく紳士協定であり、ワッセナー・アレンジメントの合意通りに履行する国際法上の義務はない。しかしながら、ワッセナー・アレンジメントでは対人地雷除去機材が武器から除外されていない以上、少なくとも対人地雷除去機材に関しては日本は国際水準よりも輸出管理が甘いことになる。少なくとも対人地雷除去機材に関しては「世界一厳しい武器輸出管理」という自己評価は疑問である。ここで考えるべきことは対人地雷除去機材が武器であることが問題なのか、武器であることで自動的に輸出できないと考えることが問題なのか、という点である。諸外国、特にワッセナー・アレンジメント参加諸国が対人地雷除去機材が武器として輸出管理の対象となっていても人道的な対人地雷除去活動に支障をきたさない理由は、軍事設計性を確認した上で武器に該当するか判断し、さらに武器に該当するものであったとしても武器輸出が全面的に禁止されるとは考えられていないからである。

　対人地雷除去機材の輸出をめぐる議論から明らかなことは本来国際的に調和のとれた輸出管理をするという観点や法的安定性という観点から安易に武器の定義を変更すべきでないにもかかわらず、「武器輸出」とされる事態を防止するために武器の範囲を変更することで対人地雷除去機材の輸出を可能にしようという議論だったと言える。

　久間防衛大臣が指摘した①防毒マスク、②地雷探知機、③化学防護服、④化学兵器の処理をするための装置もいずれもワッセナー・アレンジメント上の武器として扱われているので、これらが武器であることは日本だけが厳しい管理をしているからではない。むしろこれらの資機材を武器から外してしまうこと

---

[142] The Wassenaar Arrangement on Export Controls for Conventional Arms and Dual-Use Goods and Technologies, "List of Dual-Use Goods and Technologies and Munitions List", p.160, (http://www.wassenaar.org/controllists/2010/WA-LIST%20%2810%29%201%20Corr/WA-LIST%20%2810%29%201%20Corr.pdf) (last visited January 13, 2011).

の方が国際的な整合性からは問題視されるのである。それではなぜ国際的な整合性が重要なのであろうか。

(6) 武器輸出管理の要諦

一般論として輸出管理とは「皆で同水準」の管理をすることが理想である。すなわち日本だけが特別厳しい規制を課しても他で入手可能であればそうした規制に効果は上がらず、日本の輸出者だけが厳しい制約下で不利な立場に置かれることになる。森喜朗通商産業大臣は輸出管理の原則について次のように述べる。

○ 我が国のみが国際的な厳しい管理を行うこととならないようにすることが重要であろうと思います。これは一つには、いかなる品目についても我が国のみが厳しい輸出管理を行った場合には我が国産業に対し不公平である、のみならず二つめには、諸外国からの調達可能性が残ってまいりまして、規制の実効性が確保されないということになるためでございます。このような観点から、規制を実施している諸外国と安全保障にかかわる情報を共有するとともに、共通の運用ガイドラインの設定等を行うことによりまして、規制のあり方について国際協調を図っていくということが大事かと思います（衆・決算委員会　1993.4.16）[143]

こうした輸出管理の基本は武器輸出管理においても変わらない。もちろん日本が単独で厳しい輸出管理を実施することは政策的には可能である（もちろん憲法や外為法が許す範囲内においてであるが）。しかし実効性に限界があることは当然の前提であり、実効性がないからこそ「道義性」を強調するのであれば論理的には一貫しているが、実効性がないことは認めた上で議論すべきである。

他方で武器だけを管理していれば十分だというものでもない。国際輸出管理レジームでも武器だけでなく汎用品も管理対象となっている。もちろん外為法で輸出許可が必要になるものの多くは汎用品である。これら武器や汎用品を一体として管理する必要があるのである。汎用品を視野に入れると自明であるが輸出管理が必要なのであって輸出禁止が必要なのではない。その際、既に見てきたように「役に立つ」と同時に「危険」なものがあるので、ものの性質や仕様だけでなく用途や輸出先（需要者）までを含めて管理することが重要であることが分かる。確かに武器はその使途から「危険」なものであるが同時に自らを守る（自衛）「役に立つ」ものでもある。こうした両面性は日本自身が武装していることからも明らかであり、非武装主義をとらないのであれば武器の

――――――――――
[143] 第126回国会衆議院予算委員会議録第6号24、25頁。

「役に立つ」側面も認めていることになる。したがって、軍事用途であれば全ての輸出は「危険」な側面しかなく、「役に立つ」側面はないと簡単に割り切ることはできない。

第4節　国際法・国際政治と武器輸出三原則

　これまでの検討からも明らかなように国際法上武器輸出を全面的に禁止する規範はない。国際政治上も武器輸出を全面的に禁止する動きはなく、国際法上の自衛権の存在などからこうした議論に正統性を与える動きもない。したがって、武器輸出三原則の意義を武器輸出の全面的禁止と解した上で、その国際法上の、あるいは国際政治的な意義を強調することは困難であると言わざるを得ない。確かに直感的には「とてもいいこと」であるように見える政策であるが、武器輸出禁止の意義とされる要素を一つ一つ冷静に分析すれば必ずしもそのようには言えないのである。相原三起子氏は「日本の武器輸出規制は産業構造等において極めて特殊な基盤の上に成り立っていることを考えれば、武器輸出国に対してただ『日本に見習え』というだけでは何の説得力も持たないであろう」[144]と指摘しているが、主権国家を前提とする国際社会において、武器輸出全面禁止という規範を他国に対して説得的に展開する論拠は乏しいと言わざるを得ない。

　国際法や国際政治から武器輸出を分析しても法的な観点からの分析（第2章）と同様の結果が出る。武器輸出の全面的禁止政策は正当化できない。

---

(144)　相原三起子「武器輸出三原則——その背景と課題」49頁。

第6章
◆ 武器輸出三原則見直し論 ◆

　ここまで武器輸出三原則の現状（第1章）、法的位置付け（第2章）とその経緯（第3章）、日本国内における政治的位置付け（第4章）、国際政治上の武器輸出の位置付け（第5章）を検討してきた。これまでの議論を踏まえた上で最後にいわゆる武器輸出三原則の「見直し」を主張する議論を見直してみたい。検討の対象とすべきは現状認識と見直しの対象である。「見直し」によってどのような効果が期待されているのであろうか。特に武器輸出三原則が外為法の運用方針であるという性格を踏まえ、安易な法解釈の変更は慎むべきであるという観点から検討したい。

◆ 第1節　自民党、経団連の見直し論 ◆

　自民党や日本経済団体連合会（以下、経団連という。）では防衛大綱の見直しに合わせて武器輸出三原則の見直しを提言している。
　自民党の政務調査会国防部会・防衛政策検討小委員会は「提言・新防衛計画の大綱について」を2010年に発表した[1]。まずは武器輸出三原則関連部分を抜粋する。「武器輸出三原則等の見直し」という項目に「(1)新しい武器関連技術に関する輸出管理原則」と「(2)政府統一見解（三木内閣）等の見直し（修正）」の小項目が記述されている。(1)では、「輸出禁止対象国としては、テロ支援国、国連決議対象国、国際紛争当事国、輸出貿易管理の不十分な国とし、それ以外の国・地域を対象とする武器輸出については、引き続き抑制的な方針を貫くため許可に係る判断基準『武器及び武器関連技術に関する輸出管理の指針』を定め、厳正に武器等の輸出を管理した上で、個別に輸出の可否を決定する仕組みを構築する」[2]と提言している。次に(2)では「今後は国際的に主流と

---

[1] 自由民主党　政務調査会国防部会・防衛政策検討小委員会『提言・新防衛計画の大綱について』、2010.6.14、（http://www.jimin.jp/jimin/seisaku/2010/pdf/seisaku-017.pdf）（最終訪問日：2010年12月13日）。

[2] 自由民主党『提言・新防衛計画の大綱について』15頁。

第1節　自民党、経団連の見直し論

なる多国間による装備の共同開発への参加スキームが構築されることから、国際的な技術レベルを維持するとともに他国との技術交流を維持するため、米国以外の企業との共同研究・開発、生産や『武器』の定義の緩和等、国内防衛産業に対する過度の制約とならないよう更なる三原則の見直し（修正）が必要である。特に、武器輸出に関する国際ルールの厳守、抑制的な方針の継承、わが国の安全保障上の要請に適合、世界の平和・安全に寄与する性格の事案の容認を認める方向で早急に検討すべきである」[3]と提言している。

　経団連は「新たな防衛計画の大綱に向けた提言」を2010年に発表している[4]。武器輸出三原則に関しては次のように見解を表明している。まず、「1967年の武器輸出三原則および1976年の武器輸出に関する政府統一見解（以下、「武器輸出三原則等」）により、わが国ではこれまで一部の例外を除き、武器輸出および武器技術供与が実質的に全面禁止とされてきた」[5]と現状認識を示す。次に「現在、装備品の高機能化や開発費の増大に伴い、戦闘機など装備品の多国間による国際共同開発が進んでいる。しかし、わが国は武器輸出三原則等により、国際共同研究開発に参加できず、いわば技術的な鎖国状態に陥っている。そこで、武器輸出および武器技術供与によって同盟国間の連携の強化や紛争の防止が可能となり、国際安全保障や平和維持に貢献する側面があることに注目して、欧米諸国などとの国際共同研究開発に積極的に取り組めるようにすべきである」として、「その際、国際共同研究開発において重要な役割を担うには、自主技術力の向上が不可欠であり、研究開発投資による技術基盤の強化が求められる。また共同開発に続く共同生産段階においては、共同生産国からの再輸出についても考慮しておく必要がある。現状では、欧米企業とのライセンスで生産した装備品について、ライセンス提供国からの供給の要請に応えることができないが、こうした対応も検討すべきである」と提案する[6]。「このため、政府として、現行の武器輸出三原則等に代わる新しい武器輸出管理原則を確立すべきであり、以下に産業界の考え方を示す」として次表の「原則」が示されている[7]。

---

(3)　同上。
(4)　日本経済団体連合会「新たな防衛計画の大綱に向けた提言」、2010.7.20、（http://www.keidanren.or.jp/japanese/policy/2010/067/honbun.html#part3）（最終訪問日：2010年12月13日）。
(5)　同上。
(6)　同上。

第6章　武器輸出三原則見直し論

表：経団連が提案する「新しい武器輸出管理原則」

方　針	● 武器輸出三原則等による武器輸出および武器技術供与の実質的な全面禁止の状況を改め、個別案件について、その内容や、最終の輸出先、用途の観点から総合的に審査する ● 大量破壊兵器拡散防止、テロ等の脅威の根絶のため武器輸出および武器技術供与の管理体制を構築し、国際的な枠組みの中でわが国としての取り組みを確立する
判断基準	● わが国並びに国際社会の安全保障や平和維持への貢献の観点から総合的に判断する
管理体制	● 輸出管理当局は関係省庁間の情報交換や連携強化を図り、規制対象の明確化、個別案件の審査に関する考え方の公表等により輸出管理の透明性を向上させる

出典：日本経済団体連合会「新たな防衛計画の大綱に向けた提言」

第2節　「見直し論」の検討

　自民党と経団連の「見直し論」にみられる特徴をまとめてみたい。両者の「見直し論」には共通する要素も多いことが分かる。第一に多国間による武器の共同開発に日本が参加するために見直さなければならないとどちらの提言も指摘している。第二に見直しの要素として自民党の提言では①「輸出禁止対象国」を定め、それ以外の国に対しては②「許可に係る判断基準」に基づき判断するという。具体的な「判断基準」は示されていない。さらに③「『武器』の定義の緩和」も提案されている。一方経団連は④「新しい武器輸出管理原則」として具体的な判断基準を提案している。

　一見して明らかなことは両者の共通する問題意識である武器輸出三原則（厳密には三木内閣の政府統一見解）のために武器輸出ができない、または武器の共同開発ができない、という指摘に法的根拠はない。繰り返し指摘するように武器輸出三原則は武器輸出禁止の規範ではなく、禁止規範と解することは憲法上も外為法上も大いに疑義があり、政府の見解でも武器輸出を禁止しているとは解されていない。「慎む」に当たらない例として武器輸出三原則の例外とされていない案件でも許可をされていることからも明らかである。したがって、武器輸出禁止を打破するため（いわゆる「解禁」論）に武器輸出三原則を「見直

---

(7)　同上。

第2節 「見直し論」の検討

す」ということは議論の入口からして法的妥当性を欠く。元々禁止されていない以上、「解禁」のために「見直し」は不要である。問題は武器輸出を禁止する規範は武器輸出三原則を含め日本の法体系上は皆無であるにもかかわらず「実質的に全面禁止とされてきた（傍点筆者）」と誤解を招いてきたことにこそあったと言える。過去の政府当局者の見解からこうした誤解を招くことは仕方のなかった面があると言える。むしろあえて誤解させたままにしておいて武器輸出管理法制の本質的な議論を避けていたとも言えるかもしれない。もし憲法や外為法に立ち入って武器輸出管理法制を議論した場合に「実質的に全面禁止」という結論を導くことは極めて困難であることは明らかである（第4章第3節(5)参照）。ただ、自民党・経団連ともに武器輸出三原則のみを議論の俎上にあげ、外為法や憲法の議論を回避しているところに誤解を招く原因があるとも言える。

輸出管理の枠組みとして自民党は「個別に輸出の可否を決定する仕組みを構築する」と提案しており、経団連も「個別案件について、その内容や、最終の輸出先、用途の観点から総合的に審査する」と提案している。しかしながら、これは輸出管理において当然のことであり、武器輸出管理でも「個別案件について、その内容や、最終の輸出先、用途の観点から総合的に審査」することは当然である（第2章第10節(4)参照）。もし、個別案件をこうした観点から審査をすることなく武器輸出が武器輸出であるという理由で不許可になるとすれば武器輸出三原則を逸脱した外為法の運用である。もしこうした運用が行われているとすればそれは武器輸出三原則の「見直し」とは関わりなく外為法に逸脱した運用として糾弾されなければならない。経済産業大臣にそのような裁量はない。既に検討したとおり、武器輸出三原則に言う「慎む」に当たる場合には「慎む」必要性の有無を当然審査する必要があり、そのためには「最終の輸出先、用途」の審査は必須である。そこで重要になってくるのが「最終の輸出先、用途」でどのような場合に許可をするのか、という許可基準になる。

まず自民党の武器輸出禁止対象国は現在の武器輸出三原則が武器輸出を「認めない」としている対象（いわゆる三原則対象地域）よりも広範かつ厳格である。その点で武器輸出三原則よりも厳しい内容である。「輸出貿易管理の不十分な国」は残念ながら多くの国が実効的な輸出管理法制を持っていない。したがって、これらの国に国連平和維持活動（PKO）などで自衛隊が派遣される場合も武器輸出（自衛隊が携行すること）が認められないことになってしまう。また、

第6章 武器輸出三原則見直し論

自民党の提言では具体的な判断基準が示されていないが、許可・不許可はこの基準の内容（「武器及び武器関連技術に関する輸出管理の指針」）で決まるため主要な論点であるはずである。したがって自民党の提案は武器輸出管理のあり方について入口の域を出ていない。ただ、自民党は「武器輸出に関する国際ルールの厳守、抑制的な方針の継承、わが国の安全保障上の要請に適合、世界の平和・安全に寄与する性格の事案」が「容認」されるべき事例として例示されている。経団連は「新しい武器輸出管理原則」として具体的な判断基準を提示しているので検討してみよう。経団連は「わが国並びに国際社会の安全保障や平和維持への貢献の観点から総合的に判断する」という。これらは武器輸出三原則の趣旨である「国際紛争等を助長することを回避する」とどのような違いがあるのであろうか。「国際紛争等を助長すること」に当たるかどうかの基準の一つが「わが国並びに国際社会の安全保障や平和維持への貢献」と捉えても全く矛盾しないと考える。したがって、これらの許可基準が武器輸出三原則を「見直し」することであるかは疑問である。なお経団連が最後に提案する「管理体制」とは輸出管理全般に関することであり、武器輸出三原則の「見直し」とは直接関係しない事項である。

　結局、必要なことは「慎む」に当たらない場合の精緻化であって、どのような場合に「慎む」必要がないのか、「慎む」に当たる場合でなければ法的には必ずしも武器輸出三原則の例外とする必要もなく「慎む」に当たらない場合であるとして許可申請は審査される。「慎む」の精緻化に当たっては「国際紛争等を助長すること」や「武器輸出に関する国際ルールの厳守、抑制的な方針の継承、わが国の安全保障上の要請に適合、世界の平和・安全に寄与する性格の事案」、「安全保障や平和維持への貢献」をどの程度具体化するか（全てケース・バイ・ケースで判断するということであれば現行の武器輸出三原則と全く変わらない）、一定の条件を付してそれらを満たした場合に限って許可するか、反対に一定の条件が満たされた場合にのみ不許可とするか、といったような内容が検討されるべきであろう。少なくとも自民党や経団連が提言している基準は「慎む」に当たらないものとして整理されても何ら差し支えないもののように思われる。なお自民党が提言する「武器」の定義変更の問題点は既に検討したとおりである（第5章第3節参照）。

　以上、簡単に自民党と経団連の武器輸出三原則「見直し」論を見直してみたが、結論としては本当に「見直し」が必要な内容はどの部分であるのかについ

第3節　共同研究・共同開発

　自民党や経団連は武器の共同開発に前向きであり、そのためにも武器輸出三原則の見直しが必要であると主張しているが、武器の共同開発と武器輸出三原則についてもう一度整理しておきたい。なお、武器の共同開発をすべきだとか、すべきでないと論じるものではない。あくまでも現行法上の位置付けの整理である。

　まず武器の共同生産について政府は「現在のところ日本で武器をアメリカと共同生産するという案件があるわけではございませんが、それについて一般的にこれは禁止されているとか、あるいは現在の制度では不可能であるとか、そういうことは現在申し上げられる段階にない」(山本雅司防衛庁装備局長　参・予算委員会　1988.3.25)[8]と明確な姿勢を示していないようにも見受けられる。しかし、既に第1章で検討したとおり外交政策と外為法の解釈とは厳然と区別されるべきであり、外為法上、共同開発や共同生産が禁止されているものではない。「一般的に武器に関する共同開発というものを禁止は政府はしていない」[9]のである（第1章第2節(5)①vii参照）。もちろん武器輸出三原則上も禁止されていない。他方で政策的に共同開発・共同生産をすべきであるかという論点は別個に検討すべきである。禁止されていないからといって共同開発・共同生産すべきであるというわけでないことは当然である。

　さらに自衛隊が使用する武器の共同開発について政府は「共同開発にわが国企業の武器あるいは武器技術の輸出が伴うというような場合には、その部分につきまして、（中略）武器輸出三原則及び昭和51年の政府統一方針に則して対応することとなるわけでございます。なお、防衛庁としましての国際共同開発につきましては、防衛庁の御判断によってとり行われるものと考えております」(古田徳昌通商産業省貿易局長　衆・予算委員会　1981.2.16)[10]と答弁している。たとえ防衛大臣が輸出者であっても武器輸出三原則は適用されるので、この答弁はその適用に当たって第一義的には防衛庁の「御判断」を尊重すると述

---

(8)　第112回国会参議院予算委員会会議録第14号36頁。
(9)　前掲第1章注(132)。
(10)　第94回国会衆議院予算委員会議録第9号34頁。

べている。武器輸出三原則の例外案件が皆無であった本答弁当時の状況を踏まえれば「慎む」に当たらない場合が大いにあり得ると言っていることになる。大野功統防衛庁長官は「共同開発とか共同研究というのは一般的な世界的な傾向になっている。その中で我が国がもし共同開発、共同生産に進まないとすれば、日本が持っている日本の防衛に関する基盤的技術の維持強化ができるんだろうか、こういう疑問が出てくるわけであります。技術力の問題です。それからもう一つはコストの問題もございます」（参・予算委員会　2004.10.20）[11]と共同開発に前向きな姿勢を示している。しかし、管見の限り防衛省・自衛隊が具体的な共同開発の案件を検討したという形跡はない。もちろん「慎む」に当たらない理由を提示する必要が防衛大臣にはあるものの、日本の防衛に必要なものであるという理由での共同開発は防衛大臣の「御判断によってとり行われる」ものとして尊重されるのであろう。さらに遡ると政府は「武器の国際共同開発の問題につきましては、一義的には、防衛庁の方で、国際共同開発を日本の装備の国産化ということの関連で、どのように考えられるかという問題かと存じます。通産省としましては、具体的な問題として、いま国際共同開発問題につきまして十分検討いたしておりませんので、現段階におきまして正確なお答えはいたしかねますが、ただ、武器にかかわる問題につきましては、一般的には武器（輸出）三原則等、非常に慎重な扱いをいたしておりまして、こういった政府の方針を参考といたしまして、本件についても慎重に対処してまいりたい」（括弧内筆者追加）（熊谷善二通商産業省機械情報産業局長　衆・決算委員会　1976.6.10）[12]と答弁しており、続けて河本敏夫通商産業大臣も「防衛庁の方でお考えになるべきことだと思いますが、許可という問題からいえば、当然三原則に照らして検討すべきものである」（衆・決算委員会　1976.6.10）[13]と述べており、防衛省に一定の判断を委ねている。つまり防衛省が自ら必要であると考える武器の共同開発・共同生産を武器輸出三原則に照らして認めない場合、防衛省の考える武器の共同開発・共同生産が「慎む」に当たる（又は「認めない」場合に当たる）と判断される必要があり、「慎む」に当たるということは「国際紛争等を助長すること」になると経済産業大臣が判断したということになる。こうした裁量は外為法上は許されていると考えられるので、こうした裁

---

[11]　第161回国会参議院予算委員会会議録第2号21頁。
[12]　第77回国会衆議院決算委員会会議録第10号12、13頁。
[13]　第77回国会衆議院決算委員会会議録第10号13頁。

量まで経済産業大臣に認めず、防衛大臣が必要だと考える武器の共同開発・共同生産は全て許可されるべき（又は許可が不要とすべき）という論点はもはや武器輸出三原則の論点ではない。

　少なくとも防衛省・自衛隊が使用する武器を共同開発・共同生産することを考えるのであれば防衛省自身が主体的に輸出許可申請等に関与する必要があろう。審査に当たって、防衛省が積極的に「慎む」に当たらない理由や、場合によっては例外化の必要性につき提示する必要があろう。西村眞悟議員（自由党）は「発注数量が少なくなって、企業は人員を再配置し始めておる。その中で、輸出もさせずに、つまり手足を縛って、企業を存続しろということ自体無責任だ。防衛産業こそは国が国防上の国策の要請として存在しているものであるという前提からするならば、今のままでほうっておくのは、国防の責めを負う防衛庁としてはいささか無責任きわまりない」（衆・決算行政監視委員会第二分科会　2002.7.23）[14]と指摘する。日米共同開発について鈴木正孝防衛政務次官は「（1995年の）防衛大綱策定時の官房長官談話のとおり、装備・技術面での幅広い相互交流の充実による日米安全保障体制の効果的運用との調和を図りつつ、国際紛争を助長することを回避するという基本理念、こういうことを維持しながら、いろいろと相談をしてくということであろうか」（括弧内筆者追加）（衆・安全保障委員会　2000.11.7）[15]と防衛省が具体的な案件を「相談」すると述べている。既に日米物品役務相互提供協定（ACSA）や弾道ミサイル防衛（BMD）などの前例もあり、武器輸出三原則のために共同開発ができないという議論は全く妥当しない。もちろん論理的には経済産業大臣が防衛大臣自身による武器輸出はもちろん、自衛隊が必要とする装備品の共同開発のための武器輸出に不許可処分を課した場合には取消訴訟を提起することも可能である。

第4節　防衛費・防衛産業

　武器輸出三原則によって輸出が規制されることから武器の価格高騰を招き、防衛産業の経営基盤を圧迫しているという議論も根強い。額賀福志郎防衛庁長官は「我が国の場合は武器等の輸出が武器輸出三原則によりまして厳格に規制されておりますので、利用が国内に限定をされておりますから、生産規模と製

---

(14)　第154回国会衆議院決算行政監視委員会第二分科会議録第2号23頁。
(15)　第150回国会衆議院安全保障委員会議録第1号7頁。

造業者の生き残りというようなことから考えて製造業者が限定をされているところがある」（参・外交・防衛委員会　1998.9.17）[16]と指摘する。しかし、こうした指摘は論理必然として武器輸出三原則の「見直し」を要求するものではない。福田赳夫総理大臣は「武士は食わねど高ようじじゃございませんけれども、やっぱり我が日本人は平和に徹して、そして、少しぐらい経済的に不利でありましてもこの武器輸出三原則だけは、これは守り抜いていかなければならぬだろう」（参・内閣委員会　1977.11.24）[17]と述べる。経済的に不利であってもかまわないと政策的に判断されてしまうと反論の余地がない（もちろん法的に経済活動の自由との関係は十分に議論できる）。同様に元統合幕僚会議議長の西元徹也氏も「我が国の装備品のコストを下げるために武器輸出三原則を緩和するという問題は、基本的にこれはやはり避けなければならない」（衆・安全保障委員会　1997.5.15）[18]という。

　他方で武器輸出三原則が持つ経済活動への不利な影響は同時に防衛費の正当化根拠、特に高額な国産武器を購入する理由として用いることも可能である。政府は「我が国は武器について輸出できるわけではございませんので、少量多種生産をするということはどうしても高くつく」（西廣整輝防衛庁防衛局長　参・内閣委員会　1987.9.3）[19]と武器を輸出しないことで自衛隊が購入する武器は少量生産になるため単価が高くなると指摘する。同様に久間章生防衛庁長官は「我が国は武器輸出を行うことができないために調達数量が非常に限られております。それが価格押し上げ要因になっていると一般的には推測される」（衆・財政構造改革の推進等に関する特別委員会　1997.10.23）[20]と武器輸出をしないことによる生産量の限定が価格を押し上げる要因になっているのではないかと因果関係をみる。前原誠司議員（民主党）も「日本は武器輸出三原則を持っているために量的なコストダウンが図れない、その中で、国産というものについては、防衛費については極めてかかる」（衆・財政構造改革の推進等に関する特別委員会　1997.10.29）[21]と指摘する。輸出しないことで防衛産業が不利な立場に置かれるという議論と、だからこそ単価の高い武器を購入するという議論

---

[16]　第143回国会参議院外交・防衛委員会会議録第5号2頁。
[17]　第82回国会参議院内閣委員会会議録第6号26頁。
[18]　第140回国会衆議院安全保障委員会会議録第7号8頁。
[19]　第109回国会参議院内閣委員会会議録第4号25頁。
[20]　第141回国会衆議院財政構造改革の推進等に関する特別委員会議録第6号36頁。
[21]　第141回国会衆議院財政構造改革の推進等に関する特別委員会議録第10号22頁。

は表裏一体である。そのため田中直毅氏は武器輸出をせず「非常に小さい生産規模のものをつくるときに補助金なしで済むのか」(衆・規制緩和に関する特別委員会　1995.5.24)[22]とも指摘している。こうした指摘は武器等製造法制定後の防衛産業をめぐる議論(第4章第2節(1))を思い起こすとき「古くて新しい問題」であることに気がつく。

　しかし、武器の価格が高くなるから武器輸出三原則を見直さなければならない必然性はないことを改めて留意したい。平岡秀夫議員(民主党)は「武器の開発にお金がかかるから、武器輸出三原則を見直して金がかからないように、安く武器が手に入るようにしようというのは、この武器輸出三原則の趣旨からいうと、全くこの趣旨を誤解しているというか、ゆがめるような考え方ではないか」(衆・安全保障委員会　2007.5.15)[23]と指摘する。さらに平岡議員は同時に武器輸出三原則の「本来の趣旨というものをしっかりと踏まえた対応を考えていくべきである」と主張する(衆・安全保障委員会　2007.5.15)[24]。確かに「国際紛争等を助長することを回避する」という「武器輸出三原則の趣旨」に防衛産業や防衛費の論点は関係がない。あくまでも「国際紛争等を助長することを回避する」ことに貢献するかどうかに基づき判断することが肝要である。他方で「本来の趣旨」とはあくまでも「国際紛争等を助長することを回避する」ことであり、武器輸出を全面的に禁止することではない。

　なお、武器の価格が高くなりがちなことは武器輸出ができないことだけが問題ではない。依田智治防衛政務次官は「単価的に見れば一挙に調達した方が早いという面があるんですが、そういう抗堪性の維持、防衛技術基盤の維持という視点に立った場合に、やはりある程度細く長くやることが安全保障的に重要だという側面もあり」(参・外交・防衛委員会　2000.3.14)[25]と指摘する。すなわち少しずつ継続的に(「細く長く」)購入することが防衛産業基盤の維持になっている、だからこそ一度に調達した方が安上がりだがあえて長期間にわたって購入していると指摘している。

---

[22]　第132回国会衆議院規制緩和に関する特別委員会議録第9号24頁。
[23]　第166回国会衆議院安全保障委員会議録第9号5頁。
[24]　同上。
[25]　第147回国会参議院外交・防衛委員会会議録第3号21頁。

◆ 第5節　経済性と安全保障上の利益 ◆

　前節では武器輸出の経済的な側面のみに着目してきたが、こうした経済面での利益がひいては安全保障上の利益になるという指摘もある。松井孝治議員（民主党）と石破茂防衛庁長官との間の質疑をみてみたい。松井議員は「納税者の利益というのを守るのは我々の責務ですよ。そして、今必要とされる国家安全保障というものを確保するための装備を整えるのも我々の責務ですよ。その中で、武器輸出三原則というのが非常に大きな制約になっているという部分があります。もちろん、武器輸出三原則というのは非常に重要な原則でありますが、ここら辺は、我が国としてどのような防衛産業を持つのか、どのように高度な防衛力を持ち、そしてそれを効率的に整備するのか」（参・国際テロリズムの防止及び我が国の協力支援活動等に関する特別委員会　2003.10.8）[26]と質問する。これに対して石破防衛庁長官は「大量生産が難しいということで、これは納税者の御負担をいただいておる（中略）納税者の代表たる議会においてこのこと（筆者注：武器輸出三原則のこと）は本当に今後とも堅持していくべきだということの御議論、こういうものも併せて政府の姿勢とともに必要なのではないか」（参・国際テロリズムの防止及び我が国の協力支援活動等に関する特別委員会 2003.10.8）[27]と指摘する。ここまでは前節同様の経済的な側面（納税者の利益）からの質疑であるが、松井議員は続けて「装備の近代化、そしてその効率的整備ということを、納税者の負担ということでそれを最小限でやるんであれば、それを海外に依存すればいい。あるいは、いや、それは安全保障上の理由で国内生産というものをきちんと拠点を整備すべきだという考え方に立つんであれば、今の武器輸出三原則の下であればそれは高いコストが掛かるんだということを国民に納得してもらわなければいけない。あるいは、安全保障上の理由で国内に拠点を持ち、なおかつそれをできるだけコストダウンするべきだということであれば、それはおのずと何らかの武器輸出三原則の見直しのようなことが必要かもしれない」（参・国際テロリズムの防止及び我が国の協力支援活動等に関する特別委員会　2003.10.8）[28]と指摘する。つまりコストダウンのためだけで

---

[26]　第157回国会参議院国際テロリズムの防止及び我が国の協力支援活動等に関する特別委員会会議録第4号16頁。
[27]　同上。

あれば武器は全面的に輸入した方が合理的な選択かもしれない。しかし安全保障上、防衛産業を国内に維持する必要があるとすれば、高コストで国内需要向けのみに維持するか、または武器輸出によってコストダウンと安全保障の確保の両立を図るのか、と問うているのである。一見すると前節の議論と同じように見えるが本質的な違いが一点ある。それは防衛産業の存在を自明視していないということである。日本の安全保障を確保するために必要だから防衛産業があるという前提から出発している。仮に日本の安全保障上一定の防衛産業が必要だという結論に至った上で、どのように防衛産業を維持するか、と問いかけている。当然であるが現存する防衛産業が全て日本の安全保障を確保するために必要だとは限らない上、コスト的にそうした防衛産業を全て支えることは不可能かもしれない。その場合にどのような選択と集中をするのか、日本の安全保障を確保するために必要な防衛産業基盤を独力で維持できなければ武器輸出も一つの選択肢として考えられるという点が松井議員の指摘から得られる示唆である。

第6節　武器輸出をしない安全保障上の利益

　前節では日本の安全保障のために必要な防衛産業を維持するためには武器輸出が必要な場合があり得ることを指摘した。本節では反対に武器を輸出しないことによる安全保障上の利益について検討してみたい。古くはイラン・イラク戦争中のイランからＣ１輸送機とレーダーの提供を打診されたことに対して、政府はＣ１輸送機は武器輸出三原則上の武器ではないとしても「防衛庁が装備しております装備品につきましては、防衛庁自身がみずからの注文等によって決めたものでございますので、こういうものの売買の問題については、防衛庁としてもいろいろ検討を別途しなければいかぬ」（木下博生防衛庁装備局長　参・外務委員会　1984.4.6)[29]と述べている。どのような要素の「検討を別途」するかについては述べていないが、「防衛庁自身がみずからの注文等によって決めたもの」の輸出の可否については武器輸出三原則の適用の可否とは別に「検討」する必要があるとしている。さらに遡ると工業所有権上、防衛庁以外

---

(28)　第157回国会参議院国際テロリズムの防止及び我が国の協力支援活動等に関する特別委員会会議録第4号16、17頁。
(29)　第101回国会参議院外務委員会会議録第4号19頁。

第6章　武器輸出三原則見直し論

への納入（輸出）につき防衛庁の許諾が求められた場合にどうするのかと問われ、政府は「一般的に申しますれば私のほうで機密とかそういう問題について不利にならないという前提が一つございます。それからもう一つ、これは欲ばった言い方ですけれども、防衛庁に価格の低廉とかその他の問題で有利になるというようなことがございますれば、それは許すということになるんではないか」（蒲谷友芳防衛庁装備局長　参・決算委員会　1970.4.10）[30]と答弁している。機密が漏洩しないようにすることが大前提だと述べていることになる。換言すれば工業所有権の提供を許諾することに機密が漏れてしまう心配があるということになる。武器輸出にも同様の懸念があることは言うまでもない。井上和彦氏は「日本製兵器は自衛隊でしか使用されないため、その秘匿性が高く、とりわけ武器の実射データなどは漏洩されない限り他国の手に渡らない」[31]と輸出しないことによる安全保障上の利益を指摘する。井上氏は続けて「例え日本企業に技術を盗用されても武器輸出ができないために、国際市場において日本は競合にはなり得ない。だから安心して最新鋭兵器の技術ライセンスを供与することができる」[32]とも指摘する。

　さらにより直接的な効果も指摘される。山口那津男議員（公明党）は「武器輸出をなぜ禁止するかといえば、これは輸出した相手国の軍事力に変化を加えて、ひいては我が国の防衛力を弱める、ないしは危険に陥れる、そういう背景があるからだと思います」（衆・内閣委員会　1990.5.29）[33]と指摘する。つまり輸出相手先の国を軍事的に強化することを阻止するために武器を輸出しないのだ、と主張している。中馬弘毅議員（新自由クラブ）も「よその国よりもすぐれているといったものがあるならば、これを専守防衛の技術としてむしろ日本は独自の防衛体制を、その専守防衛の意味で技術的につくる方が有利じゃなかろうか。そして、そういうのを目指すのが、これが平和国家日本のあり方ではないか」（衆・予算委員会　1983.3.8）[34]と指摘する。山口議員や中馬議員は武器輸出をしないことの効果として日本以外の諸国の軍事力を相対的に低い水準に保つことができると指摘していることに他ならない。

---

(30)　第63回国会参議院決算委員会会議録第8号16頁。
(31)　井上和彦「『武器輸出解禁』は日本経済の救世主か、メイド・イン・ジャパン『世界最強の開発力』」『SAPIO』、2005.6.22、34頁。
(32)　同上。
(33)　第118回国会衆議院内閣委員会議録第7号7頁。
(34)　第98回国会衆議院予算委員会議録第18号31頁。

いずれにせよ、武器輸出をしないことによる安全保障上の利益を考えることも可能であり、人道的に考えれば武器輸出を禁止すべきで、安全保障上の利益を考えれば武器輸出を促進すべきだ、と議論を単純化することはできない。

◆ 第7節　武器輸出による安全保障上の利害得失 ◆

　武器輸出三原則をめぐるこれまでの議論では武器輸出三原則の位置付けに対する法的側面の検討がはなはだ不十分であったことは既に指摘したとおりである。さらに政策的には武器輸出による経済面の得失の話に議論が陥ることが多く、安全保障上の利害得失の検討が同じく不十分なのではないか。相原三起子氏が指摘する通り「『自国の武器や軍事技術が敵国の手に渡り安全保障を脅かす』という、欧米諸国が武器移転規制の第一の根拠として挙げる主張は我が国においては（少なくとも表向きには）ほとんど皆無であった」[35]（第4章）のである。それでも森清議員（自民党）は「軍事同盟を結んでアメリカが日本を守ってくれている。そのアメリカに日本を守るための武器、この技術を輸出するのがいいの悪いのと議論する。ナンセンスじゃないか。当たり前じゃないか。（中略）私は本当に防衛というものを考えてやっているのかどうか大変疑問に思う」（衆・安全保障特別委員会　1985.4.17）[36]と指摘する。同様に大内啓伍議員（民社党）も「根本的には、アメリカに対して日本は、日本の安全保障の一部をゆだねている、あるいは依存している、そしてかつ、現実にライセンス等を通じてアメリカから軍事技術情報を入手しているという日本が、武器輸出三原則を盾にして、同盟国であるアメリカを今後とも他の一般諸国と同様に取り扱うことが果たしてできるだろうか」（衆・予算委員会　1982.2.5）[37]と疑問を呈する。また、坂井弘一議員（公明党）は「わが方が一方的にアメリカから技術の提供を受けながら、あるいは武器、装備の提供を受けながら、いまに至って全然何も出さない、そんな虫のいい話がまかり通るかと。常識的に考えたって、双方がお互いに、しかも、この協定（筆者注：MDA協定のこと）なりこういうものに双務性、相互主義というものがちゃんと明記されておる。したがって、いま何らかの要請にこたえなければならぬというのは、これは理の当然行きつ

---

[35]　前掲第4章注(22)。
[36]　第102回国会衆議院安全保障特別委員会議録第5号1頁。
[37]　第96回国会衆議院予算委員会議録第6号13頁。

くところ」（衆・予算委員会　1982.2.8）[38]だと指摘している。坂井議員はこうした議論を「常識論」として武器輸出三原則を「憲法上国是」と位置付け「その両者が全く相矛盾しない」「範囲」を検討しているというものの、坂井議員自身は「名案がない」という[39]。武器輸出三原則は繰り返し指摘するように憲法上の国是ではないが、法的な制約と政治的な要請のバランスを図るべきだという指摘は大いに首肯させられる。さらに政治的な要請を考える際の大きな要素は日本自身の安全保障上の影響であることは言うまでもない。政府自身も「およそ防衛分野における相互協力というものを一切やらないんだというようなときには、その相互防衛援助協定の１条あるいは日米安保条約の３条との関係におきましてやや問題があるんではないか」（栗山尚一外務省条約局長　参・安全保障特別委員会　1981.11.13）[40]と問題意識を表明している。当時は対米武器技術供与として結実したが30年近く前から政府は日米同盟を維持する観点から「相互協力」のあり方を模索していたことになる。一般論として「一般的にこの防衛分野におきます装備、資材、役務等におきます援助あるいは協力というものはこの１条で抽象的に義務づけられている」（栗山尚一外務省条約局長　衆・外務委員会　1981.10.15）[41]ものの、同時に政府は「安保条約あるいは相互防衛援助協定のもとにおきまして、アメリカから武器あるいは武器関連技術につきまして、具体的なあるいは個別的な協力要請がありました場合に、これに一つ一つ応じなければならないというような条約上の義務はこれはございません」（栗山尚一外務省条約局長　参・外務委員会　1981.11.12）[42]とも述べている。同盟関係にあるからといって「相互協力」が全てが義務化されるわけではなく、あくまでも日本政府が判断し必要だと考えられるものを「相互協力」すればよいということになる。日本の安全保障のために日米同盟関係を維持していることから当然のことではある。いくら米国が必要であったとしても日本にとって不要な協力であれば「相互協力」をする必要はない。

　また、日米間で「相互交流」することで米国側から武器技術の移転が促進されるという側面も指摘される。大村襄治防衛庁長官は「米側は、日米間の装備技術交流を推進したい旨を強調し、さらに、このような交流の活発化は、米側

---

(38)　第96回国会衆議院予算委員会会議録第7号28頁。
(39)　同上。
(40)　第95回国会参議院安全保障特別委員会会議録第2号19頁。
(41)　第95回国会衆議院外務委員会会議録第1号6頁。
(42)　第95回国会参議院外務委員会会議録第3号3頁。

第 7 節　武器輸出による安全保障上の利害得失

の防衛技術の対日輸出を円滑に行うという見地からも必要であるという趣旨の発言があった」（衆・安全保障特別委員会　1981.7.15）[43]と指摘する。この指摘は先述の井上和彦氏の指摘とは正反対であり、武器技術を提供するからこそ相互主義的に相手からも武器技術が提供されるという指摘であり、どちらの主張がより正しいかは個別の事案ごとに異なるはずである。少なくとも相手側に何か武器技術の提供を求めたい場合に、自らも武器技術を提供することを申し出ることは交渉上の武器にはなり得るであろう。いずれにせよ、武器輸出には安全保障上肯定的な影響と否定的な影響双方の側面があり得るという点を留意しておきたい。

　こうした日本の安全保障に資するために武器技術を提供する、武器の共同開発・共同生産を進める、といったことは何も同盟国である米国だけには限られない。西村眞悟議員（自由党）は「真の同盟国とか真の友好国というのは、お互いに武器を交換するものじゃないんですかね。我が国は科学技術にすぐれた部分もある、すぐれた武器を生産する能力もある。しかし、これは私のところだけで使って君には使わせないんだ、何ぼ困っても君には使わせないんだ。これは果たして、我が国が友好関係を拡大して、そして相互の安全を確保する、その中で我が国の国の進路があるわけですが、その進路にふさわしい姿勢か」（衆・決算行政監視委員会第二分科会　2002.7.23）[44]と指摘する。西村議員の指摘は武器を輸出しないことで他国の軍事力を相対的に低い水準に止めておく意義を主張する山口那津男議員や中馬弘毅議員の主張と表裏の関係にある。西村議員は信用してもよい他国（少なくとも同盟国や友好国）があるのではないかと主張しているのに対して、山口議員などは他国は全く信用できないから武器を提供してはならないと主張しているという違いに過ぎない。

　さらに議論を進めると「日本の装備品を使用できないようでは本当の防衛交流とは認めない」[45]と日本の武器を利用させることが防衛交流の推進になるという指摘もある。前原誠司議員（民主党）も「同じものを幾つかの国が持つことによって、これがまた信頼醸成になる。（中略）相手と違うものを持ったら、相手の方がいいんじゃないかと思って疑心暗鬼になるわけですよ。それをお互いが共同開発し合って、そして同じものを持つことによって安定した国を作

---

(43)　第 94 回国会衆議院安全保障特別委員会議録第 9 号 42 頁。
(44)　第 154 回国会衆議院決算行政監視委員会第二分科会議録第 2 号 24 頁。
(45)　風間實「武器輸出 3 原則の行方は」39 頁。

る」（衆・予算委員会　2009.2.26)[46]と指摘し、共同開発をすることによって安全保障環境が安定するという主張する。石破茂防衛大臣も「テロとの闘いという国際社会が一致して取り組まねばならぬときに、武器の共用化というものも国際社会の一致団結した取り組みとして必要なのではないだろうか」（衆・国際テロリズムの防止及び我が国の協力支援活動並びにイラク人道復興支援等に関する特別委員会　2007.11.1)[47]と指摘する。テロ対策用資機材の共同開発や輸出に対して一石を投じている。同時に石破防衛大臣は「武器の共用化」が「国際社会の一致団結した取り組み」になると指摘しており、いわゆるインターオペラビリティの問題にも踏み込んで共同開発の意義を主張している。

　こうした共同開発などによる抽象的な意義を主張するだけでなく、武器輸出がより直接的に日本の安全保障に貢献するという議論も見られる。石破茂防衛庁長官は「例えば、フィリピンでありますとかインドネシアでありますとかマレーシアでありますとか、まさしくあの地域の海洋の秩序を守るということは我が国にとっても国益であります。そしてかの国にとっても国益でございます」（参・国際テロリズムの防止及び我が国の協力支援活動等に関する特別委員会　2003.10.8)[48]と指摘し、東南アジアの海洋秩序の維持が日本の国益であると直截に指摘する。同様に町村信孝外務大臣が指摘するように「一方で海賊対策をしっかりやりなさいと言いながら、条約まで作ろうと言いながら、そのために必要な何か機材をくれと言ったら、これは輸出貿管令（筆者注：輸出貿易管理令のこと）別表に書いてある船」であるから供与しないということでいいのか（町村信孝外務大臣　衆・安全保障委員会　2005.3.25)[49]という疑問につながる。武器輸出による日本の安全保障上の利害得失の検討が何よりも求められる。武器輸出三原則は国是ではなく「我が国益のためにある」（松井孝治議員（民主党）　参・国際テロリズムの防止及び我が国の協力支援活動等に関する特別委員会　2003.10.8)[50]という指摘を改めて想起したい。

---

(46)　第171回国会衆議院予算委員会議録第21号11頁。
(47)　第168回国会衆議院国際テロリズムの防止及び我が国の協力支援活動並びにイラク人道復興支援活動等に関する特別委員会議録第7号8頁。
(48)　第157回国会参議院国際テロリズムの防止及び我が国の協力支援活動等に関する特別委員会会議録第4号17頁。
(49)　第162回国会衆議院安全保障委員会議録第4号39頁。
(50)　第157回国会参議院国際テロリズムの防止及び我が国の協力支援活動等に関する特別委員会会議録第4号18頁。

第 8 節　日本の安全保障と武器輸出

　以上の検討からも明らかなように武器輸出の利害得失には法的整合性を踏まえた上で政策上の判断として国内外の政治的な観点、安全保障上の観点、経済的な観点と様々な視点があり得る。これらの利害が全て一致するとは限らない。その場合に政策上の判断をするにあたって最も重要な要素は言うまでもなく安全保障上の観点である。自国の安全保障を脅かすような武器輸出が認められることだけは避けなければならない。これは武器輸出三原則の趣旨である「国際紛争等を助長することを回避する」ことでもある。まずは中曽根康弘総理大臣の次の指摘を見ておきたい。

○　およそ独立国を形成している以上、現在の国際情勢を見れば、どの国際関係を見ましても、危機とか脅威というものは出てくる可能性はあるわけでございます。遺憾ながらそういう現在の国際情勢を考えて見ますれば、自分で自分の国を守るということは当然のことでございまして、それは世界平和を維持するための共同の責任の一端を担うという意味でもあると私は思います。日本もみずから自国の防衛については責任を果たしていかなければならないのだ、このように強く感じておるところでございます（衆・本会議　1983.1.27）[51]

「自国の防衛」をどのように果たしていくのか、という観点から武器輸出の是非も論じられるべきであろう。日本の安全保障に有益な武器輸出は肯定されるべきであろうし、有害な武器輸出は否定されるべきである。同様に猪木正道氏も

○　国民の中には、残念ながら防衛と外交は何か代替性があるように思っている向きがあるんですね。外交を努力すれば、外交が上手くいけば、防衛はもうあんまり必要ないというような、そういう誤解がございますが、これは全く間違いでありまして、これは外務省の方が一番よく経験しておられると思いますし、かつて大平前総理が、外務大臣の時ですから田中内閣のときだったと思いますけれども、外相としての御発言の中に、もっと防衛力を強化しないと外交をやりにくいというようなことをおっしゃっておった（衆・予算委員会公聴会　1982.2.12）[52]

「もっと防衛力を強化」する必要があるかどうかは議論のあるところであると

---

[51]　第98回国会衆議院会議録第3号41頁。
[52]　第96回国会衆議院公聴会議録第1号13頁。

思うが、少なくとも「防衛と外交は何か代替性がある」わけではないという猪木氏の指摘は留意されるべきであろう。

　さらに同時に武器輸出だけが日本の安全保障に影響を与えるものではない。軍事転用可能な汎用品や汎用技術についても同様の観点から捉えられる。和田春生議員（民社党）は日中間の経済協力について次のように指摘した。

○　日本と中国の経済協力が中国の軍事力というものを増強するという形になっていったときに、それがアジアの超大国、そういう形でわれわれに対して非常な圧力を及ぼさないかということの懸念がある。（以下略）
　　私は日中の経済協力がいけないと言っているわけじゃないんです。（中略）おれは経済の面だけで協力をしているんだから、軍事的にはノー関係でいい子だという論理はやめた方がいいと思う。特に中国の四つの近代化の最重点に軍事、国防力の近代化というものがある以上、日本のそういうような全面的な経済協力というものは中国国軍の増強に大きなプラス効果をもたらすことになる。それが将来のアジア情勢、世界上にどういう影響を及ぼすだろうか（参・外務委員会　1978.10.17）[53]

30 年以上前にこうした指摘をした和田議員は炯眼と言わなければならない。和田議員は続けて、

○　留学生の問題もそうですね。まずその工学関係、技術関係のものをどんどん送り込みたい。本当に日中双方の友好を増進する、理解を深めるというなら文化系統の人が相当来なくちゃならぬはずなんです。日本からもそうあるべきはずなんです。それが技術畑ですね。そういうような工学とか、そういうような面の者を大量に送ろうというのは一体何か。それは科学技術の近代化と、やはり軍事の近代化というものにつながっている。私はそういうものはありのままに見た方がいい。だから中国はけしからぬ国だと言おうとしていないんです。（中略）それがパワーポリティックスの世界の現実ではないですか。そういう中で日本だけがきれいごとを並べて、おれはいい子ですと、悪いことはいたしませんと言っていれば、みんながいい子だいい子だと言ってくれるかというと、私はそんなことはないと思うのです（参・外務委員会　1978.10.17）[54]

和田議員の警句はこれまでの武器輸出管理をめぐる議論を振り返るときひときわ異彩を放っている。汎用品や汎用技術も含めた輸出管理政策全体の中での武器輸出管理の位置付けや役割を検討することなく、まるで別々の政策であるかのごとく議論され、さらにこれまで安全保障政策全体の中での輸出管理政策の

---

(53)　第 85 回国会参議院外務委員会会議録第 4 号 31 頁。
(54)　同上。

位置付けも議論されることがなかった。輸出管理政策や技術流出、秘密保護といった分野は安全保障政策の中でそれぞれ隣接する分野であるものの、これらが安全保障政策の一部として正面から議論されることはなかった（第2章第6節(2)参照）。ただ、武器輸出三原則のみを議論し、それで事足れりとしてきた姿は日本が安全保障を正面から議論することを忌避してきたことの一つの象徴なのかもしれない。

終　章
◆ 武器輸出三原則とは何か ◆

　武器輸出三原則とは何か。武器輸出三原則とは外為法の運用方針である。具体的には武器輸出の許可申請があった際に経済産業大臣が許可の可否を判断する基準である。全ての武器輸出に武器輸出三原則が適用されるものではないので、あくまでも基準の一つである。外為法の運用方針であると位置付けから当然の帰結として外為法（より厳密にはその下位政令である輸出貿易管理令や外国為替令）の法目的等に反しない限りにおいて適用が可能なものであり、憲法解釈から直接導きだされたものではない。武器輸出三原則は武器輸出を「慎む」ことによって原則として武器輸出を許可しないこととしているに過ぎず、武器輸出を全面的に禁止する規範ではない。武器輸出三原則は憲法の平和主義の精神に則ったものであるが、同時に経済活動の自由や学問の自由等の基本的人権とは衝突する性格を有している。したがって、武器輸出三原則と憲法を論じる際には後者との関係を整理することが第一義的に重要である。憲法や外為法からは武器輸出三原則によって武器輸出を全面的に禁止することは許されない。しかしながらこれまでの武器輸出三原則と憲法に関する議論では基本的人権との関係について問題提起すらなされていなかった。いたずらに「平和国家」や「平和主義」を強調することはこうした憲法上の論点を隠蔽する効果があり、武器輸出三原則と憲法の議論を歪めてきた。そうした観点からは「なしくずし」的な憲法解釈や憲法改正につながるという批判は武器輸出三原則の見直しに対してではなく、武器輸出三原則そのものを歪めて論じてきたことにこそ当てはまるものである。武器輸出三原則に対するこれまでの議論は法治国家として基本を蔑ろにしてきたと言えよう。特に何ら立法行為に訴えることなく、政府の運用方針を「解釈」することに終始してきた立法府の不作為の責任は重大である。立法による委任範囲を超えて政府が運用方針で対応することを「国是」とまで称することの危険性は改めて指摘するまでもない。また、こうした歪んだ議論を可能にする装置は行政府に対するある種の「信頼」であり、法的根拠の有無に関わらず政府に「指導」を求めてきた過去がある。「いいこと」は超法規的にでも「やるべき」というナイーブな思考が背景にはあった。本来

武器輸出管理で念頭に置くべきは輸出の自由をはじめとする基本的人権と安全保障上の要請とのバランスをいかに確保するか、という点である。特に基本的人権の制約を最小限に止めながら安全保障を確保するという方向で検討される必要がある。しかしながら、これまでの武器輸出三原則をめぐる議論でこうした側面が立法府や学界において検討された形跡はほぼ皆無である。わずかに政府側が指摘するに止まる。

　政治的には少なくとも戦後の一時期、特に1970年代から80年代の初めにかけては「武器は輸出すべきではない」というイデオロギーに関して、与野党、立法府と行政府にある種の「同盟関係」があった姿が浮かび上がる。この「同盟関係」は武器輸出に限らず武器を忌避し、安全保障から忌避し、ひたすら経済復興・経済成長に邁進する日本の姿と重なる。こうした日本の姿はある意味で「平和国家」の姿だったのかもしれない。「エコノミックアニマル」と揶揄された日本人に自尊心を与えてくれたのかもしれない。しかし、こうした姿は戦後一貫していたものではなかった。そもそも経済復興のきっかけこそが特需であり、武器生産の存在を抜きにしては考えられなかった。しかも、こうした「平和国家」の姿は自らが安全保障に関与しなければよいという極めて一国主義的なものであり、自らが国際社会の中で積極的に平和を構築するという意味での「平和国家」ではない。武器や武器輸出の持つ安全保障上の意義について論じることも忌避してきたため、武器イコール悪という単線的な議論以上のものができなくなっていた硬直的な姿なのである。しかも自国の武器保有を肯定するという矛盾を孕んでいたものであり、こうした「平和国家」の姿は自己満足以上に国際的な理解を得ることはない。なぜなら武器製造能力のない発展途上国にとっては自国の自衛権を否定されかねないからである。国際的には自衛権の存在を前提とした上で国際的な安全保障の確保とのバランスが図られなければならない。自衛権の名の下に不必要な軍備拡大が行われることや人権侵害に武器が利用されないようにすることこそが求められているのであり、武器輸出の全面的な禁止が目指されているわけではなく、こうした動きに正統性を与える動きもない。

　これまでの武器輸出三原則をめぐる議論を総括すると法的根拠なき「べき」論と政治的根拠なき「はず」論に覆い尽くされていると言える。誤った事実認識に基づく発言は議論に値しない。例えば、「武器輸出は憲法上・法律上禁止されている」、「日本は武器を輸出したことがない」といった「神話」は議論で

はなく単なる誤解である。しかもこうした誤った事実認識を立法府での議論において堂々と述べることは恥ずべきことである。事実でないことを知っていてなおそのように吹聴するのであれば煽動かデマゴーグである。ただ、こうした煽動も国民に「武器輸出はできない」と信じませたという催眠効果を指摘することは可能かもしれないが、およそ健全な法治国家の議論ではない。議論の入り口は「である」論からでなければならない。正確な現状認識なくして政策的な議論は不可能である。

　武器輸出三原則の議論としてまず必要なことは外為法の運用方針であるという武器輸出三原則の位置付けに対して忠実に、すなわち憲法や外為法に従って適用することに尽きる。その際武器輸出三原則の目的である「国際紛争等を助長する」ことを防止する観点から許可の可否が判断されることになる。もちろん個別の輸出案件ごとに事情は異なるので一般化は困難であろうが、何が「国際紛争等を助長する」ことを防止する観点から許可すべきで、不許可とすべきかというより詳細な基準や具体例についても、今後武器輸出案件が出てくれば議論していく必要が出てくると思われる。武器輸出は「国際紛争等を助長する」おそれが高いので現在の武器輸出三原則が規定するように、一般的に武器輸出は「慎む」ものとして、原則として不許可とする運用は憲法や外為法の重大な例外であるものの許容される余地はあると思われる。しかしながら全ての武器輸出が「国際紛争等を助長する」ものではない以上、武器輸出三原則を適用して武器輸出は一律に不許可とする運用は憲法や外為法に違反する。やはり「慎む」必要がある場合とはどのような場合かの検討を経た上で、個別の武器輸出案件の許可の可否を論じなければならない。その場合であっても武器輸出三原則が憲法や外為法の例外であるという側面は忘れてはならない。

　武器輸出三原則が憲法や外為法に対する例外である。この点こそ武器輸出管理を論ずる際の出発点である。

あ と が き

　「王様は裸」なのではないか。武器輸出三原則に対する私の率直な感想である。「王様」（武器輸出三原則）は憲法からも外為法からも「衣服」（法的根拠）を着せてもらっていない。多くの人は「王様」が素晴らしい「衣服」を着ていると思い込んでいる。「王様」対して「裸」なのではないかと思うだけでも「失礼」なことであり糾弾されかねない。ましてや口に出すことは憚られる。「着ているに決まっている」という以上のことは誰も考えず議論の対象にすらならない。しかし、具体的な「衣服」を尋ねると誰も答えられない。憲法9条という一見すると完璧な「衣服」は幻想であった。こんな姿である。

　私のそもそもの問題意識は憲法や外為法と武器輸出三原則の関係であった。本書では第1章と第2章の前半（第5節まで）、憲法9条と日工展判決（輸出の自由）との関係までを射程に入れて研究を始めた。しかし、いざ武器輸出三原則を調べ始めると憲法上の論点としては経済活動の自由だけではなく、学問の自由も直接的に制約する要素を孕んでいたことが分かってきた。私人の活動を制約する原理なのだから基本的人権と衝突することは当然なのだが初めは気付いていなかった。佐藤榮作総理大臣が武器輸出三原則を表明した直接のきっかけとなった事象が東京大学のロケットがインドネシアに輸出された事例だったことも恥ずかしながら研究の過程で初めて知った。本件をきっかけに展開された議論は多岐にわたり現代の我々に対する示唆も多い（第2章第6節）。さらに当初は「武器輸出三原則をまとめる」のだから、1976年の三木武夫内閣の政府統一見解以降をまとめればよく、あとは1967年の佐藤総理大臣の武器輸出三原則の表明を付け加えるくらいだと思っていた。しかし、武器輸出三原則によって法（外為法）は変わっていない。したがって法が与えた授権範囲（裁量）は変わっていない。そのため1967年以前（又は1976年以前）の武器輸出管理政策の延長線上に武器輸出三原則が位置付けられなければならない。こうした観点から1967年の武器輸出三原則表明以前の武器輸出管理政策や、政府統一見解で「慎む」とされた武器輸出三原則の対象地域以外に対する1976年以前の武器輸出管理政策も検討したうえで武器輸出管理政策全体の法的整合性を確認することが不可欠であることが明らかとなった。その結果最終的には戦後の国会における武器輸出管理政策をめぐる議論を全て俯瞰すること

になった（第3章、第4章）。本書を通じて戦後の武器輸出管理に関する国会における議論はほぼ網羅できたと考えている。

　本書はこれまでの議論を整理することを目的としていたため、個別の論点については論点の提示に止まり、さらなる検討が必要な箇所も多い。こうした論点についてはいずれ稿を改めてまとめたいと思っている。ただ基本的人権との関係などこれまで論じられてこなかった論点を提起することで少なくとも今後の議論の出発点にはなるのではないかと思っている。

　本書の執筆過程を通じてどうしても引っかかることがあった。それは武器輸出三原則を論じながら外為法を論じない論者があまりにも多いことである。これは国会であるか学界であるかを問わない。日本では安全保障に関する議論が低調であったことはこれまでも認識していたが、実は法に関する議論も低調だったのではないか。どこの大学にも法学部があり、これだけ多くの法律家や法学者がいるにも関わらず、武器輸出三原則に対する法律的議論の低調さは予想以上であった。外為法の運用方針である武器輸出三原則の位置付けからは外為法によって与えられた授権範囲を検討することは議論の入口である。しかし、国会や法学界における議論にこうした形跡はほとんど見られない。法的な思考枠組みと安全保障の思考枠組みが交差するところに武器輸出三原則は位置付けられるはずなのであるが、実はいずれの方向からもこれまで精査されたことはなかった。本書は武器輸出三原則という一つのテーマで論じたものであるが、そこから透けて見えたものは法や安全保障の軽視という日本社会の特質なのかもしれない。憲法、特に基本的人権と武器輸出三原則は緊張関係にあるという「不都合な真実」を認めつつ、いかに調和を図っていくかという姿勢でなければ法的に耐えうる議論は展開できないと私は考えている。「武器輸出三原則を論じる」とはそういうことなのではないか。私なりに憲法や外為法との関係で可能な範囲で「衣服」を提示したつもりであるが十分なものと言えるかどうかは議論のあるところだろう。しかし、少なくとも「衣服」を着ていることを前提に議論することはできない。「不都合な真実」を隠蔽し「王様」が素晴らしい「衣服」を着ていると思い込むことは法治国家の姿ではない。

　同様の傾向は武器輸出の政治的意義に関する議論でも見られる（第5章）。「武器輸出をしないことはいいこと」が議論の前提となっており、その前提が深く検討されることもなかった。

　武器や武器輸出というだけで冷静な議論ができなくなってしまうような状態

からは脱却し、冷静な議論を育める社会に日本も成熟しているのではないか。武器輸出三原則をめぐる議論はその試金石になると考える。武器輸出三原則をありのままに議論する－本書が多少なりともそうした議論に役に立つことができればと願っている。

　最後にいささか個人的なことなのだが本書が誕生するまでのいきさつについて簡単に紹介しておきたい。

　私が初めて武器輸出三原則と「出会った」のは1997年のことであった。前年に防衛庁に入庁し、2年目の私は装備局管理課に異動となり自衛隊の「武器輸出」許可申請を担当した。自衛隊の「武器輸出」とはいえ実際には日本では実施できないミサイルの試射や、国連平和維持活動などのために武器を海外に「持ち出す」ことが外為法上の輸出に当たることから許可を取得していた。そのため武器輸出三原則の例外化といった事象は身近であった。また必ずしも武器輸出三原則の例外化措置の対象とはなっていない輸出でも「慎む」に当たらない例として許可される事例があることは経験上知っていた。当時の通商産業省の担当官からこうした整理を教えてもらっていた。

　その後2003年に経済産業省に出向となり、1997年には許可申請に出向いていた安全保障貿易管理課で勤務をすることになり今度は規制側からの視点で眺める機会を得た。私自身が武器輸出三原則の担当ではなかったが課内での議論などに参加させてもらい、いろいろな勉強をする機会を与えてもらった。特に輸出管理全般の考え方を広く勉強する機会となり、この当時に日工展判決を知った。日工展判決を読んだ際に最初に気になったことは、「輸出の自由と武器輸出三原則はどのように整理されているのだろう」ということであった。この疑問、すなわち基本的人権と武器輸出三原則との関係が本書の執筆にまで至る基本的な問題意識となった。当時の上司や同僚の議論からは多くの示唆を得た。特に法的根拠や政策的意義といったことを日常的に議論していた。こうした議論から手掛かりを得たものも多く、お名前は差し控えさせていただくが当時の上司や同僚には深く感謝している。今でもお付き合いを頂いている方々からは未だに多くの刺激を受けている。

　ただその後公務員の世界を離れた私が実際に執筆に至るまでにはさらに出会いと偶然が必要であった。

　2009年に慶應義塾大学グローバルセキュリティ研究所（G-SEC）の客員研究員として竹内勤先生と齋藤智也先生をリーダーとする研究グループ「わが国

のバイオセキュリティ・バイオディフェンス準備・対応策策定についての医学・人文社会科学融合研究」に加えていただいた。私は同研究のうち人文社会学的側面からの検討課題として、青木節子先生を中心とする「機微技術管理と研究連携」に参加した。「機微技術管理と研究連携」ではテロ対策機材の研究開発に伴い武器輸出三原則が適用される事例があり、その結果として研究開発や国際交流が阻害されるのではないかといったことが問題意識の一つとしてあった。そこで一度網羅的に武器輸出三原則について整理してみようと考えたのが本書執筆の直接の契機となったものである。本書の第1章や第2章の多くと第5章の一部は本研究の成果である。学問の自由との関係がこれだけ気になったのはG-SECで議論に参加させてもらったおかげだと思っている。G-SECでの議論は大変学際的であり研究者には程遠い私には大変刺激的な時間であった。竹内・齋藤両先生は医学部が本務であり、青木先生は総合政策学部で国際法が専門である。ある意味で私はタダでこれらの先生方から講義を受けられたようなものであり、私自身の思考の幅が広がったことは間違いない。竹内先生からお誘いを頂かなければ私がG-SECに入れていただくこともなかったし、青木先生から武器輸出三原則についてまとめるようご示唆を頂かなければ本書は決して日の目を見ることはなかった。竹内、齋藤、青木各先生こそが本書の生みの親であり、感謝にたえない。

　出版にあたっては前共著『輸出管理論』に続き今回も信山社にお願いさせていただいた。出版を快諾していただいた信山社及び編集担当の今井守氏には大変お世話になった。記して御礼申し上げる。

　この他にも多くの方々にお世話になった。もとより本書は全て私個人の見解であるものの、多くの方との出会いがあり、啓発を受け本書の完成に至ったことは私自身が身にしみて感じていることである。この場を借りて御礼申し上げる。

2011年2月

森本正崇

資料1

対米武器技術供与についての内閣官房長官談話

1983年1月14日

　一昨年6月以来米国政府から日米間の防衛分野における技術の相互交流の要請があり、その一環としての対米武器技術供与の問題について政府部内で慎重に検討を重ねてきた結果、この度、次の結論に達し、本日の閣議において了承を得た。

1. 日米安保体制の下において日米両国は相互に協力してそれぞれの防衛力を維持し、発展させることとされており、これまで我が国は米国から防衛力整備のため、技術の供与を含め各種の協力を得てきている。近年我が国の技術水準が向上してきたこと等の新たな状況を考慮すれば、我が国としても、防衛分野における米国との技術の相互交流を図ることが、日米安保体制の効果的運用を確保する上で極めて重要となっている。これは、防衛分野における日米間の相互協力を定めた日米安保条約及び関連取極の趣旨に沿うゆえんであり、また、我が国及び極東の平和と安全に資するものである。

2. 政府は、これまで武器等の輸出については武器輸出三原則（昭和51年2月27日の武器輸出に関する政府方針等を含む。）によって対処してきたところであるが、上記にかんがみ、米国の要請に応じ、相互交流の一環として米国に武器技術（その供与を実効あらしめるため必要な物品であって武器に該当するものを含む。）を供与する途を開くこととし、その供与に当たっては、武器輸出三原則によらないこととする。この場合、本件供与は日米相互防衛援助協定の関連規定に基づく枠組みの下で実施することとし、これにより国際紛争等を助長することを回避するという武器輸出三原則のよって立つ平和国家としての基本理念は確保されることとなる。

3. なお、政府としては、今後とも、基本的には武器輸出三原則を堅持し、昭和56年3月の武器輸出問題等に関する国会決議の趣旨を尊重していく考えであることは言うまでもない。

> 資料２

「日本国の自衛隊とアメリカ合衆国軍隊との間における後方支援、物品又は役務の相互の提供に関する日本国政府とアメリカ合衆国政府との間の協定」の署名について

1996年4月15日

1　政府は、かねてより、米国がＮＡＴＯ諸国等と締結している物品又は役務を相互に融通するための協定と同種の枠組みを設定することの可能性について政府部内で慎重に検討するとともに、米国との間で調整を行ってきた。この結果、本日の閣議において、自衛隊が米軍との間で共同訓練及びＰＫＯ活動又は人道的な国際救援活動のために必要な物品又は役務を相互に提供するための枠組みを定める「日本国の自衛隊とアメリカ合衆国軍隊との間における後方支援、物品又は役務の相互の提供に関する日本国政府とアメリカ合衆国政府との間の協定」に署名することを閣議決定した。この協定は自衛隊と米軍との間の緊密な協力関係を促進し、もって日米安全保障体制の円滑かつ効果的な運用及び国際連合を中心とする国際平和のための努力に積極的に寄与し得ることとなる。

2　本協定に基づく物品又は役務の相互提供は、食料、水、宿泊、輸送、燃料、被服、通信、物品又は構成品等について行われるものとされているが、これらの一部には、武器輸出三原則等における武器等に当たるものが含まれることとなる可能性がある。政府は、これまで武器等の輸出については武器輸出三原則等によって慎重に対処してきたところであるが、１．に述べた本協定の内容及び意義にかんがみ、本協定の下で行われる武器等の提供は武器輸出三原則等によらないこととする。この場合、本協定においては、提供先が米軍に限定され、受領側の義務として、提供される物品又は役務の国連憲章と両立しない使用の禁止及び提供側政府の事前同意なく第三者へ移転を行うことの禁止が定められていることから、これによって国際紛争等を助長することを回避するという武器輸出三原則等の基本理念は確保されることとなる。

3　なお、政府としては、平成7年11月28日の内閣官房長官談話で述べたとおり、今後とも、武器輸出三原則等に関しては、装備・技術面での幅広い相互交流の充実による日米安全保障体制の効果的運用との調和を図りつつ、国際紛争等を助長することを回避するというその基本理念を維持していく所存である。

資料3

「人道的な対人地雷除去活動に係る支援と武器輸出三原則等に関する基本的考え方」について

1997年12月2日

　政府は、かねてから、対人地雷の規制の強化、埋設された対人地雷の除去及び犠牲者に対する支援に関し、国際的な努力を支持し、積極的な取組を行っており、本日の閣議で対人地雷全面禁止条約への署名を決定したところである。このような取組を更に強化するための措置の一環として、このたび対人地雷問題の解決に向けた国際的機運の一層の高まりを受け、埋設された対人地雷の除去に係る支援に関連して次の結論に達し、本日の閣議において了承を得た。

1　現在、世界各地において、紛争時に埋設されそのまま放置されている対人地雷など、武力攻撃の一環としての性格を持たない対人地雷により一般市民が無差別に殺傷され、多大な被害が生じるという事態が発生している。このような事態の発生を防止するために、前述のような対人地雷を人道的精神に基づいて除去する活動が行われているが、かかる人道的な対人地雷除去活動に対する支援は、国際社会全体として取り組むべき課題であり、我が国としても可能な限り協力を行うことが必要である。また、人道的な対人地雷除去活動は、被埋設国に寄与し、これに対する我が国の支援の強化は、国際社会の平和と安定に貢献するという我が国の基本政策に合致するものである。このため、我が国としては、被埋設国の政府等が行う人道的な対人地雷除去活動に対し、積極的に支援を行うこととしたところである。

2　政府は、これまで、武器等の輸出については、武器輸出三原則等によって慎重に対処してきたところであるが、1.に述べた諸点に鑑み、前述のような人道的な対人地雷除去活動に必要な貨物等に武器輸出三原則等における武器等に当たるものが含まれる場合であっても、当該貨物等の輸出については、今後、被埋設国の政府等と我が国政府との間の国際約束で、当該武器等は人道的な対人地雷除去活動のみに使用されること及び当該武器等を我が国政府の事前同意なく第三者に移転しないことが定められることにより担保されることを条件として、武器輸出三原則等によらないこととする。これによって国際紛争等を助長することを回避するという武器輸出三原則等の基本理念は確保されることとなる。

3　なお、政府としては今後とも、武器輸出三原則等に関しては、国際紛争等を助長することを回避するというその基本理念を維持していく考えである。

資料4

「平成十三年九月十一日のアメリカ合衆国において発生したテロリストによる攻撃等に対応して行われる国際連合憲章の目的達成のための諸外国の活動に対して我が国が実施する措置及び関連する国際連合決議等に基づく人道的措置に関する特別措置法案」と武器輸出三原則等との関係についての内閣官房長官談話

2001年10月5日

一　政府は、本年九月十一日に米国で発生したテロ攻撃が国際連合安全保障理事会決議第千三百六十八号において国際の平和及び安全に対する脅威と認められたことを踏まえ、九月十九日に小泉内閣総理大臣から本件テロに関連して措置をとる米軍等に対して支援活動を実施する目的で自衛隊を派遣するため所要の措置を早急に講ずること及び避難民の発生に応じ、自衛隊による人道支援の可能性を含め、避難民支援を行うことを表明した。これを受けて、本日、「平成十三年九月十一日のアメリカ合衆国において発生したテロリストによる攻撃等に対応して行われる国際連合憲章の目的達成のための諸外国の活動に対して我が国が実施する措置及び関連する国際連合決議等に基づく人道的措置に関する特別措置法案」を閣議決定し、我が国が国際的なテロリズムの防止・根絶のための国際社会全体の取組に積極的かつ主体的に寄与するために必要な事項を定め、もって我が国を含む国際社会の平和及び安全の確保に資することとした。

二　本法案には、自衛官が外国における協力支援活動等に際して「武器」を使用する場合に関する規定が置かれているなど、武器輸出三原則等における武器等の輸出が行われることを当然に想定するものである。また、本法案に基づき自衛隊等が当該テロ攻撃によってもたらされている脅威の除去に努める諸外国の軍隊等に対し協力支援活動等を実施することが可能となるが、本法案の下では、「武器（弾薬を含む。）」の提供は実施しないこととしているものの、その他提供することとしている物品又は役務の一部には、武器輸出三原則等における武器等に当たるものが含まれることとなる可能性がある。政府としては、これまで、武器輸出については、武器輸出三原則等によって慎重に対処してきたところであるが、一に述べた本法案の趣旨にかんがみ、今回閣議決定された法案の下で行われる武器等の輸出については、武器輸出三原則等によらないこととする。この場合、

　　（一）　本法案に基づき我が国が実施する対応措置は、当該テロ攻撃による脅威の除去に努めることにより国際連合憲章の目的達成に寄与する諸外国の活動のため、及び関連する国際連合決議又は国際連合等の要請に基づき人道的精神に基づいて、本法案の範囲に限って行われるものであるこ

  と
- （二）　自衛官等が使用するために輸出する武器等については、自衛隊等により厳格に管理され、任務終了後我が国に持ち帰ることとしていること及び当該武器等の使用は、本法案等に定める要件を充足する場合に限定されること
- （三）　諸外国の軍隊等に対する協力支援活動等の実施に際しての武器等の輸出についても、当該武器等の輸出に当たり、輸出先国又は提供先国政府等と我が国政府との間での国際約束等により、当該武器等の使用が国際連合憲章と両立するものでなければならないこと及び当該武器等が我が国政府の事前同意なく第三者に移転されないことを担保することを条件とすること

により、国際紛争等を助長することを回避するという武器輸出三原則等のよってたつ平和国家としての基本理念は確保されることとなる。

三　なお、政府としては、今後とも武器輸出三原則等に関しては、国際紛争等を助長することを回避するというその基本理念を維持していく考えである。

資料5

「イラクにおける人道復興支援活動及び安全確保支援活動の実施に関する特別措置法案」と武器輸出三原則等との関係について

2003年6月13日

一　政府は、国連安保理決議に基づき米国等によりイラクに対して行われた武力行使及びこれに引き続く事態を受けて、イラクの復興のための支援に積極的な対応を行うための検討を行ってきた。現在、国家の速やかな再建を図るためにイラクにおいて行われている国民生活の安定と向上、民主的な手段による統治組織の設立等に向けたイラクの国民による自主的な努力を支援し、及び促進しようとする国際社会の取組が進められているところ、我が国としてもこれに主体的かつ積極的に寄与するため、国際連合安全保障理事会決議第千四百八十三号を踏まえ、本日、「イラクにおける人道復興支援活動及び安全確保支援活動の実施に関する特別措置法案」を閣議決定し、本法案に基づく対応措置として、人道復興支援活動及び安全確保支援活動を行うこととし、もってイラクの国家の再建を通じて我が国を含む国際社会の平和及び安全の確保に資することとした。

二　本法案には、自衛官が本法案に基づく対応措置を外国の領域において実施するに際して「武器」を使用する場合に関する規定が置かれているなど、武器輸出三原則等における武器等の輸出が行われることを当然に想定するものである。また、本法案に基づき自衛隊が対応措置を実施する際には国連加盟国等に対する「武器（弾薬を含む。）」の提供は実施しないこととしているものの、その他提供することとしている物品又は役務の一部には、武器輸出三原則等における武器等に当たるものが含まれることが排除されない。政府としては、これまで、武器輸出については、武器輸出三原則等によって慎重に対処してきたところであるが、一に述べた本法案の趣旨にかんがみ、今回閣議決定された法案の下で行われることのある武器等の輸出については、武器輸出三原則等によらないこととする。この場合、

　　（一）　本法案に基づき我が国が実施する対応措置は、イラクの国民に対する人道上の支援を行い若しくはイラクの復興を支援するため、又はイラクの国内における安全及び安定の回復に貢献するため、本法案の範囲に限って行われるものであること

　　（二）　自衛官等が使用するために輸出する武器等については、自衛隊等により厳格に管理され、任務終了後我が国に持ち帰ることとしていること及び当該武器等の使用は、本法案等に定める要件を充足する場合に限定されること

（三）　対応措置の実施に際して武器等の輸出を行うこととなった場合には、当該武器等の輸出に当たり、輸出先国又は提供先国政府等と我が国政府との間での国際約束等により、当該武器等の使用が国際連合憲章と両立するものでなければならないこと及び当該武器等が我が国政府の事前同意なく第三者に移転されないことを担保することを条件とすること

により、国際紛争等を助長することを回避するという武器輸出三原則等のよってたつ平和国家としての基本理念は確保されることとなる。

三　なお、政府としては、今後とも武器輸出三原則等に関しては、国際紛争等を助長することを回避するというその基本理念を維持していく考えである。

資料6

「弾道ミサイル防衛用能力向上型迎撃ミサイルに関する日米共同開発」に関する内閣官房長官談話

2005年12月24日

1 　政府は、本日の安全保障会議決定及び閣議決定を経て、弾道ミサイル防衛（BMD）用能力向上型迎撃ミサイルに関する日米共同開発に着手することを決定いたしました。

2 　政府としては、大量破壊兵器及び弾道ミサイルの拡散が進展している状況において、BMDシステムが弾道ミサイル攻撃に対して、我が国国民の生命・財産を守るための純粋に防御的な、かつ、他に代替手段のない唯一の手段であり、専守防衛を旨とする我が国の防衛政策にふさわしいものであることから、平成11年度から海上配備型上層システムの共同技術研究に着手し、推進してきたところです。これは、平成16年度から整備に着手したBMDシステムを対象としたものでなく、より将来的な迎撃ミサイルの能力向上を念頭においたものであり、我が国の防衛に万全を期すために推進してきたものであります。

3 　「中期防衛力整備計画（平成17年度〜平成21年度）について」（平成16年12月10日安全保障会議及び閣議決定）においては、「その開発段階への移行について検討の上、必要な措置を講ずる」とされておりますが、これまで実施してきた日米共同技術研究の結果、当初の技術的課題を解決する見通しを得たところであり、現在の国際情勢等において、今後の弾道ミサイルの脅威への対処能力を確保するためには、依然として厳しい財政事情を踏まえつつ、BMD用能力向上型迎撃ミサイルに関する日米共同開発を効率的に推進することが適切であると考えております。なお、同ミサイルの配備段階への移行については、日米共同開発の成果等を踏まえ、判断することとします。

4 　武器輸出三原則等との関係では、「平成17年度以降に係る防衛計画の大綱について」（平成16年12月10日安全保障会議及び閣議決定）の内閣官房長官談話において、「弾道ミサイル防衛システムに関する案件については、日米安全保障体制の効果的な運用に寄与し、我が国の安全保障に資するとの観点から、共同で開発・生産を行うこととなった場合には、厳格な管理を行う前提で武器輸出三原則等によらないこと」としております。また、武器の輸出管理については、武器輸出三原則等のよって立つ平和国家としての基本理念にかんがみ、今後とも引き続き慎重に対処するとの方針を堅持します。これらを踏まえ、本件日米共同開発において米国への供与が必要となる武器については、武器の供与のための枠組みを今後米国と調整し、厳格な管理の下に供与することとします。

5　我が国としては、ＢＭＤについて、今後とも透明性を確保しつつ国際的な認識を広げていくとともに、米国とも政策面、運用面、装備・技術面における協力を一層推進させ、我が国の防衛と大量破壊兵器及び弾道ミサイルの拡散の防止に万全を期すべく努めていく所存です。

> 資料7

政府開発援助によるテロ・海賊行為等の取締り・防止のためのインドネシア共和国に対する支援と武器輸出三原則等との関係についての内閣官房長官談話

2006年6月13日

1 　本日の閣議で、インドネシア共和国との間で巡視船艇三艇の整備を目的とする「海賊、海上テロ及び兵器拡散の防止のための巡視船艇建造計画」の実施のために無償資金協力に係る取極を締結することを決定した。

2 　政府は、かねてより、開発途上国におけるテロ・海賊行為等の取締り・防止に対する支援に関し、積極的な取組を行ってきており、このような取組を更に強化するための措置の一環として、この度、テロ・海賊行為等の取締り・防止に対する我が国の政府開発援助大綱にのっとった政府開発援助による支援に関連して次の結論に達し、本日の閣議において了承を得た。

3 　現在、世界各地においてテロ・海賊行為等が多発しており、こうした問題への対策は、国際社会の平和と発展にとっても、益々重要な課題となっている。
　テロ行為の防止やその根絶は、国際社会が一丸となって取り組むべき課題であり、とりわけ、開発途上国にとって経済社会開発の重要な前提条件である。
　また、海賊行為等は、我が国自身の平和と繁栄に直結する問題であり、特に、昨年三月にマラッカ海峡で発生した我が国の船舶・船員に対する襲撃に象徴されるような事件が近年東南アジアにおいて急増し、海上輸送に従事する我が国国民の安全及び我が国経済活動にとって直接の脅威となっている。国際社会が全力で取り組んでいる海賊行為等の防止に積極的に協力していくことは、我が国の国益にかなうものである。これまでも我が国は、経済社会開発や経済成長を通じた貧困削減を支援しており、このような支援によって開発途上国における安定に貢献してきたが、今後はテロ・海賊対策等に直接効果の及ぶ支援を行うことが一層重要となっている。このため、我が国としては、開発途上国の政府等が行うテロ・海賊行為等の取締り・防止に対し、積極的に支援を行うこととしたところである。

4 　政府は、これまで、武器等の輸出については、武器輸出三原則等によって慎重に対処してきたところであるが、3に述べた諸点にかんがみ、今般、インドネシア共和国に対するテロ・海賊行為等の取締り・防止に対する支援として、武器輸出三原則等における武器等に当たる巡視船艇に係る無償資金協力を行うことを決定した。今回の支援の実施に際して行われる当該巡視船艇の輸出については、インドネシア共和国政府と我が国政府との間の国際約束で、当該巡視船艇が我が国の政府開発援助の対象であるテロ・海賊行為等の取締り・防止に

限定して使用されること及び当該巡視船艇を我が国政府の事前同意なく第三者に移転しないことが担保されることを条件として、武器輸出三原則等によらないこととする。これによって、政府開発援助大綱にのっとった支援の実施が確保されることとなり、また、国際紛争等を助長することを回避するという武器輸出三原則等の基本理念が確保されることとなる。

5　なお、開発途上国の政府等が行うテロ・海賊行為等の取締り・防止に対する支援について今後積極的に進めていくこととしたことに伴い、政府開発援助による当該支援として行われる武器等の輸出については、被供与国の政府等からの具体的な要請内容を踏まえ、また、政府開発援助大綱に明記された政府開発援助の目的及びその実施の原則にのっとり、個別の案件毎に検討の上、実施していくこととする。

6　政府としては今後とも、武器輸出三原則等に関しては、国際紛争等を助長することを回避するというその基本理念を維持していく考えである。

資料8

ソマリア沖・アデン湾における自衛隊法第82条に基づく海上における警備行動等及び「海賊行為の処罰及び海賊行為への対処に関する法律案」に基づく海賊対処行動等と武器輸出三原則等との関係についての内閣官房長官談話

2009年3月13日

1　日本関係船舶の主要航路の一つであるソマリア沖・アデン湾における海賊事案の急激な増加は、船舶の航行の安全に対する直接の脅威であるのみならず、海上輸送に従事する日本国民の生命及び財産、並びに我が国の経済社会及び国民生活にとって大きな障害となっている。このように、ソマリア沖・アデン湾における海賊事案への対処は我が国として早急に対応すべき課題であることから、本日、政府は、「海上における警備行動に係る内閣総理大臣の承認について」を閣議決定し、防衛大臣が自衛隊法第82条に基づく海上における警備行動を発令することにより、かかる海賊事案に対処し、海上における日本国民の生命及び財産の保護に取り組むこととした。なお、同行動による海賊事案への対処に当たって我が国の刑罰法令が適用される犯罪に当たる行為に対する司法警察活動を行う必要がある場合については、自衛隊が行う同行動の円滑な遂行を考慮しつつ、同行動に従事する自衛艦に同乗するなどした海上保安官が海上保安庁法第5条第14号に基づき行うこととしている。

2　また、政府は、海に囲まれ、かつ、主要な資源の大部分を輸入に依存するなど外国貿易の重要度が高い我が国の経済社会及び国民生活にとって、船舶の航行の安全の確保が極めて重要であること、並びに海洋法に関する国際連合条約においてすべての国が最大限に可能な範囲で海賊行為の抑止に協力するとされていることにかんがみ、「海賊行為の処罰及び海賊行為への対処に関する法律案」を閣議決定し、海賊行為の処罰について規定するとともに、我が国が海賊行為に適切かつ効果的に対処するために必要な事項を定め、もって海上における公共の安全と秩序の維持を図ることとした。

3　本日承認された自衛隊法第82条に基づく自衛隊による海上における警備行動及びこれと一体となって実施される海上保安庁法第5条第14号に基づく海上保安庁による司法警察活動並びに「海賊行為への処罰及び海賊行為への対処に関する法律案」第7条第1項に基づく自衛隊による海賊対処行動及び同法案第5条第1項に規定する海上保安庁による海賊行為への対処については、自衛官、海上保安官等が携行する武器等や使用する艦船等に武器輸出三原則等における武器等に該当するものが含まれることから、これらの活動に伴う外国の領域への寄港等が武器輸出三原則等における武器等の輸出を伴うことが想定され

る。そこで、政府としては、その限りにおいて、武器輸出三原則等によらないこととする。もとより、この場合においても、
- （1） 本日承認された自衛隊法第82条に基づく自衛隊による海上における警備行動及びこれと一体となって実施される海上保安庁法第5条第14号に基づく海上保安庁による司法警察活動は、自衛隊法及び海上保安庁法に基づき海上における日本国民の生命及び財産の保護のために行われる海賊事案への対処に限定されるものであること
- （2） 「海賊行為の処罰及び海賊行為への対処に関する法律案」第7条第1項に基づく自衛隊による海賊対処行動及び同法案第5条第1項に規定する海上保安庁による海賊行為への対処は、海賊行為に適切かつ効果的に対処し、海上における公共の安全と秩序の維持を図るため、同法案の範囲に限って行われるものであること
- （3） 自衛官、海上保安官等が使用するために輸出する武器等については、自衛隊、海上保安庁等により厳格に管理され、任務終了後我が国に持ち帰ることとしていること及び当該武器等の使用は、自衛隊法、海上保安庁法及び「海賊行為の処罰及び海賊行為への対処に関する法律案」に定める要件を充足する場合に限定されること

4 により、国際紛争等を助長することを回避するという武器輸出三原則等のよってたつ平和国家としての基本理念は確保されることとなる。

5 なお、政府としては、今後とも武器輸出三原則等に関しては、国際紛争等を助長することを回避するというその基本理念を維持していく考えである。

◇ 事項索引 ◇

● あ 行

アムネスティ・インターナショナル
　……………………………… 318, 319
域外適用……………64, 95, 96, 100, 111
一国主義…………………………348, 383
営業の自由……………114-116, 118, 128,
　　　　　　　129, 132-134, 137, 173, 174

● か 行

外国為替及び外国貿易管理法　→外為法
外国為替及び外国貿易法　→外為法
外国為替令………………8, 16, 203, 382
外為法…………………1, 3, 7-9, 11, 18, 20, 29, 30,
　　　34-42, 44, 47, 48, 52, 57-60, 63, 64,
　　　68-70, 75, 77, 79, 80, 85, 91, 104,
　　　106, 113-118, 120-128, 130, 131,
　　　133-141, 146, 158, 165, 167-169, 171,
　　　175-179, 181, 182, 186, 192-198, 200,
　　　202-211, 216, 220, 221, 230, 236, 239,
　　　241, 243, 245, 249, 251, 255, 258, 261,
　　　262, 273, 275, 276, 278, 283-285, 289,
　　　292-295, 304, 306-308, 322, 349-353,
　　　357, 360, 364, 365, 367, 368, 382, 384
　第1条……………………119, 121, 128,
　　　　　　　　　137, 197, 198, 239, 350
　第25条………………………8, 34, 58, 119,
　　　　　　　　　136, 137, 157, 203
　第47条……………116, 124, 131, 146, 173,
　　　　　　　　　197, 198, 203, 237, 259, 350
　第48条………………1, 2, 6, 7, 36, 115,
　　　　　　　　　119-121, 124-126, 136,
　　　　　　　　　197-199, 201-203, 237,
　　　　　　　　　238, 244, 246, 305, 354
　——の運用方針…8, 9, 57, 58, 60, 77, 106,
　　　　　　　113, 116, 117, 124, 125, 127, 129,
　　　　　　　140, 164, 175, 197-199, 205, 213,
　　　　　　　251, 292, 295, 309, 362, 382, 384

　——の精神…6, 26, 77, 101, 114, 209, 233,
　　　　　　　236-238, 239, 246, 249
　——の（法）目的…116-118, 121, 124, 131,
　　　　　　　136, 164, 166, 194, 197,
　　　　　　　202, 217, 219, 235, 236, 237
外為法上の武器……1, 7, 10, 14, 16, 17, 20,
　　　21, 23-25, 29, 30, 57, 58, 69, 84, 164, 170,
　　　194, 212, 223, 225, 226, 352, 354, 357, 358
学問の自由……134, 145-148, 153, 155-157,
　　　160-165, 167, 168, 202, 204, 211, 349, 382
韓　国…………5, 179, 236, 238, 245-250, 297,
　　　　　　　335-339, 345, 356, 358
技術流出………………156, 300-302, 381
北朝鮮…………………250, 332, 336, 338,
　　　　　　　　　345, 351, 356, 358
基本的人権……116, 129, 134, 140, 145-147,
　　　160, 164, 165, 167, 186, 197, 198, 202, 204,
　　　205, 208, 210, 211, 349, 350, 382, 383
行政指導………………………48, 49, 160, 199,
　　　　　　　　　304, 305, 307, 308
共同開発………14, 42, 44, 45, 47, 72, 74, 105,
　　　210, 298, 363, 364, 367-369, 377, 378
共同生産…………………34, 41, 44, 45, 105,
　　　　　　　　　340, 363, 367-369, 377
許可基準………………125, 204, 210, 217,
　　　　　　　　　219, 290, 365, 366
許可制（度）……3, 58, 80, 114, 115, 124, 131,
　　　140, 146, 171, 173, 174, 175, 177, 192,
　　　197, 203, 204, 216, 219, 236, 238, 251, 289
軍事転用……………128, 156, 162, 302, 380
経済活動の自由……114, 117, 141, 155, 165,
　　　　　　　168, 173, 204, 211, 349, 370, 382
研究成果………………151-157, 159-163
憲法
　前文………78, 97, 99, 101, 102, 110, 122,
　　　　　　　123, 138, 142, 207, 208, 211, 346, 347
　第9条………70-72, 75, 77-83, 86-91, 93,
　　　　　　　94-102, 105, 106, 110, 112-114,

403

◆ 事 項 索 引 ◆

　　　　　　138, 140, 143, 144, 166, 167, 196,
　　　　　　207, 208, 211, 259, 323, 337, 338
　第 22 条 …………………… 114, 116, 118,
　　　　　　127-129, 134, 145
　第 23 条 …………………………………… 146
　第 29 条 ……………………………… 134, 146
　第 31 条 …………………………………… 139
　第 98 条 …………………………………… 96, 97
　　——の精神 ……… 6, 26, 77, 92, 100-103,
　　　　　　110-114, 121, 122, 142, 143,
　　　　　　145, 146, 164, 172, 184, 190,
　　　　　　205, 206, 209, 210, 240, 244, 284
憲法精神主義 ……………110, 111, 113, 206,
　　　　　　231, 239, 284, 304, 308
公共の福祉 ………… 80, 116, 147, 173-175
国際輸出管理レジーム
　　　　　……… 1, 116, 158, 196, 358, 360
国際連合憲章　→国連憲章
国　是 ……… 70, 71, 74, 110, 129, 141, 181,
　　　　　　182, 184, 187, 206, 208, 251,
　　　　　　256, 286, 347, 349, 376, 378, 382
国連軍備登録制度 …………… 73, 314-317,
　　　　　　326, 330, 331, 334
国連憲章 ……… 32, 50, 51, 87, 92, 97, 188,
　　　　　　310, 311, 318-320, 325, 343
　第 1 条 …………………………………… 319
　第 26 条 ………………………………… 319
　第 51 条 ……………………… 96, 310, 317, 319
国連平和維持活動（PKO） ……… 27, 28, 30,
　　　　　　49, 50, 113, 143, 201, 203, 357, 365
ココム ……………… 14, 115-128, 130, 133-136,
　　　　　　138, 159, 195, 217-219, 222, 238
国会決議 ……………… 60, 78, 105, 106, 129,
　　　　　　178-194, 206, 207, 250, 292, 293

　　　　　◆ さ 行 ◆

自衛権 ……… 82, 85-88, 91, 92, 96, 107, 215,
　　　　　　310-314, 316, 317, 319, 346-348, 361, 383
死の商人 ………… 73, 78, 102, 106, 114, 146,
　　　　　　147, 184, 256, 280, 312, 313,
　　　　　　320, 321, 330, 331, 336, 339, 340

自由貿易主義と安全保障政策との調和
　　　　　……………………………… 125, 127
人道的介入 ………………………………… 323
人道的な対人地雷除去活動 ……………… 62
砂川事件 …………………………………… 97
政経分離 …………………… 123, 128, 129, 258
政府開発援助（ODA） ……… 57, 60, 325-329
政府開発援助大綱（ODA 大綱）
　　　　　………………………… 325, 328, 329
専用技術 ……………… 15, 16, 21, 24, 303
専用品 ……………………… 10-12, 14, 348, 351
戦　力 ………………………… 77, 79-82, 87,
　　　　　　89-91, 93-95, 110, 309

　　　　　◆ た 行 ◆

第三国移転 ……………… 32, 50, 51, 61-67, 70
対人地雷除去活動 ……… 30, 51, 56, 352, 356
対人地雷除去機材 ……… 14, 52, 54, 56, 57,
　　　　　　62, 63, 109, 352-359
対米武器技術供与 …… 12, 30-34, 37, 39, 42,
　　　　　　46, 49-51, 56, 59, 61, 62, 64-66,
　　　　　　68, 80, 81, 102-105, 181, 183-186,
　　　　　　188, 190, 191, 193, 197, 201, 257,
　　　　　　290-295, 299-301, 303, 331, 340, 376
弾道ミサイル防衛（BMD） ……… 30, 59, 63,
　　　　　　195, 340, 369
力の真空地帯 …………………………… 317, 319
知的財産 ……………………… 147, 152, 156
中　国 ……… 30, 218, 297, 316, 318, 328,
　　　　　　329, 332-339, 345, 351, 380
慎　む ……… 1, 6, 7, 25-28, 30, 32, 33, 36, 37,
　　　　　　42-47, 52, 54-58, 69, 80, 83-85, 98, 101,
　　　　　　102, 106, 108, 131, 132, 200-202, 204, 205,
　　　　　　209, 210, 213, 233, 239-241, 243, 244, 248,
　　　　　　256, 283, 285, 288, 290, 293, 299, 300, 309,
　　　　　　327, 328, 340, 364-366, 368, 369, 382, 384
テロ対策用資機材 ……………… 18, 164, 378
転用可能性 ……………… 124, 157, 158, 231
ドイツ ……………………… 13, 319, 334, 339
東京大学のロケット輸出 …… 134, 147, 161,
　　　　　　163, 214, 217

◆ 事項索引 ◆

特殊急襲部隊(SAT)················29, 201
特　許················151-154, 156

◆ な 行 ◆

内政不干渉原則················97, 311, 325
日米相互防衛援助協定(MDA協定)
················32, 34-37, 41, 48, 62,
64, 196, 292, 375, 376
日米物品役務相互提供協定(ACSA)
················30, 49-51, 59, 60,
62, 81, 92, 340, 369
日工展判決·······115, 117-119, 128-131,
133-136, 139, 141, 217, 219, 262
日本版ユニラテラリズム················348

◆ は 行 ◆

破綻国家················317, 322, 323
汎用技術················15, 16, 49, 54, 67-69,
158, 302-304, 307, 380
汎用品······9-16, 22, 23, 53, 69, 75, 124, 128,
147, 148, 158, 159, 203, 204, 212, 216,
217, 231, 250, 302, 348-351, 360, 380
秘密保護················148, 151, 155-157, 381
武器等製造法·······53, 87, 170-173, 175-178,
211, 224, 240, 252, 259-261,
263-266, 268, 276-279, 349, 371
武器の研究·111, 157, 159, 161, 163, 211, 354
武器(の)生産······28, 87, 88, 92, 94, 96, 110,
157, 171-178, 215, 252, 253,
259, 260, 262-264, 268-270,
276-279, 284, 287, 295, 297,
298, 307, 311, 321, 322, 346, 383
武器(の)保有········87, 91, 93, 94, 107, 108,
110, 215, 310-313, 317, 322, 383
武器貿易条約(ATT)··········318, 320, 334
武器輸出三原則上の武器······10, 16-25, 29,
52, 54-57, 69, 200, 221,
223-229, 349, 352, 354, 357
武器輸出三原則の例外(化)·····28, 30, 31,
47, 49, 50, 55-57, 59-61, 63, 64, 67,
69, 74, 83, 84, 92, 103-105, 108, 109,

132, 181-186, 191, 195, 198-202, 205,
291, 294, 331, 340, 352, 354, 364, 366, 368
武器輸出に関する政府統一見解
················34, 41, 340
武力(の)行使················4, 79, 80, 82,
95, 113, 203, 324
——との一体性················166
紛争当事国····3-6, 25, 33, 37, 52, 53, 56, 58,
59, 66, 69, 85, 104, 200-202, 218, 219, 222,
223, 226, 229, 233, 235, 239, 247, 279, 362
平和主義の理念················80, 128, 165-167
平和(の)目的················165-169, 171, 197, 349
防衛産業····74, 111, 177, 244, 252, 257, 260,
261, 263-273, 276, 278-282, 285-288,
295-298, 302, 303, 358, 363, 369-373
法治国家····67, 103, 117, 140, 147, 157, 160,
181, 194, 198, 307, 308, 382, 384
報道の自由················146
防毒マスク················28-30, 54, 84, 85,
145, 201, 351, 359

◆ や 行 ◆

輸　出····8, 25, 27-30, 52, 83, 134, 147, 163,
201, 203, 252, 253, 261, 306, 310, 365
——の自由········115-118, 122, 127-133,
135, 140, 141, 145, 146, 158, 164,
175, 182, 186, 197, 202-205, 211,
215, 219, 237, 238, 259, 285, 289, 350, 383
輸出禁制品················170, 197
輸出貿易管理令······1-3, 6, 7, 10, 14, 16-18,
20, 30, 58, 60, 77, 79, 84, 115, 117, 130,
139, 164, 168, 169, 176, 192, 194-196,
198-200, 203, 212, 215-217, 219-221, 223,
225, 231, 234-236, 245, 258, 277, 280, 281,
284, 304-306, 307, 354, 357, 358, 378, 382

◆ わ 行 ◆

ワッセナー・アレンジメント····1, 358, 359

◆ 欧　文 ◆

ACSA　→日米物品役務相互提供協定

405

◆事項索引◆

ATT　→武器貿易条約
BMD　→弾道ミサイル防衛
MDA協定　→日米相互防衛援助協定
ODA　→政府開発援助
ODA大綱　→政府開発援助大綱
ODA 4原則……………………325-328
PKO　→国連平和維持活動
SAT　→特殊急襲部隊

◇人名索引◇

● あ 行

逢沢一郎・・・・・・・・・・・・・・・・・・・・・・・・・・・330
愛知揆一・・・・・・・・・・・・・・・・・・267, 268, 271
相原三起子・・・・・・・・・・257, 275, 288, 295,
　　　　　　　　　　　　302, 361, 375
青井未帆・・・72, 73, 99, 135, 139, 140, 146, 330
赤松正雄・・・・・・・・・・・・・・・・・・・・・・・・・・71
赤嶺政賢・・・・・・・・・・・・・・・・・・・・・・・・・・61
浅尾慶一郎・・・・・・・・・・・・・・・・72, 330, 337
飛鳥田一雄・・・・・・・・・・・・・・・・・・・・・・・184
麻生太郎・・・・・・・・・・・・・・・・・・・・・・・・・・13
安倍晋太郎・・・・・・36, 45, 47, 59, 78, 182, 186,
　　　　　　　　　188, 191, 200, 206, 208, 299, 300
阿部助哉・・・・・・・・・・・・・・・・・・・・・・・・・111
甘利明・・・・・・・・・・・・・・・・・・・・・・・・・・・131
有田喜一・・・・・・・・・・・・・・・・・・・・・・・・・・20
淡谷悠藏・・・・・・・・・・・・・・・・・・・・・・・・・・96
安宅常彦・・・・・・・・・・・・・・・・・・・・・・22, 23
池田行彦・・・・・・・・・・・・・・・・・・・・・・・・・・84
石崎岳・・・・・・・・・・・・・・・・・・・・・・・・・・・52
石破茂・・・・・・200, 320, 321, 334, 335, 372, 378
石橋湛山・・・・・・・251, 253, 269-273, 275, 283
石橋政嗣・・・・・・・・・・・・・・・・・・・・・・・・・276
市川正一・・・・・・・・・・・・・・・・・・38, 40, 128
市川雄一・・・・・・・・・・・・・・・・・・・・・・・・・104
伊藤茂・・・・・・・・・・・・・・・・・・・・・・・・・・・62
伊藤惣助丸・・・・・・・・・・・・・・・・・・337, 346
伊東正義・・・・・・・・・・100, 101, 248, 249, 305
糸川英夫・・・・・・・・・・・・・・・148-150, 152, 153
稲葉誠一・・・・・・・・・・・・・・・・・・・・179, 338
犬塚直史・・・・・・・・・・・・・・・・195, 196, 252
井上一成・・・・・・・42, 44, 199, 294, 300, 304, 309
井上和彦・・・・・・・・・・・・・・・・・・・・・374, 377
井上和久・・・・・・・・・・・・・・・・・・・・・・・・・・65
井上計・・・・・・・・・・・・・・・・・・・・・・・・・・343
井上普方・・・・・・・・・・・・・・・・・・・・・348, 351
猪木正道・・・・・・・・・・・・・・・・・・・・・・・・・379

猪口邦子・・・・・・・・・・・・・・・・・・・70, 74, 330
猪俣浩三・・・・・・・・・・・・・・・・・・・・・・・・・259
今井隆吉・・・・・・・・・・・・・・・・・・・・・319, 332
上田耕一郎・・・・・・・・・・・・・・・・・・・81, 310
殖田俊吉・・・・・・・・・・・・・・・・・・・・・・・・・259
上田哲・・・・・・・・・・・・・・・・・・・・・・226, 301
上野建一・・・・・・・・・・・・・・・・・・・・・・・・・302
上原康助・・・・・・・・・・・・・・・・・・・・・・・・・297
上原正吉・・・・・・・・・・・・・・・・・・・・・155, 159
宇野宗佑・・・・・・・・・・・・・・・・・・・・・・・・・・66
生方幸夫・・・・・・・・・・・・・・・・・・・・・・・・・・95
海野明昇・・・・・・・・・・・・・・・・・・・・・・・・・146
海野三朗・・・・・・・・・・・・・・・・・・・・・・・・・172
江田三郎・・・・・・・・・・・・・・・・・・235, 270-273
エルバラダイ・・・・・・・・・・・・・・・・・・・・・332
近江巳記夫・・・・・・・・・・・・・・・・・・・20, 190
大出俊・・・・34, 37, 48, 181, 194, 221, 255, 347
大内啓伍・・・・・・・・・・・・・・・・・・・・・27, 375
大木浩・・・・・・・・・・・・・・・・・・・・・・・・・・315
大来佐武郎・・・・・・・・・・・・・・・・・・・・・・・289
大出峻郎・・・・・・・・・・・・・・・・・・・・・121, 126
大野功統・・・・・・・・・・・・・・・・・・・・・67, 368
大原亨・・・・・・・・・・・・・・・・・・・・・・・・・・345
大平正芳・・・・・・・・・・229, 280, 282, 285, 286
大村襄治・・・・・・・・・・・・・・・・・293, 294, 376
大森政輔・・・・・・・・・・・・・・・・・・・・・・・・・・81
大脇雅子・・・・・・・・・・・・・・・・・・・・・・・・・・99
岡崎万寿秀・・・・・・・・・・・・・・・・・・・・・・・208
小笠原三九郎・・・・・・・・・・・・・・・・・260, 261
岡田克也・・・・・・・・・・・・・・・・・・・・・332-334
緒方克陽・・・・・・・・・・・・・・・・・・・・・120, 124
岡田春夫・・・・・・・・・・・・89, 98, 236, 253-255
岡野清豪・・・・・・・171, 174, 175, 262, 265, 266
奥野一雄・・・・・・・・・・・・・・・・・・・・・121-124
奥山茂彦・・・・・・・・・・・・・・・・・・・・・・・・・・53
小此木彦三郎・・・・・・・・・・・・・・・・・・・・・・24
オバマ・・・・・・・・・・・・・・・・・・・・・・・・・・324
小原喜雄・・・・・・・・・・・・・・・・・・・・・・・・・135

◆ 人 名 索 引 ◆

小渕恵三……………51, 52, 56, 57, 253, 328

　◆ か 行

貝沼次郎………………………………66
海部俊樹…………107, 310-312, 315-317,
　　　　　　　　　　　　325, 326, 336
笠井亮…………………………………82
梶田信一郎…………………………199
梶原敬義……………………………128
勝又武一……………………………184
金子晃…………………………136, 137
金子満広…………………………80, 249
川口順子……………………………353
川崎寛治……………………………338
川島實………………………………108
川橋幸子………………………50, 194, 345
瓦力…………………………………256
神崎武法………………………………43, 65
菅野和太郎……………176, 219, 223, 233,
　　　　　　　　　　　　255, 276-279
木島則夫………………………………33
北村暢…………………………………285
聽濤弘…………………………………81
喜納昌吉………………63, 195, 257, 298
木村篤太郎…………………………263
木村睦男……………………………346
久間章生…13, 29, 81, 164, 198, 351, 359, 370
草野威………………………………168-170
工藤晃………………………121, 122, 247, 349
工藤敦夫………………………79, 80, 112, 113
久保亘………………………………107, 326
功刀達朗………………………………96
劔木享弘……………………………163
古池信三………………172, 173, 175, 263, 264
小泉純一郎……………………………95
河野洋平………………11, 15, 203, 311, 329
高村正彦………………………50, 203, 209
河本敏夫……5, 8, 20-24, 26, 98, 239,
　　　　　　　　　241, 244-246, 357, 368
小坂善太郎…………………………246
小平久雄………………………260, 261

後藤田正晴……………12, 34, 191, 192
小柳勇………………181, 230, 339, 340
近藤正道……………………………82

　◆ さ 行

斉藤節………………………………183
坂井弘一……………4, 45, 46, 287, 306, 375
阪口正二郎…………………………323
坂本三十次…………………………102
櫻川明巧……………………………205
佐々木義武…………………………199
佐藤榮作………3, 6, 91, 92, 102, 107, 133, 141,
　　　　147, 151, 162, 194, 203, 209, 213, 214, 216,
　　　　217, 220-223, 228, 233, 235, 240, 242, 251,
　　　　256, 276, 277, 279, 280, 284, 286, 358
佐藤観樹……………………………250, 351
佐藤信二………………………………28
佐藤達夫………………………………87
佐藤正久………………………74, 322, 350
椎名悦三郎…………………………218, 231
塩出哲典……………………………344
塩野宏………………………133, 134, 138, 146
始関伊平……………………………156
志苫裕………………………………320
渋谷邦彦……………………………257
島聡…………………………………55, 356
清水勇………………………………300
白浜一良……………………………357
城地豊司……………………………331, 332
榛葉賀津也…………………………330
新村勝雄……………………………110
新盛辰雄………………………………84
菅野久光……………………………128
杉田敦………………………………323
鈴木善幸……………………10, 17, 185, 249
鈴木正孝……………………………369
鈴木基文……………………………322
鈴木佑司……………………………336
鈴切康雄……………………………187
首藤信彦……………………………252
周東英雄……………………………260

408

◆ 人名索引 ◆

須藤良太郎……………………………54
関嘉彦………………………………68
瀬谷英行…………………184, 185, 205
園田直…………………81, 249, 291, 292

◆ た 行

田岡俊次………213, 217, 220, 240, 242, 243
高碕達之助……………………270-273
高辻正巳…………………89-91, 147
竹入義勝…………………………105
竹内黎一…………………………302
多田省吾……………………60, 104
立木洋………………………3, 83, 92, 112
田中明彦…………………………320
田中角栄……91, 178, 213, 227, 239-245, 283
田中寿美子………………………305
田中武夫……………124, 130, 149, 151-161
田中龍夫…………………………247
田中稔男…………………………88
田中直毅…………………………296, 371
田中六助……7, 27, 111, 179, 180, 190, 204,
　　　　　209, 248, 249, 292-294, 305, 306, 344
谷川和穂…………………………32
玉城栄一…………………………313
玉置和郎……………………190, 346, 347
田村元……………………………120
中馬弘毅……………………374, 377
塚本三郎…………………………193
筒井若水…………………………135
津野修……………………………167
角田禮次郎……77, 79, 101-104, 179, 191, 199
寺田熊雄…………………………196
寺前巖………………………60, 111
暉峻淑子…………………………337
田英夫……………………………57, 312
土井たか子……………78, 182, 186, 206-208
豊下楢彦……………………71, 73, 330
豊田雅孝…………………………174

◆ な 行

内藤功……………………………244

中尾栄一……………………327, 328
中川一郎…………………………169
中崎敏……………………………174
中曽根康弘…………………30, 46, 59,
　　　　　64, 65, 81, 87, 104, 118, 125, 126, 130,
　　　　　139, 181, 183-185, 187-190, 260,
　　　　　286, 287, 296, 340, 342-344, 379
中谷元………………………61, 78, 353
中谷鉄也……………177, 221, 231, 232
中野寛成…………………………144
中山太郎……………78, 108, 315, 333, 334
楢崎弥之助……………35, 36, 91, 244, 245
二階俊博…………………………71
西田隆男……………………175, 264
西村眞悟……………………369, 377
西元徹也…………………………370
額賀福志郎…………………296, 369
野田哲………………………105, 183
野間友一……………………103, 248, 249

◆ は 行

橋本龍太郎……………50, 81, 189, 210
長谷川四郎………………………171
畠山襄………………………8, 14, 70, 71, 73, 74,
　　　　　118, 121-123, 126, 130, 131, 202, 290
鳩山一郎……………………268, 275
華山親義……………147, 159, 161, 162, 214,
　　　　　231, 232, 234, 281, 286
浜田光人……………………230, 284
浜四津敏子………………………354
原茂…………………………160, 161
春名眞章…………………………99
東中光雄……………………128, 129
平岡秀夫…………………………371
平田健二…………………………52
平野博文………………………53, 55
平林剛………………………105, 106, 187
広田幸一…………………………184
広中和歌子………………………124
福島みずほ…………………60, 83
福田赳夫……………………320, 370

409

◆ 人名索引 ◆

福田康夫……………………… 167
福間知之……………………… 126-128
藤井治夫……………………… 182, 338
藤尾正行……………………… 228
藤原帰一……………………… 322
船田中………………………… 88, 89
不破哲三……………………… 326
保坂展人……………………… 53, 54
穂積七郎……………………… 85, 246
本多平直……………………… 210

◆ ま 行

前尾繁三郎…………………… 275
前田哲男……………………… 71, 335
前原誠司……………………… 29, 73, 370, 377
正木良明……………………… 24, 26, 245, 284
又市征治……………………… 337
町村信孝……………………… 62, 350, 378
松あきら……………………… 353
松井孝治……………………… 372, 378
松村博行……………………… 257
松本七郎……………………… 162
松本善明……………………… 128
松本瀧藏……………………… 274, 275
三浦久………………………… 326
三木武夫…5, 6, 17, 24-26, 98, 133, 141, 185,
　　　　　194, 199, 204, 206, 208, 213, 233, 238,
　　　　　240-245, 251, 283, 288, 362, 364
水田稔………………………… 197
峯山昭範……………………… 193, 284, 286
宮澤喜一……………… 6, 225, 234, 235,
　　　　　　　　　280-283, 321, 326
宮下創平……………………… 312
宮地正介……………………… 3
武藤嘉文……………………… 27, 28, 311
武藤山治……………………… 183
村井仁………………………… 52
村沢牧………………………… 179, 180
村瀬信也……………………… 137
村田尚紀……………………… 71
村山富市……………………… 141-145, 297

最上敏嘉……………………… 97
森川幸一……………………… 137, 138
森清…………………………… 375
森喜朗………………………… 360

◆ や 行

矢追秀彦……………………… 224
八木昇………………………… 58, 110, 287
矢田部理……… 60, 191, 192, 301, 339, 340
矢野絢也……………… 59, 189, 305, 306
山内一夫……………………… 135
山内德信……………………… 75
山内敏弘……………………… 93, 94, 122
山内広………………………… 150
山口哲夫……………………… 312
山口那津男…… 27, 352, 353, 355, 374, 377
山崎拓………………………… 71
山田朗………………………… 298
山田英介……………………… 48, 303
山中貞則……………… 41, 300, 340-345
山中燁子……………………… 57
山内一郎……………………… 33
山原健二郎…………………… 165
矢山有作…48, 68, 89, 90, 176, 177, 228, 301
横川新………………………… 135
横路孝弘……………………… 100
横光克彦……………………… 70
吉井英勝……………………… 70
吉川春子……………………… 70, 298
吉國一郎……………………… 222, 237
吉田茂………………………… 266
依田智治……………………… 371

◆ ら 行

李娜兀……………… 72, 290, 304, 307

◆ わ 行

和田静夫……………………… 317
和田教美……………………… 186
渡辺一郎……………………… 336
渡辺治………………………… 99

◆人名索引◆

渡辺美智雄……………………256, 311
渡辺貢………………………179, 211
和田春生………………………380

〈著者紹介〉

森 本 正 崇（もりもと・まさみつ）

1973年生まれ
1996年3月　東京大学法学部卒
2000年5月　タフツ大学フレッチャースクール卒（修士）
1996年4月　防衛庁入庁、防衛局防衛政策課、装備局管理課、防衛局調査課情報室、
　　　　　　経済産業省貿易経済協力局安全保障貿易管理課等を経て
現　在　慶應義塾大学グローバルセキュリティ研究所 客員研究員（2009年4月より）

〈主　著〉

『輸出管理論 ── 国際安全保障に対応するリスク管理・コンプライアンス』（共著）
　（2008年，信山社）

学術選書
65
外 為 法

❀❀❀

武器輸出三原則

2011(平成23)年3月30日　第1版第1刷発行
5865-3：P432　¥9800E-012-050-015

著　者　森　本　正　崇
発行者　今井 貴　渡辺左近
発行所　株式会社 信 山 社
〒113-0033　東京都文京区本郷6-2-9-102
Tel 03-3818-1019　Fax 03-3818-0344
info@shinzansha.co.jp
笠間来栖支店　〒309-1625　茨城県笠間市来栖2345-1
Tel 0296-71-0215　Fax 0296-72-5410
出版契約 2011-5865-3-01010　Printed in Japan

©森本正崇,2011　印刷・製本／松澤印刷・大三製本
ISBN978-4-7972-5865-3 C3332　分類 329.200-a011 外為法

JCOPY　〈(社)出版者著作権管理機構 委託出版物〉

本書の無断複写は著作権法上での例外を除き禁じられています。複写される場合は、
そのつど事前に、(社)出版者著作権管理機構（電話 03-3513-6969、FAX03-3513-6979、
e-mail:info@copy.or.jp）の許諾を得てください。

理論と実際シリーズ3

輸出管理論
国際安全保障に対応するリスク管理・コンプライアンス

田上博道 経済産業省資源エネルギー庁電力・ガス事業部電力基盤整備課

森本正崇 (財)安全保障貿易情報センター 輸出管理アドバイザー 所属は刊行当時

252P　A5　ソフトカバー　4,410円(4,200円＋税)
ISBN 978-4-7972-5833-2 (4-7972-5833-0)　C-CODE 3332

国連安保理決議でも各国の責務とされた『輸出管理』に関する理論と実際の姿を、図表等を多用し、分かり易く解説。外国の状況、日本の判例も仔細に検討した、今後の日本の輸出管理に不可欠の書、待望の刊行!!　輸出管理に従事する企業、大学・研究機関の担当者必読の書。

【目次】

序章　輸出管理とは何か―本書の目的と構成

第1章　大量破壊兵器の拡散と輸出管理の意義
1　大量破壊兵器とその拡散　2　大量破壊兵器の拡散防止における輸出管理の意義　3　大量破壊兵器拡散の状況

第2章　我が国の輸出管理制度
1　概　観　2　外為法による輸出管理　3　我が国の輸出管理の特徴―自主管理の原則　4　輸出管理とコンプライアンス　5　輸出管理の実践

第3章　判例等から学ぶ違反事件の研究と外為法の解釈
1　外為法違反に対する罰則・処分等　2　過去の主要な外為法違反事件　3　判例等から学ぶ解釈論の研究

第4章　輸出管理の課題
1　安全保障環境に対応した輸出管理制度　2　形式的な輸出管理の防止　3　輸出管理の実効性向上―キャッチオール規制における情報収集・分析体制の充実

終わりに―輸出管理のもつリスク管理・コンプライアンスの側面

★参考資料―外為法・関係政省令／国連安保理決議等
★輸出管理Q&A
★安全保障貿易管理用語集

2008年12月25日発売

信山社